"十三五"职业教育国家规划教材

高等职业教育财经类系列教材

经济学基础

（第2版）

陈学忠　黄慧化　主编

刘江兵　毛姣艳　李　飘　副主编

電子工業出版社
Publishing House of Electronics Industry
北京・BEIJING

内 容 简 介

本书介绍经济学的基础知识和基本原理，涵盖微观经济学和宏观经济学的基本内容。本书从课程教学目标出发，打破了传统学科体系，完成了教材学科体系向教学体系的转变，按项目分任务布局，设计了“认识经济学”“把握价格内在规律”“学会理性消费”“探知企业经营策略”“认知市场失灵与政府干预”“了解国民经济核算与收入决定”“感知宏观经济发展”和“理解宏观经济政策”8个项目，共24个任务。

本书删除了繁复的数学公式、函数、运算推导及一些不常用的符号，注重知识的实用性，立足建构主义视角，设计了完整能力形成过程，主要解决“是什么”和“怎么做”的问题，从生活入手，用通俗生动的语言描述经济学的各种规律及其应用，还原经济学“生活化”的本质。

本书案例丰富，趣味性强，讲解深入浅出，既可作为高职高专院校财经类专业“经济学基础”课程的教材，也可作为初学者掌握经济学相关知识的自学用书。

图书在版编目（CIP）数据

经济学基础 / 陈学忠，黄慧化主编. —2版. —北京：电子工业出版社，2020.8
ISBN 978-7-121-37805-8

Ⅰ. ①经…　Ⅱ. ①陈…　②黄…　Ⅲ. ①经济学－高等学校－教材　Ⅳ. ①F0

中国版本图书馆CIP数据核字（2019）第240841号

责任编辑：张云怡　　文字编辑：张　彬
印　　刷：北京京师印务有限公司
装　　订：北京京师印务有限公司
出版发行：电子工业出版社
　　　　　北京市海淀区万寿路173信箱　邮编 100036
开　　本：787×1 092　1/16　印张：15.5　字数：396.8千字
版　　次：2015年2月第1版
　　　　　2020年8月第2版
印　　次：2021年7月第5次印刷
定　　价：49.00元

凡所购买电子工业出版社图书有缺损问题，请向购买书店调换。若书店售缺，请与本社发行部联系，联系及邮购电话：（010）88254888，88258888。

质量投诉请发邮件至 zlts@phei.com.cn，盗版侵权举报请发邮件至 dbqq@phei.com.cn。

本书咨询联系方式：（010）88254573，zyy@phei.com.cn。

前　　言

19 世纪伟大的经济学家阿尔弗雷德・马歇尔（Alfred Marshall）在他的教科书《经济学原理》中写道："经济学是一门研究人类一般生活事务的学问。"懂得一些基本的经济学常识是现代人应该具备的基本素质之一。

"经济学基础"是高职高专财经类专业的公共必修课和专业基础课，但高职学生学习本课程的目标，不是全面掌握其理论体系，而是掌握其适用的原理，学习其思维方式，一方面能为其他专业课程的学习打下必要的理论基础，另一方面能明白、分析与理解日常经济现象，掌握其内在的基本变化规律，更加理性地思考与看待问题，并指导经济工作与日常生活行为。因此，教材的编写必须从这个目标出发，从学生的实际需要与兴趣出发，从日常经济生活现象出发，把抽象、深奥的经济学理论讲解成简单易懂的道理，真正做到"格物致知，学以致用"。

本教材具有如下特点。

1．完成了教材学科体系向教学体系的转变

高职经济学教材，虽然在名称上完成了从《西方经济学》向《经济学》《经济学基础》的转变，但体系大多沿用传统本科《西方经济学》的体系，严格遵循学科的逻辑顺序来编排章节，翻开目录见到的都是理论和原理，显得十分高深和刻板，不仅无形中增添了学生的压力，拉开了与学生间的距离，也桎梏了教师多种教学方式和方法的运用。本教材从课程教学目标出发，打破了传统学科体系，按项目分任务布局，设计了"认识经济学""把握价格内在规律""学会理性消费""探知企业经营策略""认知市场失灵与政府干预""了解国民经济核算与收入决定""感知宏观经济发展"和"理解宏观经济政策"8 个项目，从学生的角度来表达，使教材显得更加亲切，完成了教材学科体系向教学体系的转变。

2．立足建构主义视角，设计了完整的能力形成过程链条

建构主义理论认为，学习并非被动地接受来自教师传递的知识与信息，而是让学习者处于一定情境下，结合有关学习材料，进行主动构建。高职"经济学基础"课程教学需要打破"一言堂""满堂灌"的做法，需要凸显学生的主体地位，关注学生的学习过程。本教材在设计过程中，立足于建构主义视角，构建了一个师生沟通互动、思维碰撞的环境与情境，每个项目任务教学都从学生感兴趣的问题或现实"社会现象"的讨论分析入手，导入相关的"理论基础"，然后到"知识应用"—"知识拓展"—"课堂活动"—"实践实训"—"思考与练习"—"拓展应用"，构建了一个完整的、循环的知识建构情境链条，引导学生入情入境，主动参与学习，通过分析与思考身边的各类社会现象，深刻理解经济学知识，体现了习得、转化、巩固、迁移、应用这一完整的能力形成过程。

3．课程内容直观实用，还原经济学"生活化"的本质

高职"经济学基础"课程教学既不是单纯的知识传授，也不是单纯的技能训练，而是经济理念、经济思维素质的培养。高职财经类学生鉴于其数学程度的限制，一般对各种数学公式和符号不太敏感，这也是"经济学基础"课程被学生定为最难学的一门课程的根本原因。本教材在编写过程中进行了精心的选取和设计，删除了繁复的数学公式、函数、运算推导及一些不常用的符号，注重知识的实用性，主要解决“是什么”和“怎么做”的问题，从生活入手，为知识找到现实的载体，并坚持用通俗生动的语言描述经济学的各种规律及其应用，把抽象、深奥的经济学理论讲解成简单易懂的道理，还原经济学“生活化”的本质。

4．案例丰富，趣味性强

本教材选取了大量贴近生活的实际案例和与经济学有关的故事，并注重与我国传统文化的结合，巧设教学情境，添加趣味性，吸引学生的注意力，引导学生主动探索其中蕴含的经济学知识，深化认知。例如，设计了传统故事“十二生肖的故事”“孔子评‘见义勇为’”“愚公移山”和“路边苦李”，智趣活动“海盗分金”与“智猪博弈”，热点道德案例“不诚信的外部性”，等等。

本书由湖南商务职业技术学院陈学忠、黄慧化担任主编，刘江兵、毛姣艳、李飘担任副主编。陈学忠、黄慧化共同负责全部章节的编写与本次修订，刘江兵参与了全书的整体设计、大纲编写和总纂定稿，毛姣艳、李飘负责相关资料的收集、全书的校对和配套资源的完善。此外，任修霞、熊卉、倪莹莹、欧阳梅也参与了本书的编写工作。

在本教材的编写过程中，编者参阅了一些国内外经济学教材、专著及网上的经济学资料，引用了有关内容和相关研究成果，同时也得到了电子工业出版社相关编辑的大力支持，在此一并致以诚挚的谢意！

由于编者水平有限，书中不足乃至错误之处在所难免，恳请各位同行与读者批评指正。

编　者

2019 年 8 月

目　录

项目一　认识经济学

学习目标

知识目标：

▲ 了解经济学的含义及其研究对象；
▲ 认识学习经济学的意义；
▲ 理解经济学的主要任务；
▲ 掌握欲望、稀缺性、边际、机会成本、经济人理性等的含义；
▲ 理解微观经济学与宏观经济学之间的关系；
▲ 理解经济学研究的基本假设。

能力目标：

▲ 能理解经济学的相关思维方式；
▲ 能对经济学总体框架有一个基本的认识；
▲ 能初步运用边际、机会成本、经济人理性等原理解释相关的社会现象。

没有受过经济学训练的人，对一国经济问题要思考都无从做起，就如同耳聋者要去欣赏交响乐一样。如果给他一个助听器，他可能仍然缺乏足够的才华，但他至少可以意识到音乐究竟是怎么一回事！

——经济学泰斗、诺贝尔经济学奖获得者、美国经济学家　保罗·萨缪尔森

任务一　充分认识经济学的价值

【社会现象】

以经济学视角看待社会现象

1. 天下没有免费的午餐

如果有人请你吃午餐，他出钱，而且不附带任何条件。这是免费的吗？

经济学家回答：不是！因为你吃这顿饭的时间本可用于做其他事情，这些事情对你是有意义、有价值的。而若你把时间用于白吃这顿饭，就失去了这些时间本来能创造的价值。这就是机会成本。它提示我们，做事的真正成本，不仅包括为做一件事已经付出的代价，还包括为做这件事所必须放弃的那些东西。当你面临两难的选择时，你应该想想哪种选择放弃得更多，两难的事情也就为难不了你了。

2. 愚公移山

愚公移山的寓言故事为大家所熟悉，愚公移山的精神更为毛主席所称道。但是，从经济学的角度来说，愚公移山绝不是精明的经济学选择。经济学中，做任何选择都应该遵从“经济人”的“理性”，从成本收益角度来考虑。愚公移山只是为了出行方便，但为了出行方便而世世代代去挖太行和王屋这两座大山，挖山的成本过高，需要子子孙孙无数代的付出，收益仅仅是方便了愚公后代的出行。与搬家相比，移山显然是成本高、收益低的方案。从成本收益角度来说，这种做法明显是不理性的。当然，作为一种精神，愚公移山代表着执着与坚持，受到人们的尊重，这和经济学不能混为一谈。

3. 小李开餐馆

小李原来在一个政府部门上班，每年有 10 万元收入。现在，小李决定下海经营一家餐馆，每年的全部收入是 11 万元，会计成本是 10 万元，包括房租、原料采购、员工工资、税收和各种其他费用。他的利润就是：11 万元−10 万元=1 万元。请问小李是否赚钱了呢？

经济学家认为：小李没有赚钱，反而赔了钱，至少赔了 9 万元。因为，如果小李的时间不是用于开餐馆，而是继续在政府部门上班，一年下来，他就会有 10 万元，而现在他只有 1 万元，所以他至少赔了 9 万元。问题出在他少算了成本，不能只算房租、原料采购等的成本，为了开餐馆，他放弃的收入也是成本，而他没有算上。

4. 经济学家、医生和牧师的思维

有一个经济学家、一个医生和一个牧师约好某天去打高尔夫球。这天，玩兴正浓时，他们发现有一个人总是在球场上漫无目的地乱跑，这严重影响了他们的兴致，于是他们决定去同球场的管理人员交涉。球场的管理人员向他们解释：“球场为了向全社会的残疾人献爱心，每星期一下午向盲人免费开放。今天是星期一，那个到处乱跑的人是盲人。如果他的行为影响了你们，我向你们表示歉意。”3 个人听后，有 3 种不同的反应。牧师听后大为感动，遂决定抽出一定时间，免费为残疾人祈祷，祈求上苍保佑，为残疾人带来福音。医生听后，马上决定向球场学习，将在他的诊所里留出一定的时间免费为残疾人提供诊疗服务。经济学家却不以为然地说：“我有些不明白，你们球场为什么不把向盲人开放的时间从白天改到晚上？”

从理性视角来看，白天与黑夜对于盲人没有区别，把对盲人开放的时间从白天改到晚上，一点都不损害盲人的利益。如果盲人在白天和正常的游客共享高尔夫球场，盲人的利益虽能得到保障，但显然正常游客的利益就会受到损害。这就是说，盲人的利益是建立在牺牲一般游客利益的基础上的，如果这样，球场资源的配置是缺乏效率的。经济学家从资源配置的效率角度看问题、看世界，不能不说他们是最理性的人！

讨论：（1）对于以上社会现象与问题你怎么看？你能从中得到什么启示？

（2）物以稀为贵，这是人人都知道的常识。可是为什么物稀了就贵？毕竟，稀少的物品与富余的物品表面上并无两样，那到底是怎么回事？

（3）有个人饿极了，连吃了 5 个饼子才满足。他很后悔，感慨道：“早知道吃第 5 个饼子才饱，又何必吃前 4 个呢？”如何从经济学角度来分析这个人的可笑之处？

【理论基础】

通过学习“经济学基础”这门课程，我们即使不会成为经济学家，但至少可以更好地了解身边的社会经济生活现象、理解国家经济政策、分析国际经济形势，还可以用经济学方法分析问题、解决问题，做出更好的决策。

一、经济学与生活

1. 不可阻挡的经济学

随着市场经济的发展，人们的日常生活与经济学越来越密不可分，经济大势的起伏与每个人的生活息息相关。与此同时，经济学的一些概念走进千家万户，使经济生活中的每个参与者都能了解“CPI”“成本”“股票”等生活中的经济学词汇，人们越来越切身感受到掌握经济学知识的重要性。打开电视、互联网，翻开报纸，能看到很多财经新闻、股票行情；经济学家们经常被邀为政府的座上宾，对国家经济政策出谋划策。

现实生活中，我们也时刻被经济学的影子所萦绕，无论做什么都充满着经济的味道。蓦然回首之时，我们会发现经济学原来就在自己身边。经常关注各大门户网站的人，很容易总结出目前中国的热点问题，如社会保障、住房、教育、医疗、物价、腐败、诚信、城建、就业、私有财产等问题，一口气就可以说上十来个，所有这些问题无不与经济学密切相关，也无不与我们的切身利益密切相关。而我们关注这些经济热点无非是想多积累点经验，以便自己面临利益博弈时，能多得到点好处。

有心者也许还会注意到，我们的一举一动几乎都与经济学有着千丝万缕的联系。例如，商品价格起伏涨跌，口袋里的钞票价值增减……每个人的成长又何尝不充满了经济上的算计：当我们还是学生时，家长要替我们算计是不是应该选择好一点的学校；大学毕业后，我们和家长一块算计是继续读研还是工作；工作后有了收入我们要决定该把多少用于支出，多少用于储蓄，多少用于投资；有一天有了自己的企业，我们还要算计自己的产品能有多高的利润……每件小事背后其实都有一定的经济规律可循，我们的生活已经离不开经济学。用经济学原理来观察我们的生活，会发现其实我们生活在一个经济学乐园里，人生时时皆经济，生活处处皆经济。

正当各种经济现象及经济规则在我们身边交错上演时，作为新一代年轻人更要深入了解那些我们身边的、关乎我们幸福和成功的生活现象背后的本质和真相，以便我们在面临某些问题时能更加睿智，少投入一些沉没成本，避免一些不必要的、没有意义的浪费。更重要的是，倘若我们构建起和经济学家一样的思维方式，就能游刃有余地应对庞杂生活中的一切问题，在日常消费中更加精明，对人生的规划更加理性。正如我国经济学家茅于轼先生所说的那样：“经济学知识是每个做大事或做小事的人都需要懂得一点的一门学问，只有那些准备上荒岛去开荒且不与外界社会往来的人，学习经济学才会成为多余的事。总之，经济学所涉及的范畴既包括政策制定者如何制定经国济世的大谋略，也包括一家一户怎样制订打醋买盐的小计划。所以无论你是锦衣华盖之辈，还是引车卖浆之人，经济学都与你息息相关。”

经济是一门生活化的学问，懂得一些经济学知识可以帮助你在生活中轻松地做出决策，过上有清晰思路的生活。例如，你将要决定在学校待多少年，决定支出和储蓄的比例，对自己管理的企业的产品进行定价等。我们天天与经济打交道，唯有了解经济学常识，善于应用一些经济理论，才能让生活更加有声有色、有滋有味。经济学蕴含了人类行为所包含的深刻哲理，它能让年轻人更好地理解生活、工作以及未来的人生，能够让人们在积极的、富有意义的人生中做出各种正确的选择。

2. 学习经济学的意义

经济学是经济学家提供给社会大众的一种改进生活、认识世界的武器。或许你并不想做一名经济学家，但即便如此，你仍然应该认真学习经济学。

（1）为更富裕而学。作为消费者，你要在众多的消费组合中做出选择，是吃盒饭还是吃大餐；要生活得更富裕，就要考虑如何使用你的现有资源（如劳动能力、专有技术或储蓄）去挣更多的钱；等等。这些问题显然与经济学密切相关。尤其是如果你想成为投资人、股票（债券）经纪人、推销员、财务分析员或企业管理者，经济学就显得更为重要了。

（2）为更聪明而学。生活在现代社会里，每天都面对大量问题，如通货膨胀、失业、经济政策、自由贸易与贸易保护等，你需要对这些问题发表自己的看法或者做出其他反应。经济学虽然不能使你成为天才，但肯定会使你变得更聪明。

（3）为更好地理解世界而学。你每天都会通过新闻传媒接触到大量经济问题，特别是面对全球性经济动荡和金融危机时。例如，据中国经济网报道， 2020 年 4 月，中国居民消费价格指数（CPI）涨幅继续回落，生产价格指数（PPI）降幅扩大。全国居民消费价格同比上涨 3.3%，环比下降 0.9%，其中，食品价格上涨 14.8%，非食品价格上涨 0.4%。全国工业生产者出厂价格同比下降3.1%，环比下降1.3%；工业生产者购进价格同比下降3.8%，环比下降 2.3%。又如，世界银行组织在《全球经济展望》报告中说，受新型冠状病毒肺炎疫情冲击，2020 年全球经济将下滑 5.2%，这将是第二次世界大战以来最严重的经济衰退。由于疫情的冲击及其防控措施带来的经济“停摆”，全球经济严重收缩，预计人均收入降低 3.6%。其中，严重依赖全球贸易、旅游、大宗商品出口和外部融资的经济体受疫情冲击最大。缺乏经济学知识的人，就很难深入理解这些经济问题。而如果掌握了经济学知识，对这些问题就会有更深刻的理解，并从中获得更多的信息，使自己的生活更充实。

二、经济学的主要任务

1.“经济”的来源

“经济学”一词最早出现在公元前 469—公元前 399 年的古希腊，用希腊文表示为“oikonomia”，是“家计管理”的意思，后用英文翻译为“Economics”，我国学者严复曾把它译为“生计学”，将其翻译成汉语“经济学”的第一人是日本学者神田孝平。古希腊思想家色诺芬的《经济论》首次提及“经济”一词，原意是家庭管理论，反映了当时奴隶制自然经济的特点与局限性。

在色诺芬时代，家庭是社会的经济单位，奴隶们分属于各个奴隶主家庭，所以家庭管理实际上就是研究如何搞好各个奴隶主庄园的组织和管理。在《经济论》中，色诺芬强调经济（家庭管理）应成为一门学问，这个学问研究的是优秀的主人如何管理好自己的财产，使自己的财富不断增加。

在现代，“经济”一词则泛指人类社会中人们获取各种物质财富或物质生活资料的一切谋生活动。

2. 欲望无限与资源稀缺的矛盾——经济学的出发点

（1）欲望的无限性。人类社会的基本问题是生存和发展。生存和发展就是不断地用物质产品或劳务来满足人们日益增长的需求，而各种各样的需求则来自人的欲望。

欲望是人们为了满足生理和心理上的需要而产生的渴求和愿望，是一种心理现象，主要特点是多层次性与无限性。

20 世纪 50 年代，美国心理学家亚伯拉罕·马斯洛提出了需要层次理论，把人由欲望产生的需要分为 5 个层次：一是生理需要，指的是个人生存的基本需要，如吃、喝、住等；二是安全需要，包括心理上和物质上的安全保障，如不受盗窃和威胁，预防危险事故，职业有保障，有社会保障和退休金等；三是社交的需要，人是社会的一员，需要友谊和群体的归属感，人际交往需要彼此同情、互助和赞许；四是受人尊重的需要，包括受到别人的尊重和具有内在的自尊心；五是自我实现的需要，指通过自己的努力，实现自己对生活的期望，从而对生活和工作真正感到很有意义。人的欲望是无止境的，人的需要也是从低到高依次实现的。需要层次理论表明，人首先满足最基本的欲望，然后才会去追求其他的欲望。因此，欲望的最显著特征是无穷大，无穷无尽，在一种欲望得到满足后（甚至还没有完全得到满足时），新的欲望就会产生，也就是平常我们所说的“欲壑难填”。

知识拓展

不 知 足

清朝人胡澹庵编辑的《解人颐》一书中收录了一首《不知足》诗，充分反映了人无限的欲望本能。

终日奔波只为饥，方才一饱便思衣。
衣食两般皆具足，又想娇容美貌妻。
取得美妻生下子，恨无田地少根基。
买到田园多广阔，出入无船少马骑。
槽头扣了骡和马，叹无官职被人欺。
县丞主簿还嫌小，又要朝中挂紫衣。
作了皇帝求仙术，更想登天跨鹤飞。
若要世人心里足，除是南柯一梦西。

（2）资源的稀缺性。要满足欲望就得有手段，经济学上把这种手段叫作资源。一个社会无论有多少资源，它总是有限的。相对于人的无限欲望而言，资源量是不足的，这就是经济学家所说的“稀缺”。

资源的稀缺性是指生产的产品资源（经济物品）不能满足人们的需要的情况。这是一个永恒的问题，是一条普遍的规律。这里所说的稀缺不是指资源的绝对量多少，而是指相对于无限欲望而言，再多的资源也是稀缺的，稀缺性是相对的。例如，当穷国政府为把有限的财政收入应用于基础设施建设还是教育方面而争论不休时，富国政府也为把收入应用于国防还是社会福利而发愁；当穷人为工作的薪水少而担心时，富人虽有金钱但总感觉时间不够用。其实，这些都是稀缺性的不同表现形式。同时，稀缺性的存在是绝对的，是人类社会面临的永恒问题，与人类社会共存亡。

知识拓展

资源的稀缺性解读

承认资源的稀缺性假定是非常重要的。英国经济学家托马斯·罗伯特·马尔萨斯认识到地球资源的稀缺性，所以发表了悲观的《人口论》。中国经济学家马寅初看到了中国资源的稀缺，所以最早提出了控制人口的理论。也正是看到了资源在需要面前的不足，所以我们对中国国情的认识从“地大物博、资源丰富”转变为“人口多、底子薄，人均耕地少”，更因为感受到资源的稀缺，我们才认识到建设资源节约型社会的重要意义。

上海的内环线常常由于车流太多而拥挤，特别是高峰期间，车速很慢，甚至堵塞，于是有很多司机就开始骂政府，说为什么当初不设计成双向六车道。很多时候，有些人总是嫌这嫌那的，认为这也没有做好，那也没有做好，仿佛自己做，就一定能做好。其实，真让他做，他也做不好，因为总是站在局外看局内，他不知道局内资源的约束和压力。

中国有一名古话：家贫出孝子。这也与资源稀缺有关系。因为家贫，能够提供给孩子的物品是稀缺的。在资源的约束下，孩子从小就得学会“计算着过日子”，从小就得想哪些是当前最需要的，哪些是暂时不能解决的。那些最先得到的满足因为来之不易，就会格外珍惜，格外感恩。

因此，承认了资源的稀缺性假定，我们就可明白：在任何一个时点上，资源的供给与人们的需要都是矛盾的，我们更多的是要学会如何在稀缺资源的约束下正确地做事和做正确的事。同时，因为资源是稀缺的，所以我们应当珍惜各种资源，节约使用，有效地利用。

（资料来源：唐树伶. 经济学基础[M]. 北京：高等教育出版社，2012.）

3. 选择——经济学的产生基础

欲望人人有，每个社会都有，还无穷大；而资源是稀缺的，满足欲望的手段没有那么多，那该怎么办？这样问题就产生了。

在过去的时代，解决人类的欲望无穷与资源稀缺这个矛盾的办法，是压抑人的欲望，让欲望和资源相接近，如各种宗教在本质上都有这个作用。而现代社会，解决这个困境的办法，却是发展生产，增加资源总量，以此来满足人的欲望，从而缓解资源稀缺。但是毕竟欲望太大，而资源又总是那么稀缺，它永远比欲望要求得少，即使再怎么发展生产，也并不是所有欲望都能得到满足，而是只能满足一部分。那人类就要决定：让哪些欲望得到满足，哪些欲望不得到满足，至少是暂时不能满足，这就是选择的过程。

选择是为了最大限度地满足人们的欲望和需要，即怎样利用现有资源去生产经济物品，包括解决“用既定的资源生产什么”“如何生产”以及“为谁生产”这3个基本问题。这3个问题被经济学家称为资源配置问题。

4. 资源配置与利用——经济学的主要任务

（1）资源的有效配置。资源配置直接来源于资源稀缺与欲望无穷的永恒矛盾，所以资源配置非常重要，而且永远都存在如何更好地进行配置的问题。配置，就是放；资源配置，就是把资源放到哪里去，对相对稀缺的资源在各种不同用途上加以比较做出的选择。

因为资源稀缺，不可能什么都生产。所以，生产一种东西，就意味着放弃另外的东西，这就是机会成本。一亩地，种了玉米，就不能同时再种水稻。因此，需要根据资源的现状、生产的条件和生产的可能性，仔细考虑究竟选择生产什么，满足什么欲望，在经济学上这叫“生产什么”。

生产可以采取不同的方式。例如，同样的产品生产，生产者可以使用各种各样的要素投入方案，然而，不同的要素价格不同，在生产过程中使用数量不同，必然导致生产同种等量产品的成本不同。那么，生产者如何组织要素投入就显得非常重要，也就是说，用什么样的生产方式来生产产品是关乎企业利润的大事。对企业来说，赚钱才是硬道理。这说明，用什么方式生产是很重要的，需要仔细考量后做出抉择，经济学家把这叫“如何生产”。

东西生产出来以后，就该让它去满足人的欲望了。但是怎么把东西分到每个人手里呢？要靠规则。规则怎么定？是谁出价高就给谁，类似于拍卖，还是谁权力大就给谁？还是根据其他标准？这些都是规则。不同的规则对人们的影响和造成的后果是不一样的。社会要想平稳发展，就必须采取更妥当的办法，采用更合理的规则。所以，对于如何分配，人类也得做出选择，这叫“为谁生产”。

一般来说，资源如果能够得到相对合理的配置，就能节约资源，经济效益就会显著提高，经济就能充满活力；否则，经济效益就会明显低下，经济发展就会受到阻碍，就会造成社会性资源浪费。随着社会和经济的发展，对资源的需求在增加，而大多数资源是有限的，不能再生。因此，合理配置资源，使资源得到有效使用是经济发展的一项重大任务。

资源配置要合理，就必须保证资源配置的效率。经济学上的效率和生活中的效率是两个概念。经济学上的效率是一种最好的状态。在这种状态下，如果想让某个社会成员变得更好，就只能让其他某个成员的状况变得比现在差。换句话说，如果不让某个人变差，就不能让任何人变好。这个状态就如同“人尽其才，物尽其用”的理想状态。如果在不使任何人变差的情况下，还能让某个人变好，那么这个状态就不是最好的，还有改进的余地。只有达到有效率的状态，才是最好的。

（2）资源的合理利用。在现实的经济社会中，还有一个问题就是劳动者失业、生产设备和自然资源闲置这些经常存在的状态，这就是说一方面资源是稀缺的，另一方面稀缺的资源还得不到充分的利用。在既定条件下资源所能达到的并不是最大数量的组合，即资源没有得到充分利用。这就提出了另一个经济学问题，必须进一步研究造成这种状况的原因是什么，用什么办法来改进这种状况，从而实现充分就业，使实际的国民收入接近或等于潜在的国民收入，即研究稀缺经济资源的充分利用问题。资源利用包括以下 3 个相关问题。

① 资源为什么得不到充分利用。资源得不到充分利用的主要原因，是经济萧条、体制低效，还是社会动荡？通过什么手段可以消除失业以及资本与土地的闲置？也就是说，如何能使稀缺的资源得到充分利用？这一问题在现实中最典型的表现就是大量失业者的存在，经济学主要研究这种现象出现的原因与对策，即“充分就业”问题。

② 经济水平为什么会波动。如何实现经济的持续稳定增长？在资源既定的情况下，为什么产量有时高有时低，即经济为什么具有周期性波动？与此相关的是，如何用既定的资源生产出更多的产品，即实现经济增长？这就是“经济波动与经济增长”问题。

③ 在现代经济社会中，有什么办法可以解决失业、通货膨胀等问题。现代社会是一个以货币为交换媒介的商品社会，货币购买力的变动对资源配置与利用所引起的各种问题的

解决都影响甚大。这样，解决这些问题就必然涉及货币购买力的变动问题，这也就是“通货膨胀（或通货紧缩）”问题。

5．市场与计划——经济学研究的对象

如何实现资源的有效配置与利用？迄今为止，人类找到了两种配置资源的方式：一个是计划，另一个是市场。主要用计划配置资源的经济叫计划经济；主要用市场配置资源的经济叫市场经济。

计划方式，就是计划部门的人说了算，只有他们有权决定资源怎么配置，生产什么，如何生产，为谁生产，是计划事先规定好了的，所有人都必须服从，不能各行其是。问题是，计划部门的人即使再聪明，也不能了解所有人的欲望，不能了解所有企业的状况；计划部门的人再多，也不过就是几百人、几千人而已。因此，计划部门根本没有能力处理一个庞大经济体的全部生产和消费活动，长期实行计划经济所导致的无效率和失败是必然的。说到底，计划经济是一种由个别人说了算的经济，是一个公众不能自主决定自己事务的经济。

市场经济配置资源的手段是市场，说得更直接一点就是价格机制。在市场经济中，消费者买什么、买多少，由消费者根据市场价格及自己的收入和偏好决定；企业生产什么、生产多少，要看生产什么更赚钱。说得通俗一点，市场经济就是自己的事情自己做主的经济。

40 多年前，中国开始进行社会主义市场经济取向的改革。为什么要改革？就是因为虽然计划经济在开始的时候曾经创造了奇迹，但是它固有的弊端也最明显。完全的计划经济既不公平又缺乏效率。中国 40 多年的市场经济实践，是社会主义市场经济优于计划经济最好的证明。

总之，经济学产生于稀缺性，它要解决任何一个社会和个人都面临的选择或资源配置问题。美国经济学家保罗·萨缪尔森这样为经济学下的定义：经济学是研究人和社会如何进行选择，以利用具有多种用途的、稀缺的生产资源来生产各种商品，并将它们在不同的人群中间进行分配的科学。

任务二　了解经济学的主要内容与基本假设

【社会现象】

观一叶可否知秋

微观行为与宏观结果甚至可能是背离的。对此，保罗·萨缪尔森在他经典的教科书上曾打过一个精辟的比方。他说，好比在一个电影院看电影，有人被前面的人挡住了视线，如果他站起来的话，他看电影的效果将会改善。因此，站起来就微观而言是合理的。但是，如果大家都站起来的话，则大家看电影的效果都不能得到真正改善，站着和坐着的效果是一样的，不过是徒增了一份“折腾”的成本而已。这个例子足以说明，在微观上合理的事情在宏观上未必合理，在个体上理性的事情在总量上未必理性。

另一个例证是金融危机。当有人发现银行不稳时，他的最佳办法就是将存款取出，以保全自己。但这样是否能真的保全自己呢？恰恰相反，如果所有人都这么做的话，金融危机就会发生，个人也将受损。1997 年亚洲金融危机就是这样，有人看到本币不稳，便纷纷抛售本币、购买外币，其结果是本币一落千丈，而且引发了金融危机，全国人民都受损。

在北京坐车，会经常发现个体最优与集体失败的例子。前边有堵车现象，有的司机看旁边还有一条路，就闯了进去，结果这条路也被堵上了，最后堵得严严实实，连清路的交警车也挤不进来。这就是个人最优让集体彻底失败。

因此，我们无法从微观现象简单推导出宏观结论。在宏观经济学方面，所谓“观一叶而知秋”的说法是靠不住的。

讨论：对于以上社会现象，你有什么感受？你还能举出生活中哪些个体最优而导致集体失败的现象？如何才能协调个体与集体间的这种矛盾？

【理论基础】

经济学研究的基本问题是资源的配置和利用。因此，当代经济学按其研究对象的不同分为微观经济学和宏观经济学两大部分。

一、微观经济学

1. 微观经济学的定义

微观经济学是以单个经济单位为研究对象，通过研究单个经济单位的经济行为和相应经济变量的单项数值的决定，来说明价格机制如何解决社会的资源配置问题的经济理论。在理解微观经济学的定义时，要注意以下 4 点。

（1）研究对象是单个经济单位。微观经济学以单个经济单位（单个家庭、单个企业、单个产品市场）的经济行为作为考察对象。单个经济单位的经济行为包括：家庭（居民户）如何支配收入，怎样以有限的收入获得最大的效用和满足，即实现效用最大化；单个企业（企业）如何把有限的资源分配在各种商品的生产上以取得最大利润，即实现利润最大化。

（2）解决的问题是资源配置。资源配置问题即生产什么、如何生产和为谁生产的问题。解决资源配置问题就是要使资源配置达到最优化，即在这种资源配置下能给社会带来最大的经济福利。微观经济学从研究单个经济单位的最大化行为入手，来解决社会资源的最优配置问题。因为如果每个经济单位都实现了最大化，那么整个社会的资源配置也就实现了最优化。

（3）中心理论是价格理论。在市场经济中，居民和企业的行为要受价格的支配，生产什么、如何生产和为谁生产都由价格决定。价格像一只“看不见的手”，调节着整个社会的经济活动。通过价格的调节，社会资源的配置实现了最优化。微观经济学正是要说明价格如何使资源配置达到最优化。因此，价格理论是微观经济学的中心，其他内容都是围绕这一中心问题展开的。微观经济学的中心理论实际上是解释英国经济学家亚当·斯密的“看不见的手”这一原理的。亚当·斯密认为，每个人都在追求自己的个人利益，但在这样做时，由于“看不见的手”的指引，社会利益增大了。“看不见的手”就是价格。微观经济学的中心就是要解释价格如何实现资源配置最优化。

（4）研究方法是个量分析。个量分析是指研究经济变量的单项数值如何决定。例如，某种商品的价格就是价格这种经济变量的单项数值。微观经济学中所涉及的变量，如某种商品的产量、价格等，都属于个量分析。

2．微观经济学的基本假设

经济学的分析方法总是建立在一定的假设条件下的。微观经济学有3个重要的假设前提。

（1）理性经济人假设。理性经济人假设是指人们在经济活动中所追求的是个人经济利益的最大化。人总是按能够实现自身经济利益的方式来选择。经济生活中的每个人，其行为均是利己的，他在做出一项经济决策时，总是深思熟虑地通过成本—收益分析或趋利避害原则来对其所面临的各种可能的机会、目标及实现目标的手段进行比较，力求以最小的经济代价去追求自身利益的最大化，如消费者追求的是满足程度的最大化，生产者追求的是利润最大化，而追求自身利益最大化的过程就是微观主体对自身资源进行有效配置的过程。

（2）信息完全假设。信息完全假设也称信息充分假设，是指市场上每个经济主体对有关的经济情况具有完全信息。例如，每个消费者都能够完全了解市场上每种商品的性能和特点，准确地判断一种商品给自己带来的消费满足程度，掌握商品价格在不同时期的变化等，从而确定最优的商品购买量；每个企业都能准确地掌握产量和生产要素投入量之间的技术数量关系，了解商品价格和生产要素价格的变化，以及在每种商品价格水平上消费者对产品的需求量等，从而做出最优的生产决策。

（3）市场出清假设。市场出清假设是指坚信价格的自由涨落可以使市场的供求处于均衡状态。它包括产品价格的涨落可以使产品市场上的产品供求达到均衡状态，利率的上升或下降可以使资本市场上的资本供求处于均衡状态，工资的升降可以使劳动力市场上的劳动力供求处于均衡状态，等等。在这种均衡状态下，社会资源可以得到充分利用，不存在资源浪费或闲置的现象。因此，微观经济学就是在假定资源得到充分利用的条件下研究资源的优化配置问题。

3．微观经济学的基本内容

（1）均衡价格理论。均衡价格理论也称价格理论，研究商品的价格如何决定，以及价格如何调节整个经济的运行。这一部分是微观经济学的中心，其他内容都是围绕这一中心而展开的。

（2）消费者行为理论。消费者行为理论研究消费者如何把有限的收入分配于各种物品的消费上，以实现效用最大化。这一部分是对决定价格因素——需求的进一步解释。

（3）生产理论。生产理论即生产者行为理论，研究生产者如何把有限的资源用于各种物品的生产上，以实现利润最大化。它包括研究生产要素与产量之间关系的生产理论、研究成本与收益的成本—收益理论，以及研究不同市场条件下企业行为的企业理论。这一部分是对决定价格的另一个因素——供给的进一步解释及对如何生产的论述。

（4）分配理论。分配理论研究产品按什么原则分配给社会各集团与个人，即工资、利息、地租和利润如何决定。这一部分运用价格理论来说明为谁生产的问题。

（5）一般均衡理论与福利经济学。一般均衡理论与福利经济学研究社会资源配置最优化的实现及社会经济福利的实现等问题。

（6）市场失灵与微观经济政策。按微观经济学的理论，市场机制能使社会资源得到有效配置。但实际上，市场机制的作用并不是万能的。究其原因主要包括：第一，市场机制发挥作用的前提是完全竞争，但实际上不同程度垄断的存在是一种极为普遍的现象。因此，市场机制往往不能正常发挥作用。第二，市场机制的调节是自发的，其结果不一定符合社会的要求。第三，市场机制不能解决某些经济问题，如不能提供公共物品等，这就需要相应的经济政策。

知识拓展

亚当·斯密与“看不见的手”

亚当·斯密是经济学的主要创始人。他于1723年出生在苏格兰的柯科迪，青年时就读于牛津大学，1751—1764年担任格拉斯哥大学哲学教授，在此期间发表了他的第一部著作《道德情操论》，确立了他在学术界的威望。但是他的不朽名声主要来源于他在1776年发表的伟大著作《国民财富的性质和原因的研究》(简称《国富论》)。《国富论》一书的写作技巧高超，文笔清晰，拥有大量的读者。

亚当·斯密驳斥了重商学说片面强调国家储备大量金币的错误。他反对重农主义者“土地是价值的主要来源”的观点，提出了劳动的重要性。他重点强调劳动分工会引起生产的大量增长，抨击了阻碍工业发展的一整套腐朽的、武断的政治限制。

亚当·斯密在《国富论》表示，看起来似乎杂乱无章的自由市场实际上具备自行调整机制，会自动倾向于生产社会最迫切需要的货品。例如，如果某种产品供不应求，导致价格上升，生产商会获得较高的利润，由于利润高，其他生产商就会进入这一市场。生产增加会缓和原来的供应短缺，而且随着各个生产商之间的竞争，供应增加会使商品价格降到“自然价格”即生产成本。谁都不是有目的地通过消除短缺来帮助社会，但是问题却解决了。用亚当·斯密的话来说，每个人“只想得到自己的利益”，都努力利用好自己的资本，使其产出能实现最大的价值。一般来说，人们并不企图增加公共福利，也不知道他实际上所增加的公共福利是多少，他所追求的仅仅是个人的利益和所得。但在他这样做的时候，又好像“被一只无形的手牵着去实现一种他根本无意要实现的目的……通过追逐个人利益，他经常增进社会利益，其效果比他真的想促成社会利益时，所能够得到的那一种要更好”。这就是“看不见的手”的原理。亚当·斯密认为，在所有可能出现的结果中，这是最好的，政府对自由竞争的任何干预都几乎必然有害。

但是，如果自由竞争受到阻碍，那只“看不见的手”就不会把工作做得恰到好处。因此，亚当·斯密相信自由贸易，反对高关税，反对政府对商业和自由市场的干涉。他声言这样的干涉几乎总要降低经济效率，最终使公众付出较高的代价。他虽然没有发明“放任政策”这个术语，但是他为建立这个概念所做的工作比其他任何人都多。

英国经济学家大卫·李嘉图和德国思想家、哲学家、经济学家卡尔·马克思都坚持认为人口负担阻碍工资高出维持生计的水平，但是亚当·斯密指出在增加生产的情况下工资就会增长。事实已经十分清楚地表明亚当·斯密在这一点上是正确的。

除了亚当·斯密观点的正确性及对后来理论家的影响之外，他对立法和政府也有很大影响。亚当·斯密的自由贸易观点在整个19世纪对政府政策都有决定性的影响。事实上，今天的人们仍能感受到他对这些政策的影响力。

(资料来源：陈恳. 西方经济学解析（微观部分）[M]. 北京：高等教育出版社，2004.)

二、宏观经济学

1. 宏观经济学的定义

宏观经济学以国民经济的整体为研究对象，通过研究如何充分利用社会资源、国民收入总量均衡、就业、通货膨胀和经济增长等问题，以及经济中各有关总量的决定及其变化，来说明资源如何才能得到充分利用。在理解宏观经济学的定义时，要注意以下 4 点。

（1）研究对象是整体经济。宏观经济学所研究的不是经济中的各个单位，而是由这些单位所组成的整体；打个比方，即不是树木，而是由这些树木所组成的森林。这样宏观经济学就要研究整个经济的运行方式与规律，从总体上分析经济问题。正如保罗·萨缪尔森所说，宏观经济学是“根据产量、收入、价格水平和失业来分析整体经济行为”；美国经济学家夏皮罗则强调“宏观经济学考察国民经济作为一个整体的功能”。

（2）解决的问题是资源利用。宏观经济学把资源配置作为既定的前提，研究现有资源未能得到充分利用的原因、达到充分利用的途径及如何增长等问题。

（3）中心理论是国民收入决定理论。宏观经济学把国民收入作为最基本的总量，以国民收入决定为中心来研究资源利用问题，从而分析整个国民经济的运行。国民收入决定理论被称为宏观经济学的核心，其他理论则运用这一理论来解释整体经济中的各种问题。宏观经济政策是对这种理论的运用。

（4）研究方法是总量分析。总量是指能反映整个经济运行情况的经济变量，主要包括两类：一类是个量的总和。例如，国民收入是组成整个经济的各个单位的收入总和，总投资是各个企业的投资之和，总消费是各个居民消费的总和，等等。另一类是平均量。例如，价格水平是各种商品与劳务的平均价格。宏观经济学所涉及的总量很多，其中主要有国民生产总值、总投资、总消费、价格水平、增长率、利率、国际收支、汇率、货币供给量和货币需求量等。总量分析就是分析这些总量的决定、变动及相互关系，并通过这种分析说明经济的运行状况，以决定经济政策。因此，宏观经济学也被称为总量经济学。

2. 宏观经济学的基本假设

宏观经济学作为一门独立的理论经济学的分支学科，是在英国经济学家约翰·梅纳德·凯恩斯的著作《就业、利息和货币通论》于 1936 年出版后正式形成的。其内容基于以下两个基本假设。

（1）市场机制不完善。市场经济产生以来，市场经济国家的资源都是通过价格进行调节和配置的。但在现实经济生活中，价格对经济的调节作用并不像理论所说的那样完美，若干年一次的经济危机一直困扰着市场经济国家。特别是 1929—1933 年西方资本主义国家爆发的经济危机，使各国普遍出现大萧条、生产幅度下降、失业剧增的现象，经济学家们从中认识到，单靠市场机制调节经济运行是远远不够的，解决不了失业与通货膨胀等问题。

（2）政府能调节经济，纠正市场机制的缺点。人类并不只是简单地、被动地顺从市场经济机制，而是可以在遵从经济规律的基础上，发挥主观能动性，对经济进行调节，并且能进行这种调节的只能是政府。政府可以利用自身的地位，通过对经济运行的认识，采用适当的手段对经济进行调节。宏观经济学就是建立在政府有能力调节经济的基础之上的。

宏观经济学在以上两个基本假设的基础上得出了通过政府调节可实现资源充分利用的理论。

3．宏观经济学的基本内容

宏观经济学的内容相当广泛，包括宏观经济理论、宏观经济政策及宏观经济计量模型。本书涉及的主要是宏观经济理论与政策。

（1）国民收入决定理论。国民收入决定理论就是要从总需求和总供给的角度出发，分析国民收入决定及变动的规律，是宏观经济学的中心。

（2）失业与通货膨胀理论。失业与通货膨胀是各国经济中的主要问题。宏观经济学把失业与通货膨胀和国民收入联系起来，分析其原因及其相互关系，以便找出解决这两个问题的途径。

（3）经济周期与经济增长理论。经济周期是指国民收入的短期波动，经济增长是指国民收入的长期增长趋势。这一理论主要分析国民收入短期波动的原因、长期增长的源泉等问题，以实现经济长期稳定发展。

（4）开放经济理论。现实的经济都是开放型的经济。开放经济理论主要分析一国国民收入决定与变动如何影响他国，以及如何受到他国的影响，同时也要分析开放经济条件下一国经济的调节问题。

（5）宏观经济政策。宏观经济学是为国家干预经济服务的，宏观经济理论要为这种干预提供理论依据，而宏观经济政策则要为这种干预提供具体的措施。政策问题包括 3 个：政策目标，即通过宏观经济政策的调节要达到什么目的；政策工具，即用什么具体办法来达到这些目的；政策效应，即宏观经济政策对经济的作用。

知识拓展

微观经济学和宏观经济学的分离

从亚当·斯密时期到 20 世纪 30 年代，许多经济学家都在致力于微观经济学领域的理论研究。经济学家们的研究范围涉及贸易和交换、理性且信息灵通的消费者与追求利润最大化的企业、垄断和新科技等问题。他们集中研究不同的市场是如何运作的。但是，从 20 世纪 30 年代开始，情况就有所改变，因为在这个时期发生了全球性的经济危机，使世界各国的经济陷于瘫痪。

1929—1933 年期间，美国的经济萎缩了 30%，1933 年的失业率高达 25%。1939 年，即第二次世界大战前夕，失业率仍居高不下，高达 17%。从此以后，经济学家们转而研究是什么因素决定了像失业率和 GDP 这样的综合变量。

现在，即使并非从事经济学研究的人都知道微观经济学和宏观经济学的大致区别。然而，直到 20 世纪 30 年代，经济学家们才开始考虑如何进行这样的划分。1933 年，著名的挪威经济学家鲁格纳·弗里斯首次清楚地提出了这两个名词在现代意义上的概念。他认为："微观分析方法是指对大的经济体系中的某个经济单位在一般条件下的行为进行研究分析的方法，而宏观分析方法是指对整个经济系统的总体分析。"

英国经济学家约翰·梅纳德·凯恩斯也曾于 1936 年提出类似的概念："我认为，经济学理论应划分为两部分，一部分研究单个产业或公司在给定条件下的产出和利润的理论，另一部分研究整个经济的产出和就业的理论。"

但是，这两位杰出的经济学家都未使用"微观经济学"和"宏观经济学"这样的提法。首次使用这两个名词的是一位在荷兰的统计研究所工作的非知名经济学家彼得·沃尔夫，他于1941年提出“微观经济学描述的是关于个人或家庭的经济关系，而宏观经济学是研究一个大的群体（如国家或整个社会阶层）相互间的关系。”

20世纪60年代到70年代期间，许多经济学家已经认识到宏观经济学的研究方法和微观经济学的研究方法相去甚远。然而十分有趣的是，一些重要的经济学文献显示，有人开始寻求一些方法来打破宏观经济学和微观经济学之间的界限。他们在研究理性且信息灵通的消费者和追求利润最大化的企业如何一起对失业、通货膨胀和经济增长的波动产生影响。

（资料来源：Hal RVARIAN. “Microeconomics”, in Earwell, Milgate, and Newman, eds [J]. The new Palgrave: A Dictionary of Economics, 1987(3):461-463.）

三、微观经济学与宏观经济学的关系

微观经济学与宏观经济学各有其研究的课题和相应的分析工具。它们在研究对象、解决的问题、研究方法、中心理论和基本内容、基本假设等方面存在差别，但是它们作为一门学科的一套理论体系或知识体系的两大组成部分又是密切联系的。

1. 微观经济学与宏观经济学是互相补充的

研究经济学的目的是实现社会福利的最大化，为了达到这一目的，既要实现资源的最优配置，又要实现资源的充分利用。微观经济学是在假定资源已实现充分利用的前提下，分析如何达到资源最优配置的问题；宏观经济学是在假定资源已实现最优配置的前提下，分析如何达到资源充分利用的问题。它们从不同的角度分析社会经济问题。从这一意义上说，微观经济学与宏观经济学不是互相排斥的，而是互相补充的，它们共同组成经济学的基本原理。

2. 微观经济学是宏观经济学的基础

由于整体经济是单个经济单位的总和，所以微观经济学是宏观经济学的基础。宏观经济行为的分析总是要以一定的微观分析为理论基础的。例如，就业或失业理论及通货膨胀理论等宏观经济理论，必然会涉及劳动供求与工资决定的工资理论，以及商品价格如何决定的价格理论。

知识拓展

经济学家约瑟夫·斯蒂格利茨

约瑟夫·斯蒂格利茨出生于1942年，获麻省理工学院博士学位后，在剑桥大学从事研究工作。1969年，年轻的斯蒂格利茨被耶鲁大学聘为经济学教授。1979年，他获得了美国经济学会两年一度的约翰·贝茨·克拉克奖，该奖项用于表彰对经济学做出杰出贡献的40岁以下经济学家。从1988年起，他在斯坦福大学任经济学教授，自1993年开始成为克林顿总统经济顾问团的主要成员，并且从1995年6月起任该团主席。在此期间，他是克林顿总统顾问班子的关键成员。从1997年起，他任世界银行副总裁、首席经济学家。2001年，他又获得了诺贝尔经济学奖，现任美国布鲁金斯学会高级研究员。斯蒂格利茨博士为经济学的一个重要分支——信息经济学的创立做出了重大贡献。他所倡导的一些前沿理论，如逆向选择和道德风险，已成为经济学家和政策制定者的标准工具。他是世界上公共部门经济学领域最著名的专家之一。他所著的教材是世界上最通行的教材之一，被翻译成多种语言。斯蒂格利茨教授是数以百计的学术论文和著作的作者，包括十分畅销的本科教材《公共部门经济学》（诺顿公司）和与安东尼·阿特金森合著的《公共经济学讲义》。

（资料来源：百度百科. 约瑟夫·斯蒂格利茨[EB/OL].（2020-03-10）[2020-06-03]. http://baike.baidu.com/view/236745.htm.）

课堂活动

拼车方式的选择

现在的都市人，出行可以选择的交通方式比原来又多了一种，即除了自驾私家车、乘公交车和坐出租车外，又有了一种新的出行方式——拼车。

所谓拼车，是指几个居住相邻、出行方向相近的人共同使用一辆私家车的方式。参与拼车的人大多认为，拼车是一种精明消费，花很少的钱享受到了方便快捷。城市公交车太拥挤，出租车又贵，买私家车并供养则更贵。与其他人拼车，一来可以降低出行开销（拼车的花费一般略高于公交车，却低于出租车），二来可以免去挤公交车的烦恼。

拼车方式在国内许多城市较为流行，随着城市范围的扩大，在一些距离城市中心较远、交通相对不便利的住宅小区，拼车现象更是多见。随着油价的不断上涨、养车的成本不断攀高，越来越多的私家车加入了拼车大军中。

对于拼车这一方式，见仁见智。赞成者认为，拼车行为不仅降低了有车人的出行成本，也为拼车参与者提供了出行便利，更有利于社会资源的节约和环境污染及交通拥挤问题的缓解。反对者认为，拼车人需要支付给车主一定的报酬，实际上已经属于营业性道路运输，而如果车主没有运营资格，这种拼车就不合法，它会损害合法车辆经营者的利益，同时也不利于国家税收。

（资料来源：丁娟娟，吴振信，郑春梅，等. 微观经济学教程[M]. 北京：清华大学出版社，2007.）

讨论：（1）拼车方式是在什么样的条件下产生的？为什么这样的交通方式会引起人们完全不同的判断？

（2）一般都是什么人参与拼车？他们出于什么样的目的参与其中？

（3）他们参与拼车对于自己的生活水平会有什么样的影响？

任务三 学会经济学思维方式

【社会现象】

一位博士的故事

一位博士讲了这样一件事，他读小学时，家里很穷，甚至两元钱的学费都很难付得起。有一次母亲为奖励他考试得了第一名，给了他 5 角钱零花钱，他非常高兴，但很快有些犯愁：这 5 角钱该如何花呢？应该买练习本吗？5 角钱正好能买一个，而且他的练习本快用完了。但学校边上卖的 3 角钱一个的烧饼对他的诱惑力也不小。有一次同桌小伙伴让他咬了一小口，那味道之好以至于他当时想哪天有钱时一定要吃个够。但显然，他无法同时实现两个愿望，二者只能择其一。在反复权衡了两天后，他最后的选择是花 2 角钱买了一张白纸，裁订成一个小练习本，剩下的 3 角钱则买了一个烧饼。

可以说，这 5 角钱花得很值。其实，这位博士小时候面对的 5 角钱如何花也是一种“经济人”的“理性”思考。当然，他最后的选择是，投入了 5 角钱的成本，得到的收益是既满足了学习的需要，又满足了解馋的需要。

讨论：在生活中，你在消费的时候是否理性了？

【理论基础】

经济学之所以成为一门独立的科学，并且在相当大的程度上改变了世界的面貌，是因为经济学家看世界的方式和常人不同，即思维方式不同。经济学的思维方式能帮助人们更科学地认识外部世界和人类自身，提高人类解决自身问题的能力。我们学习经济学的主要目的，就是在学习一些经济理论后，能像经济学家一样思考。下面我们就先说说经济学家的几种特殊思维方式，以期矫正甚至颠覆你长久以来的思维定式。

一、“经济人”的理性

前面我们提到了微观经济学理性经济人的假设，而“经济人”的理性就是经济学家最主要的思考方式，这也是我们在面对和处理社会经济问题时应坚持做到的。

在经济学中，“理性”就是指个人的主观意愿是最大限度地为自己谋取福利，也就是说，理性人应该懂得如何为自己谋福利，做一个精于算计的人。理性人精于算计的基本含义，一是成本小于收益；二是帕累托改进，也就是在不使一方利益变坏的情况下，另一方的利益有所增加；三是像经济人一样思考，为自己获取最大的利益。

实际上，我们每个人都具备“经济人”理性的一面。例如，购物时，我们都想买到物美价廉的商品，而绝不希望买物次价高的商品，因为在经济活动中我们会保持自利性和理性。从经济学角度来说，“理性”是永恒的价值导向。

历史上的道光皇帝极崇俭德，平常穿湖绉。一次他的裤子破了一块，便让内务府打上补丁接着穿。后来裤子补好了，道光皇帝便问花了多少钱，内务府官员回答说：“三千两白银。”道光皇帝很吃惊，问为什么这么贵。内务府官员回答：“湖绉制的布料不太好找，并且很难找到花头刚好能合在一起的，所以这么贵。”道光皇帝听了也无可奈何。

其实，这可以从两个层面来理解，一个是经济层面的问题：补一条裤子要花三千两银子，还不如花几十两银子买条新的；另一个是意识形态层面的问题：皇帝穿补过的裤子，这种倡导节俭的精神是多少钱也买不来的。经济学家主要从成本和收益角度而非从意识形态方面去思考问题。做什么事情都要区分为“划算”与“不划算”，这就是“理性”！

“经济人”的理性思维，就是每个人都知道自己的利益所在，都会用最好的办法去实现自己的利益。现实生活中，人们虽然都在有意无意地通过理性看问题，但做出的最终决策却有悖于经济学中的“理性”。央视春晚小品《装修》中：巩汉林怕装修工人偷工减料，宁愿花 77 元钱打的出去买一根一毛一（1.1 角）的螺丝钉。其实现实生活中，会做出类似选择的人并不在少数，付出成本太大而收益较小的非“理性”人比比皆是，这不能不引起我们的反思了。

为什么理性人的思考却得到非理性的结果？其实，这里的“理性”是有限理性。因为人不是全知全能的上帝，人的行为受到各种因素的制约，如占有信息的多少、理智和聪明的程度以及外部条件的复杂多变使人难以驾驭等，人的理性行为往往并非完全理性。

经济学家从“经济人”的“理性”角度来看待问题，不能不说其具有一定的合理性。当然现实生活中，人不可能处处都以“理性”经济学的视角观察世界。毕竟，世界上还有除了经济之外的一些东西，如亲情、友情、同情心等。如果一味地把这种理性观运用到一切生活准则中，生活也将会变味。

用经济人的“理性”去分析和思考问题，能避免生活中许多无意义的冲动和疯狂，让我们有限的生命发挥出最大的能量。社会生活中，必须培养起自己的“理性”精神，以理性人的视角面对生活，才能使我们的生活更加丰富多彩。

知识拓展

帕累托最优

帕累托最优是指在不减少一方福利的情况下，就不可能增加另外一方的福利。通俗地讲，帕累托最优是指一个人已经处于这样一种极限状态：除非损害别人，否则就不能让自己变得更好。这个概念是以意大利经济学家维弗雷多·帕累托的名字命名的，现在，帕累托最优已经成为博弈所希望达到的最优目标。

试举一例，球迷们去体育场观看一场精彩的足球比赛，球场能坐 5 万人。假如在比赛开场前坐到了 4.9 万人。那么，体育场在此时还没有处在帕累托最优的状态，因为如果再进入 1 000 名球迷，他们也可以看到比赛，即他们的处境会变得更好，这个增加球迷的过程就是帕累托改进。但是如果已经坐满了 5 万人之后再进入 1 000 名甚至更多球迷，这些新增加的球迷可能会因为看到球赛而使自己的处境变好，但对于那原有的 5 万名球迷来说，处境却会变差。原因很简单，超过规定人数，安全性就受到损害了。同样的情况也适用于长途汽车。在没有满员的情况下，可以再上乘客，以达到帕累托最优，但是满员后再上乘客就会超载，全体乘客的安全就会受到影响。

根据帕累托的说法，如果社会资源的配置已经达到以下状态：任何调整都不可能在不使其他人情况变坏的情况下，使任何一个人情况变得更好，那么这种资源配置就是最佳的，是最有效率的。如果没有达到这种状态，即重新调整而会使某人情况变好，而不会使其他任何一个人情况变坏，那么说明这种资源配置不是最佳的，是缺乏效率的。

帕累托最优描述的是一种过于理想化的状态，在现实的经济生活中比较难以达到。为了达到帕累托最优，有了帕累托改进。帕累托改进是指在没有使任何人处境变坏的前提下，使得至少有一个人的处境能变得更好。

帕累托改进的特点是自己变好，同时又不使他人变差。正是由于帕累托改进没有损害到他人的利益，其行为所遇到的阻力往往很小。以我国改革开放初期为例，其政策大多是帕累托改进，如“分田到户”和“联产承包责任制”，它们的特点是广大农民获得了切实的好处，而其他行业也没有受到什么损失，所以推行起来阻力不大。但如果不是帕累托改进的话，即在使一部分人变好的同时，肯定会使另一部分人变差，阻力就会增大。

在博弈中，如果一方能够做到在不损害对手利益的情况下为自己争得利益，即可认为在进行帕累托改进。如果双方都在进行帕累托改进，往往就意味着双赢局面的实现。

二、边际考虑

经济学上，“边际”的意思是“最后的”或者“新增的”。边际考虑就是只考虑最后的一个或者新增加的一个所引起的变化，从而判断事情的整体性质。

19 世纪 70 年代初出现的边际概念，是西方经济学自亚当•斯密以来的一个极为重要的变化。经济学家把它作为一种理论分析工具，可以应用于任何经济中的任何可以衡量的事物上。正因为这一分析工具在一定程度上背离了传统的分析方法，故有人称之为“边际革命”。

经济学家认为，某种要素的贡献是由其边际的 1 个单位的贡献决定的。下面举一个关于农民种粮食的例子加以说明。

假定只有 1 亩地，如果一个人种，可以打 500 千克稻谷，如果两个人种却不会打 1 000 千克，只能打 900 千克，3 个人种只能打 950 千克，等等。想想，如果人数不断增加，在这 1 亩地里有 1 万个人，能打多少千克稻谷？0 千克！因为 1 万个人一起去会把土地踏平的。

从这里我们可以发现一个规律，第二个人没有第一个人打的稻谷多，第三个人没有第二个人打的稻谷多，以此类推。总之，后一个人没有前一个人打的稻谷多。经济学家把这个规律叫作“边际产量递减”，新增加的人所增加的总产量越来越少。

如果有 100 个农民来种这 1 亩地，那么每个农民应该得到多少工资，也就是多少稻谷呢？假设每个农民的贡献度没有差异，那么他们得到的稻谷应该是一样多的。那他们是每个人都得到 500 千克，还是这 100 个人所有产量的平均数，抑或是其他呢？明显不可能是 500 千克，因为一共也没有这么多的稻谷。所以，一般人会说是平均数，也就是将总产量除以 100。这看起来似乎有道理，既然每个人得到的稻谷应一样多，那当然就是平均数。但如果每个人拿走平均的产量，农民们就把所有的稻谷都拿走了，土地的主人又不会同意。

那么每个人到底能分到多少稻谷？必须进行边际考虑，也就是看最后一个人，即第 100 个人的产量是多少。假设 99 个人打了 745 千克，第 100 个人来了之后，能打 750 千克，那么最后所增加的产量是 5 千克，这个产量就叫“边际产量”。经济学家说，每个人应该获得的稻谷就是这个边际产量，即 5 千克。为什么？因为每个人劳动的贡献只有 5 千克。

最后一个人对粮食的贡献只有 5 千克，其实每个人，包括第一个人的劳动贡献也只有 5 千克。首先，稻谷能生产出来，不仅靠农民的劳动，还要靠土地，因此稻谷是劳动和土地共同作用的结果，二者缺一不可。产量不全是农民的贡献，土地对总产量也有贡献。其次，如果让第一个农民排到第 100 个，他能打的稻谷也只能是 5 千克，而不再是 500 千克；让最后一个人排到第一个，他能打的稻谷也将是 500 千克，而不再是 5 千克。第一个来的人和最后一个来的人的区别在于：第一个人自己用 1 亩地，而最后一个人只能用 0.01 亩地。这说明他们的劳动贡献是没有差别的，都是 5 千克。

农民应该按照自己的劳动贡献分得稻谷，也就是每个人 5 千克。与边际产量递减类似，效用也是递减的。边际学派认为，人们在资源有限的情况下不能使全部欲望得到满足，他们只能根据欲望的重要性进行分配。首先要满足最重要的和较重要的，但总有一个是最后被满足的、最不重要的、意义最小的、处在边沿上的欲望，它是在随着资源的减少而首先放弃的欲望，这种欲望就是边际欲望，满足这种边际欲望的能力就是边际效用。

边际效用递减是经济学中的公理。以吃馒头为例，假如边际效用不变，也就是后面一个馒头永远跟前面一个一样好吃，那将会发生什么？我们将会一直吃下去，永远不能满足。这样也就没有了比较与选择，更没有“经济”可言了。

可以说，边际分析法是经济学的基本研究方法之一，不仅在理论上，而且在实际工作中也起着相当大的作用。

三、机会成本考虑

成本是每个人做事时都会考虑的因素，收入减去成本才是利润。可是，经济学家所说的成本与一般人说的成本差别很大。一般人头脑里的成本概念是会计成本，也就是做账用的。会计成本有几个特点：第一，会计成本是直接的成本，即实际发生的成本，与生产和消费直接相关；第二，会计成本是已经发生的成本。但是经济学家说的成本却很不一样，那就是机会成本。

面对有限的资源，为了能够得到自己想要的，人们必须选择放弃。由此看来，做出选择并不是一件容易的事，其根源在于在资源有限的情况下有所得必有所失。鱼和熊掌不能兼得时，选择吃鱼，就不能吃熊掌，熊掌就是选择吃鱼的机会成本。

因此，机会成本并非会计学意义上的成本，而是一个纯粹的经济学概念。要想对备选方案的经济效益做出正确的判断与评价，必须在做决策前进行分析，将已放弃的方案、可能获得的潜在收益作为被选取方案的机会成本计算在内。

这里的非同凡响之处在于，在一般人看来，干什么都可以挣钱，都可能有利润；而在经济学家看来，在一定的时期内，只有做一件事情才有利润，做其他任何事情都亏损。为什么？例如一笔资金，虽有 1 000 个项目可以投资，却最多只能在一个项目上有经济利润。这意味着投资这个项目得到的收入比做这个项目的机会成本大，也就是比所有其他项目获得的收入都大。如果还有另一个项目也有经济利润，那就意味着这个项目的收入也大于所有其他项目的收入，包括前一个有利润的项目，这就矛盾了。

所以，只有把资金投到那个唯一产生利润的项目上去，才真正有经济利润，才是正确的决策，其他都是错误的，这是经济学的高明之处。会计学上，任何一个项目都可能有利润；而经济学上，只有一个项目才有利润。

我们做事情必须考虑机会成本。也就是说，不但要看由于做这件事我们得到了什么，更重要的是要看因为做这件事情，我们失去了什么。如果失去的比得到的还多，这件事情就不值得做。

常常听新闻报道说，某家大企业又创造了多少利润。如果用经济成本计算，还有没有利润呢？也就是说，如果投入到这家企业的这些资金给了其他企业，后者的产出又如何呢？只有在投给这家企业比投给其他企业能获得更多的收入时，才能证明把资金投入到这家企业是划算的。如果把资金投给别的企业能产生更多的收入，那么这家企业就不再是盈利的，而是亏损的了。将资金配置到这样的企业就是一种错误的配置。

因此，社会资源必须进行科学的配置，把它配置到有经济利润的地方去，才是最佳的选择。如果错配，整个社会的利益就会减少。因为社会为得到这个收入放弃了更多的收入。

谁能进行正确的配置呢？几百年来的实践证明，市场是最好的手段。说到底，市场是一种拍卖机制，企业之间通过竞争，会引导资金流向有利润的地方。市场力量越薄弱的地方，人们越不富裕，为什么？就是因为市场的力量太有限了，资金这个最稀缺的资源都被行政配置了，它们都没有流到有利润的地方去。机会考虑对于资源正确配置非常重要，对于我们做出正确决策非常有启发。

知识应用

机会成本与经济学思维

一个牧民以1万元购买优质品种的A种仔牛，目的是繁殖小牛进行销售。但销售牛的牧场以劣等的B种仔牛冒充，价格相差4倍。后来牧民用买到的此牛繁殖的小牛无人购买，发现是出售该牛的牧场以次充好，经过交涉未取得满意结果，造成直接经济损失5万元。牧民告到法院要求赔偿损失5万元。牧场认为当初双方的交易额是1万元，赔偿5万元是天方夜谭。

解决这一问题可以采取以下3种思维方式。

（1）民间传统思维：应该赔偿1万元，也就是骗多少就应该赔偿多少。

（2）法官思维：应赔偿所有直接损失，包括购买成本1万元，以及饲料、雇工工资、饲养场土地和房舍等直接费用。如果要起到惩戒作用和从制度上消灭假冒伪劣产品的产生，就要贯彻“杀人抵命”的对等原则。如果要建立起有效的激励约束机制，还需要更多的赔偿。

（3）经济学思维：赔偿额要大于5万元。因为牧民除了有直接费用开支外，还有一些间接的损失。例如，这1万元若不用于购买仔牛进行饲养，而是存到银行，则可得到一定的利息。买了仔牛后这些存款的利息无疑也遭到了损失，这个利息在经济学中被称为机会成本。按照这一思维方式，牧场不仅要赔偿5万元，还要赔偿这5万元如果不用于购买这些仔牛进行饲养而用于其他投资可能取得的最大纯收入。只有这样，才会让像这个牧场那样做坏事的人真正“搬起石头砸自己的脚”。

课堂活动

上大学的机会成本

近年来，世界上各国的就业压力越来越大，很多大学生刚毕业就面临失业。于是“上大学无用论”逐渐盛行。一个家庭耗费很大成本培养出一个大学生，毕业以后却找不到工作，即使找到了工作，获得的收益也远远低于人们的预期，所以很多勉强供得起或者供不起孩子上大学的家庭就选择让孩子放弃上学而直接就业。这种决策是否合理？

讨论：请结合自己的实际情况，从经济学的机会成本角度对此问题进行分析。

四、均衡考虑

均衡本来是物理学上的一个概念，指一个物体在大小相等、方向相反的两个力的作用下，而暂时保持一种静止不动的状态。经济学把这个概念借用过来，作为自己分析问题的基本方法之一。

一件事情，如果有好处，或好处大于坏处，人们就会着手去做。可是再好的事情，如果一直做下去也会变成不好的事，这叫物极必反。例如吃饭，觉得饭菜好吃，就大快朵颐，可是你不会一直吃下去，因为吃到一定程度就会觉得这一口不如上一口好吃了，这就是边际效用递减，也就是新吃的这一口没有上一口好吃，而且这个递减会一直持续下去。肯定有那么一口，是你的最后一口。这一口在理论上说，你吃不吃都是一样的，它的效用是0。但下一口你不会再吃了，因为下一口你吃了还不如不吃，它比上一口的效用要低，是负数，也就是你只觉得撑得慌、难受。某一口之所以成为最后一口，就是由于吃了它，你觉得增加的好处（也就是边际好处）正好等于或者还赶不上增加的坏处（也就是边际坏处）。

所以，做事做到什么程度，就要看边际好处和边际坏处在哪里相等。在此前，应该继续做，因为做的话净好处（好处减去坏处）就增加了；在此后则应该减少做，减少才会使净好处增加。这样利益才会达到最大化，相当于吃饱了又不难受。虽然你想都吃下去，但是你不应该如此，因为全吃下去会把你撑死。

人们常常嘲笑老年人保守，害怕变化。其实，害怕变化是人的普遍特征，变化意味着不确定性，当人面临不确定性的时候，就会紧张，行动失据，遭受损失。人们买保险，就是花钱买确定性，可见人们喜欢的是确定性，否则不会花钱买保险。而均衡就是一种稳态，一种确定，因为至少暂时不会变化。只有当事情处于不变状态时，人们才有机会观察、认识它们。如果事情变化无常，要认识它们是困难的。

均衡还意味着事物的变化是缓慢的，是一点一点发生的，这是边际考虑的结果。经济学上把前文讲的边际好处叫边际收益，把边际坏处叫边际成本。均衡是人们不断比较边际收益和边际成本的结果。消费者购买的最后 1 个单位的商品，就是让自己花的钱所损失的效用和获得的边际效用相等；企业生产的最后 1 个单位的商品，是让自己的边际成本与边际收益相等的那 1 个单位。均衡也意味着各种力量达到一种妥协。我们做事情，就是考虑各种因素，求得一种均衡的、让各方都接受的结果，这样大家才会相安无事。如果不能做到均衡，事情就不会结束。就如谈判，难就难在各方利益的均衡，必须有人做出妥协才能有结果。

均衡对我们的启发是，为了达到有意义的结局，必须调整自己的行为，同时不能顾此失彼。

课堂活动

孔子评“见义勇为”

春秋时期，鲁国非常弱小，有很多鲁国人在其他国家沦为奴隶。为了振兴国力，鲁国国君颁布了这样一条法律：如果鲁国人在其他国家中遇见沦为奴隶的同胞，可以先把这个奴隶赎回来，回国后国家报销赎金。

孔子的一名学生子贡，家里比较富裕，他曾多次将沦为奴隶的鲁国人赎回，而且事后并不去找国君报销。子贡觉得自己是在行使老师的仁义，他为此还非常得意。

后来，孔子知道了此事，他却批评了子贡：“我知道你追求高尚，也不缺钱花，可是这个补偿你一定要去领。现在你掏钱救人，受到社会的赞扬，但是从今以后，当别人在国外再遇见沦为奴隶的鲁国人时，他就会想我是不是应该去赎人呢？如果赎了人，回国后还去不去找国君要钱呢？不去找国君，自己会损失一大笔钱；去找国君，别人又会拿你来比，讥笑他。这样一来，他们再看到身为奴隶的鲁国人就会装作没有看见，你的行为正好是阻碍解救沦为奴隶的鲁国人的根源！”子贡听完老师的话，顿感羞愧。

还有一次，孔子的另一名学生看到有人掉进河里，于是他把遇难者救上岸来。被救的人为了表示感谢，送给孔子的这名学生一头牛，学生收下了。孔子对这个学生的行为大加赞赏，因为这会激励更多的人去救人。

讨论：请结合当今社会上“见义勇为”的情况，对以上孔子的行为进行评价。

提示：孔子的行为暗含了经济学原理，这两件事体现的正是经济学中的帕累托效率准则。帕累托曾针对资源的最佳配置提出了帕累托效率准则：经济的效率体现于配置社会资源以改善人们的境况，主要看资源是否已经被充分利用，如果资源已经被充分利用，要想再改善就必须损害别人的利益。

鲁国的这项制度，最初其实已经发挥出很好的效果，人们开始积极赎回沦为奴隶的同胞，而子贡如果按自己的想法不去报销赎金，则很可能会破坏人们的这种积极性，从而使鲁国已有的制度出现问题；而有人掉入河中，人们积极去救还没有形成一定的风气，这个时候就需要进行鼓励。

实践实训

1．资料分析——请利用网络查找并研读有关全球资源稀缺状况和资源发展趋势的资料。

要求：（1）小组讨论：全球资源稀缺状况和资源发展趋势。

（2）小组派代表陈述观点：经济学需要解决的问题是什么？

2．案例分析——转行的机会成本

张晓丽今年28岁，担任一家事业单位的文员5年多了。最近，张晓丽越来越觉得文员工作没有太大的发展前景，加上年龄逐渐增长，她对自己的职业发展方向产生了迷惑。她一直想转行，但是想到自己在大学里学的是中文专业，也没什么特长，若要转行还真需要下一番苦功。她先去做了市场调查，根据市场需求和实际情况，决定转行做律师：一来自己这么多年一直对法律感兴趣；二来司法考试相对而言比较节省时间和金钱。当然还有最重要的一点，就是律师越老越值钱，再也不会为年龄发愁。然而真正面临转行时，张晓丽又犹豫了：“28岁才谋划转行晚不晚呢？”

要求：（1）分析案例中机会成本的大小，思考自己上大学的机会成本。

（2）想想自己面临的大大小小的选择，你是如何进行选择的？如何考虑机会成本？

（3）运用所学的经济学相关知识撰写一篇“如何面对人生选择”的短文。

思考与练习

一、名词解释

欲望；稀缺性；资源配置；理性人经济假设；机会成本

二、选择题

1. 经济学可定义为（　　）。
   A. 政府对市场制度的干预　　B. 消费者如何获取收入
   C. 资源的配置和利用　　D. 企业取得利润的活动
2. 经济学研究的基本问题包括（　　）。
   A. 生产什么　　B. 如何生产
   C. 为谁生产　　D. 以上都是
3. 资源的稀缺性是指（　　）。
   A. 资源的数量较少
   B. 获得一定量资源所必须耗费的成本相当高
   C. 相对于人类无限的欲望来说，再多的资源也显不足
   D. 资源的价格很高
4. 下列属于最不稀缺的资源的是（　　）。
   A. 医生　　B. 苹果　　C. 铁矿石　　D. 空气
5. 下列例子属于边际分析的是（　　）。
   A. 如果利润是正的，企业将建一个新工厂
   B. 如果新工厂增加的收益超过增加的成本，企业将建一个新工厂
   C. 如果在没有新工厂时，企业正承受货币损失，那么它将建一个新工厂
   D. 如果企业能便宜地建新工厂，它就会这样做

三、判断题

1. 经济学就是研究社会如何利用稀缺资源生产人类需要的产品和劳务。（　　）
2. 资源的稀缺性决定了资源一定可以得到充分利用。（　　）
3. 因为资源是稀缺的，所以产量是既定的，永远无法增加。（　　）
4. 微观经济学要解决的是资源配置问题，宏观经济学要解决的是资源利用问题。（　　）
5. 经济理性人是做事合情合理的人。（　　）
6. 有选择就有成本，这种成本就是会计成本。（　　）

四、问答题

1. 什么是经济学？学习经济学有什么意义？
2. 什么是资源的稀缺性？为什么说资源的稀缺性既是相对的又是绝对的？
3. 什么是经济学所谓的“选择”？它要解决哪些基本问题？
4. 什么是微观经济学和宏观经济学？它们之间的关系如何？
5. 微观经济学和宏观经济学的研究假设分别是什么？为什么要设定基本假设？
6. 什么是资源利用？它包括哪些基本问题？
7. 你要完成大学学业有哪些机会成本？

拓展应用

关于大学生占座现象的经济学分析

占座这一现象在生活中时有发生，在大学校园里更是司空见惯。无论是三九严冬，还是夏日酷暑，总有一帮“占座族”手持书本忠诚地守候在教学楼前，大门一开，争先恐后地奔入教室，瞅准座位，迅速地将书本等物置于前排桌上，方才松一口气，不无得意地守护着自己的“殖民地”。后来之人，只能望座兴叹，屈居后排，其上课的视听效果难免要打折扣，因而牢骚声四起，大呼“占座无理”。

从经济学角度看，当我们假设所有人都是理性人时，理性人就要追求利益最大化；制度本身不涉及道德问题，一项制度的制定如果能够满足理性人利益最大化的追求，体现普遍意义上的公平正义，它就是一项合理的制度。下面将运用经济学原理对大学生占座行为的合理性予以分析。

（1）占座——理性人的选择。占座意味着什么？意味着你可以拥有令你满意的座位，可以不必伸长脖子穿过重重障碍捕捉老师的每个动作、每个眼神，可以不必端起眼镜费神地辨认黑板上的板书，可以不必伸长耳朵生怕漏听了什么，而这一切都意味着当你和你的同学同样用心时，你比他们更容易集中精神，获得更好的听课效果，最终得到更优异的成绩，而这一切都仅仅是因为你占了个好座位。

当然，天下没有免费的午餐，你需要为占座付出一定的代价。你可能无法在床上多躺一会儿，可能无法吃顿悠闲的早餐，这些是你为占座付出的机会成本。这里的关键在于机会成本与收益比较孰轻孰重。对于一个学生而言，取得好成绩的意义是不言而喻的，而占座的机会成本，当你用积极的态度看待它们时完全可以被压缩到很小，甚至为负值——早起有益于身体健康，精力充沛，而把时间浪费在早餐上是没有必要的。这么看来，你为占座付出的机会成本是很小的，而得到的收益却大得多，因此占座无疑是理性人的最佳选择。

（2）替他人占座——理性人考虑边际量。实际生活中，占座的同学往往不仅为自己占座，还会为自己的室友占座。当然，这可能表明这些同学比较体贴周到。但是，从经济学角度看，这里包含了“理性人考虑边际量”的原理。如果你已经提前赶到了教室，多占个座位对你来说不过是举手之劳而已。因为你为此付出的边际成本几乎为零，但这一行为的边际收益则是显而易见的。首先，你的室友可能会认为你很体贴，并因此提高对你的评价；其次，即便是你所服务的人不认为这是美德的表现，而将之视为一项投资，那么遵循等价交换的原则，在适当的场合时，他也必定会为之付出某种方式的回报。这种情况，通俗地讲叫“顺水人情”，本小利大，何乐而不为呢？

（3）固定占座人——发挥相对优势使交易群体获利。如果一个寝室每天需要有一个人负责占座，那么是每天轮流由不同的人充当占座人好呢，还是由固定专人占座好呢？答案是后者。这体现了人们发挥自己的相对优势，并将之与具有其他相对优势的人进行交易，从而使得交易各方从中获利的经济学原理。

规定轮流占座并非不可，大家的收益并未改变，问题在于，不同的人在这件事上的机会成本是不同的。例如，学生 A 习惯于晚睡，因此早起半个小时对他来说无异于酷刑加身，勉强爬起来完成“神圣使命”，可能会导致一天的无精打采，哈欠连天；相反，学生 B 习惯早起，占座对他来说不费吹灰之力；而学生 C 则不仅可以早起，而且拥有代步工具——自行车，占座对他来说更加容易。三者在占座这一行为上的相对优势为 C>B>A。那么当在他们之中进行选择时，学生 C 无疑是最合适的，而学生 A 也许可以利用晚睡的时间为大家提水，学生 B 也许可以利用早起的时间为大家买早餐。于是各自发挥相对优势，结果使整个交易群体从中获利。

（4）座位轮换制——另一种制度设计的优劣。抨击占座的人，往往会指出占座违背了公平原则，每个人都应当平等地拥有坐好座位的机会。于是他们提出自己认为公平的制度——座位轮换制，即每人编号入座，每周逐排调整。这是否就是一种最好的方案呢？

这种制度的优越性在于：首先，它的操作性较强，同时它为人们提供了明确的预期。你可以不必为占座费心，因为座位就在那里等着你，因此你可以更灵活地安排自己的时间。其次，正如它的支持者所言，在长期内每个人都有机会坐上好座位，于是实现了一种表面上的公平。

这种制度的弊端在于：它极有可能引发无效率的结果，因此从实质上背离了公平原则。首先，由于它是建立在非个人意志自由选择基础上的强制性做法，于是就会出现两种情况：情况一，那些给予某些座位最高评价的人得不到该座位；情况二，某些人可能由于对这门课程不感兴趣而对这些座位评价很低。于是这些座位无法在他们身上发挥最大效用，甚至还会由于他们的逃课而导致座位的无谓损失。因此，座位轮换制显然使前面论及的种种占座所带来的好处都无法实现。

综上所述，不难发现座位轮换制弊大于利，而导致其无效率的根本原因在于其违背了竞争原则。考察座位轮换制，我们会发现它与计划经济思维模式是何其相似，而几十年单一计划使经济落后的教训告诉我们，竞争观念必须加强。

（5）运用“行政”手段——对占座无效率的克服。前面我们分析了占座带来的种种优越性。但是，这一制度在具体实施中由于运用不当也可能造成无效率的情况出现。因此，我们还需进一步讨论对这种无效率的抑制。例如，如果 8 点上课，而楼门 6 点就打开了，由于竞争的存在，这意味着占座者必须 6 点前赶到，这样便加大了占座者的机会成本。于是，在一定情况下，当人们认为占座的机会成本超过了其收益时，便会退出竞争，从而享受不到占座带来的优越性。

思维导图

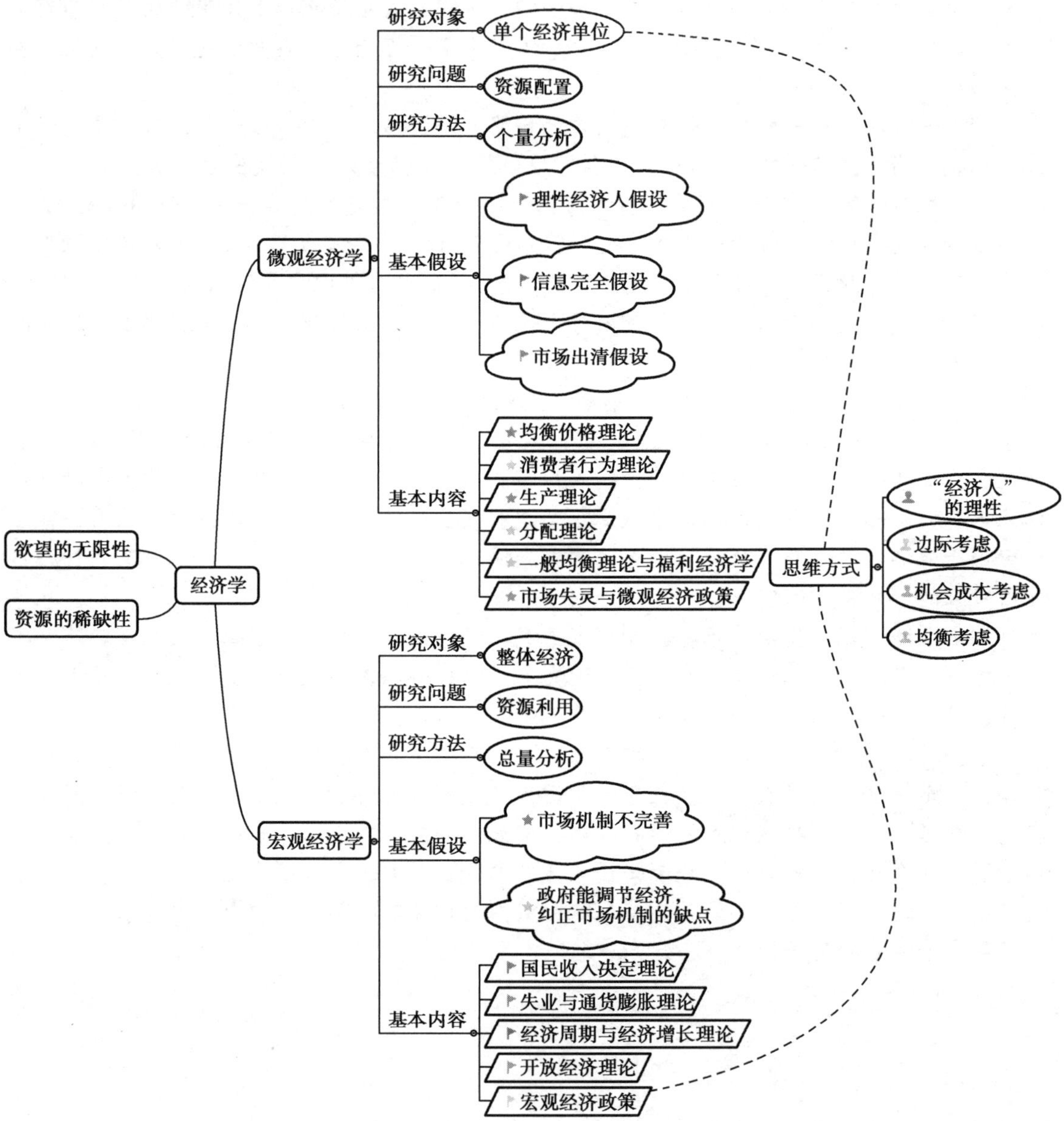
经济学
欲望的无限性
资源的稀缺性
微观经济学
研究对象
单个经济单位
研究问题
资源配置
研究方法
个量分析
基本假设
理性经济人假设
信息完全假设
市场出清假设
基本内容
均衡价格理论
消费者行为理论
生产理论
分配理论
一般均衡理论与福利经济学
市场失灵与微观经济政策
宏观经济学
研究对象
整体经济
研究问题
资源利用
研究方法
总量分析
基本假设
市场机制不完善
政府能调节经济，纠正市场机制的缺点
基本内容
国民收入决定理论
失业与通货膨胀理论
经济周期与经济增长理论
开放经济理论
宏观经济政策
思维方式
“经济人”的理性
边际考虑
机会成本考虑
均衡考虑

项目二　把握价格内在规律

学习目标

知识目标：

▲ 理解需求与供给的概念及其影响因素；

▲ 理解需求定理与供给定理；

▲ 掌握均衡价格的形成及变动；

▲ 理解市场的基本运作规律；

▲ 理解需求价格弹性的概念、分类及影响因素；

▲ 熟悉需求价格弹性和供给价格弹性理论及其应用。

能力目标：

▲ 能够运用价格理论分析具体的经济现象；

▲ 能够正确理解市场机制的作用规律；

▲ 能够运用需求定理和供给定理分析具体社会现象；

▲ 能够运用弹性理论分析具体经济现象。

学习经济学是再简单不过的事了，你只需要掌握两件事：一个叫需求，另一个叫供给。

——美国经济学家　保罗·萨缪尔森

任务一　掌握市场供需变化规律

【社会现象】

洛 阳 纸 贵

《晋书·文苑·左思传》中记载：西晋太康年间出了位很有名的文学家——左思。在左思小时候，他父亲就一直看不起他，常常对外人说后悔生了这个儿子。等到左思成年，他父亲还对朋友们说："左思虽然成年了，可是他掌握的知识和道理，还不如我小时候呢。"左思不甘心受到这种鄙视，开始发奋学习。

经过长期准备，他写出了一部《三都赋》，依据事实和历史的发展，把三国时魏都邺城、蜀都成都、吴都南京写入赋中。当时人们都认为其水平超过了汉朝班固写的《两都赋》和张衡写的《二京赋》。一时间，《三都赋》在京城洛阳广为流传，人们啧啧称赞，竞相传抄，一下子使洛阳纸贵了几倍。原来每刀千文的纸一下子涨到两三千文，后来竟倾销一空。不少人只好到外地买纸，抄写这篇千古名赋。

讨论："洛阳纸贵"的根本原因是什么？

【理论基础】

微观经济学的核心理论是价格理论，几乎所有分析都涉及价格，而价格规律是由需求和供给共同决定的，由此可以看出供求在经济学中的重要性。

一、市场概述

1．市场机制

我们通常想当然地认为经济会顺利运行，当你走进一家超级市场时，你想要的东西——面包、麦片、香蕉等通常都摆在货架上，付款之后你就可以将它们打包带走，然后美美地享用。世上还有什么事比这更简单呢？如果稍加思考并仔细观察一下，你会对每天为你提供面包等食品的市场机制赞叹不已，因为这些食品在提供给你之前可能已经经历了 5 个或 10 个环节，它们成年累月地穿越地球上的很多个国家和角落，先后经过农民、食品加工者、包装员、运货员、批发商、零售商等一整套链条，整个过程似乎是一个奇迹：适量的食品被生产出来，被运送到合适的地点，并最终以美味可口的形式出现在餐桌上。

但真正的奇迹是，整个体系运行过程中，没有人进行统一指导或强制运作，成千上万个企业和消费者自发地进行交易，他们的活动和目的通过看不见的价格和市场机制得以协调。没有人决定生产多少鸡肉、货车将其运往哪里，以及超级市场何时开业。然而，最终当你需要之时，食品便会出现在商店里。

如果仔细观察我们的经济，就很容易发现市场无时无刻不在我们周围创造类似的奇迹，成千上万个人无须统一指导或指令性计划，自愿地生产出许许多多的产品。事实上，除了极个别的例外（如军队、政府和学校），我们的大部分经济生活都是在没有政府干预的情况下进行的，这才是人类社会真正的奇迹所在。

市场经济是一部复杂而精良的机器，它通过价格和市场体系对个人和企业的各种经济活动进行协调。它也是一部传递信息的机器，能将不可胜数的个人知识和活动汇集起来，在没有集中的智慧或计算的情况下，解决了一个连当今世界上最快的超级计算机也无能为力的、涉及亿万个未知变量或相关关系的生产和分配等问题，且并没有人去刻意地加以管理，但是市场却一直相当成功地运行着。

市场如何决定价格、工资及产出？

最初，市场是买卖双方面对面进行交易的实实在在的场所。农民将自己的产品拿到集市或城镇上出售。在那里满目都是黄油、乳酪、活鱼、蔬菜等人们十分熟悉的东西。更通俗地说，市场应被理解成买卖双方决定价格并交换物品或劳务的机制。从艺术到污染，几乎每样东西都存在相应的市场。市场可以是集中的（如股票市场），也可以是分散的（如房地产或劳动力市场），甚至可以是电子化的（如许多金融资产或服务是通过计算机进行交易的）。市场的最关键特征是将买卖双方汇集到一起，共同决定商品的价格和成交的数量。

在市场体系中，每样东西都有价格，即物品的货币价值。价格代表了消费者与企业愿意交换各自商品的条件。举例来说，如果我同意以 4 050 美元的价格购买交易商的“二手货”福特轿车，这就表明该汽车对于我的价值高于 4 050 美元，而这一价格也高于交易商眼中该汽车的价值。这样，二手汽车市场就决定了二手福特车的价格，并通过自愿交易将汽车分配给那些认为对其具有最高价值的人。

对于生产者和消费者来说，价格还是一种信号。如果消费者需要更多数量的某种物品，该物品的价格就会上升，从而向生产者传递出供给不足的信号。例如，每年夏天，由于许多家庭会外出旅行，汽油的需求量会大幅度上升，从而油价也会上升。较高的价位一方面刺激石油公司增加产量，另一方面抑制旅行者延长行程的愿望。又如，如果某一物品，如汽车，出现积压，则急于降低库存的代理商和汽车公司就会降低汽车的价格。在较低的价位上，更多的消费者会购买汽车，同时，生产者将会减少汽车的生产量，买卖双方之间会重新恢复平衡（也叫均衡）。

这个适用于消费市场的道理，同样也适用于生产要素市场，如土地市场和劳动力市场等。如果市场需要更多的计算机程序员而不是纺织工，那么计算机行业就会有更多的就业机会。计算机程序员的价格（每小时工资）就会趋于上升，而纺织工的价格则会趋于下降这种相对工资的变化会鼓励劳动力流向那些蓬勃成长的行业。

20 世纪 80 年代出现的护士危机体现了劳动力市场机制的作用。那个时期，医疗卫生部门迅速发展，对护士的需求量远远超过了受培训护士的数目。医院通过附加福利等措施吸引护士，包括住房补贴、廉价幼托，还有高达 1 万美元的奖金等。一家医院甚至为护士设立了抽奖活动，奖品是一家百货商场的礼品券。但真正吸引人们进入护士行业的还是工资的上升。1983—1992 年，注册护士的工资几乎上涨了 70%，相当于普通的会计师或建筑师的工资。工资的上升吸引了许多人进入护士行业。这样，截至 1992 年，绝大多数地区的护士短缺问题基本得到缓解。

在市场中，价格协调着生产者和消费者的决策。较高的价格抑制消费者购买，同时刺激生产；较低的价格鼓励消费，同时抑制生产。价格在市场机制中起着平衡的作用。

2. 市场均衡

在每个时间点，都有一些人正在购买，而另一些人正在出售；一些企业正在投资于新产品，而政府正在制定管制旧产品的法规；一些外国企业正在美国开设工厂，而美国的企业也正在将它们的产品销往海外。在这些喧嚣、混杂的活动之中，市场在不断地解决生产什么、如何生产和为谁生产的问题。当市场平衡了所有影响经济的力量时，市场就达到了供给和需求的平衡。

市场均衡代表了所有买卖双方之间的一种平衡。居民和企业愿意购买或出售的产品数量取决于价格。市场找到了正好平衡买卖双方愿望的均衡价格。过高的价格意味着产量太高从而产品过剩，太低的价格会引起买方排队和产品短缺。在某个价格水平上，若买方愿意购买的数量正好等于卖方愿意出售的数量，这一价格就形成了供给和需求的平衡。

3. 市场与三大经济问题

我们知道了单个市场上价格如何平衡消费和生产（或需求和供给）的问题，那么若将所有单个市场——汽油、汽车、土地、劳动力、资本和其他任何物品市场放在一起来考虑时，会出现怎样的情况呢？这些单个市场将会同时发生作用并共同决定价格和产量的一般均衡。

在让每个市场上的买卖双方（需求方和供给方）相匹配的过程中，市场经济同时解决了生产什么、如何生产和为谁生产这 3 个问题。

（1）生产什么商品和劳务，主要取决于消费者的货币选票，并不是每两年或每 4 年到选举场所去投票，而是每天都在进行购买决策。他们支付给企业收款机的货币最终构成了工资、租金和红利，这些名目再由消费者以劳工的身份收回，作为其所获得的收入。

从企业方面看，其经营行为会受到“利润最大化愿望”的驱使（利润即净收益，等于总销售额和总成本之间的差额）。根据市场信号，企业既会因为利润低而离开亏损的行业，也会受高利润吸引转而生产需求较高的物品。一个熟悉的例子是好莱坞，如果一部电影获得了巨额利润，如有关恐龙或邪恶科学家的故事，那么其他制片商就会争先恐后地加以效仿。

（2）如何生产，主要取决于不同生产者之间的竞争。为了对付价格竞争和取得最大利润，生产者的最佳方法便是用效率最高的生产技术将成本降到最低点。有时技术改进是渐进的，往往只是改善机器性能或调整投入组合以获得成本优势，这在竞争市场中非常重要。而有时技术会带来巨大变革。例如，由于蒸汽每单位有用功的成本更低，因而蒸汽汽车取代了马车；又如，相比火车、汽车，飞机成了效率最高的长途运输工具。今天的“互联网+”时代下，社会的各个领域都处于一个天翻地覆的技术转型时期。

（3）为谁生产，主要取决于生产要素市场上的供给与需求。要素市场决定了工资、地租、利息和利润的水平。这些价格被称为要素价格。一个人可能分别从工作、股票、存款、财产上获得工资、红利、利息和租金。把要素取得的所有收益加在一起，可以计算出它的市场收入。因此，收入在居民之间的分配取决于他们所拥有的要素数量（人、小时、亩等）和价格（工资、地租等）。

但要注意，收入不仅体现辛苦劳动和节俭积蓄的报酬，高收入也可能来源于遗产继承、好运气、有利的位置和为市场所重视的技术。人们通常将低收入者描绘为懒虫，而事实上，低收入的原因通常是教育水平低、种族歧视或者生活在就业机会少或工资低的地区。当看到某人失业时，我们也许会说：“感谢供给和需求的恩惠，否则我也会失业。”

4．市场的统治者

谁统治市场经济？是诸如通用电气和美国电报电话这样的大公司发号施令，还是国会和总统，抑或是大广告商？若仔细考察一个市场的组织结构，就会发现消费者和技术是市场的双重君主。消费者根据自己先天或后天的偏好，以他们的货币选票加以表达，指明社会资源的最终用途，在生产可能性边界上的各个点之间进行选择。

但是，仅靠消费者并不能决定生产什么产品，可供利用的资源和技术对消费者的选择构成了一种基本约束。经济不能超越它的生产可能性边界。有通往中国香港的航班，但却没有通往火星的航班。经济资源与可供利用的科学技术一起限定了消费者花钱消费的对象。消费者的需求必须同企业所能提供的商品紧密结合。因此，企业的加工和供给决策同消费需求一起决定了生产什么。当然，并非每种技术都有其实际用途，历史上出现过许多没有市场的产品。无用的产品如何消亡？是否存在一个政府机构专门宣布新产品的价值？答案是不存在这种不必要的机构。是利润在奖励或惩罚企业并引导市场机制。

正如骑驴的人用胡萝卜和大木棒来驱使驴前进一样，市场用利润和亏损引导企业有效率地生产出符合需要的产品。

知识拓展

生产可能性曲线

由于整个社会的经济资源是有限的，所以当这些经济资源都被充分利用时，增加一定量的一种产品的生产，就必须放弃一定量的另一种产品的生产。整个社会生产的选择过程形成了一系列产品间的不同产量的组合，所有这些不同产量的组合就构成了社会生产的可能性边界。假设一个社会把其全部资源用于X和Y两种产品的生产，那么生产可能性曲线可用图2.1表示。

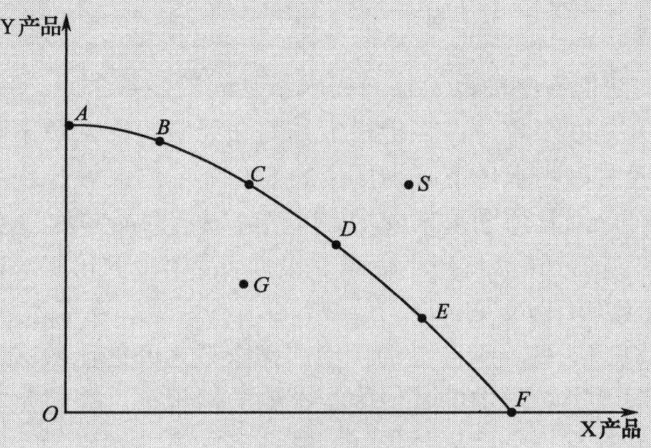

图2.1 生产可能性曲线

图2.1中，*A*、*B*、*C*、*D*、*E*、*F*点的连线表示一个社会在资源有限、技术一定的情况下，所能生产的X产品和Y产品的不同产量的组合，它规定了在既有资源约束下所能达到的产量组合边界。在曲线上的任意一点都表示全部资源被利用时社会可接受并得到的产量组合；曲线以外的*S*点是产量达不到、不能成立的，因为没有足够的资源；曲线以内的*G*点可以达到，但资源没有充分利用。因此，生产可能性曲线又称生产可能性边界，它可以说明不同的资源配置取向。

二、需求理论

1. 需求的含义

需求指的是消费者在一定时期内在各种可能的价格水平愿意而且能够购买的该商品的数量。这种需求指的是消费者想得到某种商品的愿望。需求不是自然和主观的愿望，而是有效的需要，它需要满足两个条件：消费者有欲望的购买和有能力的购买。所以，需求=购买欲望+购买能力。

2. 需求定理

一种商品的需求数量是由许多因素共同决定的，其中最直接的影响因素就是商品的价格。一般来说，在其他影响因素不变的情况下，如果商品降价，人们就会增加对这种商品的购买；如果商品涨价，人们就会减少对这种商品的购买，转而去购买其他价格较低的替代品或互补品。

商品的需求量与价格呈反方向变化的关系称为需求定理，即需求量随着商品本身价格的上升而减少，随着商品本身价格的下降而增加。我们可以通过某商品价格与需求量的需求表来分析需求的变动，如表 2.1 所示。

表 2.1 某商品的需求表

价格—需求量组合	*A*	*B*	*C*	*D*	*E*	*F*	*G*
价格（元）	1	2	3	4	5	6	7
需求量（单位数）	700	600	500	400	300	200	100

从表 2.1 中可以清楚地看到商品价格与需求量之间的函数关系。例如，当商品价格为 1 元时，商品的需求量为 700 个单位；当价格上升为 2 元时，需求量下降为 600 个单位；当价格进一步上升为 3 元时，需求量下降为更少的 500 个单位；等等。

以上函数关系也可以用几何图形来表示。以横轴表示商品的数量 Q（因变量），纵轴表示商品的价格 P（自变量），建立直角坐标系。根据表 2.1 中的价格—需求量的组合点，在二维坐标中描绘相应的点 A、B、C、D、E、F、G，然后顺次连接这些点，便得到如图 2.2 所示的平滑连续曲线 Q_d。这种表示商品的价格和需求量之间的函数关系的曲线称为需求曲线。需求曲线显示了假设影响需求的其他因素不变的情况下，在特定价格水平需求者能够购买的数量。需求曲线具有一个明显的特征，它是向右下方倾斜的，即它的斜率为负值。它表示：在一般情况下，商品的价格越高，对它的需求量就会越少；反之亦然。

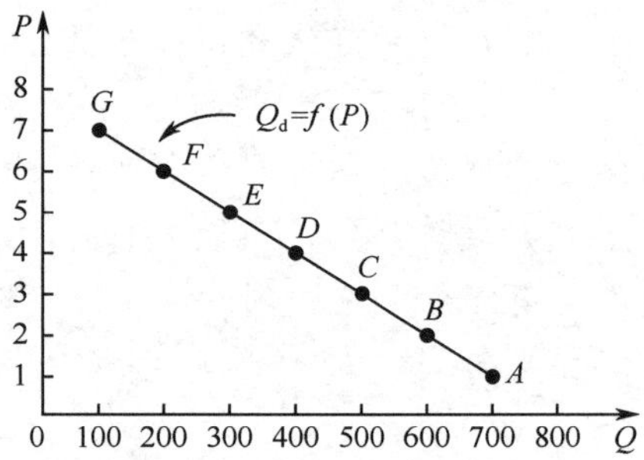

图 2.2 某商品的需求曲线

3. 需求的其他影响因素

（1）相关商品的价格。当一种商品本身的价格保持不变，而与它相关的其他商品的价格发生变化时，这种商品本身的需求量也会发生变化。相关商品主要包括替代品和互补品。

替代品是指那些功能相似、可以相互替代以满足人们同种需要的商品。例如，当面包的替代品——蛋糕的价格上升时，人们往往会减少对蛋糕的购买，从而使得面包的需求量增加；反之，则减少。

互补品是指那些功能相互补充才能满足人们某种需要的商品。例如，当汽油价格上涨时，在汽车价格不变的情况下，人们对汽车的需求数量会减少。

（2）消费者的收入水平。消费者的收入水平对商品需求量的影响可分为两种情况。第一种情况是，对于一般商品来说，当消费者的收入水平提高时，商品的需求量会增加；相反，当消费者的收入水平下降时，商品的需求量会减少。然而，第二种情况是，对于低档商品而言，消费者的收入水平与商品的需求量呈反方向变化。

（3）消费者偏好。当消费者对某种商品的偏好程度增强时，该商品的需求量会增加；相反，偏好程度减弱，需求量就会减少。消费者偏好是一种心理因素，它更多地受到人们生活与社会环境，特别是当时当地的社会风俗习惯的影响。

（4）消费者对商品的价格预期。当消费者预期某种商品的价格在将来某一时期会上升时，该商品的现期需求量会增加；反之，当消费者预期某种商品的价格在将来某一时期会下降时，该商品的现期需求量就会减少。

（5）其他因素。时间变化、人口数量变动、政府消费政策、消费者对未来的收入预期、天气变化等也都会影响需求数量。

知识拓展

需求定理的例外——吉芬现象

需求定理也有例外的情况，有的东西越贵，人们越愿意去买。1845 年，爱尔兰爆发了大灾荒，虽然土豆的价格在饥荒中急剧上涨，但爱尔兰农民反而增加了对土豆的消费。英国学者罗伯特·吉芬通过调查分析发现根源所在：在饥荒这样的特殊时期，面包、肉类、土豆的价格都上升了，但人们的收入大大减少，更买不起面包、肉类，相对便宜的土豆便成为人们的首选，这样对土豆的需求反而增加，使得土豆的价格增长比其他食品类的价格增长更快。后来人们为了纪念吉芬，就把吉芬发现的这种价格升高而需求量也随之增加的经济现象叫吉芬现象，简单地说就是越买越高。

经济学家认为，吉芬现象是市场经济中的一种反常现象，是需求规律中的例外，但也是一种客观存在的现象，是人们无法回避的。在特定的条件下，吉芬现象总是会以不同的形式出现，比如房市，房价涨得越来越快，而买房子的人却越来越多，许多没钱的人也在想方设法购买，借钱、按揭、攒钱……无不希望自己是“有房一族”的美梦早日成真。其实在股票市场上也存在吉芬现象，如当一种股票价格上扬的时候，人们都会疯狂地抢购这种股票。而当一种股票价格下跌的时候，购买这种股票的人反而很少，拥有的人也希望尽快抛出去。越高越买，人们是为了最大限度地获取利润，股票价格升高，说明投资者有利可图。

吉芬现象还常常被商家利用。例如，在“非典”时期，个别商家就是利用了人们的恐慌心理，哄抬物价。而为了迎合部分高消费群体的需求，商家也不失时机地推出了高价礼品，价格越高，越能够显示出对送礼对象的高度重视。于是中秋节出现上万元一盒的月饼，饭店里出现数万元一桌的饭菜也就不足为奇了。

在当年的爱尔兰，土豆价格越高人们越买是因为在贫困中人们为了维持生存的一种不得已的选择。在灾难时期，越高越买是出于一种恐慌心理，害怕以后价格会涨得更高。而一些首饰、服装、礼品等，人们越高越买则是为了显示自己的身价，提升自己的社会地位。

三、供给理论

1．供给的含义

供给指的是生产者在一定时期内在各种可能的价格水平愿意而且能够提供出售的该商品的数量。这种供给是指有效供给，它必须满足两个条件：生产者有出售商品的愿望和供应商品的能力。供给是出售愿望与供给能力的统一，如果只有供给能力而无出售愿望，那么就不能形成实际的供给。所以，供给=出售愿望+供应能力。

2．供给定理

一种商品的供给数量受到多种因素的影响，其中价格对供给起着特殊的作用：当某种商品价格较高时，生产或出售这种商品就有利可图，因此，供给量也较大；相反，当某种商品价格较低时，出售这种商品的获利较少，供给量也会较小。这种在其他影响因素不变的情况下，商品的价格与供给量呈同方向变化的关系，称为供给定理，即供给量随着商品本身价格的上升而增加，或者随着商品价格的下降而减少。我们可以通过某商品价格与供给量的供给表来分析供给的变动，如表 2.2 所示。

表 2.2　某商品的供给表

价格—供给量组合	*A*	*B*	*C*	*D*	*E*
价格（元）	2	3	4	5	6
供给量（单位数）	0	200	400	600	800

从表 2.2 中可以清楚地看到商品的价格和供给量之间的函数关系。例如，当价格为 6 元时，商品的供给量为 800 个单位；当价格下降为 4 元时，商品的供给量减少为 400 个单位；当价格进一步下降为 2 元时，商品的供给量减少为 0。

对于以上函数关系，可以以横轴表示商品数量，纵轴表示商品价格。在二维坐标上，把根据供给表中商品的价格—供给量组合所得的相应的 *A*、*B*、*C*、*D*、*E* 点连接起来就是该商品的供给曲线（见图 2.3）。从图 2.3 中可以看出，供给曲线是一条向右上方倾斜的曲线，表明商品的供给量与价格一般是正相关的。供给曲线显示了假设影响供给的所有其他因素不变的情况下，在特定价格下生产者能够供给的数量。

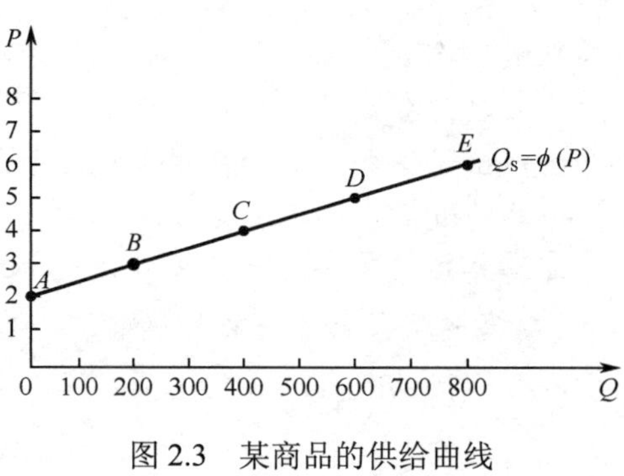

图 2.3　某商品的供给曲线

知识拓展

供给定理的例外——劳动

许多经验表明，大多数商品的供给都符合供给定理，不过也有例外的情况。例如劳动的供给，工资作为劳动这一商品的价格，当工资水平开始提高时，劳动的供给增加，但待工资上升到一定水平后，劳动者感到对货币的需要并不迫切了，此时工资再上升，劳动的供给也不会增加，甚至还可能减少，因为劳动者可能认为休息或从事其他文化、教育、娱乐等活动更为迫切、更加重要。

另外，还有某些无法多生产的商品或孤品，即使出价再高也无法增加供给数量，如古玩、古画的拍卖等。

3．供给的其他影响因素

（1）生产成本。在商品自身价格不变的条件下，生产成本上升会减少利润，从而使得商品的供给量减少；相反，生产成本下降会增加利润，从而使得商品的供给量增加。

（2）生产技术水平。一般情况下，生产技术水平的提高可以提高劳动生产率，降低生产成本，增加生产者的利润，生产者会增加产量。

（3）相关商品的价格。当一种商品的价格保持不变，而和它相关的其他商品的价格发生变化时，该商品的供给量会发生变化。例如，对某个种植大豆和玉米的农户来说，在玉米价格不变和大豆价格上升时，该农户就可能增加大豆的耕种面积而减少玉米的耕种面积。

（4）生产者对商品的价格预期。如果生产者对商品的价格预期是乐观的，如预期商品的价格会上涨，生产者会减少现期的供给量而增加未来的供给计划；如果生产者对商品的价格预期是悲观的，如预期商品的价格会下降，生产者会增加现期的供给量而减少未来的供给计划。

（5）政府税收和扶持政策。政府提高税收，实际上会提高产品的成本，生产者的负担加重，供给就会减少；反之亦然。

知识应用

歌星的高收入合理吗

某歌手一场演唱会的出场费是几十万元人民币，是普通人几年或几十年的收入，老百姓对此难免有不平衡之感。由于歌星的主要收入来源是门票收入，我们可以分析演唱会门票的价格。如果想听演唱会的人数增加了，而歌手的供给不变，则门票的价格就会上升，由于演唱会举办方与歌手都能从高价的门票中得到更多的收益，他们会增加演唱会的场次；同理可以推出，如果没有那么多歌迷，需求减少，门票的价格必然下降，他们会减少演唱会的场次。如果歌手增加，门票的价格也会下降，演唱会的场次会增加；同理可以推出，歌手减少，门票的价格会上升，演唱会的场次会减少。这就是经济学分析的供求规律。

课堂活动

（1）鸦片战争以后，英国商人为打开中国这个广阔的市场而欣喜若狂。当时英国棉纺织业中心曼彻斯特的商人估计，中国有4亿人，假如有1亿人晚上戴睡帽，每人每年两顶，整个曼彻斯特的棉纺厂日夜加班生产也不够，何况还做衣服呢！于是，他们把大量洋布运到中国。但结果与他们预想的相反，中国人没有戴睡帽的习惯，衣服也用自产的丝绸或土布缝制，洋布根本卖不出去。请问英国商人失算的原因是什么？

（2）1990年伊拉克入侵科威特导致了紧随其后的汽油价格的大幅上涨。消费者害怕由于供给被切断而引发未来的石油短缺，于是疯狂地囤积汽油。随着汽油价格的上涨，消费者大量地购入汽油，而不是减少消费量。为什么？请用经济学原理解释。

任务二　明确价格的形成与变动

【社会现象】

牛肉面限价

2007年，兰州市民发现，他们钟爱的牛肉面竟一夜之间涨价了。一小碗牛肉面由原来的2.3元上涨到2.8元，一大碗牛肉面由原来的2.5元上涨到3元。许多市民惊呼：吃不起牛肉面了！兰州物价部门在“掂量”了“牛大碗”的轻重厚实后首次限定：凡兰州市普通级牛肉面馆，大碗牛肉面售价不得超过2.5元/碗，小碗与大碗差价为0.2元/碗，违规者将严厉查处。但是，老百姓似乎并不买账。

讨论：老百姓为什么对牛肉面限价不买账？

【理论基础】

商品的价格是如何决定的呢？微观经济学中的商品价格是指商品的均衡价格。商品的均衡价格是在商品的市场需求和市场供给这两种相反力量的相互作用下形成的。

一、均衡价格的含义

均衡价格是指商品的市场需求量和市场供给量相等时的同一价格。在均衡价格水平下的相等的供求数量被称为均衡数量。从几何意义上说，一种商品市场的均衡出现在该商品的市场需求曲线和市场供给曲线的交点上，而该交点则被称为均衡点。均衡点上的价格和相等的供求量分别被称为均衡价格和均衡数量。

将图2.2中的需求曲线和图2.3中的供给曲线绘制在同一个二维坐标上，可以得到图2.4。在图2.4中，需求曲线Q_d和供给曲线Q_s相交于E点，故E点为均衡点。在均衡点E上的均衡价格P=4，均衡数量Q=400。显然，在均衡价格为4元的水平，消费者的购买数量和生产者的销售数量是相等的，都为400个单位。因此，这样的一种状态便是使买卖双方都感到满意，并愿意持续下去的均衡状态。均衡价格就是消费者为购买一定的商品所愿意支付的价格与生产者为提供一定的商品所愿意接受的供给价格一致的价格。

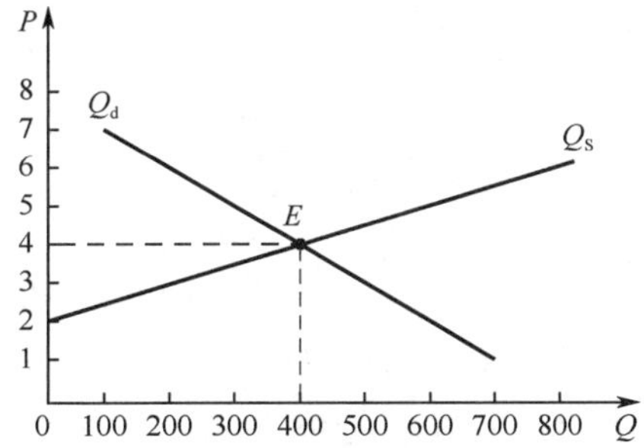

图 2.4 均衡价格的决定

市场均衡分为局部均衡和一般均衡。如果市场上只有一种或几种商品达到供求平衡，这是局部均衡；如果所有商品都达到了供求平衡，这就是一般均衡。必须强调，一般均衡才是真正的价格均衡，局部均衡只是暂时的价格均衡。

二、均衡价格的变动

在市场上，由于供给和需求力量的相互作用，市场价格趋向于均衡价格。均衡价格是在市场上供求双方的竞争过程中自发地形成的。均衡价格的形成也就是价格决定的过程。因此，价格也就是由市场供求双方的竞争所决定的。

一般来说，供需平衡时，市场价格就是均衡价格。当市场价格偏离均衡价格时，通常在市场机制的作用下，这种供求不相等的非均衡状态会逐步消失，自动恢复到均衡价格水平：当市场价格高于均衡价格时，商品供给量大于需求量，出现商品过剩，一方面会使需求者压低价格，另一方面会使供给者减少商品供给量，这样商品的价格必然下降到均衡价格水平。相反，当市场价格低于均衡价格时，需求量大于供给量，出现商品短缺，一方面迫使需求者提高价格，另一方面使供给者增加商品的供给量，这样该商品的价格必然上升，并一直上升到均衡价格水平。

在其他条件不变的情况下，需求与供给变动对均衡价格的影响如下。

（1）需求变动引起均衡价格与均衡数量同方向变动。即需求增加，均衡价格上升，均衡数量增加；需求减少，均衡价格下降，均衡数量减少。

（2）供给变动引起均衡价格反方向变动，均衡数量同方向变动。即供给增加，均衡价格下降，均衡数量增加；供给减少，均衡价格上升，均衡数量减少。

鲁迅先生在《藤野先生》一文中有这样的句子：“大概是物以稀为贵罢。北京的白菜运往浙江，便用红头绳系住菜根，倒挂在水果店头，尊为‘胶菜’；福建野生着的芦荟，一到北京就请进温室，且美其名曰‘龙舌兰’。”供需不平衡导致这些商品的尊贵，因此，白菜在浙江能卖出好价钱，而芦荟在北京也能卖出好价钱。而“洛阳纸贵”的故事则说明了供不应求导致纸的市场价格成倍增长。

知识应用

七爷买黄连

电视剧《大宅门》片段：七爷一行人在药材市场先是高价购买黄连 100 斤（1 斤= 0.5 千克），继而放出口风说还需要 1 000 斤，并持币待购。各药商见有利可图纷纷收进黄连。结果几天内市场上黄连泛滥，价格狂降，七爷等人此时买进大宗黄连，节省了大批银两。商品供不应求，买者争相抢购，价格上涨，形成卖方市场；商品供过于求，卖者争相出售，价格下降，形成买方市场。

三、均衡价格的应用

1．最高限价（天花板价格）

最高限价也称限制价格，是政府所规定的某种产品的最高价格。由于最高价格总是低于市场的均衡价格，所以通常导致该种产品供不应求。

图 2.5 是政府对某种产品实行最高限价的情形。政府实行最高限价政策，规定该产品的市场最高价格为 P_0。由图 2.5 可见，最高限价 P_0 小于均衡价格 P_e；且在最高限价 P_0 的水平，市场需求量 Q_2 大于市场供给量 Q_1，因此市场上出现供不应求的情况。

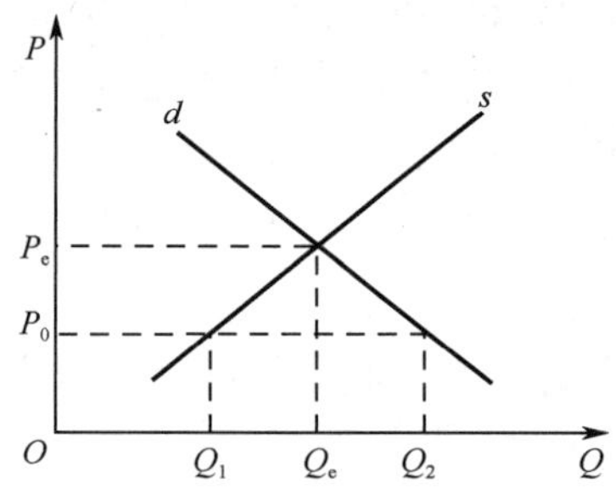

图 2.5 最高限价

政府实行最高限价的目的往往是抑制某些产品价格的上涨，有利于社会平等的实现，有利于社会的安定，以及应对通货膨胀。当然，为了限制某些行业，如一些垄断性很强的公用事业的价格，政府也会采取最高限价的做法。然而，政府这样的做法也会带来一些不良影响。最高限价下的供不应求会导致市场上消费者的排队抢购和黑市交易的盛行。在这种情况下，政府往往又不得不采取配给的方法来分配产品。此外，生产者也可能粗制滥造，降低产品质量，形成变相涨价。

正是因为以上原因，经济学家都反对长期采用限制价格政策，一般只在战争或自然灾害等特殊时期才使用。

知识应用

为什么票贩子屡禁不止

看过病的人都知道在一些名牌医院挂专家门诊号有多难。价钱倒不贵，2000 年，北京协和医院治疗门诊的挂号费最高价格为 14 元，这是政府规定的专家门诊的最高价格[1]。制定这种政策的目的是为了保证穷人也能找专家看病，但它却引起了什么后果呢？

由于价格低，无论大病、小病，人人都想看专家门诊。这样，供给量小于需求量，存在短缺。在存在短缺但价格又不能提高的情况下，解决供给小于需求的方法有 3 种：配给（由医院决定谁能看专家门诊）、排队和黑市。黑市交易是票贩子和患者之间的交易。票贩子是一批以倒号为业的人，他们或拉帮结伙装成患者挂号，或者与医院有关人员勾结把号弄到手，然后以黑市的均衡价格（如 100 元）卖给患者。尽管公安部门屡次打击票贩子，但由于有丰厚的利润，票贩子屡禁不止。医院为了对付票贩子，实行了持身份证挂号的实名制看病，但仍没有解决问题，变化只是票贩子由卖号变为卖排队的位置。可见，只要存在限制价格，短缺就无法消除，票贩子也就绝不会消失。

票贩子的存在既损害了患者的利益，又损害了专家的利益。患者不得不付出高昂的挂号费，而这种费用又不由专家所得。在我们举的例子中，限制价格 14 元是医院得到的价格，患者却付出了 100 元，其间的差额 86 元归票贩子及提供专家门诊号的人所得。政府有关部门制定限制价格的意图也许是为了维护消费者的利益，但实际上却损害了消费者的利益。

从经济学的角度看，消除票贩子的办法不是“加大打击力度”等，而是取消对专家挂号费的限制价格政策。一旦价格放开，挂号费上升，想看专家门诊的人就会减少（小病不找专家，大病、疑难病症才找专家），愿意看病的专家也能增加，最终实现供求相等。这时，票贩子无利可图，自然也就消失了。

当然，放开专家门诊涉及医疗制度的改革问题，如医院分级收费、医药分开及完善社会保障体系等。要解决专家门诊的供求矛盾，途径之一就是要放开价格，这也是医疗市场化改革的重要内容。

（资料来源：梁小民. 微观经济学纵横谈[M]. 北京：生活·读书·新知三联书店，2000.）

2．最低限价（地板价格）

最低限价也称支持价格，是政府所规定的某种产品的最低价格。最低价格总是高于市场的均衡价格，导致供给过剩。图 2.6 是政府对某种产品实行最低限价的情形。政府实行最低限价所规定的市场价格为 P_0。由图 2.6 可见，最低限价 P_0 大于均衡价格 P_e，在最低限价 P_0 的水平，市场供给量 Q_2 大于市场需求量 Q_1，市场上出现产品过剩的情况。

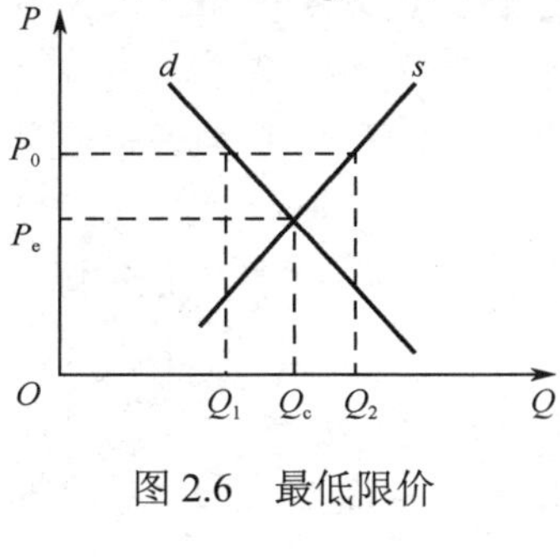

图 2.6 最低限价

1 2017 年 4 月 8 日，北京实施重大医疗制度改革，比如，包括北京协和医院在内的三级甲等公立医院取消挂号费，设立医事服务费，每次费用为 60 元、80 元等。

我国通过最低保护价收购、免缴农业税、粮补、直补等一系列惠农、支农政策，减轻了农民负担，提高了农民种粮的积极性，多年获得丰收。粮食丰产，价格必然下降，国家又推行支持价格政策。成立于2000年的大型国有企业——中国储备粮管理总公司一举收购了全国小麦总产量的40%，使小麦成功地实现了顺价拍卖。

支持价格的作用可以以农产品支持价格为例来说明：许多经济和自然条件较好的国家，由于农产品过剩，为了克服农业危机，往往采取农产品支持价格政策，以调动农民的生产积极性，稳定农业生产。农产品支持价格一般采取两种形式：一种是缓冲库存法，即政府或其代理人按照某种平价收购全部农产品，在供大于求时增加库存或出口，在供小于求时减少库存，以平价进行买卖，从而使农产品价格由于政府的支持而稳定在某一水平上；另一种是稳定基金法，即政府按某种平价收购农产品，在供大于求时维持一定的价格水平，在供小于求时使价格不至于过高。但不建立库存，不进行存货调节。在这种情况下，收购农产品的价格是稳定的，同样可以起到支持农业生产的作用。

不可否认的是，支持价格对于经济发展的稳定有着极其重要的意义：第一，稳定生产，可以减缓经济危机的冲击；第二，通过对不同产业产品的不同的支持价格，可以调节产业结构，使之适应市场变动；第三，实行对农产品的支持价格政策，可以扩大农业生产，促进农业劳动生产率的提高。

但是，支持价格也产生了负面影响。首先，它对农产品生产和贸易产生误导，扭曲了价格机制的资源配置功能。在高于均衡价格的最低收购价的刺激下，农民会进一步扩大生产，导致粮食生产更为严重地过剩。其次，支持价格政策会产生收入分配的扭曲效应。粮价上涨使得猪肉、鸡蛋、食用油价格也上涨。最后，支持价格增加了政府财政压力。

知识应用

为什么把牛奶倒进河里——相对过剩

在20世纪30年代初的美国密西西比河畔，农场主们正把一桶桶的牛奶倒入河中，把一车车的大肥猪倒进河中，仅1933年，就有640万头猪被活活扔到河里淹死，有5万多亩棉花被点火烧光。同样，在英国、法国、丹麦、荷兰，整箱的橘子、整船的鱼、整袋的咖啡豆被倒进大海，无数的奶牛、小羊被杀死……难道真的是生产过剩，东西太多了吗？不是的！广大的劳动者这时正缺吃少穿，过着极端贫苦的生活。

多么奇怪的现象：劳动者缺吃少穿在挨饿受冻，而企业却在把大量的粮食和棉花、羊毛毁掉。其实，这不是真正过剩。广大人民的需求是存在的，只是无钱来购买足够的食物和用品，产品的过剩只是相对于广大劳动者的无钱购买，称为相对过剩。

为了维护必要的供需平衡和必要的价格，生产者就必须限产，以此平衡供求关系。这是一个不以人们的意识形态、主观愿望为转移的客观规律。当人们的需求不断提升，达到一定的程度，供给跟不上需求的时候，生产者就得调整生产，增加供应，从而维持供需基本平衡。

在劳动力就业市场上也有相对过剩的现象。我们经常听到“大学生太多了”“人才太多了”之类的话。试问，中国的人才真的因供大于求而人才过剩了吗？

课堂活动

20 世纪 80 年代，个人计算机的价格按运算次数、速度和储存能力折算，尽管价格高昂，但供给量很少，只有少数工程师和科学家使用。如今的个人计算机价格只是当初的 1‰，但供给量却增加了不止 1 万倍。计算机供给增加与价格下降的实际情况，似乎违背了供给定理。你怎么看待这种现象呢？

任务三 把握价格对供需变化的作用机制

【社会现象】

薄利不多销

很久以前，某粮店开张，但顾客并没有老板预想的多。老板看到满街的商店降价促销的吆喝声不绝于耳，打折出售的招牌随处可见，当看到这些红红火火的顾客盈门的场面时，老板心想，“薄利多销”是很有道理的。

于是，老板将贴在外面的价目表改了一下，在原来的“1.8 元 1 斤”上用红笔划去了“1.8”，换成了“1.7”，即“1.7 元 1 斤”。价格便宜了 1 角，但是并没有吸引多少顾客。老板想，可能是因为降价的幅度不大，于是将“1.7”改为了“1.5”，变成了“1.5 元 1 斤”，这是非常便宜的价格了。但老板发现，吸引的顾客还是不多。等到晚上算账的时候，销售收入几乎没有增加。这使粮店老板十分纳闷。

讨论：我们看到很多商品打折销售的消息，当某名牌化妆品降价打九折时，消费者的需求量可以增加很多；为何当粮食促销打折时，消费者的反应却不是那么强烈呢？

【理论基础】

在经济学中，弹性是指衡量需求量或供给量对某种影响因素反应程度的指标，其大小可以用弹性系数来表示。弹性分为需求弹性和供给弹性，其中依据具体影响因素的不同，需求弹性可以分为需求价格弹性、需求收入弹性和需求交叉弹性；供给弹性也可以进一步分为供给价格弹性和供给交叉弹性等不同类型。这里主要介绍需求价格弹性和供给价格弹性。

一、需求价格弹性

1．需求价格弹性的含义

需求规律表明，一种商品的价格下降使需求量增加，而需求价格弹性用来衡量需求量对其价格变动的反应程度。如果一种商品的需求量对价格变动的反应大，可以说这种商品的需求是富有弹性的；反之，需求是缺乏弹性的。用公式可以表达为如下形式：

$$\text{需求价格弹性}（E_d）=-\frac{\text{需求量变动的百分比}}{\text{价格变动的百分比}}=-\frac{\dfrac{\Delta Q_d}{Q_d}}{\dfrac{\Delta P}{P}}$$

式中，E_d 为需求价格弹性；P 为商品价格；ΔP 为价格的变动量；Q_d 为需求量；ΔQ_d 为需求的变动量。

2．需求价格弹性的类型

需求价格弹性可按商品弹性的大小进行分类，以说明不同商品对于价格反应程度的不同。习惯上，按需求价格弹性的绝对值大小可把需求价格弹性划分为 5 种类型，如表 2.3 所示。

表 2.3　需求价格弹性的 5 种类型

需求价格弹性	类　型	具体含义	实　例
$E_d=1$	需求具有单位弹性	表示价格每提高 1%或降低 1%，需求量会相应地减少 1%或增加 1%	这种弹性的商品在实际生活中很难找到，但某些商品的某个点为单元弹性的情况是存在的
$E_d>1$	需求富有弹性	表示价格每变动 1%，需求量的相应变动大于 1%	一般来说，奢侈品属于富有弹性的一类商品，如珠宝、国外旅游等
$0<E_d<1$	需求缺乏弹性	表示价格每变动 1%，需求量的相应变动小于 1%	生活必需品的需求一般属于缺乏弹性的一类商品，因为无论生活必需品的价格是上升还是下降，人们都要消费它们，如粮、油、蔬菜等
$E_d=0$	需求无弹性	表示无论价格如何变化，需求量都不会变动	这种情况十分罕见，一般认为火葬费、急救药、食盐等必不可少的商品或劳务属于这种类型
$E_d\to\infty$	需求具有完全弹性	表示当价格不变的时候，需求量可以无穷大。也就是说，在既定价格水平下，需求量是无限的	这是一种罕见的极端现象。例如，银行以某个固定价格收购黄金，无论多少黄金都可以按这个价格收购，此时，银行对黄金的需求是无限的

3．需求价格弹性的影响因素

决定某种物品需求价格弹性大小的因素很多，一般来说有以下 5 种。

（1）消费者对某种商品的需求程度。越是生活必需品（如食盐、蔬菜），其需求价格弹性越小；奢侈品的需求价格弹性大。

（2）商品的可替代程度。如果一种商品有大量的替代品，则该商品的需求价格弹性大，如饮料；反之，则需求价格弹性小，如食用油。

（3）商品本身用途的广泛性。一种商品的用途越广（如水电），其需求价格弹性就越大；反之，一种商品的用途越窄（如鞋油），其需求价格弹性就越小。

（4）商品使用时间的长短。使用时间长的耐用品如电视、汽车的需求价格弹性大，而晚报等易耗品的需求价格弹性小。

（5）商品在家庭支出中所占的比例。比重小的商品（如筷子、牙签等），其需求价格弹性小，而电视、汽车等商品比重大，需求价格弹性也大。

生活中我们也有这样的体会，必需品倾向于需求缺乏弹性，而奢侈品倾向于需求富有弹性。例如，当看病的价格上升时，尽管人们会比平常看病的次数少一些，但不会大幅度地改变他们看病的次数。同理，小麦、大米这些生活必需品的需求量并不会因为价格的变动而有太大的改变。与此相反，当游艇价格上升时，游艇需求量会大幅度减少，原因是大多数人把小麦、大米作为必需品，而把游艇作为奢侈品。同样，一些珠宝或者名牌服饰则很容易因为价格的下调而导致抢购风潮，这也是因为珠宝及名牌服饰是奢侈品。

此外，物品往往随着时间变长而需求更富有弹性。当汽油价格上升时，在最初的几个月中汽油的需求量只略有减少。但是，随着时间的推移，人们从购买更省油的汽车，转向公共交通，或迁移到离工作地点近的地方，在几年之内，汽油的需求量会大幅度减少。

再如，禽流感的出现会在一定程度上打击家禽类相关产品的生产，但并没有从整体上影响整个农村经济的发展。因为在禽流感流行期间，人们在饮食上对鸡肉的抵制是最明显的，对于鸭、鹅等家禽的相关产品也颇有顾忌。家禽本来可能是人们的主要肉食对象，而如今它们的供应量大幅度减小。于是，人们的肉食对象集中在了牛、羊、鱼等动物上。

知识拓展

需求收入弹性与需求交叉价格弹性

1. 需求收入弹性

需求收入弹性是指因收入的变动而引起产品需求量的相应变动率，它反映需求量的变动对收入变动反应的敏感程度，即收入的值每变动1%而引起需求量变化的百分比。例如，收入增加10%引起需求量增加5%，则收入弹性是0.5。通常，用收入变动的百分比引起需求量变化的百分比来表示这两个百分比的比值，称为需求收入弹性系数。

2. 需求交叉价格弹性

需求交叉价格弹性是指产品的需求量因其他产品价格的变动而引起的需求的相应变动率，它反映一种产品需求量的变动对另一种产品价格变动的反应敏感程度，即一种产品的价格变动1%时，引起另一种相关产品（互补品、替代品）需求量变动的百分比，这两个百分比的比值称为需求交叉价格弹性系数，用 E_c 表示。其意义如下。

（1）$E_c>0$ 表示互为替代品。Y 产品的价格 P 上升（下降）引起 X 产品的需求量 Q 上升（下降），这说明 X 产品和 Y 产品之间的关系为替代关系。

（2）$E_c<0$ 表示互为互补品。Y 产品的价格 P 上升（下降）引起 X 产品的需求量 Q 下降（上升），这说明 X 产品和 Y 产品之间的关系为互补关系。

（3）当 $E_c=0$ 时表示是独立无关的产品。相关产品价格的变化不影响需求，如茶叶与食盐之间的关系，是既不相互竞争，也不相互补充的物品。

4．需求价格弹性的应用

（1）需求价格弹性和企业的销售收入。在实际的经济生活中，我们会发现这样一些现象：有的企业降低自己的产品价格，能使自己的销售收入提高，而有的企业降低自己的产品价格，却反而使自己的销售收入减少了。这意味着，以降价促销来增加销售收入的做法，对有的产品适用，对有的产品却不适用。为了解释这一现象，首先需要了解商品的需求价格弹性与企业的销售收入两者之间的相互关系。

已知销售收入$=P\times Q$（商品销售量），假设企业的销售量正好等于市场需求量，则销售收入$=P\times Q_d$。

如图 2.7 所示，可以用图中矩形的面积来表示销售收入。在图 2.7（a）中，$E_d>1$，需求曲线较平坦，当价格为 P_1 时销售收入为图中的点 P_1、O、Q_1、A 所形成的面积，当价格

为 P_2 时销售收入为图中的点 P_2、O、Q_2、B 所形成的面积，由此容易知道价格由 P_1 下降到 P_2 时销售收入增加，反之减少。同理，当 E_d=1 和 E_d<1 时的价格变化、弹性大小与销售收入变化的关系如表 2.4 所示。

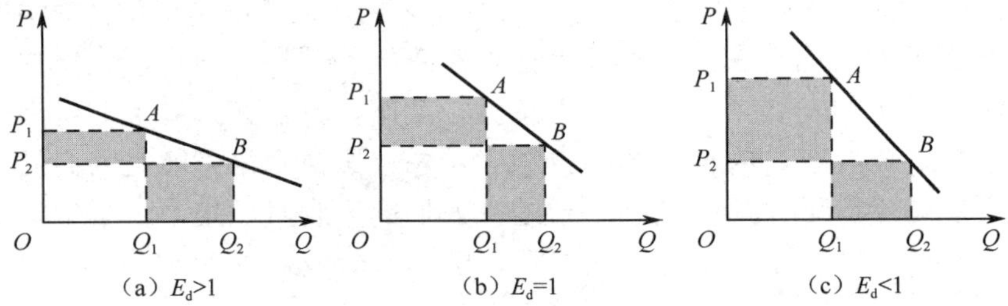

图 2.7　价格变化、弹性大小与销售收入变化的关系

表 2.4　价格变化、弹性大小与销售收入变化的关系

需求价格弹性的值	类　型	对销售收入的影响
E_d>1	富有弹性	价格上升，销售收入减少；价格下降，销售收入增加
E_d=1	具有单位弹性	价格上升，销售收入不变；价格下降，销售收入不变
E_d<1	缺乏弹性	价格上升，销售收入增加；价格下降，销售收入减少

由上述分析可知，在需求价格弹性大时，企业宜采用薄利多销的方式来增加销售收入；当需求价格弹性小时，则可考虑以提高价格的方式来达到增加销售收入的目的。

（2）薄利多销。虽然薄利多销这种现象我们都非常熟悉，但是你知道如何用经济学理论来解释这种现象吗？

对于需求富有弹性的商品，降价会使总收益增加。“薄利”是指降价后每单位产品的利润减少了，“多销”是指降价后销售量增加了。需求富有弹性的物品因降价所引起的销售量增加的比率大于因降价所引起的利润减小的比率，所以在合理的降价范围内，总利润增加了。现实中以“跳楼价”“出血价”实现薄利多销的产品均为需求富有弹性的物品。

例如，假设某化妆品的需求价格弹性为 2，当价格为 50 元/瓶时，需求量为 1 万瓶，总收益为 50×1=50（万元）。如果降价 10%，价格由 50 元/瓶降到 45 元/瓶，需求量增量 $\Delta Q=E_d \times P=2 \times 10\%=20\%$，即增加到 1.2 万瓶，这时总收益为 45×1.2=54（万元）。同理，可以推出提价引起的总需求量减少会导致收益减少。

知识拓展

有些生活必需品是不会降价的——刚性需求

刚性需求是相对于弹性需求而言的，指商品供求关系中受价格影响较小的需求，这些商品包括日常生活用品、家用耐耗品等。

在所有的刚性需求里，最刚性的需求莫过于对粮食的消费。耕地的减少从根本上制约了粮食的进一步增产，一些国家对农业的投入较少使得粮食单产提高有限，粮食供给无法大幅度提升。而发展中国家对粮食需求的增长，以及全世界对生物能源需求的持续，共同构成了未来对农产品的长期刚性需求。

这是比较极端的刚性需求，其实，我们每个人都有自己特定的刚性需求。比如影碟并非生活必需品，按理来说价格弹性比较高，但有人爱电影如命，在电影网站没有普及之前，价格再高，他们也照买不误，对他们来说，对影碟的消费就是他们的刚性需求。香烟对于吸烟的人来说是刚性需求，价格上涨也不会减少消费。

值得注意的是，刚性需求也是不断变化的，比如现代社会的刚性需求和汉朝的刚性需求早已产生了天翻地覆的变化。手机，刚出现时，还属于"有钱人"的弹性需求，这些年下来，手机已经成为"人人必需"的刚性需求商品；计算机，过去并非刚性需求，如今也已经变成刚性需求产品，而计算机都离不开的基本软件——操作系统，也毫无悬念地成为刚性需求商品；而私家车，在"城城皆堵"的中国，也是越来越"刚性"。

课堂活动

旧帽换新帽一律八折

在市场上，很少有人对各商家之间"挥泪大甩卖""赔本跳楼价"的价格大战仔细考虑过究竟是为什么，只是觉得很开心，因为这可以节省大量金钱。例如，一家安全帽专卖店打出这样的广告："旧帽换新帽一律八折"。店家的意思是，如果你买安全帽时交一顶旧安全帽的话，当场退二成的钱；如果直接买新帽，对不起，只能按原定价格买。这种促销方式不免让人觉得好奇，是不是店家加入了什么基金会或是店家和供帽厂家有什么协定，收旧安全帽可以让店家回收一些成本，因此拿旧帽来才有二成的优惠呢？如果大家是这么想的，那可就猜错了，因为这种以旧换新的促销活动主要是针对不同消费者的需求弹性而采取的区别定价方法，即给定一定的价格变动比例，购买者需求数量变动较大就是需求弹性较大，变动较小就是弹性较小。对需求弹性较小的购买者收取较高价格，对需求弹性较大的购买者收取较低价格。而这家安全帽专卖店的促销做法正是这个理论的实际应用。也就是说，实际上，店家拿到你那顶脏脏旧旧的安全帽，并没有什么好处，常常是在你走后往垃圾桶一丢了事。

讨论：（1）弹性的分类及影响商品弹性大小的因素是什么？

（2）如何理解薄利多销？

二、供给价格弹性

1．供给价格弹性的含义

供给价格弹性是指在一定时期内某商品供给量的相对变动对该商品价格的相对变动的反应程度可以用公式表达为如下形式：

$$\text{供给价格弹性}（E_s）=\frac{\text{供给量变动的百分比}}{\text{价格变动的百分比}}=\frac{\dfrac{\Delta Q_s}{Q_s}}{\dfrac{\Delta P}{P}}$$

式中，E_s为供给价格弹性；P为商品价格；ΔP为价格的变动量；Q_s为需求量；ΔQ_s为需求的变动量。

2. 供给价格弹性的类型

供给价格弹性根据 E_s 值的大小可以分为 5 种类型，如表 2.5 所示。

表 2.5 供给价格弹性的 5 种类型

供给价格弹性	类 型	含 义	图 形 样 式
$E_s=0$	供给无弹性	无论价格是上升还是降低，都不会改变供给量	此时供给曲线往往是一条垂直线
$E_s\to\infty$	供给具有完全弹性	只要价格有微小的上涨，供给量就会从 0 变为无穷大	此时供给曲线往往是一条水平线
$E_s=1$	供给具有单位弹性	价格与供给量等比例变动	此时供给曲线通过原点
$0<E_s<1$	供给缺乏弹性	供给量变动的幅度小于价格变动的幅度	此时供给曲线与横轴的交点位于坐标原点右侧
$E_s>1$	供给富有弹性	供给量变动的幅度大于价格变动的幅度	此时供给曲线的延长线与横轴的交点位于坐标原点左侧

3. 供给价格弹性的影响因素

（1）时间。这是影响供给价格弹性的一个很重要的因素。当商品的价格发生变化时，供给方对产量的调整需要一定的时间。在较短的时间内，供给方若要根据商品的涨价及时增加产量，或者根据商品的降价及时缩减产量，都存在不同程度的困难，因而供给价格弹性较小；相反，在较长的时间内，生产规模的扩大与缩小甚至转产都是可以实现的，供给量可以对价格变动做出较充分的反应，因而供给价格弹性相应较大。

（2）单位产品的生产成本对产量的敏感程度。如果单位产品的生产成本对产量非常敏感，供给方就不会轻易调整产量，从而供给价格弹性较小；反之，则供给价格弹性较大。

（3）产品的生产周期。在一定时期内，对于生产周期较短的产品，企业可以根据市场价格的变化及时地调整产量，供给价格弹性比较大；相反，生产周期较长的产品的供给价格弹性往往就小。

（4）行业生产规模扩大的难度。如果在现行市场价格下很容易购买到生产所需的投入品，生产规模很容易扩大，如纺织行业，微小的价格上升都可能引起产量的大幅度增加，这意味着供给价格弹性相对较大；如果生产能力受到严重限制，生产规模难以在短期内扩大，如南非金矿开采，即使黄金价格急剧上升，南非的黄金产量也只能做出微小的反应。

课堂活动

海 盗 分 金

有这样一个故事，5 个海盗抢得 100 枚金币，他们决定：

（1）抽签决定每个人的号码（1、2、3、4、5）。

（2）由 1 号提出分配方案，然后 5 个人表决，当且仅当超过半数人同意时，方案才能通过，否则他将被扔进大海喂鲨鱼。

（3）1 号死后，由 2 号提方案，然后 4 人表决，当且仅当超过半数人同意时，方案才能通过，否则 2 号同样被扔入大海。

以此类推……

假定每个海盗都是很聪明的人，都能很理智地判断得失，从而做出选择，那么 1 号提出怎样的分配方案才能够使自己的收益最大化？

实践实训

1．案例分析——供给定律分析

2008 年，新蒜的上市价格为每斤两三角钱，蒜农不得不赔本卖蒜。2008 年 9 月，各地库存大蒜相继出售，大大超出市场需求，价格开始大幅下跌。到 2008 年 11 月，价格跌破每斤一角，远远低于库存成本，不光蒜农赔本，大量的中间商也是血本无归。2009 年大蒜初上市时，收购价格仍然较低，进入 7 月以后成交价格才逐步攀升。2009 年下半年以来，大蒜价格就像坐了火箭一样“嗖嗖”地一路飞涨。从最初的一斤一两角到 2010 年 5 月的一斤四五元，最贵时竟高达六七元。“大蒜价格都快比肉贵了！”消费者对此惊呼。

要求：（1）用供给定律来分析大蒜价格为什么“高烧不退”？

（2）收集 2008—2018 年大蒜的价格信息，画出折线图，并分析其供给与价格变化规律。

2．案例分析——需求弹性价格理论分析

某农村地区，在电网改造前电费高达每度 5 元多，很多农户不敢用电，家用电器不敢开，甚至用蜡烛照明，本想购买的家用电器也不买了。电网改造后，电费下降到每度 6 角 8 分，农户用电的需求量大增，同时对家电的需求量也增加了。

要求：（1）利用需求弹性价格理论分析用电需求量的增加。

（2）利用替代品、互补品的价格与需求之间的关系分析农户“从用蜡烛到弃蜡烛，从不用家电到增购家电”的行为。

思考与练习

一、名词解释

市场；需求；需求定理；供给；供给定理；需求价格弹性；供给价格弹性；均衡价格；供求规律

二、选择题

1．微观经济学的核心理论是（　　）。

A．失业与通货膨胀理论　　B．国民收入决定理论

C．经济周期与经济增长理论　　D．价格理论

2．当汽油价格急剧上涨时，人们对汽车的需求数量将（　　）。

A．减少　　B．保持不变　　C．增加　　D．以上都有可能

3．若消费者预期某商品未来价格上升，则当前对该商品的需求会（　　）。

A．减少　　B．增加

C．不变　　D．上述 3 种情况都有可能

4．一般而言，当一种商品价格下降时，将导致该商品（　　）。

A．供给减少　　B．供给增加　　C．供给量增加　　D．供给量减少

5．下列选项中，会引起猪肉需求量发生变化的情况是（　　）。

A．猪肉价格从每千克 11 元上升到每千克 13 元

B．猪肉的饲养者宣传牛排中含有丰富的蛋白质

C．医生说多吃猪肉可能会导致血脂增高

D．牛肉的价格从每千克 26 元跌至每千克 22 元

6．在供给和需求同时增加的情况下，（　　）。

A．均衡数量和均衡价格都增加

B．均衡价格上升，均衡数量不确定

C．均衡价格不确定，均衡数量上升

D．均衡价格上升，均衡数量下降

7．下列选项中，说法不正确的是（　　）。

A．如果供给下降，需求不变，均衡价格将上升

B．如果供给增加，需求下降，均衡价格将下降

C．如果供给下降，需求增加，均衡价格将上升

D．如果供给增加，需求下降，均衡价格将上升

8．一个高于均衡价格的价格表示（　　）。

A．在此价格上生产者无法收回生产成本

B．在此价格上供给量大于需求量

C．消费者愿意以此价格购买所有产品

D．在此价格上需求量大于供给量

9．在市场经济中，当大蒜的供给量小于需求量时，解决大蒜供求矛盾的下列办法中最有效的是（　　）。

A．实行定量供给　　B．宣传吃鸡蛋会导致胆固醇升高

C．让大蒜的价格自由升高　　D．进口大蒜

10．政府为了扶持农业，对农产品规定了高于其均衡价格的支持价格。政府为了维持价格，应该采取的措施是（　　）。

A．增加对农产品的税收　　B．实行农产品配给制

C．收购过剩的农产品　　D．对农产品生产者予以补贴

11．若某种商品的需求富有弹性，则意味着价格一定程度的下降将会导致（　　）。

A．卖者总收益增加　　B．买者需求量减少

C．买者总支出减少　　D．买者需求量增加

12．如果价格上升 10%能使买者总支出增加 2%，则该商品的需求价格（　　）。

A．缺乏弹性　　B．富有弹性

C．具有单位弹性　　D．无弹性

13．政府对卖者出售的商品每单位征税 5 元，假定这种商品的需求价格弹性为 0，可以预期价格上升（　　）。

A．多于 5 元　　B．少于 5 元　　C．等于 5 元　　D．以上都不对

14. 需求的价格弹性是指（　　）。

A. 需求函数的斜率　　B. 收入变化对需求的影响程度

C. 需求量对价格变化的反应程度　　D. 以上说法都正确

15. 假定某商品的价格从 10 美元下降到 9 美元，需求量从 70 台增加到 75 台，则该商品的需求价格（　　）。

A. 缺乏弹性　　B. 富有弹性　　C. 具有单位弹性　　D. 难以确定

16. 下列商品中，可以采用“薄利多销”方法通过降价来增加总收益的商品是（　　）。

A. 大米　　B. 面粉　　C. 药品　　D. 化妆品

17. 如果某商品富有需求价格弹性，则该商品价格上升，（　　）。

A. 销售收入增加　　B. 销售收入不变

C. 销售收入减少　　D. 销售收入可能增加也可能减少

18. 对需求价格弹性为 1 的商品而言，其需求（　　）。

A. 缺乏弹性　　B. 富有弹性

C. 具有单位弹性　　D. 无弹性

三、判断题

1. 若一种物品的需求量大于供给量，则其交易量小于需求量。（　　）
2. 购买某种商品的支出占全部收入的比例越小，其价格弹性就越小。（　　）
3. 如果某种商品很容易被别的商品替代，则该种商品的价格弹性就比较大。（　　）
4. 如果需求富有弹性，则供给增加时，总收益（总支出）也会增加。（　　）
5. 在黑市上，物品的成交价格低于管理价格。（　　）
6. 一般来说，生活必需品的需求价格弹性比奢侈品的需求价格弹性小。（　　）
7. 丰收时，由于农产品需求缺乏弹性，农民的收入反而会减少。（　　）
8. 政府对农业的稳定政策就是规定农产品的价格上限。（　　）
9. 如果需求增加，那么需求量一定增加。（　　）
10. 药品的需求价格弹性一般要大于小轿车。（　　）
11. 如果价格和总收益表现为同方向变化，那么需求是富有弹性的。（　　）

四、问答题

1. 影响需求和供给的主要因素分别有哪些？
2. 需求量的变动与需求的变动有何不同？供给量的变动与供给的变动有何不同？
3. 什么是市场均衡？均衡价格是如何形成的？
4. 分别说明需求变动与供给变动对均衡价格和均衡数量的影响。
5. 什么是需求价格弹性？影响需求价格弹性的因素有哪些？
6. 根据需求价格弹性理论分析“薄利多销”和“谷贱伤农”的经济现象。
7. 为什么有些物品（如化妆品）可以薄利多销，而有些物品（如药品）却不行？是不是所有药品（包括滋补品）都不能薄利多销，为什么？

拓展应用

为什么城市住房的价格上涨而彩电的价格下降

城市住房的价格由住房的需求和供给共同决定，如在图 2.8 中，需求曲线 D_0 和原供给曲线 S_0 决定的市场均衡处于 E_0 点，此时均衡价格和均衡数量分别为 P_0 和 Q_0。随着我国工业化的推进，城市化水平不断提高，城市居民人数增加，对城市住房的需求大幅度增加，从而住房的需求曲线大幅度向右移动至 D_1；与此同时，随着经济发展，住房的供给增加，供给曲线也向右移至 S_1。由于需求增加的幅度大于供给增加的幅度，或者说，需求曲线向右移动的幅度大于供给曲线向右移动的幅度，新的均衡点 E_1 决定的均衡价格 P_1 上升了，均衡数量 Q_1 增加了。

彩电的价格由彩电的需求和供给共同决定，如在图 2.9 中，需求曲线 D_0 和原供给曲线 S_0 决定的市场均衡处于 E_0 点，此时均衡价格和均衡数量分别为 P_0 和 Q_0。随着我国的改革开放，经济发展使得人们的收入水平不断提高，对彩电的需求不断增加，彩电的需求曲线向右移动至 D_1；与此同时，随着技术进步，体制放宽，彩电的供给大幅度增加，供给曲线向右移动至 S_1。由于供给增加的幅度大于需求增加的幅度，或者说，供给曲线向右移动的幅度大于需求曲线向右移动的幅度，新的均衡点 E_1 决定的均衡价格 P_1 下降了，均衡数量 Q_1 增加了。

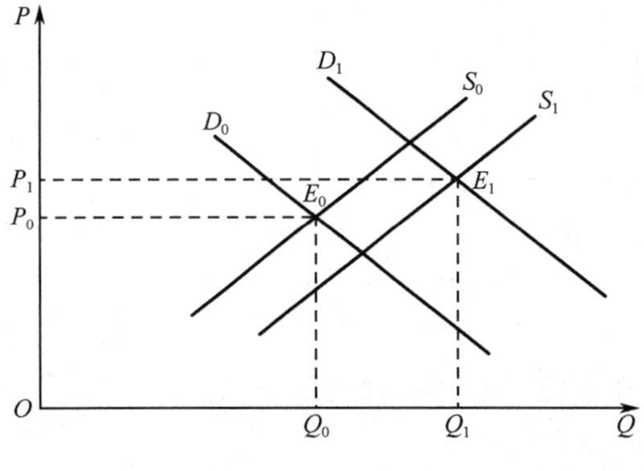

图 2.8　城市住房的价格为什么上涨

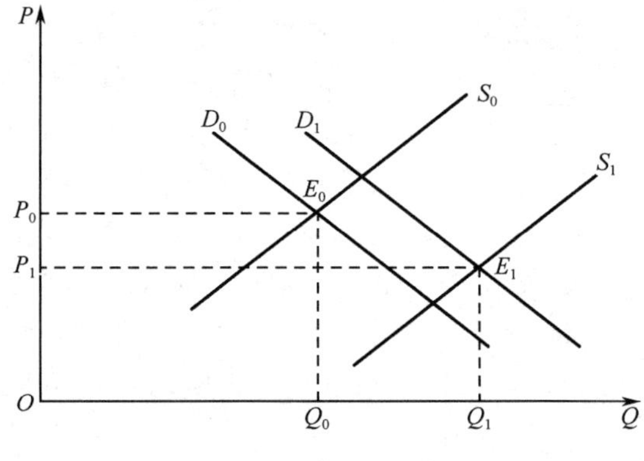

图 2.9　彩电的价格为什么下降

思维导图

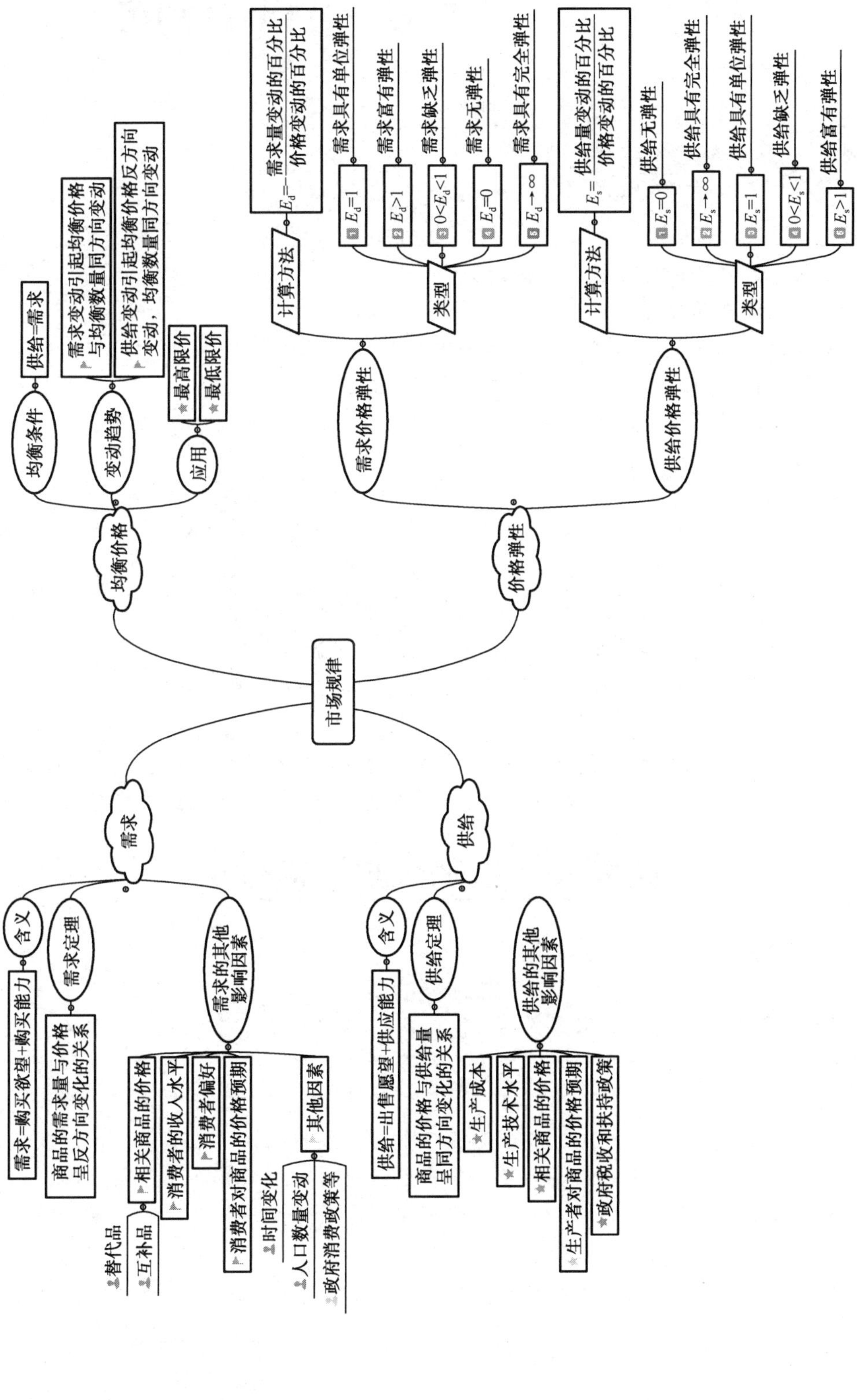

市场规律
均衡价格
均衡条件
供给=需求
变动趋势
需求变动引起均衡价格与均衡数量同方向变动
供给变动引起均衡价格反方向变动，均衡数量同方向变动
应用
最高限价
最低限价
价格弹性
需求价格弹性
计算方法
$E_d=\frac{需求量变动的百分比}{价格变动的百分比}$
类型
$E_d=1$ 需求具有单位弹性
$E_d>1$ 需求富有弹性
$0<E_d<1$ 需求缺乏弹性
$E_d=0$ 需求无弹性
$E_d\to\infty$ 需求具有完全弹性
供给价格弹性
计算方法
$E_s=\frac{供给量变动的百分比}{价格变动的百分比}$
类型
$E_s=0$ 供给无弹性
$E_s\to\infty$ 供给具有完全弹性
$E_s=1$ 供给具有单位弹性
$0<E_s<1$ 供给缺乏弹性
$E_s>1$ 供给富有弹性
需求
含义
需求=购买欲望+购买能力
需求定理
商品的需求量与价格呈反方向变化的关系
需求的其他影响因素
相关商品的价格
替代品
互补品
消费者的收入水平
消费者偏好
消费者对商品的价格预期
其他因素
时间变化
人口数量变动
政府消费政策等
供给
含义
供给=出售愿望+供应能力
供给定理
商品的价格与供给量呈同方向变化的关系
供给的其他影响因素
生产成本
生产技术水平
相关商品的价格
生产者对商品的价格预期
政府税收和扶持政策

项目三　学会理性消费

学习目标

知识目标：

▲ 了解基数效用论与序数效用论;
▲ 了解消费品的分类;
▲ 掌握效用、总效用和边际效用的含义;
▲ 理解替代效应、收入效应、消费从众的内涵;
▲ 理解边际效用递减规律与消费者均衡;
▲ 理解消费者剩余的概念。

能力目标：

▲ 能够运用消费者均衡理论指导日常生活行为;
▲ 能够运用边际效用递减规律分析社会经济现象;
▲ 能在消费者行为理论学习的基础上树立理性消费观念;
▲ 能理性认知实际生活中的各种消费现象，学会合理、理性消费。

我们的晚餐并非来自屠宰商、酿酒师和面包师的恩惠，而是来自他们对自身利益的关切。

——经济学主要创始人、英国经济学家　亚当·斯密

任务一　正确认知消费效用

【社会现象】

杰米扬的汤

俄国的克雷洛夫写过一则寓言《杰米扬的汤》。说的是有一个叫杰米扬的人，他做的鱼汤非常鲜美，他本人也以此为荣，朋友们也很是嘴馋。有一次，一个朋友来拜访他，于是他给朋友做了香喷喷的鱼汤，上面漂着一层油，像琥珀一样，里面都是鲜鱼片和内脏。朋友很快喝完一碗，赞不绝口。但在朋友刚放下碗时，杰米扬又端来了第二碗。朋友边喝边和他聊天，很快第二碗也下肚了。为了显示自己的热情，杰米扬又盛了第三碗，朋友实在是不想喝了，但耐不住他的热情，终于勉强喝完。当看到杰米扬又端出一碗汤时，朋友最后吓跑了，从此再也不敢到杰米扬家做客了。

讨论：为什么杰米扬用好喝的鲜鱼汤招待他的朋友，却让朋友再也不敢到他家去做客了呢？

【理论基础】

相对于有限的物质资源而言，人的欲望总是无限的。这就是前面讨论过的“稀缺性”。而消费者之所以购买商品，是因为要通过使用商品来获得效用，从而满足自身的欲望。

一、效用

1. 效用的含义

前已述及，欲望是指人们没有得到满足的需要，是想要得到而又没有得到的一种心理状态，是缺乏的感觉与求得满足的愿望。欲望具有无限性、层次递进性和欲望满足对象的可替代性的特征。人在某一方面的欲望的满足对象是可以相互替代的，也就是说可以用不同的商品满足同一消费欲望，完成同一消费功能。

欲望虽然是无限的，但却可以有不同的满足程度。欲望的满足程度可以用效用大小来进行比较和计量。

效用就是欲望的满足，即消费者消费某种物品时所得到的满足程度。满足程度越高，效用越大；满足程度越低，效用就越小；如果消费者消费某种物品时感到痛苦，那么这种效用就是负效用。

2. 效用的特点

（1）效用的主观性。某种物品效用的大小没有客观标准，完全取决于消费者在消费时的主观感受。同一物品对于不同的人效用不同。

（2）效用的可变性。效用不是一成不变的，同一物品对同一消费者在不同的时间和地点都可能导致不同的效用。例如，冰块在夏天是有效用的，在冬天，对于正常的人是没有什么效用的，但对于发高烧的人却可能有效用。又如，一杯水对于在正常环境里的人没什么效用，而对于沙漠中的旅行者来说，一杯水的效用就很大。

（3）效用不同于使用价值。它不仅在于物品本身具有的满足人们欲望的客观的物质属性（如面包可以充饥，衣服可以御寒等），而且在于它有无效用和效用的大小均依存于消费者的主观感受。

（4）效用本身并不包括有关是非的价值判断。这就是说，一种商品或服务效用的大小，仅仅看它能满足人们的多少欲望或需求，而不考虑这一欲望或需求的好坏。例如，吸毒从伦理上讲是一种坏的欲望，但毒品能够满足这种欲望，因此毒品也具有效用。

课堂活动

什么东西最好吃

兔子和猫争论世界上什么东西最好吃。兔子说：“世界上胡萝卜最好吃。胡萝卜又甜又脆又解渴，我一想起它就要流口水。”猫不同意，说：“世界上最好吃的东西是老鼠。老鼠的肉非常嫩，嚼起来又酥又松，味道美极了！”兔子和猫争论不休、相持不下，跑去请猴子评理。猴子听了，不由得大笑起来：“瞧你们这两个傻瓜蛋，连这点儿常识都不懂！世界上最好吃的东西是什么？是桃子！桃子不但美味可口，而且长得漂亮。我每天做梦都梦见吃桃子。”兔子和猫听了全都摇头。那么，世界上到底什么东西最好吃呢？请帮忙分析。

3. 效用的评价

效用是用来表示消费者在消费某种商品和服务时感受的满足程度。在回答怎样衡量这种满足程度的问题上，西方经济学家先后提出了基数效用论和序数效用论，并分别形成了边际效用分析方法和无差异曲线分析方法。

（1）基数效用论。19 世纪到 20 世纪初，西方经济学中普遍使用基数效用概念。基数效用论认为，效用可以具体衡量并加总求和，具体的效用量之间的比较是有意义的。表示效用大小的计量单位称为效用单位。效用可以用基数（1, 2, 3…）来表示。基数效用论采用边际效用分析法来分析消费者的行为。例如，对某个消费者而言，看一场精彩电影的效用为 10 个效用单位，吃一顿麦当劳的效用为 8 个效用单位，则这两种消费的效用之和为 18 个效用单位。

（2）序数效用论。基数效用论认为可以用基数来表示效用，但对每种商品都给定效用值既是困难的也是没有必要的。

20 世纪，希克斯等经济学家提出了序数效用论。序数效用论认为，效用无法具体衡量，效用之间的比较只能通过顺序或等级表示，如果消费者能够对各种商品组合排列出顺序，就可明确表示他们的偏好。例如，消费者要回答的是偏好哪一种消费，是看一场精彩的电影，还是吃一顿麦当劳。同时，就分析消费者行为来说，以序数来度量效用的假定比以基数来度量效用的假定所受到的限制要少，可以减少一些被认为值得怀疑的心理假设。序数效用论采用无差异曲线分析方法来分析消费者的行为。

无差异曲线又称等效用线，表示给消费者带来同等程度的满足水平或效用水平的两种商品的各种不同组合的轨迹。现实生活中，消费者在消费两种可以互相替代的商品 X 和 Y 时，可以多消费一些 X 商品而少消费一些 Y 商品，或少消费一些 X 商品而多消费一些 Y 商品，但所得到的效用不变。无差异曲线表明，在收入与价格既定的条件下，消费者为了得到相同的总效用，在增加对一种商品的消费时，必须减少对另一种商品的消费，即对两种商品的消费不能同时增加或减少。

知识应用

是“雪中送炭”还是“锦上添花”

中国有两个成语“雪中送炭”和“锦上添花”，那么究竟哪一个效用更大一些呢？这不难理解，对于处于困境中的人来说，若能得到别人的支持，其效用也许足以改变他的一生；而对于一个青云直上、风头正劲的人来说，他人同样程度的支持也许就不值得一提。极端的例子是，假设你有 100 元钱，如果给了一个街头饥肠辘辘的流浪者，也许就救活了一条生命；而如果给了一个亿万富翁，他也许不屑一顾。如果可以用一个数量衡量 100 元的作用，这 100 元钱给了流浪者，其效用假设是 1 000；给了亿万富翁，其效用也许只有 1。从社会总效用来看，将这 100 元钱给了前者，社会总效用（社会整体满足程度）就会增加 1 000 个单位；而给了后者，社会总效用仅增加了 1 个单位。显然，为求得最大限度地改进社会福利，这 100 元自然应该给前者。因此，“雪中送炭”的价值远超过“锦上添花”。

（资料来源：卢周来. 游戏着经济学[M]. 郑州：郑州大学出版社，2004.）

二、边际效用

1．总效用的含义

总效用是指消费者在一定时间内消费一定数量的某种商品时所获得的满足的总和。例如，早上起床后特别饿，吃第一个包子时感觉特别好吃，但吃了第一个包子后未吃饱，所得到的心理满足为 10 个效用单位。吃了第二个包子后感觉正好饱了，则一个包子的总效用为 10 个效用单位，而两个包子的总效用为 15 个效用单位。

2．边际效用的含义和计算方式

边际效用是指消费者在一定时间内每增加（减少）1 个单位的商品的消费量时所引起的总效用的增加（减少）量。其计算公式如下：

$$边际效用=\frac{总效用的变化量}{消费量的变化量}$$

仍以上述例子为例，当包子的消费量从 0 增加到 1 时，总效用变化为 10-0=10，所以第一个包子带来的边际效用为 10 个效用单位；而当包子的消费量从 1 增加到 2 时，总效用变化为 15-10=5，所以第二个包子带来的边际效用为 5 个效用单位。

同时也可以看出，总效用等于边际效用之和。上述例子中的总效用为第一个包子的边际效用 10 加上第二个包子的边际效用 5，为 15 个效用单位。

3．边际效用递减规律

边际效用递减规律是指在一定时期内，在其他商品的消费数量保持不变的条件下，随着消费者所消费的某种商品的数量增加，其总效用虽然相应增加，但商品的边际效用随着所消费商品数量的增加而呈现递减趋势。当边际效用递减到为 0 以至变为负数时，总效用就不再增加以至减少。

例如，一个人在饥饿的时候，吃第一个汉堡包是最好吃的，给他带来的效用是很大的；以后随着所吃汉堡包数量的连续增加，虽然总效用是不断增加的，但都不如上一个好吃，即每个汉堡包给他带来的效用增量（边际效用）却是递减的；当他完全吃饱时，汉堡包的总效用达到最大，而边际效用却降为 0，也就是说这最后一个吃不吃对他来说无所谓，吃也不觉得难受，不吃也不觉得饿；接下来，如果他还继续吃汉堡包，就会感到不适，觉得撑得慌、难受，这就意味着汉堡包的边际效用在进一步降为负值。汉堡包的效用表如表 3.1 所示。

表 3.1　汉堡包的效用表

汉堡包数量	总 效 用	边 际 效 用
1	18	18
2	27	9
3	30	3
4	30	0
5	24	-6

从表 3.1 中可以看到，当吃第一个汉堡包时，总效用是 18，即吃第一个汉堡包的边际效用是 18；当吃第二个汉堡包时，边际效用为 9，此时的总效用=18+9=27；以此类推，当吃第四个汉堡包时，边际效用递减为 0，总效用保持最大值 30；而当吃第五个汉堡时，边际效用递减为-6，总效用开始下降为 30-6=24。

综上也可以看出，总效用与边际效用具有以下几点关系：第一，只要边际效用大于 0，总效用必定不断增加；第二，当边际效用为 0 时，总效用达到最大；第三，当边际效用为负值时，总效用开始下降。

4．边际效用递减的原因

根据基数效用论的观点，边际效用递减规律成立的原因可以从以下两个方面来解释。

（1）生理或心理的原因。消费者在消费相同的商品时，从连续增加的消费量中所感受的满足程度和对重复刺激的反应是递减的。例如，对于一个刚参加工作的人来说，拿到第一个月工资时的兴奋程度与拿到第二、第三个月工资时的兴奋程度是有差别的，且在同等数量的条件下，其兴奋度是逐渐递减的。

（2）物品本身具有多种用途。由于一种商品往往具有多种用途，消费者在消费过程中总是将效用量按物品用途的重要性进行排序，这样商品的边际效用便会随着其用途的重要性的递减而递减。例如，水的用途很多，既可以用来喝，也可以用来做饭，还可以用来洗浴或浇地。当水的数量很少，只能用于喝这一种用途时，每瓶水的边际效用很高；反之则很低。

知识应用

水和钻石的价值悖论

很多人都有一种观念，觉得一种物品的经济价值应该取决于它对人类的作用。对人类越有用的东西，价值应该越大，价格应该越高；对人类越没用的东西，价值应该越小，价格应该越低。例如，一头牛对人类的作用远远高于一双筷子；一部汽车的作用也高于一辆自行车，所以前者的价值大、价格高。

但是，经济学创始人亚当·斯密发现，这种观念只不过是一种错觉。事实上，有很多物品的情况与这种观念恰好相反。有很多对人类必不可少、作用极大的物品，如水、粮食、衣服等，其价格远远比不上一些对人类作用并不大的物品，如钻石、工艺品、古董等，这就是著名的价值悖论。问题虽然提出来了，但是亚当·斯密并没有回答。他认为这种现象很不可思议、无法解释，是一个谜。此后，经济学家们也对此束手无策。直到边际效用理论出现以后，这个谜才被破解。

以钻石和水为例，钻石对人的用途很有限而价格昂贵，而维持生命必不可少的水却很便宜。怎样解释这一价值悖论呢？

可以从需求和供给两个方面来说明，因为价格是由需求和供给共同决定的。从需求方面看，价格取决于商品的边际效用，而不是总效用。虽然人们从水的消费中所得的总效用很大，但由于世界上水资源很多，因此，其边际效用很小，人们愿意支付的价格就非常低。相反，钻石的用途虽远不及水大，但世界上的钻石很少，因此，边际效用很大，其价格也就相应昂贵。从供给方面看，由于水资源很多，生产人类用水的成本很低，因而其价格也低。相反，钻石是非常稀缺的资源，生产钻石的成本也很高，因而钻石价格就相应昂贵。

三、消费者均衡

消费者均衡是研究消费者在收入一定、偏好一定、商品价格一定的情况下怎样实现效用最大化的问题，即怎样合理使用有限的货币收入，研究最佳购买行为的问题。

消费者均衡的条件：消费者用全部收入所购买的各种物品带来的边际效用与其价格之比相等，也就是说，每单位货币不论用于购买何种商品所得到的边际效用都相等。

例如，一个人用 200 元钱到商店里去购买甲、乙两种商品，当这两种商品的价格固定不变时，该消费者将考虑如何用这 200 元钱购买甲、乙两种商品，使其数量组合给自己带来最大效用。那么，其能带来最大效用的条件如下：

$$\frac{\text{甲商品的边际效用}}{\text{甲商品的价格}}=\frac{\text{乙商品的边际效用}}{\text{乙商品的价格}}$$

因为，200 元钱一定，购买的甲商品数量多，则购买的乙商品数量就相应减少。而且，甲商品和乙商品的边际效用都是随着数量的增加而减少的。当甲商品的边际效用与价格之比小于乙商品时，说明消费者用 1 元钱购买甲商品的边际效用小于购买乙商品的边际效用。为了达到效用最大化，消费者会调整购买商品数量组合，减少对甲商品的购买数量，增加对乙商品的购买数量，从而增加总效用。同时，由于边际效用递减规律的作用，甲商品的边际效用由于购买数量的减少而不断增加，乙商品的边际效用由于购买数量的增加而不断减少，即甲商品的边际效用与价格之比增加，乙商品的边际效用与价格之比减少，最终两者相等时，不再有购买数量的调整余地，消费者获得最大效用。同理可以说明甲商品的边际效用与价格之比大于乙商品的情况。

消费者均衡理论看似难懂，其实一个理性的消费者，其消费行为已经遵循了消费者均衡理论。例如，在现有的收入和储蓄水平下是买房还是买车，消费者会做出合理的选择；走进超市，见到琳琅满目的物品，消费者会选择最需要的；去买服装，消费者一般不会买自己已有的服装。所以说，经济学是选择的经济学，而选择就是消费者在资源（货币）有限的情况下，实现消费满足的最大化，使每一分钱都花在刀刃上，这样就实现了消费者均衡。

知识应用

吃自助餐的学问

你是个“经济人”，假如你去吃一顿自助餐，任你挑选，你将怎样进食，才能做到效用最大化呢？

若你挑选 4 种菜，其效用如表 3.2 所示。从中可以看出，从喜欢的程度来说，依次为牛排、对虾、炒鸡蛋、青菜，但即使你胃口很好，也不会将这 4 种菜全部吃光。因为当把所有的菜吃完时，有的边际效用为负值，只能得到总效用 120。按照理性假设，应当将每种菜吃到其边际效用为 0，即牛排 10 个单位、对虾 9 个单位、炒鸡蛋 8 个单位、青菜 7 个单位，这样便可得到总效用 130。

如果你胃口不太好，只能吃 10 个单位，你也不会都吃最喜欢的牛排，因为那样只能得到总效用 45。根据理性假设，你应当按照边际效用大小，依次选择。首先吃 1 个单位的牛排，然后吃 1 个单位的牛排和对虾，再吃 1 个单位的牛排、1 个单位的对虾和 1 个单位的炒鸡蛋，最后 4 种菜各吃 1 个单位，这样便可得到总效用 70。

表 3.2 自助餐效用表

菜 名	边际效用										总效用
	1	2	3	4	5	6	7	8	9	10	
牛排	9	8	7	6	5	4	3	2	1	0	45
对虾	8	7	6	5	4	3	2	1	0	−1	35
炒鸡蛋	7	6	5	4	3	2	1	0	−1	−2	25
青菜	6	5	4	3	2	1	0	−1	−2	−3	15

课堂活动

有一辆需要 4 个轮子才能开动的车，上面已经有了 3 个轮子，当这辆车有第 4 个轮子时，这第 4 个轮子的边际效用会超过第 3 个轮子。

讨论：这是不是违背了边际效用递减规律？

任务二 理性认识消费行为

【社会现象】

墨盒比打印机贵

在打印机市场上，彩色喷墨打印机和墨盒的定价很反常，比如，一台彩色喷墨打印机的售价仅为 300 元，低价很诱人，使得很多有计算机的用户购买了一台这样的打印机，买到打印机后再考虑买墨盒，发现一个墨盒的价格是 200 元。墨盒的消费量很大，消费者如果使用打印机，购买墨盒就是经常的事。事实也是这样：买下后才发现一种色彩的油墨用完，不换墨盒就不能保证画面质量，而换 4 个墨盒的话，价格比一台彩色喷墨打印机还贵。因此让消费者感到买得起打印机却买不起墨盒。

再比如有人看人家经营一种商品十分赚钱，便做起同样的生意来，这就是经营别人产品的替代品，这样势必加剧了市场竞争，恐怕竞争中被淘汰的就是后来者。其实，经营畅销产品的互补产品不失为一种很好的思路。有的中小企业靠着与汽车配套的思路，生产车用地毯、车灯、反光镜配件，结果取得了良好的经营业绩。珠海中富一开始是由十几个农民建立的一家小企业，最初为可口可乐提供饮料吸管，后来生产塑料瓶和瓶盖。可口可乐在哪里建厂，中富就在哪里建配套厂。靠这种积极合作的策略，中富如今已发展成为年销售额超过十几亿元的大公司。

讨论：生活中还有哪些物品间是相互关联的？其价格相互变化的规律是什么？请举例说明。

【理论基础】

消费行为研究就是要研究不同消费者的各种消费心理和消费行为，以及分析影响消费心理和消费行为的各种因素，揭示消费行为的变化规律。

一、消费与消费品

消费品是指满足人们物质和文化方面消费需求的物品。市场上提供的种种有关衣食住行方面的产品或者劳务，如家电、食物、理发等都可以称为消费品。而人们通过消费品满足自身欲望的经济行为就是消费。

1．基础消费品与奢侈消费品

消费品分为基础消费品和奢侈消费品。基础消费品是维持和延续人体基本生存的生活资料，属于必需的消费品，如满足人体新陈代谢所需的食物、满足人们保暖的住房等。在不同的经济发展阶段，生存资料标准与范围也不相同，随着消费水平的不断提高，必需消费品的种类不断增加、质量不断提高。

奢侈消费品简称奢侈品，是指一种超出人们生存与发展需要范围，具有独特、稀缺、珍奇等特点，满足人的高级享受需要的消费品，属于非生活必需品。在经济学上，奢侈品指的是价值与品质的关系比值最高的产品。在经济发展的不同阶段，奢侈品的内涵也不尽相同，有的物品在经济发展水平低的阶段是奢侈品，随着经济发展就有可能转化为必需消费品。简单来说，人类追求奢侈品主要有以下 4 个动机。

（1）奢侈品是富贵的象征。奢侈品是贵族阶层的物品，是贵族形象的代表。如今虽然社会民主了，但人们的“富贵观”并未改变。劳斯莱斯汽车就是贵族车的象征。

（2）奢侈品让人看上去就感到好。奢侈品的高级性应当是看得见的。正因为人们对其奢华“显而易见”，它才能为主人带来荣耀。所以奢侈品理应有更多的“可见价值”——让人看上去就感到好。那些购买奢侈品的人完全不是在追求实用价值，而是在追求全人类“最好”的感觉。

（3）奢侈品具有个性化特点。正是因为商品的个性化，即与众不同，才为人们的购买创造了理由。也正是因为奢侈品的个性化很不像大众品，才更显示出其尊贵的价值。

（4）奢侈品具有距离感。奢侈品必须制造让人望洋兴叹的感觉。在市场定位上，奢侈品就是为少数“富贵人”服务的。因此，要维护目标消费者的优越感，就要使大众与他们产生距离感。奢侈品要不断地设置消费壁垒，拒大众消费者于千里之外。

2．便利品、选购品和特殊品

根据消费者的购买行为和购买习惯，消费品可以分为便利品、选购品和特殊品 3 类。

（1）便利品。便利品又称日用品，是指消费者日常生活所需、需重复购买的商品，如粮食、饮料、肥皂等。消费者在购买这类商品时一般不愿意花很多时间比较价格和质量，愿意接受其他替代品。

（2）选购品。选购品是指价格比便利品要贵、消费者愿意花较多时间对同类商品进行比较之后才决定购买的商品，如服装等。消费者在购买前对这类商品了解不多，因而总是要对同一类型的商品从价格、款式、质量等方面进行比较。因此，选购品的销售网点一般都设在商业网点较多的商业区，并且同类商品的销售网点设置相对集中，以便消费者进行比较和选择。

（3）特殊品。特殊品是指消费者对其有特殊偏好并愿意花较多时间去购买的商品，如电视机、电冰箱、化妆品等。消费者在购买前对这些商品已有一定的认识，偏爱特定的品牌和商标，不愿接受替代品。为此，企业应注意争创名牌产品，以赢得消费者的青睐，要加强广告宣传，扩大本企业产品的知名度，同时切实做好售后服务和维修工作。

3．替代品、互补品和独立品

商品之间存在着一种交叉关系，根据这种交叉关系，消费者可以利用有关商品的不同组合进行合理的消费，以期达到最大效用。商品本身的性质不同决定了它们之间可以存在着替代性、互补性和无关性。据此，消费品可以分为替代品、互补品和独立品。

（1）替代品。替代品是指两种商品在效用上相似并可以相互代替，消费者可以通过二者的组合来满足同一种需要，并可以通过增加一种商品的消费而减少另一种商品的消费来保持商品的组合效用不变。如肥皂和洗衣粉、牛肉和猪肉等，它们之间的关系是可互相替代的。

（2）互补品。互补品是指两种商品在效用上是互相补充的，二者必须结合起来共同使用才能满足消费者的需求，也可以把这种需求叫作联合需求。一般而言，某种商品的互补品价格上升，将会因为互补品需求量的下降而导致该商品需求量的下降。比如，没有数码相机时，照相机和胶卷就是互补品，胶卷的需求量与照相机的价格有着密切关系，一般而言，照相机价格上升，胶卷的需求量下降，两者呈反方向变化。所以，如果 X 商品和 Y 商品是互补品，X 商品的需求量就与 Y 商品的价格呈反方向变化。

（3）独立品。独立品是指一种商品的销售状况不受其他商品销售变化的影响。假设存在两种商品 A 和 B，那么 A 商品是独立品的情形会有两种。一种是 A 商品和 B 商品完全独立，不存在任何销售方面的相关关系，如日光灯与空调之间的关系就属于此类；二是尽管 A 商品和 B 商品从功能上讲是独立的，但是 A 商品的销售增长可能会引起 B 商品的销售增长，而 B 商品的销售变化绝不会作用于 A 商品的销售状况，换句话说，A 商品对 B 商品的影响关系是单向的，B 商品的销售不会影响 A 商品，那么 A 商品相对于 B 商品而言仍是独立品。

知识应用

鲜菜涨价了就多吃腌菜

2009 年岁末，一场大范围降雪使得我国各地的鲜菜价格猛地涨了很多。细心的人发现，青菜价格是涨了，但买的人也跟着少了。据卖菜的摊主说，虽然鲜菜价格涨势汹涌，但整体上还不如正常天气下卖菜赚得多。这是为什么呢？因为随着鲜菜价格的大涨，精打细算的消费者们开始盯上了价格一向稳定的腌制蔬菜。“菜价涨得凶，只有腌菜价格没变。一年到头都可以吃到新鲜蔬菜，偶尔换换口味也不错。”很多消费者都这样想。于是，腌制的萝卜、雪菜、橄榄菜、霉干菜等都卖得不错，风头明显超过了平时颇受人们青睐的新鲜蔬菜。不过，随着天气转好，鲜菜价格恢复平稳，鲜菜销量也随之上升了，腌菜又重新恢复“冷门”了。

二、恩格尔定理

德国统计学家恩格尔根据消费统计资料的研究提出恩格尔定理。恩格尔定理：对于一个国家或家庭而言，随着收入水平的提高，消费开支中的食物消费所占比重逐渐下降。我们把反映这种关系的比率称为恩格尔系数。其计算公式如下：

$$恩格尔系数=\frac{食物支出金额}{总支出金额}$$

恩格尔定理表明，随着收入水平的提高，恩格尔系数是递减的。恩格尔系数反映了一个国家或家庭的经济富裕程度。一个国家或家庭的恩格尔系数越小，说明这个国家或家庭越富裕；反之则越贫穷。

按照联合国粮农组织提出的标准，恩格尔系数在 0.59 以上为贫困，0.5～0.59 为温饱，0.4～0.5 为小康，0.3～0.4 为宽裕，0.3 以下为富裕。1978 年我国城镇居民家庭恩格尔系数为 0.575，2019 年为 0.282。

知识拓展

幸福方程式与阿 Q 精神

人们消费的目的是获得幸福。对于什么是幸福，美国经济学家保罗·萨缪尔森用幸福方程式来概括：幸福=效用/欲望。从这个方程式中可以看出，幸福程度与效用成正比，与欲望成反比，也就是说，人的欲望越大越不幸福。但人的欲望是无限的，那么多大的效用不也相当于 0 吗？因此，在分析消费行为理论的时候假定人的欲望是一定的。如果人的欲望是一定的，效用越大就会越幸福。

在社会生活中，关于幸福，不同的人有不同的理解，政治家把实现自己的理想和抱负作为最大的幸福；企业家把赚到更多的钱当作最大的幸福；教师把学生喜欢听自己的课作为最大的幸福；老百姓往往觉得平平淡淡、衣食无忧是最大的幸福。幸福是一种感觉，自己认为幸福就是幸福。但许多人把拥有财富的多少当成衡量幸福的标准，一个人的欲望水平与实际水平之间的差距越大，他就越痛苦；反之，就越幸福。

鲁迅笔下的阿 Q 形象，是用来唤醒中国老百姓的那种逆来顺受的劣根性的。而人活着如果一点阿 Q 精神都没有，也会感到不幸福。因此，阿 Q 精神在一定条件下是人获取幸福的手段。市场经济发展到今天，贫富差距越来越大，如果穷人欲望过高，那只会给自己增加痛苦，倒不如知足常乐，用阿 Q 精神来降低自己的欲望，使自己虽穷却也觉得幸福自在。富人比穷人更看重财富，他会追求更富，如果得不到，他也会感到不幸福。

“知足常乐”“适可而止”“随遇而安”“退一步海阔天空”“该阿 Q 时得阿 Q”，这些说法有着深刻的经济含义，要为自己最大化的幸福做出理性的选择。

（资料来源：梁小民．微观经济学纵横谈[M]．北京：生活·读书·新知三联书店，2000.）

三、消费者剩余

消费者剩余是指消费者消费一定数量的某种商品所获得的总效用与其为此所花费的货币的总效用的差额。简言之，消费者剩余是消费者对一种商品所愿意支付的最高价格与其实际支付的价格的差额。

在消费者购买商品时，一方面，前已述及，消费者对每个单位的商品所愿意支付的价格取决于这 1 个单位的商品的边际效用。由于商品的边际效用是递减的，所以消费者对某种商品所愿意支付的价格也是逐渐下降的。另一方面，需要区分的是，消费者对每个单位的商品所愿意支付的价格并不等于该商品在市场上的实际价格。而事实上，消费者在购买商品时是按照实际的市场价格支付的。于是，在消费者愿意支付的价格和实际的市场价格之间就产生了一个差额，这个差额便构成了消费者剩余的基础。

例如，某种面包的市场价格为 3 元，某消费者在购买第一个面包时，根据这个面包的边际效用，他认为值得付 5 元去购买这个面包，即他愿意支付的价格为 5 元。于是当这个消费者以市场价格 3 元购买这个面包时，就创造了额外的 2 元的剩余。在以后的购买过程中，随着面包边际效用的递减，他购买第二个、第三个、第四个面包所愿意支付的价格分别递减为 4.5 元、4 元和 3.5 元。这样，他购买 4 个面包所愿意支付的总价格为 17 元（5+4.5+4+3.5）。但他实际按市场价格支付的总价格为 12 元（3×4）。两者的差额为 5 元（17−12）。这个差额就是消费者剩余。正是由于这样一种感觉，他认为购买 4 个面包是值得的，能使自己的状况得到改善。

由此可见，消费者剩余是消费者的主观心理评价，它反映了消费者通过购买和消费商品所感受到的状况改善。这一分析可以扩展到整个市场，得到整个市场的消费者剩余。因此，消费者剩余通常被用来度量与分析社会福利，消费者剩余越大，说明一个国家的社会福利越好，反之则相反。

知识应用

运用消费者剩余理论学会杀价

当你在水果摊看到荔枝时，新鲜饱满的荔枝激起了你强烈的购买欲望，并且这种欲望溢于言表。卖水果的人看到你看中了他的荔枝，就会考虑以较高的价格卖给你。其实，你对荔枝的较强购买欲望，表明你愿意支付更高的价格，从而有更多的消费者剩余。所以，当你询问价格的时候，他可能会故意提高价格，由于你的消费者剩余较多，或许你对这个价格还挺满意，便毫不犹豫地把荔枝买了下来。结果，你的消费者剩余转化为水果摊主的利润。

商家想方设法把消费者剩余转化为利润的例子在日常生活中比比皆是，即使是大公司也不例外。例如，在我国，奶粉这种产品之前一直是低价销售的，每袋奶粉的价格大约为 10 元。自改革开放以来，外国生产商大量进入中国，它们也运用消费者剩余的概念寻觅发大财的机会。一些奶粉生产商了解到中国奶粉的价格低，但是有一部分中国母亲生下孩子后，由于缺乏母乳，会对适合婴儿食用的高质量奶粉的需求十分迫切。于是，这些外国公司研制出添加各种营养成分的较高质量的奶粉，使用更为漂亮、防潮的包装方式，以每袋 80～100 元的价格销售。年轻的中国母亲为了婴儿的健康成长，愿意花较多的钱去买质量较好的婴儿奶粉。这样，中国母亲在购买婴儿奶粉时的消费者剩余就转移到了外国生产商的口袋里。

（资料来源：张立娟，王彩霞. 每天学点经济学[M]. 北京：金城出版社，2009.）

四、替代效应与收入效应

1. 替代效应

替代效应是指在实际收入不变的条件下，某种商品价格的变动引起其他商品的相对价格朝反方向变动，从而引起比较便宜商品的购买对比较昂贵商品的购买的替代。

当一种商品的价格上升时，其他商品的价格相对便宜了，消费者会多购买其他商品而少购买该种商品；当一种商品价格下降时，其他商品的价格相对昂贵了，消费者会增加对该种商品的购买而减少对其他商品的购买。替代效应强调一种商品价格的变动对其他商品相对价格水平的影响。例如，你在市场买水果，一看到橙子降价了，而橘子的价格没有变化，在降价的橙子面前，橘子好像变贵了，这样你往往会买橙子而不买橘子。对于两种商品，如果一种商品价格的上升引起另一种商品需求的增加，则这两种商品被称为替代品。

替代效应在生活中非常普遍。我们日常的生活用品大多是可以相互替代的。萝卜贵了多吃白菜，大米贵了多吃面条。一般来说，越是难以替代的商品，价格越是高昂。例如，产品的技术含量越高价格就越高，因为高技术的商品只有高技术才能完成，替代性较低，而馒头谁都会做，所以价格极低。又如，艺术品价格高昂，就是因为艺术品是一种个性化极强的物品，找不到替代品。王羲之的《兰亭序》价值连城，就是因为它只有一幅。

其实，在工作中，替代效应也在发挥作用。那些有技术、有才能的人在企业里是“香饽饽”，老板见了又是加薪又是摆笑脸。为什么？因为这个世界上对有技术、有才能的人找一个能替代的人并不容易。而普通员工，企业很容易从劳动力市场上找到替代的人，中国是人力资源大国，你不愿意干，想干的人多的是。因此，对于别人的薪金比自己高，不要吃惊和感到不平，只要使自己具有不可替代性，自己的待遇自然会提上来。

替代效应在人们的日常生活中无处不在，我们要认识并充分利用这种效应，做一个聪明的经济人。

2. 收入效应

收入效应是指在货币收入不变的条件下，某种商品价格的变动引起消费者的实际收入朝反方向变动，从而引起商品购买量的反方向变动。

当一种商品价格上升时，消费者实际收入减少，商品购买量随之减少；当一种商品价格下降时，消费者实际收入增加，商品购买量随之增加。收入效应强调价格变动对实际收入水平的影响。例如，一个家庭，它的收入用来购买 A、B 两种商品。在价格变动以前，全部收入购买的两种商品是以使这个家庭获得最大满足的方式组合的。现在假定 A 商品的价格下降，在购买原来数量的 A 商品之后，家庭的收入将有所剩余。A 商品价格的下降等于增加了这个家庭的实际收入，而剩余的收入可以用来购买 A 商品，也可以用来购买 B 商品。

3. 效应与需求

从以上分析可以看出，一种商品的价格变动所引起的该商品需求量变动的总效应可以被分解为替代效应和收入效应两个部分，即总效应=收入效应+替代效应。按照一般的消费理论，商品效应的变化会引起消费的变化。因此，不管是发生了收入效应还是发生了替代效应，或者两者同时发生了，由于这两种效应的作用，当一种商品的价格下降时，其购买量会增加，当价格上升时，其购买量会减少。

我国消费长期低迷，长期以来政府的治理措施全然集中于替代效应，也就是出台政策令消费变得“更便宜”，而储蓄“更贵”（如低利率、加征利息税等）。采取这些措施的目的是引导储蓄向当期消费转化。其实，相对于替代效应，收入效应应是消费增长的长期可持续源泉，因为消费低迷的症结不是老百姓热衷于储蓄“不愿花钱”，而是居民收入水平跟不上经济发展速度，如将工资水平作为衡量居民收入的指标，其在经济指标中的比重呈持续下降态势。一旦收入提高的速度超过商品价格水平的上涨速度，将会有效刺激市场需求。

4．效应与税收

现实中，税收也会对人们产生收入效应和替代效应。如果把所得税看作人们向政府购买公共物品所付出的价格，所得税的税率提高了，就相当于公共物品的购买价格提高了。由于公共物品是政府提供的一种共享资源，所以个人不会因为享受它们而产生比别人更多的满足感，而且税收是强制性缴纳的，所以又不能选择减少公共物品的购买。在这样一种背景下，税率提高会使人们产生两种感觉：第一，感觉自己的实际收入降低了，从而会更加心疼钱，而且为了补偿缴纳税收的损失，人们会工作更长的时间或做多种工作以增加收入，这就是收入效应；第二，工作是为了取得收入，而取得收入是为了提高生活水平，得到快乐和满足，但闲暇娱乐也会使人们感到快乐和满足，税率提高尤其是实施累进税率的情况下，会让人们觉得自己挣钱越多越不值得，工作越多越不值得，于是，闲暇娱乐带来的快乐对人们具有了更强烈的吸引力，人们会更多地选择闲暇娱乐来替代工作。

这么看来，所得税税率提高使这两种效应各自对经济发挥了不同方向的作用：正面的和负面的。而这两种效应并不是平均起作用的，那么什么情况下收入效应占主导，什么情况下替代效应占主导呢？

如果某人挣了 1 元钱，而这 1 元钱中要纳税 8 角，那么他肯定不会去挣这 1 元钱了。所以新增收入的税率越高，人们就越不愿意多工作，宁愿闲着。因此新增收入的税率（边际税率）越高，税收的替代效应越明显。

而如果平均税率较高，那么无论人们的收入在何种档次上，税收比例都是一样的。这时人们则会倾向于多增加收入，因为多增加的收入不用多缴税。如果所得税实施比例税率，挣多挣少都缴同样比例的税，那么多挣钱就没有什么阻碍，所以这时候收入效应就会发生主导作用，人们就会通过多工作来增加实际收入。

由此可见，税收的替代效应会导致人们工作努力程度的降低，是一种对经济的阻碍力量，也被称为税收的抑制效应。而反过来，努力降低替代效应的作用，降低所得税的边际税率和减少税率档次，则可以作为振兴经济的一条政策出路。

知识应用

保姆赚“小费”

一对夫妻虽事业蒸蒸日上，但却为特别爱哭泣的小孩伤透了脑筋。为此，夫妻两人想了不少办法，但都收效甚微，经过一段时间的摸索，最后总算找到了解决方法：小孩特别爱吃一种小颗粒糖，也爱玩。每当小孩快要哭的时候，弄破一两个欢乐球或给小孩吃几粒糖，小孩很快就会安静下来。若多弄破几个欢乐球或多给几粒糖，小孩会高兴得手舞足蹈。若不让小孩哭，每周要破费 54 元（均四舍五入至个位），包括购买 105 个欢乐球（价格为 0.25 元/个）和 280 粒糖（价格为 0.1 元/粒）。

有一天，他们从保姆市场雇了一个保姆专门照顾小孩，基本要求是不能让小孩哭，当然每周的预算仍然是 54 元左右。在主人的帮助下，保姆很快学会了如何买球、糖以及对付小孩哭泣的招数。然而，一个多月以后，欢乐球降价了，由原来的 0.25 元/个降到 0.15 元/个。保姆当然很高兴，因为虽然买 280 粒糖仍需 28 元，但买 105 个欢乐球就不需要26元了，而只需要16元，这样每周就可以省出10元。但是，保姆没有把省出的钱交还给主人，而是放入了自己的腰包，算是赚点“小费”。就这样，降价后，保姆每次花44元买105个球和280粒糖，并赚10元小费，主人全然不知。日复一日，循环往复，但保姆总琢磨着，既然球降价了，为什么不多买点球，而少买点糖。经过不断尝试，她觉得花44元买145个球和220粒糖的效果最好，不仅能制止小孩哭泣，有时还会看到小孩的笑脸。

一个周末，保姆利用每周给的一天假，到经济系研究生的哥哥家串门，并扬扬得意地把在主人家的故事一五一十地讲给哥哥听。哥哥听后，觉得挺有意思，夸妹妹有心计，但仔细想想，心计还不够，因为让小孩高兴当然好，但这并不是妹妹的本职工作，她完全可以在不让小孩哭泣的前提下，更好地组合球与糖的消费量，省出更多的钱，赚更多的“小费”。经此点拨，妹妹觉得言之有理。回去之后，又经过不断尝试，她每次买140个球和210粒糖，花费42元，就能保证小孩不哭。结果，每次可赚12元“小费”，比哥哥点拨前多赚2元。

转眼间已是春节临近，保姆打算回家过年，期间只能由主人替代去买东西和照顾小孩。她知道，如果主人去买东西，必使其赚“小费”之事暴露无遗。为此，她以退为进，开始将每次能省出的12元分文不要，即把主人所给的54元全部购买球和糖。至于购买的数量，经尝试，最后觉得每周买180个球和270粒糖，能使小孩最高兴。见此情景，主人当然非常高兴，夸保姆很能干，而保姆就将球降价的事告诉主人，还得了个“诚实”的美名。

这种由于商品价格变化而引起对某种商品消费量变化的现象，就是替代效应要研究的问题。

五、消费从众

1. 消费从众的含义

从众是人们自觉或不自觉地以某种集团规范或多数人的意见为准则，做出社会判断、改变态度的现象。在经济学中，从众行为也被称为“羊群行为”。

羊群是一种很散乱的组织，平时在一起也是盲目地左冲右撞，但一旦有一只头羊动起来，其他的羊也会不假思索地一哄而上，全然不顾前面可能有狼或者不远处有更好的草。例如，在一群羊前面横放一根木棍，第一只羊跳了过去，第二只、第三只也会跟着跳过去；这时，把那根棍子撤走，后面的羊走到这里，仍然像前面的羊一样，向上跳一下，这就是所谓的羊群效应。

消费从众是指个体消费者基于群体压力或寻求社会归属感，把其他消费者的期望或行为作为自己行为参照的准则，进而在自己的产品评价、品牌选择及消费方式上表现出迎合公众舆论或其他消费者期望的消费现象。

消费从众心理是大众都容易有的。羊群效应告诉我们，许多时候并不是谚语说的那样——“群众的眼睛是雪亮的”。市场中的普通大众往往容易丧失基本判断力。而这也为不法商家雇“托儿”的卑劣手段创造了条件。

2. 消费从众行为分析

从众心理是一种缺乏自信、主见的盲从，表现为向压力屈服的心理状态。消费从众行为一般由于消费者独立性差，缺乏主见，易受暗示，容易不加分析地接受别人意见并付诸行动所致。但从众行为也显示了一些较为理性的特征。

（1）符合个人利益最大化原则。一般而言，从众所造成的结果无非有 3 种。一是别人吃亏。这时由于“我”与别人采取了一样的行为，所以“我”也跟着吃亏。但这种情况对“我”造成的结果是，虽然改变了“我”在社会中的绝对位置，但对“我”的相对位置影响并不大，因为别人都吃了亏。二是别人占便宜。这时对“我”而言，由于“我”采取了与别人同样的行为，所以“我”也会跟着占便宜。三是别人既不吃亏也不占便宜。这种情况对从众的个人而言，其结果是既不会改变在社会中的绝对位置，也不会改变在社会中的相对位置。由于任何人都是自我利益的最佳判断者和最佳追求者，所以某人从事某种行为肯定符合某人的效用最大化法则。既然别人的行为都是对自己负责，所以“我”模仿别人的行为对自己有利的可能性很大。

（2）使个人减少了信息搜集成本。任何人在从事某一行动前总得付出一些信息成本，包括时间和金钱等方面。这时，其他人的行为选择本身就构成了一条重要信息。所以对商品信息的掌握程度会直接影响从众行为。在对商品了解较多并有客观判断标准的情况下，很少有从众行为；而当商品信息模糊时，容易产生从众行为。

在现有信息条件下，人们像羊模仿头羊的行为一样，以期达到自己的预期结果。虽然预期希望常常不能实现，但人们在做出这个选择之前往往都有一种理性的预期希望。因此，对待消费从众行为要辩证地看待。

六、棘轮效应

棘轮效应又称制轮作用，是指人的消费习惯形成之后有不可逆性，即易于向上调整，而难于向下调整，就像棘轮一样，只能前进，不能后退。尤其是在短期内消费是不可逆的，其习惯效应较大。实际上棘轮效应可以用宋代政治家和文学家司马光的一句著名的话来概括：由俭入奢易，由奢入俭难。

狭义的棘轮效应是指即使收入水平下降，个人的消费水平也不会随之下降；广义的棘轮效应是指经济活动中的不可逆性。例如，猪肉、禽蛋等原材料价格下降了，但相应的制成品如牛肉拉面、方便面以及饭店的菜品价格却不会相应地下降。在子女教育方面，因为深知消费的不可逆性，所以聪明之士更是十分重视棘轮效应。他们虽然家境富裕，但仍对自己的子女要求严格，从来不给孩子过多的零用钱，甚至在寒暑假期间要求孩子外出打工。

实际上，消费者的这种不可逆的消费行为，在经济衰退、萧条和复苏时期有着巨大的能效，甚至能使经济重新达到繁荣，但在利用这一理论时要慎重。

棘轮效应是出于人的一种本性，人生而有欲，“饥而欲食，寒而欲暖”，这是人与生俱来的欲望。人有了欲望就会千方百计地寻求满足。从经济学角度来说，一方面，资源的稀缺性决定了不能放任棘轮效应任意发挥作用，无限制地利用资源来满足人类无尽的欲望；另一方面，应该利用棘轮效应的特点来拉动经济的增长和繁荣。

课堂活动

为何一双象牙筷使商纣王断送了江山

商朝时，纣王登位之初，天下人都认为在这位精明的国君治理下，商朝的江山一定会坚如磐石。有一天，纣王命人用象牙做了一双筷子，十分高兴地使用这双象牙筷子就餐。他的叔叔箕子见了，劝他收藏起来，而纣王却满不在乎，满朝文武大臣也不以为然，认为这本来是一件很平常的小事。箕子为此忧心忡忡，有的大臣问他原因。箕子回答说："纣王用象牙做筷子，必定再也不会用土制的瓦罐盛汤装饭，肯定要改用犀牛角做成的杯子和美玉制成的饭碗，有了象牙筷、犀牛角杯和美玉碗，难道还会用它来吃粗茶淡饭和豆子煮的汤吗？大王的餐桌从此顿顿都要摆上美酒佳肴。吃的是美酒佳肴，穿的自然要绫罗绸缎，住的就要富丽堂皇，还要大兴土木筑起楼台亭阁以便取乐了。对这样的后果我觉得不寒而栗。"仅仅5年的时间，箕子的预言果然应验了，商纣王恣意骄奢，断送了商汤绵延500年的江山。

请用经济学原理解释一双象牙筷为何使商纣王断送了江山？

实践实训

在中国北方许多大城市，由于水资源不足，造成居民用水紧张。请根据边际效用递减规律，设计一种方案供政府缓解或消除这个问题，并回答与这种方案有关的下列问题。

（1）对消费者剩余有何影响？

（2）对生产资源的配置有何有利影响？

（3）对城市居民的收入分配有何影响？有什么补救办法？

思考与练习

一、名词解释

效用；边际效用；边际效用递减规律；消费者均衡；恩格尔系数；消费者剩余；替代效应；收入效应；消费从众；棘轮效应

二、选择题

1．基数效用论与序数效用论的主要差异在于两种商品的（　　）。

A．边际替代率是否递增　　B．边际替代率是否递减

C．效用是否增加　　D．边际替代率是否不变

2．某消费者逐渐增加某种商品的消费量，直到达到了效用最大化，在这个过程中，该商品的（　　）。

A．总效用和边际效用不断增加

B．总效用不断下降，边际效用不断增加

C．总效用不断增加，边际效用不断下降

D．总效用和边际效用不断下降

3．边际效用递减规律说明（　　）。

A．随着对商品的消费量的增加，该商品的总效用有下降的趋势

B．随着收入的增加，对该商品的总效用有下降的趋势

C．随着收入的增加，边际效用有下降的趋势

D．随着对商品的消费量的增加，该商品的边际效用有下降的趋势

4．总效用曲线达到顶点时，（　　）。

A．边际效用曲线达到最大点　　B．边际效用为 0

C．边际效用为正值　　D．边际效用为负值

5．如果商品的边际效用为 0，那么（　　）。

A．该商品的总效用最大　　B．该商品没有效用

C．该商品的总效用为 0　　D．不能确定其效用

6．X 商品的价格是 1.50 元，Y 商品的价格是 1.0 元。如果消费者认为 Y 商品的边际效用是 30，并且在购买两种商品的条件下使效用最大化，那么 X 商品的边际效用一定为（　　）。

A．15　　B．20　　C．30　　D．45

7．已知消费者收入为 200 元，每个 X 商品的价格为 20 元，每个 Y 商品的价格为 6 元。假设他打算购买 7 个 X 商品和 10 个 Y 商品，这时 X 商品和 Y 商品的边际效用分别为 50 和 18，那么要获得最大效用，他应该（　　）。

A．停止购买

B．增加购买 X 商品，减少购买 Y 商品

C．增加购买 Y 商品，减少购买 X 商品

D．同时增加购买 X 商品和 Y 商品

8．人们的收入水平不断提高，根据经济理论可以推测，人们的食物支出在总支出中的比重将（　　）。

A．大大增加　　B．稍有增加　　C．下降　　D．不变

9．消费者剩余是消费者的（　　）。

A．实际所得　　B．主观感受

C．没有购买的部分　　D．消费剩余部分

10．正常商品价格上升导致需求量减少的原因在于（　　）。

A．替代效应使需求量增加，收入效应使需求量减少

B．替代效应使需求量增加，收入效应使需求量增加

C．替代效应使需求量减少，收入效应使需求量减少

D．替代效应使需求量减少，收入效应使需求量增加

三、判断题

1．如果边际效用递减，则总效用相应下降。　　（　　）

2．当消费某种商品的边际效用为 0 时，总效用达到最大值。　　（　　）

3．两种商品的价格不相同，但对消费者来说，花在这两种商品上的最后 1 元钱的边际效用有可能相同。 （ ）

4．消费者剩余是消费者的主观感受。 （ ）

5．正常商品的替代效应与价格呈同方向变化。 （ ）

四、问答题

1．什么是总效用？什么是边际效用？两者的相互关系如何？

2．试述边际效用递减规律的内容及原因。

3．消费者均衡的含义及其实现条件是什么？为什么达到这个条件就能实现消费者均衡？

4．如果将高收入者的收入转移给低收入者，能否增加全社会的总效用？

拓展应用

电力短缺不仅仅是“管制失效”

按教科书的定义：电力是随着规模扩大而平均成本不断下降的行业，具有自然垄断性质。垄断企业有控制产量、提高价格的意图，因而需要管制。从这个意义上讲，电力短缺既有管制的问题（进入管制与价格管制等），也有垄断自身的因素，譬如是否存在垄断者（如电厂）故意控制电量的行为或是因为成本制约而难有作为。

当前的电力短缺应该从价格机制、政策的协调性、垄断者自身等方面来寻找原因。

（1）电力价格机制呆滞。价格不仅影响供需增量，而且决定有限资源的分配。短缺的原因不是商品供应不足，而是商品相对人们的欲望永远是不足的。供应不足是相对于有效需求来讲的，需求变化，价格不变，供需自然失衡。虽然降雨等偶然和客观因素会促使电力需求增加，但如果价格实时调整，一方面可以刺激供应，另一方面可以抑制需求，维持电力供需平衡应该不成问题。而现实的情况是，供电企业对一般工业企业只实行峰谷电价（峰段为平段的 1.6 倍，谷段为平段的 40%），过去曾执行过的、调节季节负荷差异的丰枯电价，由于各省公司的原因已渐渐放弃，从需求侧来讲电价调整季节差的功能开始弱化。更为重要的是，上网电厂一般没有执行峰谷电价和丰枯电价，电厂既没有增加供应的动力，也没有调节发电机出力的诱惑。电价不随需求的季节波动而调整，自然带来夏天高峰负荷的供不应求和春天低谷时期的供过于求。

显然，“短缺”是价格过低的结果。这里说的价格过低，不是针对电力商品的平均价格，而是指相对高峰负荷时期的电力需求。同理，低谷时期的供过于求是电力价格过高的缘故。也许从我国的消费结构和收入水平来讲，电力的价格水平偏高，但价格结构是可以调整的。适时控制高峰和低谷电价的比例不仅可以降低电价的总水平，还可以平衡电力供需矛盾。

对价格的不尊重，除会导致供需失衡以外，造成的社会利益损失也是相当大的。我们知道，在所有的竞争准则中只有一种没有租值消散的方式，那就是价高者得。愿意出高价购买商品的人和单位，一定是在别的场合向社会其他人提供有价值的服务或商品换来的。

（2）供需政策不协调且缺乏弹性。电力企业一直是国家管制的重点行业。为什么前几年的进入管制没有导致缺电呢？看来不仅仅是进入管制本身问题，而是环境变化了，政策没有随之修正。自 1997 年开始，由于经济调整，全国出现了大范围电力供过于求的局面。如果用人均年用电水平不足 1 000 千瓦·时来衡量，当时的电力只是短期的结构性过剩。我国的整体用电水平与发达国家相比还有相当大的差距。面对这样一种情况，一些地方政府纷纷出台电价优惠政策，如对高耗能企业实行降价优惠。这一政策的实行使一些准备转产和淘汰的行业重新焕发了生机，用电量持续增长。

（3）企业能力及成本制约。现今电网企业是一个要追求自身利益最大化的利益集团。在电价由国家高度管制的情况下，企业追求利益最大化的一个最佳途径就是开拓电力市场，争取最大的售电量增长，而“增供扩销”方针就是这一思想的实现方式。

解决问题的办法：总体上讲要加快电力体制改革，具体来讲，就是加大竞争，放松管制。

加大竞争就是加快厂网分开后竞价上网、政企分开和电网企业主辅分开、输配分开的步伐。放松管制有以下几方面的含义：一是完善电力市场准入机制，把审批制改为备案制，让更多的投资者包括民营资本和国际资本进入电力建设领域。二是放松电价管制，国家核定电力企业，包括电厂企业的年度电价水平，电力企业可根据区域内的电源构成、负荷结构和季节变化自行浮动丰枯、峰谷分时电价幅度以及改变电价结构，使电价有条件地反映市场供需状况。三是建立满足尖峰负荷的应急机制。电网要保证一定的备用容量，对于这部分机组，国家应有特殊的补偿政策，让企业有能力、有积极性地解决特殊时期、特殊季节的新增负荷需要。

随着我国经济的快速增长，能源紧张的态势也逐步显现出来。从价格理论来看，一种商品供不应求，在供求关系的驱使下，该商品的价格应该上升，最终使供求达到一个均衡状态，但我国的电力价格却未对一些用电大企业实施相应的高价，企业的产品成本并未反映出电力的真正成本，因此造成对电力的过多使用，在电力的总体使用上产生短缺。虽然国家从宏观经济上要考虑物价的总水平不能过快地上涨而使能源类产品不能根据市场的供求来调节，但局部的、分时的电力价格变动仍然是解决电力短缺的一个办法。

思维导图

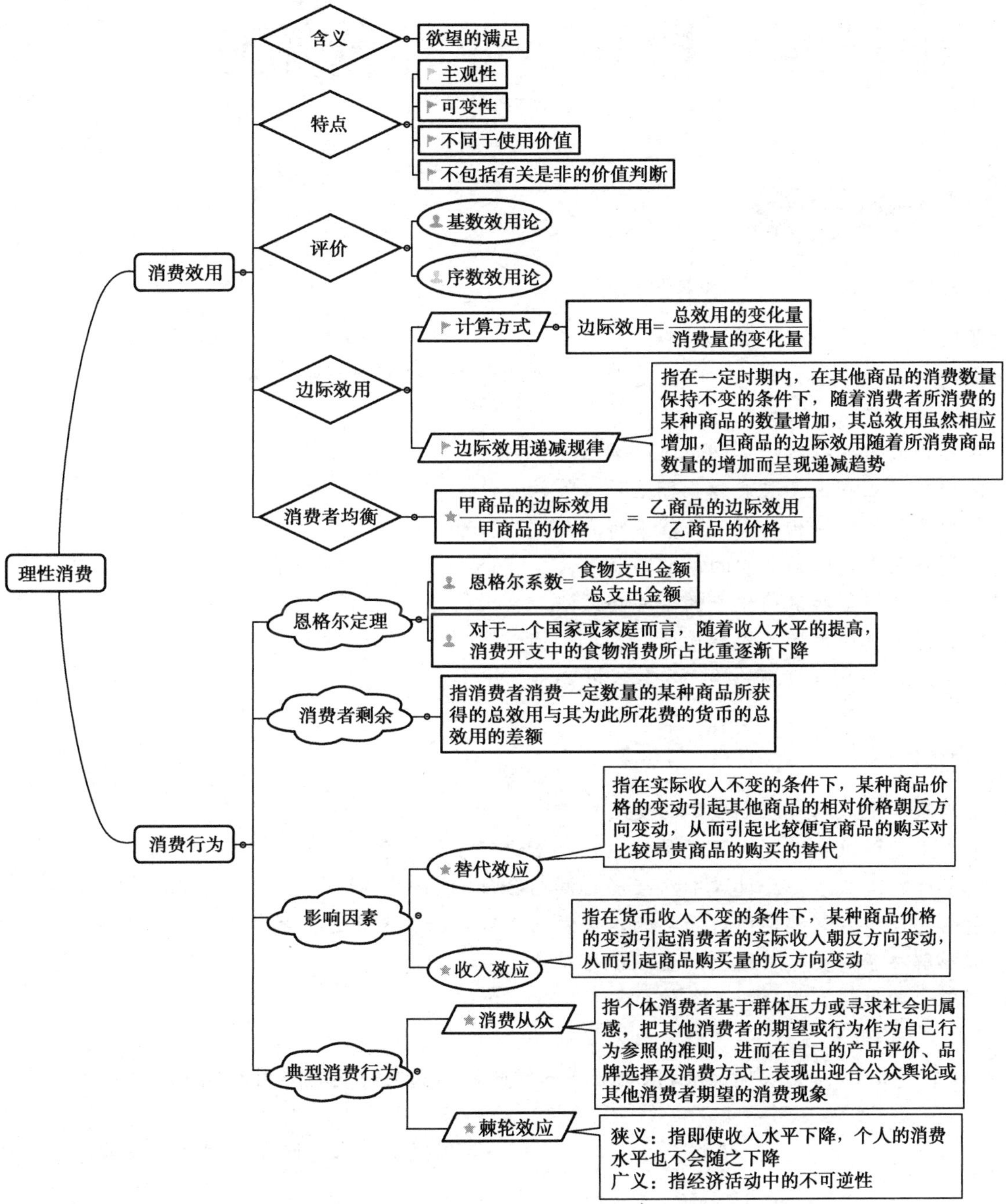
理性消费
消费效用
含义
欲望的满足
特点
主观性
可变性
不同于使用价值
不包括有关是非的价值判断
评价
基数效用论
序数效用论
边际效用
计算方式
边际效用=总效用的变化量/消费量的变化量
边际效用递减规律
指在一定时期内，在其他商品的消费数量保持不变的条件下，随着消费者所消费的某种商品的数量增加，其总效用虽然相应增加，但商品的边际效用随着所消费商品数量的增加而呈现递减趋势
消费者均衡
甲商品的边际效用/甲商品的价格 = 乙商品的边际效用/乙商品的价格
消费行为
恩格尔定理
恩格尔系数=食物支出金额/总支出金额
对于一个国家或家庭而言，随着收入水平的提高，消费开支中的食物消费所占比重逐渐下降
消费者剩余
指消费者消费一定数量的某种商品所获得的总效用与其为此所花费的货币的总效用的差额
影响因素
替代效应
指在实际收入不变的条件下，某种商品价格的变动引起其他商品的相对价格朝反方向变动，从而引起比较便宜商品的购买对比较昂贵商品的购买的替代
收入效应
指在货币收入不变的条件下，某种商品价格的变动引起消费者的实际收入朝反方向变动，从而引起商品购买量的反方向变动
典型消费行为
消费从众
指个体消费者基于群体压力或寻求社会归属感，把其他消费者的期望或行为作为自己行为参照的准则，进而在自己的产品评价、品牌选择及消费方式上表现出迎合公众舆论或其他消费者期望的消费现象
棘轮效应
狭义：指即使收入水平下降，个人的消费水平也不会随之下降
广义：指经济活动中的不可逆性

项目四　探知企业经营策略

学习目标

知识目标：

▲ 了解生产要素与生产函数的含义；
▲ 理解长期与短期的含义，以及总产量、平均产量和边际产量的关系；
▲ 掌握边际收益递减规律；
▲ 掌握各类短期成本的变动规律及其相互关系；
▲ 掌握企业短期生产决策和长期生产决策的条件；
▲ 掌握不同市场结构的含义、基本特点与划分标准；
▲ 理解不同市场结构之间的区别与联系；
▲ 掌握企业进行非价格竞争的条件与方法；
▲ 掌握完全竞争市场的短期均衡和长期均衡；
▲ 掌握不完全竞争市场的均衡条件及状态。

能力目标：

▲ 能理解短期成本及长期成本的变动规律；
▲ 能利用边际收益递减规律对两种生产要素进行最优组合；
▲ 能解释机会成本与会计成本、经济利润与会计利润的不同；
▲ 能够结合市场结构类型对面临的市场做出正确判断，制定适合的策略方案；
▲ 能够解决不同类型市场上的企业价格及产量决策问题；
▲ 能够说明价格歧视的基本条件。

自然在生产上所起的作用表现出报酬递减的倾向，而人类所起的作用表现出报酬递增的倾向。

——英国经济学家　阿尔弗雷德·马歇尔

任务一　了解企业生产决策

【社会现象】

农妇和母鸡

列夫·托尔斯泰讲过这样一则寓言：一只母鸡每天都下一个鸡蛋。女主人想：如果给母鸡多喂些吃的，它下的蛋肯定会增加 1 倍。于是，她就这样做了。可是，母鸡长得肥胖起来，根本不再下蛋了。这就是经济学中的边际收益递减规律的寓言版。

企业在生产过程中也常常存在这样的现象，生产者希望通过追加生产要素的投入即扩大生产规模来得到更高的产量水平。生产要素投入量增加为原来的两倍，那么产品的产出水平也会增加为原来的两倍吗？实际上，企业在组织生产时要考虑多方面因素，既要使得生产要素的投入合理，又要在节约成本的情况下使得产量最大。

讨论：企业怎么才能更好地确定生产要素的合理投入，使得生产更加有效率？

【理论基础】

分析生产者行为时，假定生产者都是具有完全理性的经济人，他们生产的目的是实现利润最大化。生产者实现利润最大化主要考虑 3 个维度：一是在既定的成本下怎样达到产量最大化，这涉及生产要素与产量的关系，即生产理论；二是在既定的产量之下如何实现成本最小，这涉及生产要素价格构成的成本问题，即成本与收益理论；三是由于市场上竞争与垄断的程度不同，企业如何确定自身产品的产量和价格问题，即市场结构理论。

一、企业

1. 企业的含义

在经济学中，企业又称生产者或厂商，是指能够做出统一生产决策的单个经济单位。企业作为生产的主体可以采取 3 种组织形式。

（1）个人企业。个人企业是指单个人独资经营的企业组织。个人企业家往往同时是所有者和经营者。个人业主的利润动机明确、强烈，决策自由、灵活，企业规模小，易于管理；但个人企业往往资金有限，限制了生产的发展。

（2）合伙制企业。合伙制企业是指两个人以上合资经营的企业组织。相对于个人企业而言，合伙制企业的资金较多，规模较大，比较易于管理，分工和专业化程度得到加强。但是，由于多人所有和参与管理，不利于协调和统一，资金和规模有限，在一定程度上不利于生产的进一步发展。而且，合伙人之间的契约关系不够稳定。

（3）公司制企业。公司制企业是指按公司法建立和经营的具有法人资格的企业组织，是一种重要的现代企业组织形式。公司由股东所有，控制权由董事监督下的总经理来掌握。在资本市场上，公司制企业是一种非常有效的融资组织形式，它主要靠发行债券和股票来筹集资金。

其中，公司债券是由公司做出的债权凭证，或者说，它用于公司在将来某一特定时间偿还一定数量的货币，并以按期付息的许诺的方式，从居民户或其他企业那里借款。债券所有人不是公司的所有者，也不参加管理。

公司股票是由公司发行的具有一定数量和票面价值的投资凭证。股票所有者是公司的股东，股东是公司的所有者，股东有权利参加公司管理和索取公司利润，也有义务承担公司损失。

由于公司制企业能够通过发行债券和股票的形式筹集大量的资金，所以公司制企业的资金雄厚，有利于实现规模生产，也有利于进一步强化分工和专业化；而且公司的组织形式相对稳定，有利于生产的长期发展。但是，公司组织往往可能由于规模庞大，给内部的管理协调带来一定的困难。公司所有权和管理权的分离也带来一系列问题。

总体来说，企业是以盈利为目的而从事生产经营活动，向社会提供商品或服务的经济组织，是重要的市场主体。在微观经济学中，一般总是假定企业的目标是追求最大利润。这一基本假设是理性经济人的假定在生产理论中的具体化。但是，现实经济生活中，企业有时并不一定选择实现最大利润的决策，而是实现销售收入最大化或市场销售份额最大化。

2. 企业存在的理由

生产看似很简单，如同从一端放进猪肉，从另一端生产出香肠。实际上，几乎所有的生产均由专业组织——那些主宰现代经济的小型、中型和巨型企业完成。那么为什么生产通常发生在企业中，而不是在家里进行呢？这就是企业存在的理由，主要有 3 个方面。

（1）效率对大规模生产的要求。有效率的生产需要专业化的机器、厂房、装配线和劳动分工。研究表明，汽车的有效率生产要求至少达到 300 000 辆/年的产量。几乎不能指望工人会自发地组织起来，准确而又按正确的程序完成每项任务，而是需要企业来协调生产过程，购买或租用土地、资本、劳动力和原料。如果不需要专业化和劳动分工，那么每个人都能在自家的后院里生产出需要的电能、数字式手表和笔记本电脑。显然，人们不能完成这些，因此，效率通常要求在企业里进行大规模生产。

（2）能为大规模生产筹集资金。开发一架新商用飞机需要数亿美元的花费；研究和开发一个新的计算机微处理器（如英特尔的奔腾芯片）需要花费更多。这些资金从哪里来？在 19 世纪，企业往往由富裕的喜欢冒险的个人提供资金。但是，这种带有传奇色彩的工业巨头时代已经一去不复返了。今天，在一个私有企业的经济中，生产所需资金的大部分来自利润或从金融市场的借款。实际上，如果不能每年为新项目筹集数十亿美元的资金，那么私有企业的高效率生产活动的进行是不易实现的。

（3）能有效管理生产过程。经理是组织生产、引入新思想或新产品或新生产方法、进行决策的人，同时也是对企业的成功或失败负责的人。生产毕竟不能自行组织起来，必须有人监督新厂房的建造，与工会进行谈判，购买原料和保障供应。

例如，如果某人想购买一个棒球队的经营权，那么他必须租借一个体育场，雇用棒球运动员，与人们谈判以取得让步，雇用招待员，与工会相处，出售门票。所有这些生产要素都安排就绪之后，还得有人监督入场活动，以保证相关人员有效率和诚实地完成工作。

3. 企业生产主要面临的问题

企业在经济活动中要达到利润最大化的目的，即在既定的产量下实现成本最小，或在既定的成本下达到产量最大。企业追求利润最大化主要面临 3 个问题。

（1）最佳产量问题。产品的产销量不是由企业单方面决定的，企业生产什么、生产多少应该由消费者和企业双方来决定。一方面，企业根据消费者需求决定生产什么，生产多少；另一方面，企业还要引导消费者消费，开发新产品。不管采用何种形式，企业都要考虑将产量控制在什么样的水平下，才能使利润最大化。

（2）最佳投入组合问题。企业确定了生产什么、生产多少的问题之后，就要考虑如何生产的问题，也就是怎样利用生产要素，发挥其最大的效用。可以根据生产情况选择最佳的生产要素组合方式。

（3）最佳生产规模问题。随着生产的发展，生产规模扩大可以带来规模收益，但是对于企业来讲，并不是生产规模越大越好，所以企业应将生产规模控制在最为合适的水平上，也就是要考虑适度规模问题。

总体来讲，生产理论分析的中心问题就是研究企业如何有效地利用各种投入要素进行生产活动，研究企业生产体系以最小的投入获得最大的产出。

二、生产要素与生产函数

1．生产要素

所谓生产，从经济学角度看，就是一切能够创造或增加效用的人类活动。生产离不开生产要素。生产要素是指在生产中投入的各种经济资源，包括劳动、资本、土地和企业家才能。

（1）劳动。劳动是指人类在生产过程中一切体力和智力的消耗。劳动的供给取决于劳动的成本，它包括实际成本和心理成本。实际成本是维持劳动者及其家庭生活必需的生活资料的费用和培养、教育劳动者的费用；心理成本是牺牲闲暇的享受给劳动者心理上带来的负效用。劳动的价格以工资来体现，工资的高低取决于劳动的需求与供给这两方面的共同作用。

（2）资本。资本是指企业的投资，可以表现为有形资本和无形资本。有形资本包括生产过程中使用的厂房、设备、机器、原料等；无形资本包括商标、专利、企业信誉等。资本的价格以利息来体现，利息是货币所有者放弃现期消费，把货币转化为资本所得到的报酬。利息取决于资本的供给与需求。资本的供给取决于收入及消费在收入中占有的比例。资本的需求取决于预期，即人们对未来不确定因素的看法。

知识应用

谎称已经死了的画家

有一则故事说的是一个画家总不得志，作品卖不出去，当谎称自己已经死了后，本来卖不出去的画价格狂升。为什么此时该画家的作品价格狂升呢？艺术品的价格取决于对该艺术品的需求与供给，画家既然死了，那他的作品的供给就不会增加了，其价格就取决于需求。需求主要来源于欣赏与投资，而投资是为了保值与增值。在各种投资物品中，有价值的艺术品升值的速度最快。投资的收益在未来，所以出于投资动机买画的欲望取决于对未来升值的预期。一个画家死后，人们对其作品在艺术史上的地位及未来升值前景都是一种猜测。如果评论家此时对他的作品大加赞扬，不仅会影响人们的欣赏偏好，也会提高人们的预期，认为该画家的作品的未来价格会上扬。这种预期使购买者增加，从而推动了它的价格的上升。而价格的上升又会进一步拉高人们的预期，于是价格与预期的相互作用就把已故画家的作品炒到了天价。

（3）土地。土地是指生产中使用的各种自然资源，不仅指土地本身，还包括阳光、森林、矿藏等一切自然资源。土地的基本特征是数量固定，对价格无弹性。土地的价格表现为地租，地租由土地的需求与供给决定。随着经济的发展，人们对土地的需求不断增加，地租有不断上升的趋势。

（4）企业家才能。企业家才能是指生产经营者对生产过程的组织和管理，包括经营、组织、管理、创新等能力。对于同一家企业来说，由于不同的经营者的管理能力和管理方法不同，其管理效果也大不相同。因此，企业家才能影响到企业的经济效益。企业家才能的价值以利润来体现。

企业进行生产的过程概括起来就是生产要素投入、生产制造、产品产出的过程，如图 4.1 所示。

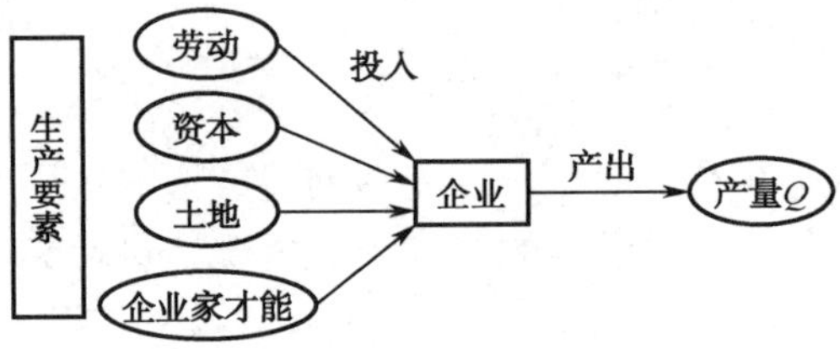

图 4.1　企业的生产过程

企业生产理论就是研究各种生产要素投入量与产量的关系，探讨如何对各种生产要素进行组合，以实现最优，从而达到产量最大或利润最大的目标。

知识应用

“美味之汤”是如何生产出来的

一个陌生人来到一个小村庄。他向村子里的人说：“我有一个神奇的汤石，如果把它放进烧开的水里，就会立刻变出一锅美味的汤来。如果你们不相信，我现在就煮给你们看。”于是有人拿来了大铁锅，有人提来了水，架起了炉子和木柴，在村子的广场上煮了起来。陌生人小心地把汤石放入滚烫的锅中，然后尝了一口，很兴奋地说：“太好喝了，不过如果再加一点洋葱就更好了。”立刻有人冲回家拿了洋葱放入汤中。陌生人又尝了一口：“太棒了，如果再放一些肉片就更鲜了。”又有人快速端来一盘肉。“如果再有一些蔬菜就太完美了。”陌生人又建议。就这样在陌生人的指挥下，有人拿来盐，有人拿来酱油等其他佐料。当大家每人一碗在那里享用时，他们发现，这真是天底下最美味的汤了。

读完上面的故事，许多人可能会想到，那个陌生人其实是一个高明的企业家，陌生人冒着风险向村民许诺：用他的汤石能煮出一锅美味的汤。实际上，他清楚地知道，汤石在这里并不起作用。如果没有来自其他方面的经济资源或生产要素，美味之汤根本做不出来。正是凭着企业家——这个陌生人的聪明和才智，说服和组织了村民入伙，成功创办了一个生产美味之汤的企业，并组织村民把各种资源结合起来，生产出产品——美味之汤。

从这个故事可以看出，产品，即那锅美味之汤，离不开铁锅、木柴、洋葱、肉片等生产要素。而若仅仅有这些生产要素仍然不能转化为美味之汤。这说明还有一个角色不可或缺，即企业家。因此，阿尔弗雷德·马歇尔把企业家才能作为生产要素是经济学理论上的一大突破。

2．短期生产与长期生产

微观经济学认为，生产可以分为短期生产和长期生产。短期是指生产者来不及调整全部生产要素的数量（至少有一种生产要素的数量是固定不变的）的时间周期。长期是指生产者可以调整全部生产要素的数量的时间周期。相应地，在短期内，生产要素投入可以区分为不变要素投入和可变要素投入：生产者在短期内无法进行数量调整的那部分要素投入是不变要素投入，如机器设备、厂房等；生产者在短期内可以进行数量调整的那部分要素投入是可变要素投入，如劳动、原材料、燃料等。在这里，短期和长期的划分是以生产者能否变动全部要素投入的数量作为标准的。对于不同产品的生产，短期和长期的界线规定是不相同的。例如，变动一个大型炼油厂的规模可能需要 3 年的时间，而变动一个豆腐作坊的规模可能仅需要 1 个月的时间，即前者的短期和长期的划分界线为 3 年，而后者仅为 1 个月。

3. 生产函数

生产函数表示一定时期内，在技术水平不变的情况下，生产中所使用的各种生产要素的数量与所能生产的最大产量之间的关系。任何生产函数都以一定时期内的生产技术水平作为前提条件，一旦生产技术水平发生变化，原有的生产函数就会发生变化，从而形成新的生产函数。所以，生产函数的一般表现形式如下：

$$Q=f(L,K,N,E)$$

式中，Q 为产量；L、K、N、E 分别为劳动、资本、土地和企业家才能。由于土地是相对固定的，企业家才能难以估量，因此，在经济学研究中，为了简化分析，通常假定生产中只使用劳动和资本这两种生产要素。所以，生产函数通常表现为如下形式：

$$Q=f(L,K)$$

生产函数表示生产中的投入量和产出量之间的依存关系，这种关系普遍存在于各种生产过程之中。一家工厂必然具有一个生产函数，一家饭店也是如此，甚至一所学校或医院同样也有各自的生产函数。

微观经济学通常以一种可变生产要素的生产函数考察短期生产决策，以两种可变生产要素的生产函数考察长期生产决策。

短期生产因短期内资本投入量是固定的（用 $\overline{K}$ 表示），劳动投入量是可变的（用 L 表示），故短期生产函数表现为如下形式：

$$Q=f(L,\overline{K})$$

三、短期生产决策

短期生产函数 $Q=f(L,\overline{K})$表示：在资本投入量固定时，由劳动投入量变化所带来的最大产量的变化。由此可以得到劳动的总产量（Total Product，TP）、平均产量（Average Product，AP）和边际产量（Marginal Product，MP）3 个概念。

1. 总产量、平均产量和边际产量的含义

劳动的总产量 P_{TL} 是指与一定的可变要素劳动的投入量相对应的最大产量。其计算公式如下：

$$P_{TL}=f(L,\overline{K})$$

劳动的平均产量 P_{AL} 是指平均 1 个单位的可变要素劳动的投入量所得到的产量。其计算公式如下：

$$P_{AL}=\frac{P_{TL}(L,\overline{K})}{L}$$

劳动的边际产量 P_{ML} 是指增加 1 个单位的可变要素劳动的投入量所增加的产量。其计算公式如下：

$$P_{ML}=\frac{\Delta P_{TL}(L,\overline{K})}{\Delta L}$$

2．总产量、平均产量和边际产量的关系

总产量、平均产量和边际产量的关系如图 4.2 所示。从图中可以清楚地看到，由边际收益递减规律决定的劳动的边际产量曲线 P_{ML} 先是上升的，并在 B' 点达到最高点，然后下降。结合图中的总产量曲线、平均产量曲线和边际产量曲线，可以看到三者之间存在如下关系。

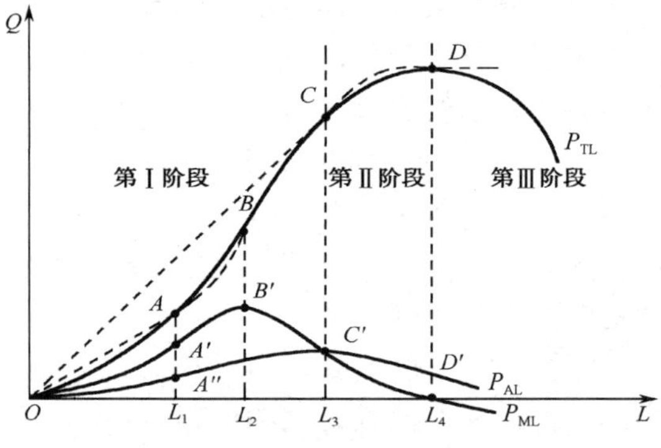

图 4.2　总产量、平均产量和边际产量的关系

（1）在资本量一定的条件下，随着劳动量的不断增加，总产量、平均产量和边际产量曲线都先上升，在分别达到最高点后转而下降。

（2）边际产量曲线与平均产量曲线相交于平均产量曲线的最高点。在相交之前，边际产量大于平均产量，平均产量是递增的；在相交之后，平均产量大于边际产量，平均产量是递减的；在交点处，平均产量等于边际产量，平均产量达到最大值。

（3）当边际产量为正数时，总产量递增；当边际产量为负数时，总产量递减。

此外，由于在可变要素劳动投入量的变化过程中，边际产量的变动相对平均产量的变动更为敏感，所以，不管是增加还是减少，边际产量的变动都要快于平均产量的变动。

知识拓展

生产技术系数

企业从事不同的生产项目，投入的生产要素种类不同，要素间的配合比例也不同。为生产一定数量的商品所需要投入的各种生产要素的配合比例称为生产技术系数。

生产技术系数根据生产技术要求的不同，可分为固定技术系数和可变技术系数。如果生产某种产品所需要的各种生产要素的组合比例是不能改变的，则这种系数称为固定技术系数，这种固定技术系数的生产函数称为固定组合比例的生产函数。

例如，假设在某项生产中投入劳动和资本两种生产要素，劳动和资本的组合比例为 1∶3，当劳动投入量增加 1 个单位时，资本投入量必须增加 3 个单位。

3．边际收益递减规律

边际收益递减规律：在技术水平不变的条件下，在连续等量地把某种可变生产要素增加到其他一种或几种数量不变的生产要素上去的过程中，当这种可变生产要素的投入量小于某一特定值时，增加该生产要素的投入所带来的边际产量是递增的；当这种可变生产要素的投入量连续增加并超过这个特定值时，增加该生产要素的投入所带来的边际产量是递减的。边际收益递减规律是短期生产的一条基本规律。

例如，对于给定的 10 公顷麦田来说，在技术水平和其他投入不变的前提下，考虑使用化肥的效果。如果只使用 1 千克化肥，那可想而知，这 1 千克化肥所带来的总产量的增加量即边际产量是很小的，可以说是微不足道的。但随着化肥使用量的增加，其边际产量会逐步提高，直至达到最佳的效果即最大的边际产量。但必须看到，若超过化肥的最佳使用量后还继续增加化肥使用量，就会对小麦生长带来不利影响，化肥的边际产量就会下降。过多的化肥甚至会烧坏庄稼，导致负的边际产量。

对边际收益递减规律的理解应注意以下 4 点。

（1）边际收益递减规律发生的前提条件是技术不变，若技术水平发生变化，这个规律也会发生变化。

（2）边际收益递减规律是假定其他生产要素投入量不变，即以生产规模不变为前提。

（3）边际收益递减规律只存在于生产技术系数可变的生产函数中。对于生产技术系数固定的生产函数，由于各种生产要素不可相互替代，其组合比例是不可改变的。所以，当改变其中一种生产要素的投入量时，边际产量变为 0，不存在依次递减趋势。

（4）在其他生产要素不变的情况下，增加一种可变生产要素的投入所引起的产量或收益的变动会经历 3 个阶段。

第一阶段：产量递增阶段，可变要素的增加使产量或收益增加。因为对于任何产品的短期生产来说，可变要素投入和不变要素投入之间都存在着一个最佳的数量组合比例，在开始时，生产要素的投入量远远没有达到最佳的组合比例，不变要素没有得到充分利用，从而使产量递增。

第二阶段：边际产量递减阶段，随着可变生产要素投入量的逐渐增加，生产要素的投入量逐步接近最佳的组合比例，不变生产要素已接近充分利用状态。这时虽然仍可使总产量增加，但增加的幅度，即可变要素的边际产量是呈现递减趋势的。

第三阶段：产量绝对减少阶段，一旦生产要素的投入量达到最佳组合比例后，不变生产要素已充分利用，如果还继续投入可变要素，则生产要素的投入量会慢慢偏离最佳组合比例，使生产效率降低，总产量减少。

知识应用

三季稻为何不如两季稻

在农业仍为传统生产技术的情况下，土地、设备、水利资源、肥料等都是固定生产要素。两季稻改为三季稻并没有改变这些固定生产要素，只是增加了可变生产要素劳动与种子。两季稻是农民长期生产经验的总结，它行之有效，说明在传统农业技术下，固定生产要素已经得到了充分利用。

改为三季稻之后，土地的过度利用引起肥力下降，设备、肥料、水利资源等由两次使用改为三次使用，每次使用的数目不足。这样，三季稻的总产量就低于两季稻了。四川省把三季稻改为两季稻之后，全省粮食产量反而增加了。江苏省邗江县（现扬州市邗江区）1980 年的试验结果表明，两季稻每亩总产量达 2 014 斤，而三季稻只有 1 510 斤，更不用说两季稻还节省了生产成本。群众总结的经验是“三三见九，不如二五一十”，就是对边际产量递减规律的形象说明。

（资料来源：刘华，李克国. 经济学案例教程[M]. 大连：大连理工大学出版社，2007.）

4．短期生产决策

根据短期生产的总产量、平均产量和边际产量之间的关系，可将短期生产划分为 3 个阶段，如图 4.2 所示。

在第Ⅰ阶段，产量曲线的特征如下：劳动的平均产量始终是上升的，且达到最大值；劳动的边际产量先是上升到最大值，然后开始下降，且始终大于劳动的平均产量；劳动的总产量始终是增加的。这说明：在这一阶段，不变要素资本的投入量相对过多，生产者增加可变要素劳动的投入量是有利的。或者说，生产者只要增加可变要素劳动的投入量，就可以较大幅度地增加总产量。因此，任何理性的生产者都不会在这一阶段停止生产，而会连续增加可变要素劳动的投入量，以增加总产量，并将生产扩大到第Ⅱ阶段。

在第Ⅱ阶段，产量曲线的特征如下：起点处，劳动的平均产量曲线和劳动的边际产量曲线相交，即劳动的平均产量达到最高点；终点处，劳动的边际产量曲线和横轴相交，即劳动的边际产量为 0。

在第Ⅲ阶段，产量曲线的特征如下：劳动的平均产量继续下降，劳动的边际产量降为负值，劳动的总产量也呈现下降趋势。这说明：在这一阶段，可变要素劳动的投入量相对过多，生产者减少可变要素劳动的投入量是有利的。因此，这时即使劳动要素是免费供给的，理性的生产者也不会增加劳动的投入量，而会通过减少劳动的投入量来增加总产量，以摆脱劳动的边际产量为负值和总产量下降的局面，并退回到第Ⅱ阶段。

由此可见，理性的生产者既不会将生产停留在第Ⅰ阶段，也不会将生产扩张到第Ⅲ阶段，所以，生产只能在第Ⅱ阶段进行。在生产的第Ⅱ阶段，生产者可以得到由第Ⅰ阶段增加可变要素的投入量所带来的全部好处，又可以避免将可变要素的投入增加到第Ⅲ阶段而带来的不利影响。因此，第Ⅱ阶段是生产者进行短期生产的决策区间。在第Ⅱ阶段的起点处，劳动的平均产量曲线和劳动的边际产量曲线相交，即劳动的平均产量达到最高点。在第Ⅱ阶段的终点处，劳动的边际产量曲线和横轴相交，即劳动的边际产量为 0。至于在生产的第Ⅱ阶段，生产者所应选择的利润最大化的最佳投入数量究竟在哪一点，这一问题有待以后结合成本、收益和利润进行深入的分析。

知识应用

谁来养活中国

边际产量递减规律早在 18 世纪就由经济学家提出，有人把这一规律应用到农业领域却描绘出一幅人类前景悲惨的画面来。因为耕地等自然资源毕竟是有限的，要增加粮食产量最终只能依靠劳动力的增加，但边际产量递减规律表明，劳动力投入会带来边际粮食产量递减，于是人口不断增长的必然结果是，人类不能养活自己。无独有偶，1994 年，一位叫莱斯特·布朗的人重复类似悲观的预言，发表了一本题为《谁来养活中国》的小册子，宣称人口众多的中国将面临粮食短缺，进而引发全球粮价猛涨的危机。杞人忧天的布朗是否知道袁隆平的名字呢？袁隆平利用科学技术发明了杂交水稻，使亩产大幅度提升，小麦亦如此。中国有出色的农业科学家，中国人养活自己靠的是农业技术进步。布朗先生实在是用错了边际产量递减规律。要记住边际产量递减规律是有条件的。

边际产量递减规律提示我们，在一定的条件下，高投入未必带来高产出。因此，要注意投入的合理限度，寻找最佳的投入数量。

四、长期生产决策

一般情况下，生产中各种生产要素的投入比例和组合不同，带来的产量也不同。理性的生产者会选择最佳投入组合进行生产。这种生产要素的最佳组合称为生产者均衡。与消费者均衡研究消费者如何把既定的收入分配于两种产品的购买与消费上，以实现效用最大化相同，生产者均衡主要研究如何把既定的成本（生产资源）分配于两种生产要素的购买与生产上，以实现产量（或利润）最大化。因此，研究这两类问题的方法相同，主要是边际分析法和等产量分析法。

前已述及，微观经济学通常用劳动（L）和资本（K）两种可变生产要素的生产函数考察长期生产决策。长期生产函数一般表示为如下形式：

$$Q = f(L,K)$$

假定劳动和资本的价格分别为 w 和 r，P_{ML} 为劳动的边际产量，P_{MK} 为资本的边际产量，则生产者均衡的条件如下：

$$\frac{P_{\mathrm{ML}}}{w} = \frac{P_{\mathrm{MK}}}{r}$$

上式表明，企业实现生产要素最佳组合、利润最大化的条件，即在既定产量条件下实现最小成本或者在既定成本下实现最大产量的条件为，所购买的生产要素的边际产量与其价格之比相等，也就是说每一单位货币（成本）不论是用于购买劳动还是用于购买资本所得到的边际产量都相等。

课堂活动

捕鱼能手的劳动与产量决策

李明是某海岛上的一位捕鱼能手，最近购买了一条机动捕鱼船在近海捕鱼，每次下海都要雇用一些临时人员，分别按捕鱼销售收入的固定百分比付给临时人员工资。李明记录了最近 15 次雇用临时人员的数量和捕鱼的数量，如表 4.1 所示。假定这一期间鱼的销售价格一直没有变化。

表 4.1 雇用人数和捕鱼量

日期	雇用人数（人）	捕鱼量（吨）	日期	雇用人数（人）	捕鱼量（吨）	日期	雇用人数（人）	捕鱼量（吨）
10 月 3 日	6	3.8	10 月 25 日	3	1.5	11 月 14 日	8	4.5
10 月 8 日	17	7.3	11 月 3 日	14	8.0	11 月 19 日	16	7.7
10 月 12 日	9	5.6	11 月 4 日	15	7.8	11 月 22 日	10	6.4
10 月 16 日	5	3.1	11 月 7 日	5	3.3	11 月 26 日	9	6.1
10 月 20 日	12	7.3	11 月 10 日	12	7.6	11 月 30 日	14	8.1

根据上述资料，你能找出雇用人数与捕鱼量的关系吗？

任务二 了解企业成本与收益

【社会现象】

炸鸡店的经营决策

一家炸鸡店在正常情况下，每月炸鸡块 1 000 块，总成本是 1 万元，其中 6 000 元是固定成本，4 000 元是可变成本，那么每块炸鸡的平均固定成本是 6 元，平均可变成本是 4 元。如果此时每块炸鸡的价格为 4 元，是否经营结果都相同：经营时支出的平均可变成本（4 元）得以弥补，可是固定成本的损失并没有减少；若不经营，可变成本不必支出，但固定成本的损失依旧一样。若在这个停止营业点上，即价格高于平均可变成本时，也必须经营，这是因为高于平均可变成本的那部分价格可以弥补固定成本。假如每块炸鸡的价格是 8 元，平均可变成本是 4 元时，每出售一块炸鸡就可以得到 8 元，用 4 元来弥补平均可变成本，其余 4 元来弥补平均固定成本。如此，平均固定成本的损失就从 6 元减至 2 元，而这是有好处的。因为亏损 2 元当然要比亏损 6 元好。此时，利润最大化的原则就变成亏损最小化。若价格低于平均可变成本，则不管怎样都不能继续经营。

讨论：固定成本与可变成本有什么不同？为什么有时价格明显低于成本还要继续经营？是不是只要价格高于可变成本，企业就可以继续经营了呢？

【理论基础】

企业为进行生产而购买生产要素所付出的代价是企业的成本。成本按投入是否全部可变分为长期成本和短期成本，按是否随产量变化分为固定成本和可变成本，并可再进行细分。这些成本有各自的变化规律。

一、成本的含义

1．机会成本与经济成本

成本是指企业为生产某种产品或劳务所使用各种生产要素的支出。由于经济学研究稀缺的经济资源如何合理配置的问题，从这一前提出发，生产一种产品或劳务，是以放弃用同样的经济资源来生产其他产品或劳务时所能获得的收入为代价的。为此，经济学家提出了机会成本的概念。

机会成本是指利用既定资源得到某种收入时所必须放弃的在其他用途中所能得到的最高收入。机会成本只是一种因对生产要素使用上的不同选择而产生的相对成本。它是一种无形的代价，主观的损失并不是实际发生的各种费用。但对经济学家来说它却是一个重要的概念。

经济成本即生产成本，又称生产费用，是指企业在生产中所使用的各种生产要素的货币支出。其既包括外购要素所形成的成本，也包括自由要素的投入所形成的成本。生产要素包括劳动、资本、土地和企业家才能4种基本形式。企业为了获得劳动而支出的费用是工资，为了获得资本而支出的费用是利息，为了获得土地而支出的费用是地租，为了获得企业家才能而支出的费用是正常利润。因此，生产成本是由工资、利息、地租和正常利润4个部分组成的。劳动—工资、资本—利息、土地—地租、企业家才能—正常利润被称为“四位一体”公式。

2. 显性成本与隐性成本

显性成本是指企业在生产要素市场上购买或租用所需要的生产资料的实际支出。例如，某蛋糕店雇用了8名员工，从银行取得了10万元的贷款，租用了30平方米的店面，为此，这个蛋糕店需要向员工支付工资，向银行支付利息，向店面出租者支付租金，这些支出构成了蛋糕店的显性成本。这些费用是以货币形式实际支付并直接反映在会计账簿上的，因此又被称为会计成本。

隐性成本是指企业本身所拥有的且被用于该企业生产过程的那些生产要素的总价格。例如，企业使用自有资本应付的利息、企业自有土地应得的租金，以及企业所有者自己提供劳务的报酬等，企业不需要对这些费用进行实际支付，也不会体现在会计账簿上，因此称为隐性成本。

知识应用

门脸房是出租还是自己经营

假如你家有一个门脸房，你用它开了一家杂货店。一年下来，你算账的结果是挣了5万元，你很高兴。可用经济成本分析后，你恐怕就高兴不起来了。因为，你没有把隐性成本算进去。假定门脸房出租，按市场价一年是2万元；假定你原来有工作，年收入也是2万元。那么，这4万元就是你自己经营的隐性成本。用经济学分析来看，这应该是成本，是你提供了自有生产要素房产和劳动所理应得到的正常报酬，而这在会计账簿上没有作为成本项目记入。这样算的结果是你一年并没有挣到5万元，而是只挣了1万元。如果再加上自己经营需要1万元的资金进货，这1万元的银行存款利息也是隐性成本。这样一算，你自己经营就非常不合适了，应该出租。但是如果你下岗了，也找不到高于3万元的工作，这时自己经营为上策。

这个案例是从会计师的角度分析的。会计师工作的着眼点是记录企业的资金流入和资金流出，而且这些都被记录在会计账簿中。案例中，一年下来的资金流入是5万元，资金流出为0，所以利润为5万元。而从经济学家的角度来分析这个案例，情况就有所不同。在经济学家眼中，总收入是5万元，总成本为出租门脸房的租金2万元、选择出去工作的年收入2万元、进货资金1万元，这样计算出来的利润为0。两种分析的结果相差如此之多，原因在于经济学家关心和研究企业如何做出生产和定价决策，因此当他们衡量成本时就包括了隐性成本。而会计师只衡量显性成本，忽略了隐性成本。显性成本和隐性成本之间的区别说明了经济学家与会计师分析经营活动的不同思路。

3．增量成本与沉没成本

增量成本是指某项决策带来的总成本的变化，在低成本扩张战略时考虑。沉没成本是指已经发生而无法收回的成本。沉没成本通常是显性的，但在经济决策中应该被忽视，因为它的机会成本为0，已经无法收回，再也没有其他用途。

举例来说，如果预订了一张电影票，已经付了票款而且不能退票。但是看了一半之后觉得很不好看，此时付的钱已经不能收回了，电影票的价钱就是沉没成本。

大多数经济学家认为，如果一个人是理性的，那就不该在进行决策时考虑沉没成本。还以看电影为例，通常会有两种可能结果：付钱后觉得电影不好看，但忍着看完；付钱后觉得电影不好看，退场去做别的事情。

两种情况下都已经付了钱，所以应该不再考虑钱的事。当前要做的决定不是后悔买票了，而是决定是否继续看这部电影。因为票已经买了，后悔已经于事无补，所以应该以看免费电影的心态来决定是否再看下去。作为一个理性的经济人，选择把电影看完就意味着要继续受罪，而选择退场无疑是更为明智的做法。

知识应用

洒脱的老人

有一个老人特别喜欢收集各种古董，一旦遇到心爱的古董，无论花多少钱都要想方设法地买下来。有一天，他在古董市场上发现了一件心仪已久的古代瓷瓶，于是花很高的价钱把它买了下来。他把这个宝贝绑在自行车后座上，兴高采烈地骑车回家。谁知由于绑得不牢，瓷瓶在途中从自行车后座上滑落下来以后“咣当”一声摔得粉碎。这位老人听到清脆的响声后居然连头也没回继续向前骑车。

这时，路边有热心人对他大声喊道：“老人家，您的瓷瓶摔碎了！”老人仍然头也不回地说：“摔碎了吗？听声音一定是摔得粉碎，无法挽回了！”不一会儿，老人家的背影消失在了人群中。如果把这种事情放到一般人身上又会是怎样的呢？可想而知，不少人一定会从自行车上跳下来，对着已经化为碎片的瓷瓶捶胸顿足，扼腕叹息，有的可能会好长时间心情难以恢复。

由于年龄、经历等原因，有人可能在自己年轻的时候做了一些无可挽回的错事，走了一些难以避免的弯路，经历了一些难以承受的挫折，如果利用沉没成本的概念来认识这些事，只要从这些错事、弯路和挫折打击中吸取经验教训，调整航向，就能面对新的开始，使自己的路越走越宽，从而赢得一种新的、更为积极的人生。

4．私人成本与社会成本

私人成本是从生产者个体角度所考虑的成本，是个人活动并由他本人承担的成本。

社会成本是从社会整体来看待的成本，是指整个社会为某个企业或某一生产要素的投入所付出的成本。例如，某炼铁厂可以向附近的河流排放废水，对工厂而言，排放废水的成本仅仅是把废水从工厂输送到河流里所发生的费用；但对整个社会而言，会造成社会环境的水污染，社会必须为此支付一笔治理费，从而构成社会成本。因此，这两个成本的概念与外部性（外部效应）概念密切相关。

二、短期成本分析

当企业购置厂房设备等固定资产以后，企业就只能根据现有生产能力、产品市场及生产要素市场的价格变化来确定每日、每月或每个季度的实际产量，以实现利润最大化。此时企业所进行的成本分析属于短期成本分析。

1. 固定成本

固定成本（Total Fixed Cost，TFC）又称不变成本，是指企业在短期内为生产一定数量的产品对不变生产要素所支付的总成本，如建筑物和机器设备的折旧费等。由于在短期内不管企业的产量为多少，这部分不变要素的投入量都是不变的，所以，总不变成本是一个常数，它不随产量的变动而变动。即使产量为 0 时，总不变成本也仍然存在。不变成本曲线是一条水平线，如图 4.3（a）中的曲线 C_{TF} 所示。

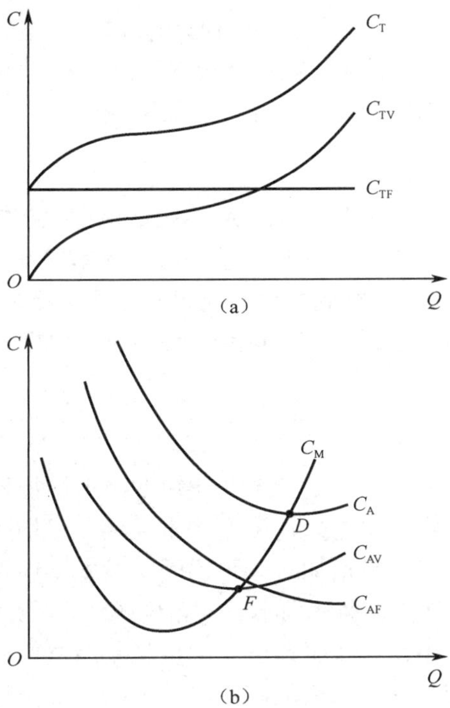

图 4.3 短期成本曲线

2. 可变成本

可变成本（Total Variable Cost，TVC）是指企业在短期内生产一定数量的产品对可变生产要素支付的总成本，如企业对原材料、燃料动力和工人工资的支付等。可变成本曲线是一条由原点出发向右上方倾斜的曲线，如图 4.3（a）中的曲线 C_{TV} 所示。

可变成本随产量的变动而变动。其基本变动规律是，当产量为 0 时，总可变成本也为 0。在这以后，总可变成本随着产量的增加而增加。最初在产量开始增加时，由于固定生产要素与可变生产要素的效率没有得到充分发挥，因此可变成本的增加率大于产量的增加率，曲线比较陡峭；随后随着产量的增加，固定生产要素与可变生产要素的效率得到充分发挥，可变成本的增加率小于产量的增加率，曲线随后较为平坦；最后，根据边际产量递减规律，可变成本的增加率又大于产量的增加率，曲线又变得比较陡峭。

3. 总成本

总成本（Total Cost，TC）是指企业在短期内为生产一定数量的产品对全部生产要素所支付的总成本。它是固定成本与可变成本之和。因固定成本不会为 0，因此总成本必然大于 0。总成本曲线是从纵轴上相当于不变成本高度的点出发的一条向右上方倾斜的曲线，如图 4.3（a）中的曲线 C_T 所示。总成本的变动规律与可变成本相同。

4. 平均固定成本

平均固定成本（Average Fixed Cost，AFC）是指企业在短期内平均每生产 1 个单位产品所消耗的固定成本。因为固定成本不变，产量增加，分摊到每个单位产品上的固定成本也就随之减少，所以平均固定成本随着产量的增加而减少。其基本变动规律如下：起初减少的幅度很大，曲线向下且比较陡峭；以后减少的幅度越来越小，曲线越来越平坦。所以，平均固定成本曲线是一条向两轴渐近的双曲线，如图 4.3（b）中的曲线 C_{AF} 所示。

5. 平均可变成本

平均可变成本（Average Variable Cost，AVC）是指企业在短期内平均每生产 1 个单位的产品所消耗的可变成本。其曲线呈 U 形。平均可变成本的基本变动规律如下：起初随着产量的增加，生产要素的效率逐渐得到发挥，因此平均可变成本减少，曲线下降；但随着产量增加到一定程度后，平均可变成本由于边际产量递减而增加，曲线转而上升，如图 4.3（b）中的曲线 C_{AV} 所示。

6. 平均成本

平均成本（Average Cost，AC）是指企业在短期内平均每生产 1 个单位的产品所消耗的全部成本。它等于平均固定成本与平均可变成本之和。平均成本的变动规律由平均固定成本与平均可变成本决定：当产量增加时，平均固定成本迅速下降，加之平均可变成本也在下降，因此平均成本迅速下降，曲线向下且非常陡峭（比平均固定成本曲线更陡峭）；以后随着平均固定成本越来越小，它在平均成本中也越来越重要，这时平均成本随着平均固定成本的变动而变动，即随着产量的增加而下降，下降到一定程度后，又随着产量的增加而增加，如图 4.3（b）中的曲线 C_A 所示。

7. 边际成本

边际成本（Marginal Cost，MC）是指企业在短期内增加 1 个单位的产量时所增加的成本。其变动规律如下：开始时，边际成本随着产量的增加而减少，当产量增加到一定程度时，就随着产量的增加而增加。其曲线如图 4.3（b）中的曲线 C_M 所示，是一条先下降而后上升的 U 形线。

那么边际成本与上述成本中的平均成本、平均可变成本的关系又如何呢？

从图 4.3（b）中可以看出，边际成本曲线与平均成本曲线相交于平均成本曲线的最低点 *D* 点。在两条曲线相交之前（*D* 点左侧），边际成本小于平均成本；在两条曲线相交之后（*D* 点右侧），边际成本大于平均成本。

此相交点 *D* 点称为收支相抵点，在这个点上，价格为平均价格，短期边际成本与平均成本相等，即 $P=C_M=C_A$，生产者成本（包括正常利润在内）与收益相等，这时企业不存在经济利润，只获得正常利润。

从图 4.3（b）中可以看出，边际成本曲线与平均可变成本曲线相交于平均可变成本曲线的最低点 *F* 点。在此相交点上，边际成本与平均可变成本相等，即 $C_M=C_{AV}$，C_{AV} 最小。在两条曲线相交之前（*F* 点左侧），边际成本小于平均可变成本；在两条曲线相交之后（*F* 点右侧），边际成本大于平均可变成本。

此相交点 *F* 点称为停止营业点，即在此点上价格只能弥补平均可变成本，这时损失的是不生产也要支付的平均固定成本。如低于这一点，不能弥补可变成本，则生产者无论如何也不应继续生产了。

从以上分析可以看出，在决策短期内是否继续生产时，一般不必考虑固定成本和平均固定成本，仅仅需要考虑可变成本和平均可变成本。只要价格大于或等于平均可变成本时，就可以继续生产。

知识拓展

铁路货运变化的边际成本

现实生活中，边际成本往往是在变化当中的。例如铁路货运，铁路货运的计算单位是吨·千米。假设某一铁路区段在运输饱和时，每吨·千米的成本是 5 分钱，在此可以暂将其边际成本视为 0.05 元/吨·千米。如果在这一饱和的基础上，再增加运量，其收益自然会增加，但是其利润却会下降。为什么呢？因为对于铁路来说，这往往意味着重大的技术改造，如更换大功率的机车、铺设铁轨辅线等，而这些技术措施都需要巨额投资，都要计入成本当中。也就是说，在运输饱和的情况下，如果要增加运量，其边际成本就不会是 0.05 元/吨·千米，相反将会迅速增加。如果运输定价维持不变，铁路货运的利润将会迅速降低。这种情况对于生产型的企业来说，道理也是一样的：当产量很低时，多生产一件产品的成本（如机器损耗、电力等）会呈下降趋势；但是当超过生产规模时，边际成本便会急剧上升（导致其上升的因素包括机器的超负荷运转、工人的加班费等）。

课堂活动

为什么民航公司愿意向乘客提供折扣机票

经常坐飞机的人可以发现，有的航班满员，而另外一些航班空座很多。当航班有空座时，民航公司总是以向乘客提供折扣机票的办法作为竞争的基本手段，甚至以低于成本的价格销售机票。那么，民航公司的行为是理性的吗？

三、长期成本分析

在长期内，企业可以根据产量要求调整全部的生产要素，甚至进入或退出一个行业。因此，企业所有的长期成本都是可变的。企业长期成本可以分为长期总成本、长期平均成本和长期边际成本。

1．长期总成本

长期总成本（Long-run Total Cost，LTC）是指企业在长期内在各种产量水平上通过改变生产要素的投入量所能达到的最低总成本。

没有产量时就没有长期总成本，长期总成本随着产量的增加而增加。长期总成本曲线是一条从原点出发向右上方倾斜的曲线，它从短期总成本曲线的下方包络众多短期总成本曲线，如图 4.4 中的曲线 C_{LT} 所示。长期总成本的变动规律如下：在开始生产时，要投入大量生产要素，而产量少时，这些生产要素无法得到充分利用，因此长期总成本增加的比率大于产量增加的比率，长期总成本曲线比较陡峭；当产量增加到一定程度后，生产要素开始得到充分利用，这时长期总成本增加的比率小于产量增加的比率，这也是规模经济效益，这时长期总成本曲线比较平坦；最后，由于产量增加到一定程度后规模收益开始递减，长期总成本增加的比率又大于产量增加的比率，长期总成本曲线又变得比较陡峭了。

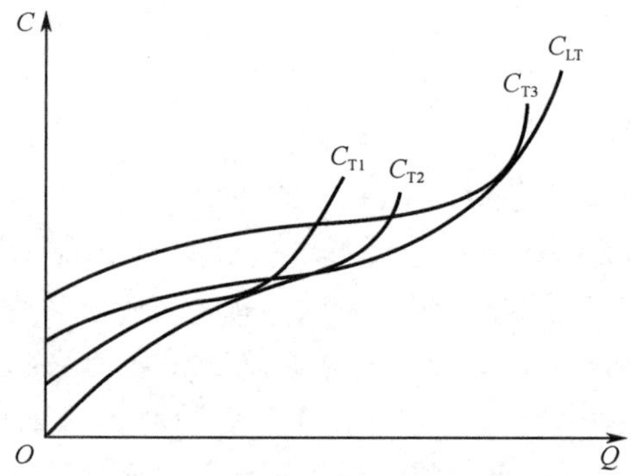

图 4.4 长期总成本曲线的形成

2．长期平均成本

长期平均成本（Long-run Average Cost，LAC）是指企业在长期内按产量平均计算的每个单位产量的最低总成本。

长期平均成本曲线是一条先下降而后上升的 U 形曲线，如图 4.5 所示。长期平均成本曲线（C_{LA}）把各条短期平均成本曲线（C_A）包在其中，每条短期平均成本曲线都与长期平均成本曲线有一个切点，该切点所对应的平均成本就是相应的最低平均成本。在长期内，企业按照这条曲线制订生产计划，确定生产规模，因此这条长期平均成本曲线又称计划曲线。

长期平均成本的变动规律如下：随着产量的增加，长期平均成本先减少而后增加。这是由于最初随着产量的增加，规模收益递增，平均成本减少；而后随着产量的增加，规模收益递减，平均成本增加。其与短期平均成本的变动规律相同。

但它们也有区别，长期平均成本曲线无论是下降还是上升，变动都比较缓慢。这是由于在长期内全部生产要素可以随时调整，从规模收益递增到递减有一个较长的规模收益不变阶段。而在短期生产中，规模收益不变阶段很短，甚至没有。

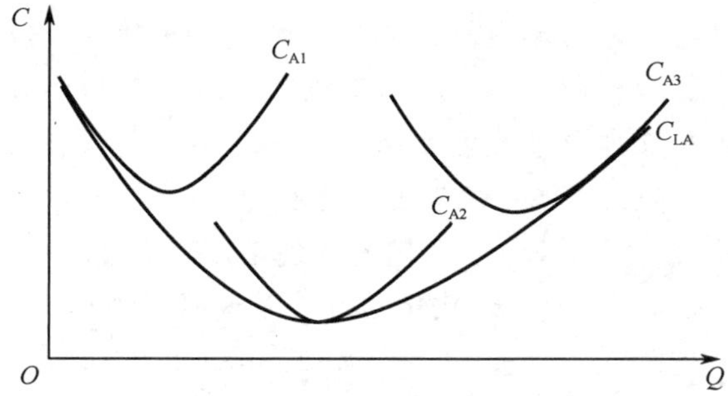

图 4.5　长期平均成本曲线的形成

长期平均成本曲线表示企业在长期内在每一产量水平上可以实现的最小平均成本。长期平均成本曲线并不是由许多短期平均成本曲线的最低点组成的。一般情况下，短期平均成本曲线的最低点均高于长期平均成本曲线。

3．长期边际成本

长期边际成本（Long-run Marginal Cost，LMC）是指在长期内每增加 1 个单位的产量所增加的总成本。长期边际成本曲线 C_{LM} 如图 4.6 所示，是一条先下降后上升的 U 形曲线。长期边际成本曲线不是短期边际成本曲线的包络线，而是由每一产量上的短期边际成本与短期平均成本相交确定的产量所对应的短期边际成本连接而成的一条平滑曲线。

长期边际成本与长期平均成本的关系和短期边际成本与短期平均成本的关系相同。如图 4.7 所示，在长期平均成本下降时，长期边际成本低于长期平均成本；在长期平均成本上升时，长期边际成本高于长期平均成本；在长期平均成本最低点，长期边际成本等于长期平均成本。

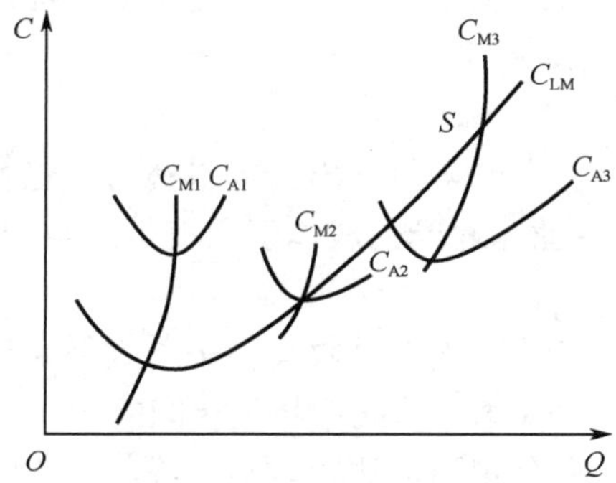

图 4.6　长期边际成本曲线的形成

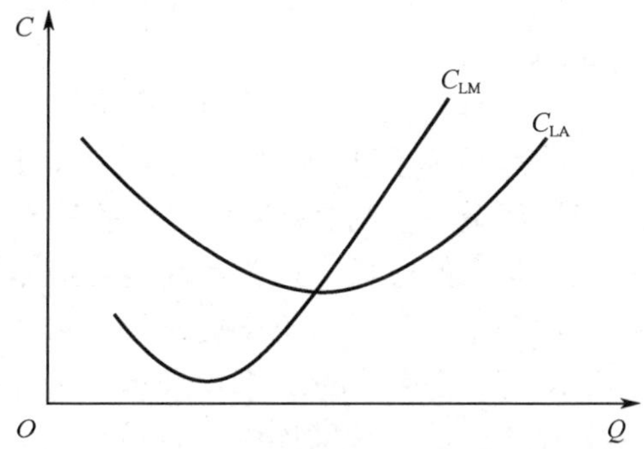

图 4.7　长期边际成本与长期平均成本的关系

知识应用

福特公司的产量安排

对于许多企业来说，总成本分为固定成本和可变成本，固定成本和可变成本取决于时间。例如福特公司，在几个月的时间内，福特公司不能调整其汽车工厂的数量与规模，它额外生产一辆汽车的唯一方法是，在已有的工厂中多雇用工人。因此，这些工厂的成本在短期内是固定成本。与此相比，在几年的时间内，福特公司可以扩大其工厂规模，建立新工厂和关闭旧工厂。因此，其工厂的成本在长期内是可变成本。

由于许多成本在短期内是固定的，但在长期内是可变的，所以，企业的长期成本曲线不同于其短期成本曲线。长期平均总成本曲线是比短期平均总成本曲线平坦得多的U形曲线，这是因为企业在长期内具有更大的灵活性。实际上，在长期内，企业可以选择它想用的那一条短期成本曲线。但在短期内，它不得不用过去选择的一条短期成本曲线。

当福特公司想把每天的产量从1 000辆增加到1 200辆时，在短期内除在现有的中等规模工厂中多雇用工人之外别无选择。由于边际产量递减，每辆汽车的平均总成本从1万美元增加到1.2万美元。但是，在长期内，福特公司可以扩大工厂和车间的规模，而平均总成本仍保持在1万美元的水平上。

对于一个企业来说，进入长期要多长时间呢？答案取决于企业的性质。对于一个大型制造企业，如汽车公司，这可能需要1年或更长的时间。与此相比，一个人经营的柠檬水店可以在1小时甚至更短的时间内进入长期。

（资料来源：刘华，李克国. 经济学案例教程[M]. 大连：大连理工大学出版社，2007.）

四、收益与利润最大化

经济效益是成本与收益之间的关系。因此，在分析了成本之后，就要分析收益，并在此基础上确定如何使利润最大化。

1. 总收益、平均收益与边际收益

收益是指企业卖出产品得到的全部收入，即价格与销售量的乘积。收益中既包括成本，又包括利润。收益可分为总收益、平均收益与边际收益。

总收益（TR）是企业销售一定量产品所得到的全部收入。平均收益（AR）是企业每销售1个单位的产品所得到的平均收入。边际收益（MR）是指企业每多销售1个单位的产品所增加的收入。

在理解收益的概念时应注意3个问题。

（1）收益不等于利润。收益中既有用于购买各种生产要素而支出的成本费用，也有除去成本费用所余下的利润。还要强调的是，由于用于企业家才能的成本费用就是正常利润，所以按经济学家的分析，正常利润也是成本的一种。

（2）收益是销售量与价格的乘积。如果不考虑价格的因素，总收益、平均收益、边际收益的变动规律与总产量、平均产量、边际产量的变动规律及曲线形状是相同的。

（3）在不同的市场结构中，收益变动的规律并不完全相同，边际收益曲线与平均收益曲线的形状也并不相同。

知识拓展

会计利润与经济利润

企业的利润等于企业的收益减去企业的成本。由于经济学家和会计师用不同的方法衡量企业成本，他们也用不同的方法衡量利润。

经济学家衡量的企业经济利润，即企业的总收益和经济成本（所有机会成本）之间的差额，简称企业的利润，也称超额利润。

会计师衡量的企业会计利润，即企业的总收益和企业的显性成本（会计成本）之间的差额。由于经济成本大于会计成本，所以经济利润比会计利润要少。在一般情况下，把经济成本超过会计成本的部分称为正常利润。可见，正常利润是指在支付了所有其他生产要素的机会成本之后，把一个企业家留在一个特定行业中的最起码的报酬，或者可以说是用于支付企业家对自己所提供的企业家才能的报酬。它是隐性成本的一个组成部分。

经济利润中不包括正常利润。当企业的会计利润正好等于正常利润时，其经济利润为 0，企业正好补偿了投入要素的全部机会成本，包括投入资金的正常回报率。因此，当说企业的利润为 0 时，并不是说企业没有盈利，而是指它处于一种正常的经营状况中，企业仍得到了全部正常利润。当企业的会计利润超过正常利润时，其经济利润为正，此时企业获得超额利润；当企业的会计利润低于正常利润时，企业在经济学意义上就是亏损的。

2. 利润最大化原则

利润是指生产中获得的总收益与投入的总成本之间的差额。总收益超出总成本的部分为企业利润，不足部分为企业的亏损。这里所指的利润是经济利润，即超过正常利润的超额利润。本书以后各项目中提到的利润若没有特别指出，都是指经济利润。

企业从事经济活动的目的在于追求利润最大化。在经济分析中，利润最大化原则是边际收益等于边际成本，即 $R_M=C_M$。原因如下。

（1）如果边际收益大于边际成本，即 $R_M>C_M$，表明企业每多生产 1 个单位的产品所增加的收益大于生产这 1 个单位的产品所增加的成本。这时，对于企业来说，还有潜在的利润没有得到，企业扩大生产量是有利的，也就是说还没有达到利润最大化。

（2）如果边际收益小于边际成本，即 $R_M<C_M$，表明企业每多生产 1 个单位的产品所增加的收益少于生产这 1 个单位的产品所增加的成本。这时，对于企业来说就会造成亏损，更不要说利润最大化了，企业也必然要减少产量。

（3）无论边际收益是大于边际成本还是小于边际成本，企业都要调整其产量，也说明没有实现利润最大化。只有在边际收益等于边际成本时，企业才不会调整产量，因为此时已经实现利润最大化了。

知识拓展

规模经济与范围经济

1. 规模经济

规模经济是指由于生产和经营规模不断扩大而导致长期平均成本下降、收益不断增加的情况。规模经济产生的原因在于：当生产和经营的规模扩大后，劳动分工更细，专业化程度更高，技术因素和管理更加合理等。

相对于规模经济，也存在规模不经济。规模不经济是指企业规模过大使得管理无效而导致长期平均成本上升的情况。规模不经济产生的原因在于：当生产和经营的规模过大时，可造成信息不畅、决策不灵、企业内部“公文旅行”、内部联系费用增加、内部摩擦增加等。

2. 范围经济

在相同的投入下，由一个单一的企业生产关联产品比由多个不同的企业分别生产这些关联产品中的每个单一产品的产出水平要高，则称该种生产过程存在范围经济。企业同时进行多产品生产称为联合生产。企业采取联合生产的方式可以通过使多种产品共同分享生产设备或其他投入物而获得产出或成本方面的好处，也可以通过统一的营销计划或统一的经营管理获得成本方面的好处。

同样，相对于范围经济，也就存在范围不经济。在相同的投入下，由一个单一的企业生产关联产品比多个不同的企业分别生产这些关联产品中的每个单一产品的产出水平要低，则称该种生产过程存在范围不经济。

例如，如果一家炼油厂出售沥青，你会感到奇怪吗？其实没什么好奇怪的，因为提炼石油时不但可以得到汽油，而且可以得到沥青。显然，让炼油厂既生产沥青又生产汽油的花费比让其只生产汽油而让其他企业单独生产沥青的花费小。在这样的情况下，经济学家就称其存在范围经济。

课堂活动

王永庆的成功之路

王永庆的事业是从生产塑胶粉粒 PVC（聚氯乙烯）开始的。当时每月产量仅为 100 吨，是当时世界上规模最小的塑胶粉粒生产企业之一。但他敏锐地发现，这实际上陷入了一种恶性循环：产量越低，成本越高，越打不开市场；越打不开市场，产量越低，成本越高。打破这个循环的关键就是提高产量，降低成本。当月产量扩大到 1 200 吨时，可以采用当时最先进的设备与技术，成本大幅度下降，就能有进入世界市场、以低价格与其他企业竞争的能力。于是，他冒着产品积压的风险，把月产量扩大到 1 200 吨，并以低价格迅速占领了世界市场。

请从经济学角度分析王永庆成功的原因。

任务三　熟悉企业市场竞争策略

【社会现象】

微软要一分为二吗

美国司法部起诉微软捆绑销售 IE 浏览器软件，涉嫌违反美国《反托拉斯法》，要求将它一分为二。有经济学家认为，微软公司无论从结构上（市场份额）还是从行为上（捆绑销售）都具备了垄断企业的性质，使更新、更先进的技术没有了生长的空间，消费者付出了更高的价格，造成了社会福利的损失。持这种观点的经济学家往往都以美国当年拆分贝尔公司，以及我国香港允许多家企业经营电信业务，都使得电信资费下降和电信事业蓬勃发展为例，说明反垄断的必要性。另有经济学家认为，微软是通过正当的市场竞争手段获取的垄断地位，这种垄断有理无错，因为任何一个竞争中的企业最终无不追求垄断利润，搞捆绑销售只不过是企业营销战略的选择，只要不是政府行为或寻租行为形成的垄断都是可以接受的，拆分后无疑会对美国的新经济带来负面影响，因为它改变了创业者的预期，使创业者对创业财富的安全性产生了疑虑。经济自由学派的大师们如弗里德曼、张五常都是持第二种观点的。

哈佛大学教授高里·曼昆对拆分计划提出了质疑，并且在文章中讲了一则寓言故事：某人发明了第一双鞋，并为此申请了专利，成立了公司。鞋很畅销，他成了富翁。但这时他变得贪婪了，把袜子和鞋捆绑销售，还声称这种捆绑销售对消费者有利。于是政府出面说话了，认为他试图把其垄断地位从一个市场扩展到另一个市场。现在关键的问题出现了：政府应该怎么处置他呢？政府可以把他的公司拆成两个公司：一个卖黑鞋，另一个卖白鞋，让它们相互竞争，这样消费者会得到好处。但是政府却要把它拆分成这样两个公司：一个生产左鞋，另一个生产右鞋。这种拆分使事情变得更糟，因为生产像左鞋和右鞋这样互为补充的产品的垄断公司，双方都会要求得到更多的垄断利润，生产右鞋的公司根本不用考虑左鞋的需求就提高价格，生产左鞋的公司也会紧跟而上，这样消费者买一双鞋就要花比原来还要高的价钱。在故事里，政府的正确做法是取消鞋的发明专利，让别人也来开鞋厂，从而消除垄断。

讨论：经济学家们对垄断有不同看法，你怎样看待对微软的拆分？

【理论基础】

每个企业都面临不同的市场。不同市场上的企业都要决定应该如何确定自己的产量与价格，以便实现利润最大化，这就产生了市场竞争。

一、完全竞争市场

（一）完全竞争市场的含义

完全竞争市场又称纯粹竞争市场，是指竞争充分而不受任何阻碍和干扰的一种市场结构，是竞争最极端的市场。在这种市场中，市场完全由“看不见的手”进行调节，政府对市场不进行任何干预，只起维护社会安定的作用，承担的只是“守夜人”的角色。完全竞争市场必须具备以下 5 个方面的条件。

（1）市场上有众多的生产者和消费者，任何一个生产者或消费者都不能影响市场价格。由于存在着大量的生产者和消费者，与整个市场的生产量和购买量相比较，任何一个生产者的生产量和任何一个消费者的购买量所占的比重都很小，因而他们都无能力影响市场的产量和价格。所以，任何生产者和消费者的单独市场行为都不会引起市场产量和价格的变化。也就是说，所有人都只能是市场既定价格的接受者，而不是市场价格的决定者。

（2）企业生产的产品具有同质性，不存在差别。市场上有许多企业，每个企业在生产某种产品时不仅是同质的产品，而且在产品的质量、性能、外形、包装等方面也是无差别的。对于消费者来说，无论购买哪个企业的产品都是同质无差别产品，以至于众多消费者无法根据产品的差别而形成偏好。也就是说，各种产品相互之间具有完全的替代性。

（3）生产者进出市场不受社会力量的限制。任何一个生产者，进入市场或退出市场完全由生产者自己自由决定，不受任何社会法令和其他社会力量的限制。因此，当某个行业市场上有净利润时，就会吸引许多新的生产者进入这个行业市场，从而引起利润的下降，以至于利润逐渐消失；而当某个行业市场出现亏损时，许多生产者又会退出这个市场，从而又会引起行业市场利润的出现和增长。这样，在一个较长的时期内，生产者只能获得正常的利润，而不能获得垄断利润。

（4）市场交易活动自由、公开，没有人为限制。市场上的买卖活动完全自由、公开，无论哪个商品销售者都能够自由、公开地将商品出售给任何一个购买者，而无论哪个商品购买者也都能够自由、公开地向市场上任何一个商品销售者购买商品，同时市场价格也随着市场的供给与需求的变动而变动。任何市场主体都不能通过权力、关税、补贴、配给或其他任何人为手段来控制市场供需和市场价格。

（5）市场信息畅通准确，市场参与者充分了解各种情况。消费者、企业和资源拥有者都对有关经济和技术方面的信息有充分和完整的了解。例如，生产者不仅完全了解生产要素价格、自己产品的成本、交易及收入情况，而且完全了解其他生产者产品的有关情况；消费者完全了解各种产品的市场价格及其交易的所有情况；劳动者完全了解劳动力资源的作用、价格及其在各种可能的用途中给他们带来的收益。因此，市场上完全按照大家都了解的市场价格进行交易活动，不存在相互欺诈。

以上 5 个方面是完全竞争市场必须具备的前提条件，实际上也是完全竞争市场所具有的明显特征。

完全竞争市场在现实生活中其实很难成立。一般来说，在现实经济生活中，只有农业生产等极少数行业比较接近完全竞争市场。因为在农业生产中农户的数量多而且每个农户的生产规模一般都不大，同时，每个农户生产的农产品产量及其在整个农产品总产量中所占的比例都极小，因而每个农户的生产和销售行为都无法影响农产品的市场价格，只能接受农产品的市场价格。如果有的农户要提高其农产品的出售价格，农产品的市场价格不会因此而提高，其结果只能是自己的农产品卖不出去；如果农户要降低自己农产品的出售价格，农产品的市场价格也不会因此而下降，虽然该农户的农产品能以比市场价格更低的价格较快地销售出去，但是其不可避免地要遭受很大的经济损失。这样，农户降低其农产品价格的行为就显得毫无实际意义了。

如果多逛逛农贸市场，很快就会发现，鸡蛋作为生活必备食物，几乎家家户户都要购买，而且卖鸡蛋的摊位也很多。如果“理想”一些，就可以认为鸡蛋市场上有无数的买者和卖者。每个摊位的鸡蛋都大同小异，只要不是碎的、坏的，一般没有人去较真，硬要比较不同摊位的鸡蛋有什么区别，否则就真成了“鸡蛋里挑骨头”了。所以，可以认为所有的鸡蛋完全同质。至于完全竞争市场的其他两个特征，可以看到买方和卖方都能自由选择是进入还是退出（也就是鸡蛋买卖完全自由），至于鸡蛋市场的信息，并没有多少值得掌握，所以也可以认为人们全部了解相关信息。在这个鸡蛋市场里，各个摊位的价格都一样，而且是由供需决定的均衡价格。通过鸡蛋市场，可以更形象地理解完全竞争市场——实际上，大多数农产品市场基本上都和完全竞争市场近似。

虽然实际中没有真正意义上的完全竞争市场，但是完全竞争市场作为一个理想的经济模型，有助于人们了解经济活动和资源配置的一些基本原理，解释或预测现实经济中企业和消费者的行为。

知识应用

近乎完全竞争的小麦市场

对照完全竞争市场的前4个特征，小麦市场是一个比较接近完全竞争的市场。这个市场上有众多买者和卖者，且没有谁能够影响小麦的价格。相对于市场规模，每个小麦买者的购买量很小，以致无法影响到价格，也就是说，他不可能因为自己的购买量较大而以比别人低的价格进行购买，因为对于他来说，再大的购买量相对于市场规模来说仍然微乎其微；对于卖者来说，提供的是几乎同质的小麦产品，而且任何一个卖者所提供的小麦数量相对于市场规模来说都微不足道。因此，每个卖者可以在现行价格水平上卖出他想卖的所有产品，他没有什么理由收取较低价格，如果他收取高价格，买者则会到其他地方购买。因此，在小麦市场上，小麦的价格由众多的买者和卖者的需求和供给共同决定。买者和卖者都是价格的接受者，他们必须接受市场供求所决定的价格，按照市场价格买卖。与此同时，对于一个种植小麦的农民来说，是决定继续种植小麦，还是改种蔬菜、水果甚至挖鱼塘养鱼，主要取决于种植小麦的成本收益比较，以及种植小麦与其他种植业和养殖业的净收益比较。如果种植小麦有利可图，那么总有农民愿意继续种植小麦，甚至有更多的农民加入种植小麦的行列；如果种植小麦是亏损的，或者种植小麦的净收益比其他种植业的净收益要小，那么农民就会改种其他作物。在农民决定继续种植小麦还是改种其他作物时，他们的选择基本是自由的，也就是说，农民进入或退出小麦种植的障碍很小。

略微不足的是，小麦市场上无法满足信息完全的假定条件。这是大多数农产品市场化过程中存在的通病。当众多的小生产者与大市场对接时，由于单个的小生产者无法及时、准确地把握决策所需要的所有信息，而只能在有限的信息条件下做出决策。如像蛛网模型假定的那样，以上一时期的价格作为本期产量的决策依据。这样决策的结果很可能导致其决策与整体市场的实际运行情况相反，从而遭遇价格波动所带来的市场风险。小麦等农产品市场经常出现“去年买粮难，今年卖粮难”的现象，就是信息不完全所致。

（二）完全竞争企业的需求曲线和收益曲线

1. 需求曲线

在任何一个商品市场中，市场需求都是针对市场上所有企业组成的行业而言的。在完全竞争市场，对于整个行业而言，需求曲线一般是一条从左上方向右下方倾斜的曲线（也可能是直线，本书统称为曲线），整个行业的产品价格就由这种需求与供给决定，如图4.8（a）中的曲线 D 所示。

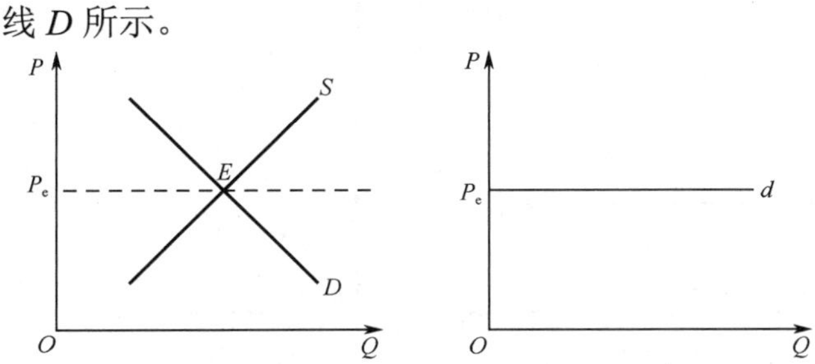

（a）完全竞争市场的需求曲线　　（b）完全竞争企业的需求曲线

图4.8　完全竞争市场和完全竞争企业的需求曲线

但对于个别的单个企业来说，情况就不一样了。在完全竞争市场中，单个企业是市场价格的接受者，而不是价格的设定者。当市场价格确定之后，对于个别企业而言，这一价格就是既定的。所以，在完全竞争条件下，企业所面临的需求曲线是一条由既定的市场均衡价格出发的水平线，如图 4.8（b）中的曲线 d 所示。

在图 4.8（b）中，企业的需求曲线 d 是相对于图 4.8（a）中的市场需求曲线 D 和市场供给曲线 S 共同作用所决定的均衡价格 P_e 而言的。如果市场的需求曲线 D 或供给曲线 S 的位置发生移动，就会形成新的市场均衡价格，在图 4.8（b）中便会形成另一条从新的均衡价格出发的呈水平线状的企业的需求曲线。

假设某企业把价格定得略高于市场价格，由于产品具有同质性，且消费者具有完备信息并可以自由流动，那么将没有消费者购买该企业的产品。也就是说，企业一旦涨价，它所面临的需求会下降为 0。如果企业的价格等于市场价格，则由于企业数目众多的条件，一个企业的供应是无足轻重的，无论企业供应多少，市场价格都维持不变，或者说，在既定的市场价格下，企业可能销售掉任意数量的商品。

那么，企业会不会把价格降到市场价格以下呢？降价原本是为了刺激需求，既然每个企业在市场价格下可以供应任意数量，那又何必降价呢！因此，在完全竞争市场上，企业既不能提高价格，又不愿降低价格，只能是市场价格的接受者。从需求的角度看，完全竞争企业所面临的需求是水平的。水平需求的弹性是无穷大的：价格趋近于 0 的上升，需求会降为 0；价格趋近于 0 的下降，购买者会蜂拥而至，企业面对的需求会变成无穷大。

2．收益曲线

在完全竞争市场中，由于商品的单位市场价格是固定不变的，所以总收益曲线是一条从原点出发的斜率不变的直线。

在完全竞争市场中，由于单个企业无法通过改变销售量来影响市场价格，相反企业每销售 1 个单位的商品都接受相同的价格，也就是说，企业只能被动地接受价格。所以，企业的平均收益与边际收益相等，且都等于既定的价格，或者说，在任何销售量水平上都有 $R_A=R_M=P$。因此，其平均收益曲线 R_A、边际收益曲线 R_M 与需求曲线 d 重合，是从既定价格出发的平行于横轴的一条水平线，如图 4.9（a）所示。同时，随着企业销售量的增加，它的总收益不断增加，且边际收益不变，等于既定的市场价格，所以决定了总收益曲线 R_T 是一条斜率不变的直线，如图 4.9（b）所示。

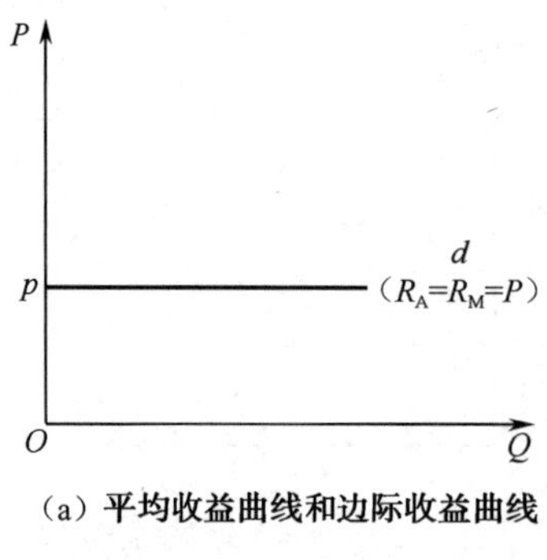

（a）平均收益曲线和边际收益曲线

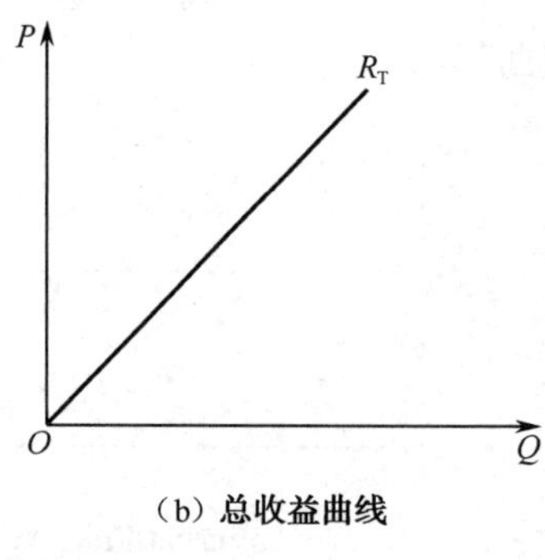

（b）总收益曲线

图 4.9　完全竞争企业的收益曲线

知识拓展

蓝海战略

蓝海战略是指避开残酷血腥的竞争红海，开创一片没有竞争对手的蓝海。若真能开创没有竞争对手的事业，独占市场，自然是再好不过的事。但世界上有几十亿人，就算侥幸开出了一片蓝海，只要这里有利可图，就会有人进入，有了第二个进入者，就产生了竞争，蓝海就会变成红海。所以，蓝海不可能长期存在，红海才是市场的常态。而如果一旦有竞争者进入就及时撤退，再去开创另一片蓝海，不仅太累，而且是不现实的。所以，任何一个企业想要长久生存，就必须有与竞争对手生死相搏的勇气，不敢竞争的企业是可悲的，也是无法生存的！

（三）完全竞争企业的短期均衡

当企业的生产规模保持不变，既不扩大也不缩小时，企业达到并处于均衡状态。在短期内，不仅产品的市场价格是既定的，而且生产中的不变要素的投入量也是无法改变的，或者说企业只能通过变动可变要素的投入量来调整产量，从而只能通过对产量的调整来实现 $R_M=C_M$ 的利润最大化均衡条件。

1．短期均衡的状态

在完全竞争市场中，市场供给和需求相互作用形成的产品价格可能高于、等于或低于企业的平均成本，因此在短期内企业出售产品后就有可能处于盈余、盈亏平衡或亏损等不同状态。完全竞争企业短期均衡时的盈亏状态如图 4.10～图 4.13 所示。

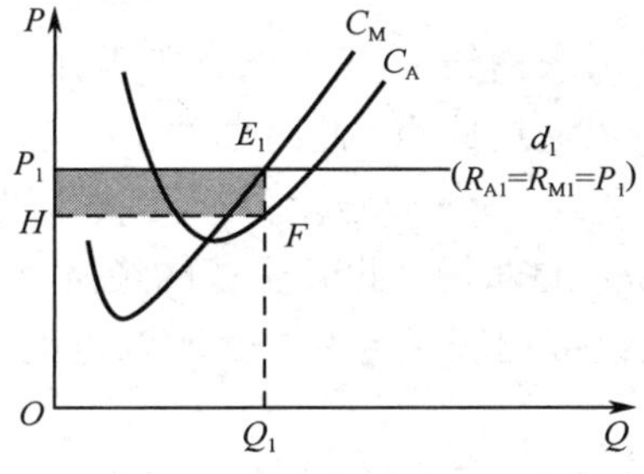

图 4.10　完全竞争企业短期均衡（盈余状态）

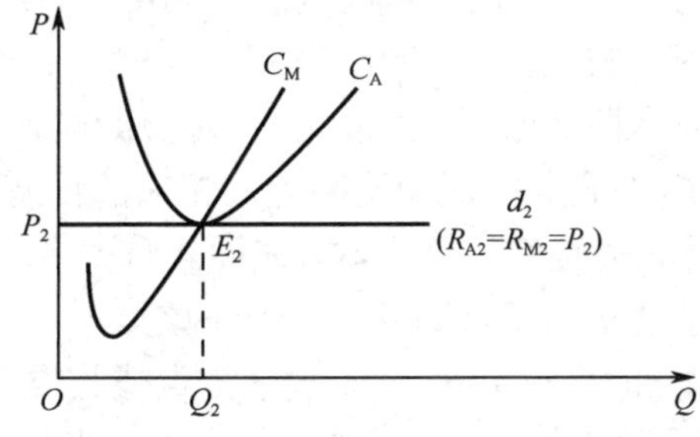

图 4.11　完全竞争企业短期均衡（盈亏平衡状态）

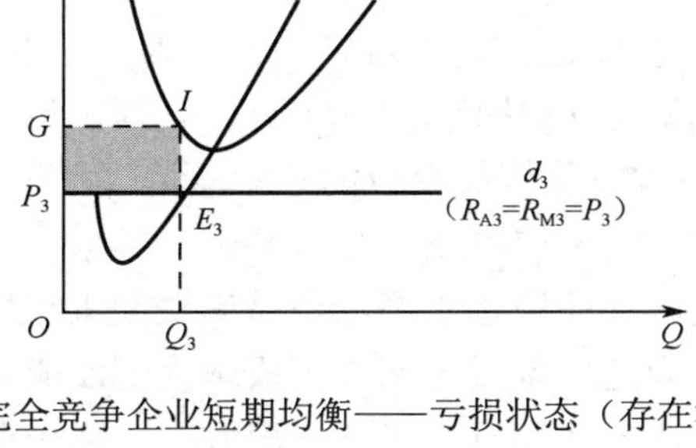

图 4.12　完全竞争企业短期均衡——亏损状态（存在沉没成本）

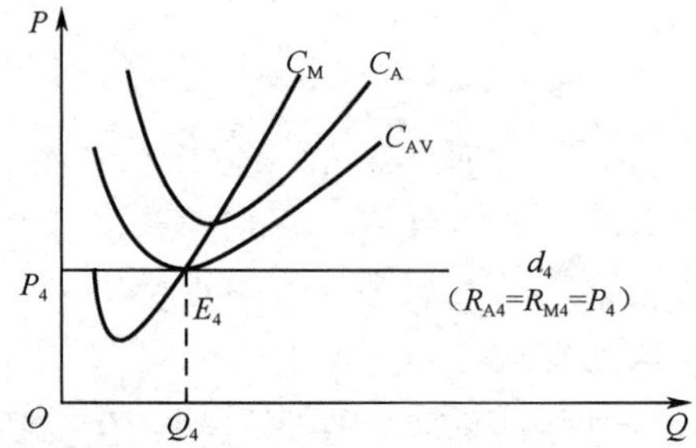

图 4.13　完全竞争企业短期均衡——亏损状态（生产与停产的临界点）

在图 4.10～图 4.13 中，成本曲线表示了企业短期内既定的生产规模，并且通过分析可以看到，完全竞争企业短期均衡的基本条件满足 $R_M=C_M$，但不同的市场价格水平将直接影响既定规模下企业短期均衡的盈亏状态。

（1）盈余状态。当价格或平均收益大于平均成本，即 $P=R_A>C_A$ 时，企业处于盈利状态，如图 4.10 所示。

在图 4.10 中，当市场价格较高，达到 P_1 时，企业面临的需求曲线为 d_1，为获得最大利润，企业根据 $R_M=C_M$ 的利润最大化原则，把产量确定为 Q_1，此时 C_M 曲线与 R_{M1} 曲线的交点 E_1 为企业的短期均衡点。这时的平均收益为 OP_1，平均成本为 Q_1F，单位产品获得的利润为 E_1F，总收益为 $OQ_1 \times OP_1$，总成本为 $OQ_1 \times Q_1F$，总利润为 $OQ_1 \times E_1F$，即图 4.10 中矩形 HP_1E_1F 的面积。如果产量超过 OQ_1，$C_M>P_1$，增加产量会降低总利润；如果产量小于 OQ_1，增加产量会增加总利润；当产量达到 OQ_1 时，$R_M=P=C_M$，总利润达到最大。

（2）盈亏平衡状态。当价格或平均收益等于平均成本，即 $P=R_A=C_A$ 时，企业的经济利润恰好为 0，处于盈亏平衡状态，如图 4.11 所示。

在图 4.11 中，当市场价格为 P_2 时，企业面临的需求曲线为 d_2，这条需求曲线刚好切于平均成本曲线 C_A 的最低点，同时边际成本曲线 C_M 也通过此点，此时曲线 C_M 与曲线 R_{M2} 的交点 E_2 即企业的短期均衡点，相应的均衡产量为 Q_2。在 Q_2 产量上，平均收益等于平均成本，总收益也等于总成本，即图 4.11 中矩形 $OP_2E_2Q_2$ 的面积。此时企业的经济利润为 0，但实现了全部的正常利润。由于在该点上，企业既无经济利润又无亏损，所以也把曲线 C_M 与曲线 C_A 的交点 E_2 称为盈亏平衡点或收支相抵点。

（3）亏损状态——存在沉没成本。当价格或平均收益小于平均成本，但仍大于平均可变成本，即 $C_{AV}<R_A<C_A$ 时，企业处于亏损状态。但是由于存在沉没成本，企业还应继续生产，如图 4.12 所示。

在图 4.12 中，当市场价格为 P_3 时，企业的平均成本已经高于产品的市场价格，整个平均成本曲线 C_A 处于价格曲线 P_3 之上，出现了亏损。为使亏损达到最小，产量由曲线 C_M 和曲线 R_{M3} 的相交点，即均衡点 E_3 决定。在 Q_3 这一均衡产量上，平均收益为 OP_3，平均成本为 OG，总成本与总收益的差额构成企业的总亏损量，即图 4.12 中矩形 P_3GIE_3 的面积。不过，此时的平均可变成本小于平均收益。

企业在这种情况下，是应立即停止生产，还是应继续进行生产，取决于是否存在沉没成本。这里假定企业的某些固定成本或全部固定成本为沉没成本，则当市场价格或平均收益介于平均成本和平均可变成本之间时，虽然出现亏损，但企业仍应继续生产，因为此时企业获得的全部收益不仅能够弥补全部的可变成本，而且能够收回一部分固定成本，即企业继续生产所获得的收益超过继续生产所增加的成本。当然，如果某企业一旦停止生产，成本就会变为 0，并且所有的固定成本都可以收回，也就是说，企业没有沉没成本，那么只要市场价格降到平均成本水平以下，企业就可停止生产。

（4）亏损状态——生产与停产的临界点。当价格或平均收益等于平均可变成本，即 $P=R_A=C_{AV}$ 时，企业处于亏损状态，且处于生产与停产的临界点，如图 4.13 所示。

在图 4.13 中，当市场价格为 P_4 时，企业面临的需求曲线为 d_4，此线恰好切于平均可变成本曲线 C_{AV} 的最低点 E_4，曲线 C_M 也经过该点。根据利润最大化原则，这个点就是企业短期均衡点，决定的均衡产量为 Q_4。在 Q_4 这一产量上，平均收益小于平均成本，企业必然是亏损的。同时，平均收益仅等于平均可变成本，这意味着企业进行生产所获得的收益只能弥补可变成本，而不能收回任何固定成本，生产与不生产对企业来说，结果是一样的。所以，曲线 C_M 与 C_{AV} 的交点 E_4 是企业生产与不生产的临界点，也称为停止营业点或关闭点。

（5）亏损状态——停止生产。当价格或平均收益小于平均可变成本，即 $R_A<C_{AV}$ 时，企业处于亏损状态，且停止生产。

2．短期均衡的条件

综上所述，完全竞争企业短期均衡的条件如下：在短期内，在完全竞争市场条件下，无论市场价格怎样变化，企业都不能根据市场需求情况来调整全部生产要素，而只能按照 $R_A \geqslant C_{AV}$ 和 $C_M=R_M$ 的原则来调整自己的产量点，即企业应该将产量点调整到边际成本与边际收益相等的那一点上。

例如，在图 4.10～图 4.13 中，企业的最佳产量点为 Q_1、Q_2、Q_3 和 Q_4，在这些最佳产量点上，企业或者可以获得最大利润，或者可以利润为 0，或者可以蒙受最小亏损。

知识应用

旅行社在旅游淡季如何经营

某旅行社在旅游淡季推出从天津到北京世界公园一日游 38 元（包括车费和门票）的项目。一位朋友不信，认为是旅行社的促销手段，38 元连世界公园的门票都不够。但这是真的，因为旅行社在淡季时客源不足，而旅行社的大客车、工作人员这些生产要素是不变的。一个游客都没有，汽车折旧费、工作人员的工资等固定费用也要支出。任何一个企业的生产经营都有长期和短期之分，从长期看如果收益大于成本就可以生产，更何况收 38 元的话旅行社还是有钱赚的。

可以算一笔账，一个旅行社的大客车载客 50 人，共 1 900 元；高速公路费和汽油费假定为 500 元；门票价格为 10 元，共 500 元：旅行社净赚 900 元。在短期内，不经营也要有固定成本的支出，因此只要收益能弥补可变成本，就可以维持下去。换个说法，每位乘客支付的费用等于平均可变成本，就可以经营。同样，公园在淡季时的门票和团体票也会打折，就是这个道理。

（四）完全竞争企业的长期均衡

1．长期均衡的调整

在长期内，完全竞争企业的所有要素都是可变的，各个企业都可以根据市场价格来调整全部生产要素的投入，甚至可以自由进入或退出该行业。当整个行业的供给小于需求时，均衡价格较高，企业可获得超额利润，各企业就会扩大生产，其他行业的企业也会转而涌入该行业，从而商品供给增加，价格水平下降，超额利润逐渐消失；反之，当整个行业的供给大于需求时，均衡价格较低，企业的收益不能弥补其成本，各企业会立即减少生产，甚至退出该行业，从而商品供给减少，价格水平上升，亏损逐渐减少。

例如，在图 4.14 中，当供小于求，市场价格高（为 P_1）时，存在超额利润，吸引企业进入，价格水平会回落至 P_0；当供大于求，市场价格低（为 P_2）时，存在亏损，部分企业退出，价格回升至 P_0；在 E 点，没有企业会进入和退出该行业。所以调整的结果是价格为 P_0。

2．长期均衡的条件

在长期内，完全竞争企业是通过对全部生产要素的调整来实现最大利润原则的。经过调整，最终市场价格会达到一种使各个企业既无超额利润又无亏损的水平，这时无论是行业中企业的数量还是企业的规模都不会变化，如图 4.15 所示。

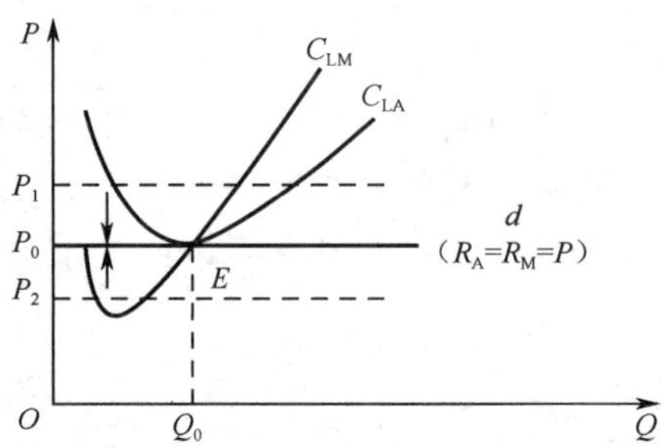

图 4.14　完全竞争企业长期均衡的调整

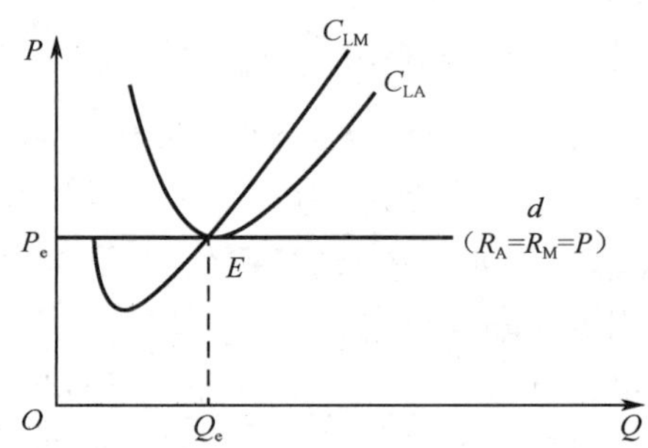

图 4.15　完全竞争企业长期均衡的条件

因此，可得到完全竞争企业长期均衡的条件：$R_M=R_A=C_M=C_A=P$。此时，单个企业的利润为 0。

3．对长期均衡的理解

（1）长期均衡点 E 就是收支相等点。这时，成本与收益相等。企业所能获得的只是作为生产要素之一的企业家才能的报酬——利润。

（2）长期均衡点就是平均成本与边际成本相等的那一点，即 $R_M=R_A=P$。也就是说，当这两条曲线相交时，平均成本一定处于最低点。这也就说明了在完全竞争条件下可以实现成本最小化，也就是经济效率达到了最高。

课堂活动

1．政府的大型养鸡场

20 世纪 80 年代，有些城市为了保障居民的“菜篮子”，政府出资办了一些大型养鸡场。然而成功者少，这些大型养鸡场反而竞争不过农民养鸡专业户，许多养鸡场最后以破产告终。

讨论：请用完全竞争市场理论分析政府办大型养鸡场失败的原因。

2．泛美航空公司的终结

1991 年 12 月 4 日是一个值得注意的日子，世界著名的泛美航空公司在这一天“寿终正寝”了。这家公司自1927年投入飞行以来，数十年中一直保持国际航空巨头的骄人业绩。有人甚至认为，泛美航空公司的白底蓝字徽记（PAN AM）可能是世界上最广为人知的企业标志。

但是对于了解内情的人来说，这个巨头的消亡算不上什么令人吃惊的新闻。除一年外，1980—1991年，泛美航空公司年年亏损，总额接近20亿美元之巨。1991年1月，该公司正式宣布破产。细心的读者一定注意到，这个日子同公司关闭之日相距近一年。究竟是什么力量支撑着垂死的公司又多活了一段时间？

讨论：（1）试用经济学原理解释，泛美航空公司在1980年出现首次亏损后，为什么不马上停止业务；又是什么因素使这家公司得以连续亏损经营长达12年之久。

（2）运用本例提及的经济学原理举一个生活中的例子进行讲解。

二、垄断竞争市场

（一）垄断竞争市场的特征

垄断竞争市场是一种介于完全竞争和完全垄断之间的市场组织形式，这种市场中，既存在着激烈的竞争，又具有垄断的因素，在现实中比较常见。垄断竞争市场应具有如下3个基本特征。

（1）市场中存在着较多数目的企业，彼此之间存在着较为激烈的竞争。由于每个企业都认为自己的产量在整个市场中只占有一个很小的比例，因而企业会认为自己改变产量和价格，不会招致其竞争对手相应的报复行动。

（2）企业所生产的产品是有差别的，或称为“异质商品”。产品差别是指同一产品在价格、外观、性能、质量、构造、颜色、包装、形象、品牌、服务及商标广告等方面的差别，以及以消费者想象为基础的虚幻的差别。由于存在着这些差别，产品成了带有自身特点的“唯一”产品，从而使得消费者有了选择的必然性。这样，企业对自己独特产品的生产销售量和价格就具有了控制力，即具有了一定的垄断能力，而垄断能力的大小则取决于其产品区别于其他企业产品的程度。产品差别程度越大，垄断程度越高。

（3）企业进入或退出该行业都比较容易，资源流动性较强。垄断竞争市场是常见的一种市场结构，如肥皂、洗发水、毛巾、服装、布匹等日用品市场，餐馆、旅馆、商店等服务业市场，牛奶、火腿等食品类市场，书籍、药品等市场大都属于此类。

知识应用

施乐败在哪里

施乐发明了复印机。为了保护自己，施乐先后申请了500多项专利，假如一个企业要花钱买这500多项专利，则制造出来的复印机会比施乐的贵好几倍，根本没有市场。所以施乐用申请专利技术的办法保护自己。美国这类产品的专利有效期为10年，到了第九年，佳能开始对施乐的复印机进行研究：从施乐产品有哪些不能满足人们需要的地方入手，因为需要没有得到满足就意味着有机会。佳能走访施乐的用户，了解他们对现有产品不满意的地方；同时走访没有买过施乐复印机的企业，寻找没有买的原因。走访结果显示：一是施乐复印机是大型的，一个有钱的大企业也最多能买得起一台，不是每个企业或企业的部门都能消费得起的；二是一台复印机放在任何一个地方，所有人哪怕复印一张资料也要跑到那里去，不方便；三是需要专人复印，保密性不好。根据这几个问题，佳能有了解决问题的方案：①设计一种小型复印机，大幅度降低造价；②将复印机做成像傻瓜相机一样，简单易用，不用专人操作；③简单、便宜，每个办公室都可以拥有一台，老板房间可以自己用一台，解决保密问题。

这 3 个问题都解决了是不是就可以生产了呢？不是！还有很多问题没有解决。假如佳能将复印机生产出来，施乐就会反击。如果佳能的产品一面市，施乐一看这个市场不错，用不了几天就可以将新产品做出来，一脚就可以把佳能踩死。怎么办？ 找其他的日本企业，东芝、美能达、理光……所有这些复印机厂家当初都是从佳能拿的许可证。佳能设计出这个产品后，拿这个产品的概念、好处去跟这些厂家沟通：如果我们联合起来做这个产品，这个产品的市场前景是什么样的，并有一套非常好的可行性报告给人家。如果你从我这买，第一，投产时间要快一年多；第二，只花你开发费用的 1/10。如果对方是一个理性的厂家，对方会拒绝吗？一定不会！佳能一个一个地谈，最后形成了一个联盟，十来个日本厂家同时推广这么一个分散复印的概念。结果，一下就把这个市场做起来了。为什么？因为施乐是一家公司对十来个日本公司，这时的力量对比就不一样了。

而且施乐过去的用户都是一些大企业，有很多从来没有听说过施乐，特别是没有用过复印机的人，倒把佳能看成了复印机行业的老大。同时佳能这么做的好处还有：打消了几家日本公司自主开发的念头。佳能再开发出来一代以后还是以 1/10 的价位给这几家公司。要不要？没有理由不要。自己开发既费时间又费钱。最后，佳能开发一代这些企业就从佳能那儿拿一代许可证，不用自己开发了，也就意味着其默认了佳能在复印机市场上的领导地位。

（二）垄断竞争企业的需求曲线与收益曲线

1．需求曲线

由于垄断竞争企业生产的是有差别的产品，因而对该产品都具有一定的垄断能力。与完全竞争企业只是被动地接受市场价格不同，垄断竞争企业对市场价格有一定的影响力。例如，企业如果将它的产品价格提高一定的数额，则习惯于消费该产品的消费者可能不会放弃该产品的消费，该产品的需求不会大幅度下降。但若企业大幅度提价，由于存在着大量的替代品，消费者就可能舍弃这种偏好，转而购买该产品的替代品了。因此，垄断竞争企业所面临的需求曲线相对于完全竞争企业而言更为陡峭（更缺乏弹性），而相对于垄断企业而言需求曲线则更平坦（更富有弹性）。

在垄断竞争行业中，由于企业生产的产品都是有差别的替代品，因而市场对某个企业产品的需求不仅取决于该企业的价格—产量决策，而且取决于其他企业对该企业的价格—产量决策是否采取相应的措施。例如，一个企业采取降价行动，如果其他企业不降价，则该企业的需求量可能上升很多；但如果其他企业也采取降价措施，则该企业的需求量不会增加很多。这样在分析垄断竞争企业的需求曲线（见图 4.16）时，就要分以下两种情况进行讨论。

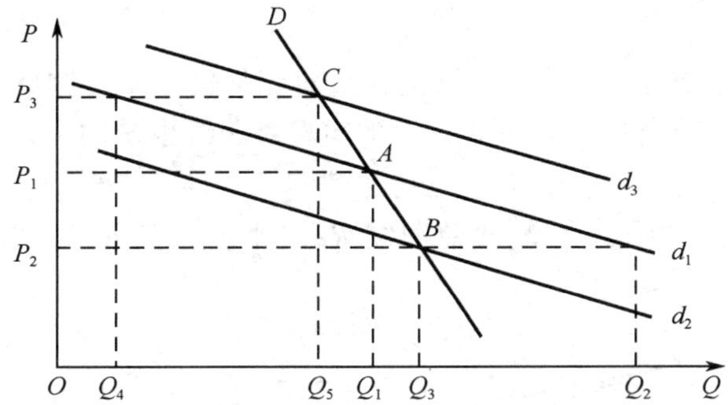

图 4.16 垄断竞争企业的需求曲线

（1）d 曲线。该条曲线表示当垄断竞争市场中的单个企业改变产品价格，而其他企业的产品价格保持不变时，该企业的产品价格与销售量之间的对应关系。因为在市场中有大量的企业存在，因而单个企业会认为自己的行动不会引起其他企业的反应，于是便认为自己可以像垄断企业那样，独自决定价格。这样，单个企业在主观上就有一条斜率较小的需求曲线，称为主观需求曲线。例如，2000 年的空调市场，海信降价了，但其他企业没有降价。

（2）D 曲线。该条曲线表示当垄断竞争市场中的单个企业改变产品价格，而其他企业也使产品价格发生相同变化时，该企业的产品价格和销售量之间的关系。现实中，当一个垄断竞争企业降低价格时，其他企业为了保持自己的市场，势必也会跟着降价，该企业因而会失去一部分顾客，所以需求量的上升不会如企业想象得那么多。因而，还存在着另外一条需求曲线，称为客观需求曲线或比例需求曲线。

在图 4.16 中，垄断竞争企业的主观需求曲线为 d_1，企业最初的产量为 Q_1，最初的价格为 P_1，因而企业位于主观需求曲线上的 A 点。当该企业将它的产品价格由 P_1 下调至 P_2 后，按照其主观需求曲线 d_1，企业预期其销售量将提高至 Q_2。但是，由于该企业降价时，其他企业也将采取同样的措施，以维护自己的市场占有率，因此，该企业的销售量实际只有 Q_3，即介于 Q_1 和 Q_2 之间，企业实际只能移动到 B 点。当企业意识到这些之后，就会对主观需求曲线做出相应的调整，改为通过 B 点的 d_2。

相反，如果企业将它的产品价格由 P_1 提高至 P_3，企业按照主观需求曲线 d_1 会预期自己的需求量将降低至 Q_4，但由于其他企业也同样采取提价措施，该企业需求量的下降并没有预期的那么多，即实际的需求量为 Q_5，企业实际移动到 C 点，企业的主观需求曲线也将随之调整至通过 C 点的 d_3。

根据客观需求曲线的定义，连接 A、B 和 C 这 3 点的曲线 D 就是客观需求曲线。

d 曲线与 D 曲线的关系：当所有企业都调整价格时，整个市场价格的变化会使单个垄断竞争企业的 d 曲线沿着 D 曲线上下移动。d 曲线表示单个企业改变价格时预期的产量，而 D 曲线表示单个企业在每个价格水平实际面临的市场需求量或销售量，所以 d 曲线与 D 曲线的相交意味着垄断竞争市场的供求平衡状态。客观需求曲线 D 更缺乏弹性，所以陡峭一些；主观需求曲线弹性较大，所以平坦一些。

2．收益曲线

由于企业的平均收益 R_A 总是等于该销售量对应的价格 P，因此平均收益曲线就是企业的需求曲线。需求曲线向右下方倾斜，则平均收益曲线也是向右下方倾斜的，且两条线重合；平均收益递减，则边际收益必定也是递减的，并且小于平均收益。所以，垄断竞争企业的边际收益曲线 R_M 也位于平均收益曲线 R_A 之下，且较 R_A 曲线更为陡峭，如图 4.17 所示。

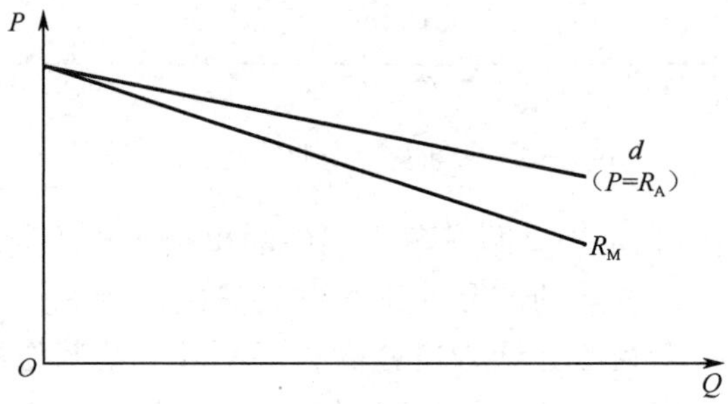

图 4.17　垄断竞争企业的收益曲线

（三）垄断竞争企业的短期均衡

在短期内，每个垄断竞争企业都可以在部分消费者中形成自己的垄断地位，处于垄断状态，此时企业根据 $R_M=C_M$ 的利润最大化原则决策。

在短期内，由于各种原因，如既定规模成本过高、市场需求较小等，可能导致短期亏损，企业不一定总能获得垄断利润。因此，垄断竞争企业的短期均衡有 3 种状态，即获得超额利润状态、蒙受损失状态和获得正常利润状态，如图 4.18 所示。

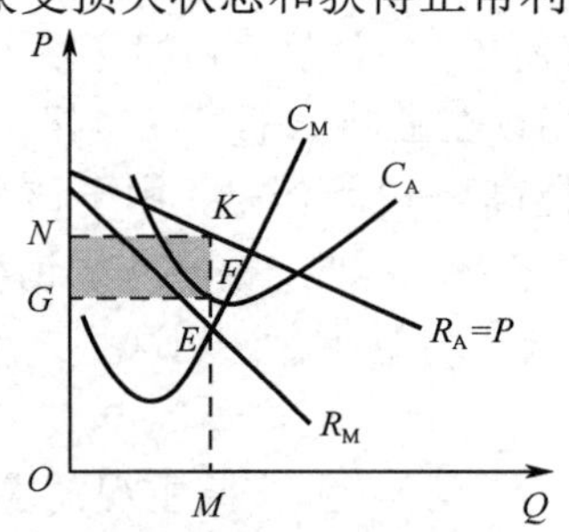

（a）企业获得超额利润状态

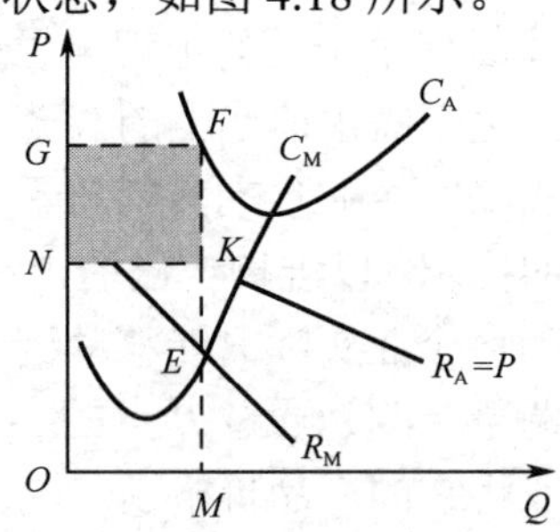

（b）企业蒙受损失状态

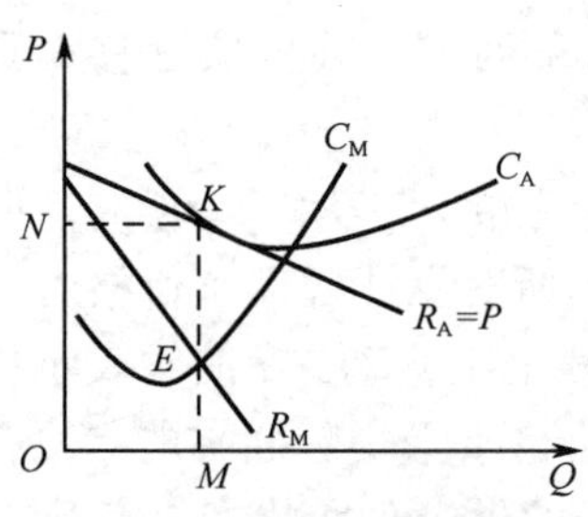

（c）企业获得正常利润状态

图 4.18　垄断竞争企业的短期均衡

（1）企业获得超额利润状态。在图 4.18（a）中，当总收益>总成本时，总收益为平均收益

（价格）与产量的乘积，即矩形 *ONKM* 的面积；总成本为平均成本与产量的乘积，即矩形 *OGFM* 的面积；阴影部分（矩形 *GNKF*）的面积为超额利润，即短期均衡处于企业获得超额利润状态。

（2）企业蒙受损失状态。在图 4.18（b）中，当总收益<总成本时，总收益所形成的矩形 *ONKM* 的面积要小于总成本所形成的矩形 *OGFM* 的面积；阴影部分（矩形 *NGFK*）的面积为企业亏损，即短期均衡处于企业蒙受损失状态。

（3）企业获得正常利润状态。在图 4.18（c）中，当总收益=总成本时，总收益所形成的面积等于总成本所形成的面积，均为矩形 *ONKM* 的面积。因此，企业既没有获得超额利润，也没有亏损，得到的只有正常利润，即短期均衡处于企业获得正常利润状态。

因此，垄断竞争市场短期均衡的条件是 $R_M=C_M$，即边际收益等于短期边际成本。在这个条件下，企业可实现利润最大或亏损最少。

（四）垄断竞争企业的长期均衡

在长期内，垄断竞争企业可以通过扩大或缩小其生产规模来与其他企业进行竞争，也可以根据自己能否获得经济利润来选择是进入还是退出一个行业。

假设垄断竞争企业在短期内能够获得经济利润，在长期内所有的企业都会扩大生产规模，也会有新的企业进入该行业进行生产，在市场总的需求没有大的改变的情况下，企业的市场份额将减少。此时，虽然企业的主观需求曲线不变，但客观需求曲线将向左下方移动，从而该企业产品的实际需求量低于利润最大化时的产量。企业为了实现长期均衡，必须通过降低其产品价格和/或提高其产品产量来适应这种变化，从而主观需求曲线和客观需求曲线都会向左下方移动。这一过程会一直持续到行业内没有新的企业进入，也没有企业愿意扩大生产规模为止，此时企业的利润为 0。

垄断竞争企业实现长期均衡时所处的状态如图 4.19 所示。在长期均衡时，企业的主观需求曲线 *d* 与长期平均成本曲线 C_{LA} 相切于 *G* 点，C_{LM} 曲线与 R_M 曲线相交于 *E* 点，此时企业的均衡产量为 *OM*，满足企业利润最大化的要求 $R_M=C_{LM}=C_M$。此时 $P=R_A=C_{LA}$，所以企业的利润为 0。

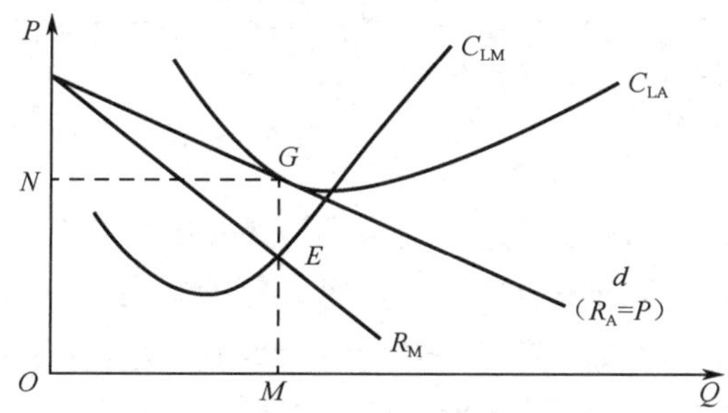

图 4.19 垄断竞争企业的长期均衡

（五）垄断竞争市场的非价格竞争策略

在完全竞争市场上，同行业企业提供的是完全相同的产品，所以要实现利润最大化只有一个办法，就是将其产量调整到使边际成本和产品价格相等。而垄断竞争企业为了实现利润最大化，除了可以调整产品价格以改变其销售量，还可以通过改变产品特征和销售费用来调整销售量，这些手段就是非价格竞争。非价格竞争的手段可以从产品差别、产品变异、广告等方面入手。

1．产品创新策略

当今社会飞速发展，在今天的知识经济时代，消费者对产品的要求越来越高，单一的标准化产品、统一的营销方式和水准已经远远不能满足消费者的需要，价格因素在竞争中对消费者的影响降低，消费者开始关注产品的差异化和更新换代速度。

2．产品品牌个性化

每种产品的不同质量、价格、外观、内涵都会给消费者带来不同的感受，也会给消费者带来不同程度的心理上的满足，这些都是影响消费者是否购买产品的重要因素。现代生活水平在不断提高，高技术含量的产品和高档次的产品在不断增多，产品的差异化、品牌的个性化倾向越来越显著。除了质量、价格、外观等理性方面，消费者也越来越重视产品的文化内涵、个性等感性方面的影响因素，这种情感因素的增加加强了消费者对产品及品牌的理解和依赖。

3．产品服务竞争策略

美国著名市场营销学家莱维特曾说过："未来企业竞争的焦点不再是企业能为消费者生产出具有什么使用价值的产品，而是企业能为消费者提供什么样的附加价值——服务。"因此，如果企业希望拥有竞争优势，就必须实施销售服务竞争策略。销售服务竞争策略包括服务个性化、服务精细化、服务互动化和服务知识化。

4．战略联盟

战略联盟是指两家或两家以上的企业为了达到某些共同的战略目标而结成的一种网络式联盟，联盟成员各自发挥自己的竞争优势，相互合作，共担风险。在完成共同的战略目标后，这种联盟一般都会解散，其后为了新的战略目标，可能与新的合作者结成新的联盟。

战略联盟是一种适应市场环境变化的新型竞争观念，它以一种合作的态度来对待竞争者，形成商业联盟。联盟成员通过建立信任关系，在合作中竞争，实现优势互补，借助其他成员加强各自的竞争力，在合作的基础上展开竞争，从而不断提高竞争水平，促进社会经济和技术的不断发展和进步。

5．广告策略

随着经济的不断发展和进步，买方市场格局逐渐稳定，广告越来越显示出其不可替代的价值与作用。广告是以促进销售为目的，付出一定的费用，通过特定的媒体传播商品或劳务等有关经济信息的大众传播活动。广告宣传的基本功能在于向消费者传递商品的信息，沟通生产者与消费者之间的关系，以此促进商品销售。

广告之所以能在市场促销过程中具有举足轻重的作用，是由广告功能的特点所决定的。广告功能的特点是高度普及公开、渗透性强、富有表现力，广告促销既能用于树立企业形象，也能促进快速销售。当前，促销宣传不再是仅以某种优惠或变相优惠来吸引消费者购买，而是以妥善处理公共关系、树立产品和企业的良好形象、赢得消费者和社会的信任为主流的一种商业方式。

知识应用

一个很需要做广告宣传的市场

打开电视，扑面而来的广告都是垄断竞争市场的产品。通过这种大众媒体做广告的大多数是化妆品、洗涤用品、药品、家电等轻工业产品，从来没有石油、煤炭、钢铁的广告，更没有大米、白面、水、电（不包括公益广告）的广告。这是为什么呢？

大米、白面最接近完全竞争市场。在这个市场上既有很多消费者也有很多生产者；在这个市场上产品是没有差别的。

打开电视经常映入眼帘的电视广告一般都是轻工业产品，这个市场就是垄断竞争市场。而这个市场存在的基本条件是产品有差别，如自行车，消费者的个人偏好不同，每款自行车都可以凭借自己的产品特色在一部分消费者群体中形成垄断地位。但这种垄断又是垄断不住的。因为不同牌号的自行车可以互相替代。这就形成了一种垄断竞争的状态，这也正是为什么生产轻工业产品的企业不惜血本大做广告的目的。不仅如此，在这个市场上，各个商家的定价决策也要充分考虑同类产品的价格，正确估计自己的商品在市场上的地位，倘若定价过高便会被同类产品替代，失去本来属于自己的市场份额。

有差别的产品需要做广告，需要把自己产品的特色告诉消费者。例如“农夫山泉 有点甜”突出了农夫山泉矿泉水的特色在于口感与其他矿泉水不同，从而赢得了市场。创造品牌是企业的重要营销策略。品牌的创造是产品质量和广告宣传结合的产物，两者缺一不可。“好酒也怕巷子深”是说好酒也需要吆喝着卖，但没有好酒，再吆喝也没有用。

美国宝洁公司成功的广告宣传，使它的“海飞丝”“飘柔”“潘婷”“沙宣”家喻户晓，是产品质量和广告宣传有机结合的典型范例。西方人说销售如果不做广告，就如同在黑暗中向情人暗送秋波，别人根本就不知道你在干什么。

三、寡头垄断市场

（一）寡头垄断市场概述

1．寡头垄断市场的含义和形成的原因

寡头垄断市场是指少数几个企业垄断了某一行业的市场，控制这一行业的供给。寡头垄断市场在当代经济生活中占有十分重要的地位，是一种普遍存在的市场结构。一般来说，寡头垄断市场形成的原因主要有以下 4 个方面。

（1）这一行业产品的生产经营是建立在规模经济基础上的。

（2）这一行业产品的生产技术不容易为一般中小型企业所掌握和模仿。

（3）寡头采取种种排他性措施。

（4）政府对寡头的扶持。

2．寡头垄断市场的特征

（1）行业中只有少数几家大企业，它们的供给量均占市场的较大份额。例如，美国汽车业主要由通用汽车公司、福特汽车公司控制，电气设备业主要由通用电气公司等控制，零售业主要由沃尔玛等几家大企业控制。

（2）企业对价格有控制力，但相互依赖。这是寡头垄断市场基本的、突出的特征，同时也导致寡头对价格和产量的决定成为一个很复杂的问题。其主要原因是，寡头垄断市场中的企业数目很少，每个企业的产量在市场的总产量中均占较大的比重，价格和产量的变动会对其竞争对手乃至整个行业的产量和价格产生举足轻重的影响。因此，每个企业在采取某种行动时必须考虑其他企业的反应，然后才能在考虑这些反应方式的前提下采取最有利的行动。这使得企业的决策在结果上具有很大的不确定性，也使寡头垄断市场的理论变得非常复杂。

（3）为了减小这种不确定性，企业之间会相互影响。因条件假设不同，会有许多不同的寡头垄断模型。因此，价格不是由市场供求决定的，而是由少数寡头企业通过有形或无形的结合、价格领导、形式不同的协议、默契等方式决定的。因为寡头企业的竞争手段是多种多样的，一旦价格和产量确定，就具有相对的稳定性，所以各个寡头企业相互之间容易达成某种形式的结合和妥协，也就是通常所说的在竞争中达成妥协，在妥协中展开竞争。

3．寡头垄断市场的主要类型

（1）从构成寡头垄断行业的企业数目来看，寡头垄断可分为双头垄断和多头垄断。双头垄断即行业由两家寡头组成；多头垄断即行业由若干家寡头组成。

（2）从行为方式上看，寡头垄断可分为企业之间互相结合的寡头垄断和非结合的寡头垄断。

（3）从提供的产品的性质看，寡头垄断可分为纯粹寡头垄断和差别寡头垄断。如果行业内企业生产的是无差别产品，如钢铁、水泥、石油等，这一行业就为纯粹寡头垄断；如果行业内企业生产的是有差别产品，如汽车、家用电器、机械等，这一行业就为差别寡头垄断。

知识拓展

欧佩克和世界石油价格

国际石油价格从1999年第一季度开始上涨，一直持续到2000年10月中旬。欧佩克综合价从1999年2月第4周的9.96美元/桶增加到2000年10月12日的32.57美元/桶。即便按照固定价格计算（1972年的固定价格），1998年年底与2000年9月相比，国际石油价格也从大约4美元/桶增加到了大约10美元/桶，涨幅远远超过海湾战争造成的石油危机。由于油价暴涨可能对经济带来严重影响，美国政府不得不在海湾战争时期第一次动用战略石油储备以后，于2000年9月第二次宣布动用战略石油储备。因此，把2000年的油价暴涨称为第四次石油危机并不为过。

此次石油涨价，欧佩克发挥了重要作用。欧佩克团结一致地限产促价取得成功。这次成功与以往不同的是没有战争背景和重大地区冲突，也没有石油贸易结算货币美元大幅度贬值的背景，从而更加凸显了欧佩克的作用。欧佩克从1998年3月确定2 297.6万桶/日产量限额，到2000年3月，成员国较好地遵守了限产纪律，使限产促价取得了效果。2000年3月，世界石油消费量为7 700万桶/日，而由于欧佩克限产，世界石油总产量仅为7 500万桶/日，形成了200万桶/日的供应缺口。这是2000年油价上涨的基本原因之一。

（资料来源：杨光. 国际油价变化与欧佩克的作用[J]. 世界经济，2001（2）：66-68.）

（二）寡头垄断市场的价格决定

对寡头的研究可以追溯到 19 世纪的法国经济学家古诺。在运用博弈论之前，对寡头垄断市场的分析都属于传统寡头理论。传统寡头理论在假设对手的反应为既定的情况下分析企业产量与价格的决定。经济学家根据不同的对手反应假设，得出关于产量与价格决定的不同答案，形成不同的寡头垄断模型，其中古诺模型和斯威齐模型较为典型。

传统寡头理论一般认为，价格的决定有价格领先制、成本加成法和勾结定价 3 种形式。

1. 价格领先制

价格领先制又称价格领袖制，是指一个行业的价格通常由某个寡头率先制定，其余寡头追随其后确定各自的价格。如果产品是无差别的，那么价格变动可能是相同的；如果产品是有差别的，那么价格变动可能相同，也可能不同。

2. 成本加成法

成本加成法是指在估算的平均成本的基础上加一个固定比例的利润。这是寡头垄断市场上常用的一种方法。平均成本可以根据长期内成本变动的情况确定，而所加的利润率则要参照全行业的利润率情况确定。这种定价方法可以避免各寡头之间的价格竞争，使价格相对稳定，从而避免在降价竞争中各寡头的利益均受到损害，有利于实现最大利润。

3. 勾结定价

勾结定价是指各寡头勾结起来共同协商定价。各寡头之间进行公开的勾结，结成卡特尔（卡特尔是寡头的价格联盟）共同协商确定价格。例如，石油输出国组织（OPEC）就是这样一个国际卡特尔。卡特尔制定统一的价格，为了维持这一价格还必须对产量实行限制。但是，由于卡特尔各成员之间存在矛盾，有时达成协议也很难兑现，甚至引起卡特尔解体。在不存在公开勾结的情况下，各寡头还能通过暗中勾结（又称默契）来确定价格。

（三）博弈论在寡头垄断市场中的运用

在寡头垄断市场中，寡头处于既相互依赖又利益冲突的对抗状态，所以可以运用博弈论加以研究。博弈论又称对策论、游戏论，所研究的是存在利益冲突情况下的决策行为。博弈论的一个直接的也是最初的应用就是现实中诸如打扑克和下棋之类的游戏。但博弈论从一开始就广泛涉及人类行为中有关决策的相互作用或互动决策的各个方面，包括战争和政治活动。近年来，博弈论本身已得到丰富和发展。

博弈指的是一种决策，即每一行为主体的利益不仅依赖于它自己的行动，而且依赖于别人的行动，以致它所采取的最好行动依赖于其竞争对手将选择什么行动。博弈论所研究的就是两个以上行为主体的互动决策及策略均衡。

可以运用博弈论里经典的模型“囚徒困境”来分析寡头企业价格的竞争。“囚徒困境”描述了这样一个案例：警察抓住了两个合伙犯罪嫌疑人，但缺乏足够的证据指证他们所犯的罪行。如果其中至少有一个人供认犯罪，就能确认罪名成立。为了得到所需的口供，警察将这两名犯罪嫌疑人分别关押以防止他们串供或结成同盟，并给他们同样的选择机会：如果他们都拒不认罪，那么他们会被以较轻的妨碍公务罪各判 1 年徒刑；如果两个人中有一个坦白认罪，那么坦白者从轻处理，立即释放，而另一个人则将被重判 8 年徒刑；如果两个人同时坦白认罪，那么他们将被各判 5 年徒刑。图 4.20 列出了这个博弈的可能结果。

犯罪嫌疑人乙 \ 犯罪嫌疑人甲	不坦白	坦白
不坦白	(-1，-1)	(-8，0)
坦白	(0，-8)	(-5，-5)

图 4.20 “囚徒困境”博弈的可能结果（单位：年）

在这个例子里，博弈的参加者就是犯罪嫌疑人甲和乙，他们每个人都有两个策略，即坦白和不坦白，判刑的年数就是他们的得益。可能出现的 4 种情况：甲和乙均坦白、甲和乙均不坦白、甲坦白但乙不坦白、乙坦白但甲不坦白。由于这两个人被隔离开，其中任何一个人在选择策略时都不可能知道另一个人的选择是什么。这个博弈的最终结果是两个人都坦白，各判 5 年徒刑。这是因为，假定甲选择坦白的话，乙最好也选择坦白，因为乙坦白的话会被判 5 年徒刑，而抵赖的话却要被判 8 年徒刑；假定甲选择抵赖的话，乙最好还选择坦白，因为乙坦白的话不被判刑，而抵赖的话要被判 1 年徒刑。也就是说，不管甲坦白或抵赖，乙的最佳选择都是坦白。同样，不管乙坦白或抵赖，甲的最佳选择也是坦白。结果，两个人都选择了坦白，各被判 5 年徒刑。

值得注意的是，对两个犯罪嫌疑人来讲，最佳结果是同时选择不坦白，各被判 1 年徒刑，显然要比各被判 5 年徒刑好得多。但由于两个人都追求自己利益的最大化，而不顾及同伙的利益，不敢相信对方，所以只能得到不理想的结果——各被判 5 年徒刑。

“囚徒困境”可以用来分析寡头的价格战。假设某机械产品市场上有寡头甲和乙。它们的产量最高均可达到 3 000 万件，这时，生产成本是每件 6 美元，市场价格也是每件 6 美元，没有超额利润。如果他们进行合作，把产量限定在各生产 2 000 万件，共生产 4 000 万件，这时，生产成本是每件 8 美元，市场价格是每件 9 美元，各得利润 2 000 万美元。如果一方违约生产 3 000 万件，而另一方守约生产 2 000 万件，共生产 5 000 万件，市场价格是每件 7.5 美元。违约方成本是每件 6 美元，获利 4 500 万美元，守约方成本是每件 8 美元，亏损 1 000 万美元。它们的策略是守约与违约，有 4 种可能的结果，如图 4.21 所示。

寡头甲 \ 寡头乙	守　约	违　约
守约	(2 000，2 000)	(-1 000，4 500)
违约	(4 500，-1 000)	(0，0)

图 4.21 甲、乙双方守约与违约的结果（单位：万美元）

根据“囚徒困境”的分析原理对上述情况进行分析，结论是寡头甲和乙最终都会选择违约，双方都无利润。尽管在这种情况下两个寡头合作对双方都有利，但事实上这种合作是很困难的。

由于在寡头市场上只有为数很少的几个企业，每个企业的行为对市场的影响都是举足轻重的，企业为了获得更大的市场份额，往往会采取降低价格的竞争手段。但是，某个企业首先采取降价的竞争手段后，其他企业也会采取相应的降价手段作为回应和报复，以保住甚至扩大自己的市场份额。于是在经过寡头企业轮番降价后，市场价格会降到一个很低的水平，其结果往往是各方的利益均受到损害。

知识应用

雷克公司的搏斗

1977年，一个冒失的英国人弗雷迪·雷克闯进航空运输市场，开办了一家名为雷克的航空公司。该公司经营的是从伦敦飞往纽约的航班，票价为每张135美元，远远低于当时的最低票价（每张382美元）。毫无疑问，雷克公司一成立便生意不断，1978年，雷克荣获大英帝国的爵士头衔。到1981年，雷克公司的年营业额达到5亿美元，让对手们（包括一些世界知名的老牌公司）气急败坏。但是好景不长，雷克公司于1982年破产，从此消失。

出了什么事情？原因很简单，包括泛美、环球、英航和其他公司在内的竞争对手们采取联合行动，一致大幅降低票价，甚至低于雷克公司的票价。一旦雷克公司消失，票价马上回升到原来的高水平。更绝的是，这些公司还达成协议，运用各自的影响力阻止各大金融机构向雷克公司提供贷款，使其难以筹措借以抗争的资金，这进一步加速了雷克公司的破产。

但雷克并不甘心，他依照美国反垄断法提出议案，指责上述公司联手实施价格垄断，为了驱逐一个不愿意接受其游戏规则的公司，竟然不惜采用毁灭价格来达到目的。1985年8月，被告各公司以800万美元的代价同雷克达成庭外和解，雷克随即撤回起诉。1986年3月，泛美、环球、英航三大公司统一设立了一项总价值为3 000万美元的基金，用于补偿在雷克公司消失后的几年中，以较高票价乘坐这几家公司的航班飞越大西洋的20万名乘客的损失。

赔款达成和解不等于认罪。没有官方的说法来认定雷克公司是被垄断价格驱逐出航空市场的。但是这个案例已经明显地透露出威胁信号——如果其他任何公司企图加入飞越大西洋的航空市场，就必须认真考虑可能面临的破产危险。从来没有其他公司尝试提供低廉的越洋机票，至少没有做到雷克公司做到的地步。

（资料来源：约瑟夫·斯蒂格利茨. 经济学小品与案例[M]. 北京：中国人民大学出版社，1998.）

（四）寡头垄断市场的经济效率

一方面，在寡头垄断市场上，市场价格高于边际成本，同时也高于最低平均成本。因此，寡头在产量和技术使用方面应该是缺乏效率的。但从程度上来看，由于寡头垄断市场存在竞争，有时竞争还比较激烈，因而其效率比垄断竞争市场的效率高。

另一方面，寡头垄断市场上往往存在着产品差异，从而可满足消费者的不同偏好。此外，由于寡头规模较大，便于大量使用先进的生产技术，而激烈的竞争又使企业加速产品和技术革新，因此又有其效率较高的一面。在许多国家，人们试图通过限制寡头低效率的方面，进一步鼓励寡头垄断市场的竞争。

知识拓展

纳什均衡

纳什均衡由约翰·纳什提出，是一种非合作博弈的状态，指假设有 n 个局中人参与博弈，给定其他人策略的条件下，每个局中人选择自己的最优策略（个人最优策略可能依赖于也可能不依赖于他人的策略），从而使自己利益最大化。所有局中人策略构成一个策略组合。这样一种战略组合策略就是纳什均衡，这种策略组合由所有参与人的最优策略组成，即在给定别人策略的情况下，没有人有足够理由打破这种均衡。纳什均衡理论奠定了现代主流博弈理论和经济理论的根本基础。

在经济生活中，纳什均衡其实就在我们身边。每逢周末、节假日是超市人多的时候，假如你抱着一堆东西站在收银台旁边一个长长的队伍的最后边，你是准备抱着这堆东西找个最短的队来排，还是就近找个队来排？

在这里我们假设超市里的每个人都有一个理性的预期——尽快离开超市。因此所有的队都会一样长，你用不着费劲地去找最短的队。人们只要看到旁边的队人少，就会很快排进较短的队中，如此一来较短的队也变长了，一直持续到两个队人数差不多。相邻的两个队是这样，同理，所有的队都会变得人数差不多。所以，还是就近选择最好。

如果从时间的角度来考虑，其结果也是一样的。排队除了要看每个队伍的长短，还得关心每个队的移动速度。如果一个队有 10 个人，但是每个人买的东西少，另一个队有 7 个人，都推着购物车，买了一堆东西，显然人们还是愿意排第一个队。等到第一个队的人比第二个队的人多到一定程度时，两个队伍的移动速度就基本上差不多了，你也用不着去找队排了。此外，收银员的工作熟练程度也会影响队伍的移动速度，如果你不知道哪个收银员工作比较熟练，还是就近找个队排最好。

排哪个队都一样，这就是经济学中所说的均衡。均衡是一种均势状态，或者说是一种皆大欢喜的状态，每个人都乐于接受它；抑或是一种作茧自缚的状态，每个人都被迫选择它。但是不管人们喜欢或不喜欢，这都是人们所能做出的最好选择。

生活中有一种有趣的现象也可用纳什均衡来解释。为什么有许多美女最后嫁给了让人跌破眼镜的男士，被人们说是“鲜花插在了牛粪上”呢？如果用纳什均衡对此进行分析，会有许多有趣的结论。纳什均衡的基本原理是，如果对方的策略是确定的，我的策略就是最优的；如果对方的策略是不确定的，我的策略就很难是最优的。

在纳什假定的情景下，如果 4 位优秀的男士看到 4 位普通美女加 1 位绝色美女，通常每位男士都会假定其他男士会去追绝色美女，故追到绝色美女的不确定性最强，很难有最优机会；为防止“赔了夫人又折兵”，每位男士去追的都将是普通美女。普通美女与绝色美女相比，比较知道自己的差距，在有确定追求者的时候，会有清晰的迎合策略。因此相比较于绝色美女的不确定策略，普通美女会更具吸引力，结果会导致绝色美女轮空或无人敢认真追她。

由此可见，均衡是一种均势状态，在经济生活中是各方参与者在理性预期的指导下综合博弈的结果。假如理解了其中的奥妙，生活就不会平添许多无谓的烦恼。

四、完全垄断市场

（一）完全垄断市场概述

完全垄断又称独占、卖方垄断或纯粹垄断，与完全竞争市场相反。完全垄断市场是指一个企业控制了某种产品的全部供给的市场结构。

1. 完全垄断市场的特征

（1）企业数目唯一，一个企业控制了某种产品的全部供给。在完全垄断市场上，完全垄断企业排斥其他竞争对手，独自控制一个行业的供给。由于整个行业仅存在唯一的供给者，因此，该企业代表行业。

（2）完全垄断企业是市场价格的制定者。由于完全垄断企业控制了整个行业的供给，也就控制了整个行业的价格，成为价格制定者。有两种经营决策供完全垄断企业选择：以较高价格出售较少产品或以较低价格出售较多产品。

（3）完全垄断企业的产品不存在任何相近的替代品，否则，其他企业可以生产替代品来代替完全垄断企业的产品，完全垄断企业就不可能成为市场上唯一的供给者。因此消费者无其他选择。

（4）其他任何企业进入该行业都极为困难或不可能，要素、资源难以流动。完全垄断市场存在进入障碍，其他企业难以参与生产。

完全垄断市场和完全竞争市场一样，都只是一种理论假定，是对实际中某些产品的一种抽象，现实中绝大多数产品都具有不同程度的替代性。

2. 完全垄断市场产生的原因

完全垄断企业之所以能够成为某种产品的唯一供给者，是由于该企业控制了这种产品的供给，使其他企业不能进入该市场并生产同种产品。导致完全垄断市场产生的原因一般有以下 6 个方面。

（1）规模经济的需要。某些产品的生产，由于规模报酬递增的存在，当企业规模扩大时，它的平均成本会随着产量的扩大而降低。换句话说，在一个行业内，如果有一个企业能够比其他企业生产更多的产品，那么它的平均成本就低于其他企业，这个企业就能在扩大产量的同时降低价格，最终使其他企业在本行业无利可图而退出，于是该企业就垄断了这个行业。这样的行业需要巨大的资本才能有效地经营，因为产量大，所以可以有效地降低成本，如自来水、煤气、电力供应等。这种由生产的技术特性造成规模经济引起的垄断，一般称为自然垄断。大规模公用事业，像供电、高速公路等都具有自然垄断的特点。

（2）技术壁垒。如果除完全垄断企业之外别无他人掌握某种生产技术或诀窍，这个市场就自然成了完全垄断市场。当然，技术诀窍一旦为他人所知，企业的垄断地位也将不复存在。在技术飞速发展、商业情报活动无孔不入的现代社会中，生产“绝技”是很难长期保密的。据说，可口可乐的配方是最长寿的商业机密之一。多少年来，尽管许多软饮料生产企业仿制了口味十分相近的饮料，但还是配制不出可口可乐的特色。

（3）资源壁垒。这是指由于资源分布的空间性、区域性，而使其他企业因无法取得相应资源而不能进入某一行业。这往往在某一特定资源被企业独家控制的情况下发生。例如，第二次世界大战以前，Alcoa 公司（美国铝业公司）几乎控制了全美国的所有铝矾土，由于铝矾土是生产铝的主要原料，因而该公司便垄断了美国的铝的生产。再如，南非的德比尔公司是钻石市场的垄断者，因为南非所有的钻石资源几乎全部被该公司占有了，其产量占世界产量的 80%左右。

（4）法律壁垒。有些独家经营的特权是由法律规定并受其保护的，专利和版权便是法律特许的垄断。为了鼓励发明创造，保护发明家和投资者的利益，几乎所有的国家都制定了专利法。这些发明创造一旦经过审核批准，就获得了独家经营的特权，在其有效期内便是垄断者。例如，美国的杜邦公司就曾经凭借玻璃纸专利权垄断了全部玻璃纸的生产。

（5）策略壁垒。有时候企业可以筑高壁垒以确立或巩固其垄断地位，这就是策略壁垒。

（6）政府特许权。在某些情况下，政府通过颁发执照的方式限制进入某一行业的人数，如大城市出租车驾驶执照等。很多情况下，一个企业可能获得政府的特权，而成为某种产品的唯一供给者，如公用事业。执照特权使某行业内现有企业免受竞争，从而具有垄断的特点。作为政府给予企业特许权的前提，企业同意政府对其经营活动进行管理和控制。

课堂活动

德比尔公司为什么要做广告

德比尔是南非的一家钻石公司，它的广告词“钻石恒久远，一颗永流传”为许多人熟知，也使许多人怦然心动。德比尔公司控制世界钻石生产量的 80%左右，成为世界钻石市场的垄断者。当它在英国伦敦舰队街的一座小楼上举行每年的钻石交易会时，不给买主讨价还价的权利，谁要不接受它的一口价，下次就不许参加交易会。那么，如此霸道的垄断企业为什么还要做广告呢？

（二）完全垄断企业的收益

在完全垄断的条件下，一个行业只有一个企业，市场需求曲线就是企业的需求曲线。市场需求曲线一般是一条向右下方倾斜的曲线，需求量与价格呈反向变动的关系。因此，企业的产销量与价格也呈反向变动的关系，即产量越大，售价越低；产量越小，售价越高。完全垄断企业的这一需求特征决定了它的收益规律。

1．完全垄断企业的总收益

完全垄断企业的总收益曲线 R_T 是一条倒 U 形的曲线，如图 4.22 所示。它表明：当产量为 0 时，总收益为 0；当产量增加时，总收益增加；产量增加到一定程度，总收益增加到最高水平；当产量增加到无穷大时，总收益趋近于 0。也就是说，随着产量的不断增加，完全垄断企业的总收益先上升，而后下降。

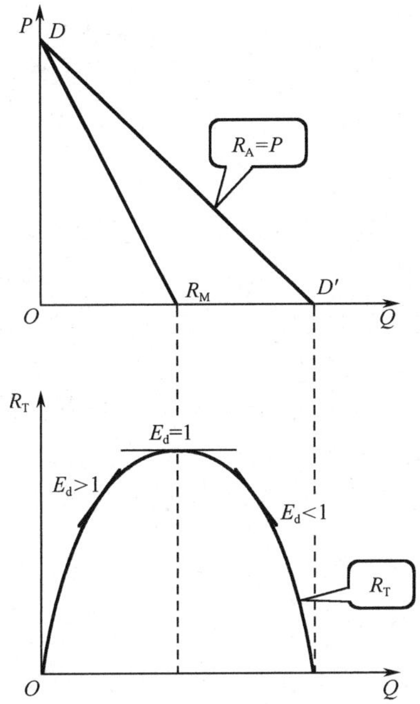

图 4.22 完全垄断企业的总收益曲线

2. 完全垄断企业的平均收益

完全垄断企业的平均收益恒等于产品售价，平均收益曲线 R_A 与企业的需求曲线 DD' 重合。它表明企业的产量不断增加时，平均收益随价格不断下降（见图 4.22）。

3. 完全垄断企业的边际收益

完全垄断企业的边际收益曲线 R_M 位于平均收益曲线 R_A 之下，并且是一条自左上方向右下方倾斜的直线，表明企业的边际收益随产量的不断增加而不断下降（见图 4.22）。

（三）完全垄断企业的短期均衡

完全垄断企业的短期均衡条件为 $R_M=C_M$，在短期内，完全垄断企业只能在既定规模的工厂条件下进行生产，因此各种成本沿短期成本曲线变化。如图 4.23 所示，图中 C_A 曲线为完全垄断企业的短期平均成本曲线，C_M 曲线为完全垄断企业的短期边际成本曲线。完全垄断企业在短期内获得的经济利润为图中阴影部分（矩形 C_0P_0EF）的面积。

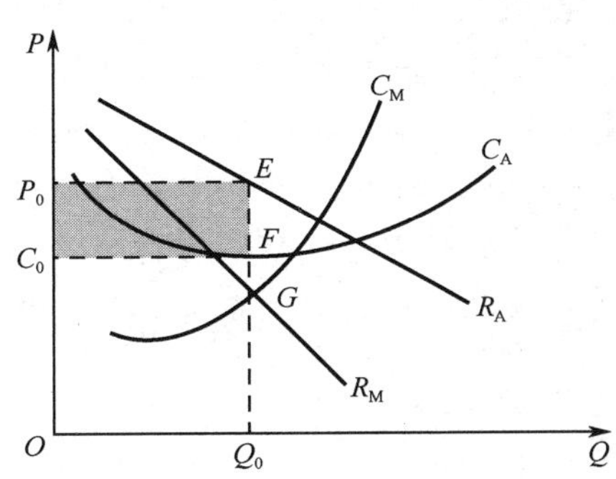

图 4.23 完全垄断企业的短期均衡（有超额利润状态）

完全垄断企业虽然能够控制供给，但并不能控制市场需求。当市场需求下降或出现严重不足时，完全垄断企业在短期内也有可能只获得正常利润，或蒙受经济损失，甚至停产。在短期内，完全垄断企业的经营状况主要受市场需求的影响。

（四）完全垄断企业的长期均衡

在完全垄断条件下，由于客观技术条件和人为制度因素所形成的行业壁垒阻碍了其他企业进入垄断行业，所以在长期内，即使完全垄断企业获得丰厚的利润，也不会有新企业进入与其分享市场和利润。因此在长期内，垄断行业只有企业规模的调整，不会有企业数量的变化。

在长期内，完全垄断企业将根据市场需求状况调整各种生产要素（包括机器设备等短期固定生产要素）的投入量，以建立一个高效率的工厂，保证获得不低于正常利润的经济效益。否则，完全垄断企业就会因市场需求长期过低，以致无法消除经济损失而退出所在行业。

知识应用

进场费与买方垄断

在零售市场上，零售商有一个不成文的“行规”：一种商品想进入一家商场或超市，必须先交进场费、赞助费等所谓的通道费用。2002 年 5 月，广东省的媒体报道，浙江风味食品厂与广州万佳百货公司签订供销合同之后，向万佳超市提供食品进行销售，4 月份的销售额是 63 518 元。结账时，结算汇总表显示：浙江风味食品厂本月应支付的费用有新店庆贺费、转让费、广告费等几项合同外费用，费用总额高达 10 万元。也就是说，浙江风味食品厂不但拿不到一分钱的货款，反而欠广州万佳百货公司近 4 万元。另据报道，某供货商列举了一家大型超市向其索取通道费用的个案：在一份与超市签署的合约中，包括了节日赞助费（元旦、春节、劳动节、端午节、中秋节、国庆节等）、新产品上架费、开业赞助费、新店开业最低折扣、最低店庆赞助费、店庆最低折扣、损耗补偿、促销最少次数、促销最低折扣、新店开业补偿、最低端架赞助费、最低快讯赞助费、价格保护、滞销 30 天商品退货处理、大宗购买最低折扣等近 30 项条款。其中，无条件返利 3%、春节赞助费每店 1 000 元、国庆节赞助费每店 600 元、最低新品上架费每项单品每店 500 元、新店开业最低折扣 3%、损耗补偿 0.5%、最低端架赞助费每次每店 500 元。

进场费并不是“中国特色”，20 世纪 90 年代，当美国工业开始依靠计算机时就出现了进场费。由于增加或减少一个产品，计算机程序员都要重新编程，因此当时的进场费是用于支付编程费用的，大约 350 美元。时隔 20 年已发展到在美国西部地区 100 家连锁店每项单品收 1 万美元，东部某些连锁店可能收取 4 万美元或更多。进场费已从正常操作费用变成了利润的一部分，而且经济越发达，连锁店的规模越大，进场费就越高。

知识拓展

垄断企业的价格歧视策略

1. 价格歧视的含义

由于垄断这一得天独厚的条件，企业便会在追求利润最大化的动机之下做出一些违规之举，如价格歧视。

价格歧视是指同一个企业在同一个时间点对同一种产品向不同的消费者索取两种或两种以上的价格，或者说是对销售给不同消费者的同一个产品在成本相同时索取不同的价格。在现实经济生活中，许多市场上都存在着差别价格，即企业对同一种商品向不同的消费者收取两种甚至两种以上的价格。

2. 实行差别价格的条件

在实行差别价格之前，必须首先考虑是否满足以下 3 个条件。

（1）市场存在不完善之处。在完全竞争市场上实行差别定价是不可能的，因为企业是市场价格的接受者。但是，当市场存在不完全性，或者当市场的各部分被运输成本、消费者的无知等因素所阻隔时，企业就可以对各个市场或市场的不同部分向消费者索取不同的价格。

（2）在各个市场或市场的不同部分，消费者的需求价格弹性不同。富人既有钱又重视自己的健康，对老郎中就诊费的需求弹性较小，从而可以实行高价；穷人没有多少钱，一旦老郎中就诊费提高就无力承担医疗费用，其需求价格弹性较大，从而应该实行低价。这样无论是穷人还是富人都会付就诊费，从而使老郎中有较大收益。

（3）市场之间或市场的各个部分之间必须完全有效分开。如果企业无法隔离其市场，消费者将都到其低价市场上购买商品，那么实行差别价格就没有意义了。

3. 差别价格的类型

按照价格差别的不同程度，企业的差别定价一般有 3 种类型，即一级差别定价、二级差别定价和三级差别定价。

（1）一级差别定价。一级差别定价是指企业向每个消费者索取其愿意支付的最高价格。例如，美国运通公司最初对所有的客户（涉及餐馆业、服装业、航空公司、酒店业等）都实行 3%的提成比率。这首先遭到餐馆业的强烈反对，它们抱怨提成比率太高了，甚至威胁说如果不降低提成比率，它们将不再接受其服务。为此，美国运通公司求助于麦肯锡公司。麦肯锡公司开出的“药方”就是一级差别定价：把餐馆业的服务提成比率降低到 2%，把服装业的提成比率降低到 2.5%，与此同时把航空公司和酒店业的服务提成比率提高到 3.5%。美国运通公司采纳了这项建议，并取得了丰厚的利润。有趣的是，美国运通公司就这项建议支付给麦肯锡公司的酬劳高达 300 万美元，这本身也是一种差别定价，因为麦肯锡公司知道美国运通公司出得起这么高的价格。

（2）二级差别定价。二级差别定价又称数量折扣定价，它通过相同货物或服务的不同消费量或“区段”向消费者索取不同价格来实现赚取更多利润的目的。例如，在美国电力市场上，如果消费者每月的电量消费超过第一段消费区间，超过部分的电费将可以享受一定的折扣；如果消费者每月的电量消费超过第二段消费区间，超过部分的电费将可以享受更大的折扣。这种措施可激发消费者的电力需求，电力公司则可大大降低单位成本，获得更多的利润。

（3）三级差别定价。三级差别定价是指企业把消费者分为具有不同需求的两组或更多组，就同一种商品或服务向不同组的消费者索取不同的价格。例如，电信收费中的代表性收费方式有两种：高月租低话费与低月租高话费。对于那些电话较多的消费者，高月租低话费要比低月租高话费实惠；对于那些电话寥寥无几的消费者，显然是低月租高话费比高月租低话费更实惠。这样电信企业就迎合了不同消费者的需求，大家都会接受电信服务，消费者与企业都会获得收益。

五、4 种市场结构的比较

至此，已把 4 种市场结构的主要理论和内容都进行了较为详细的分析。下面对这 4 种市场结构进行比较，如表 4.2 所示。

表 4.2　市场结构比较

项　目	完全竞争市场	垄断竞争市场	寡头垄断市场	完全垄断市场
产量	最大	中	较小	最小
长期平均成本	最低	中	较高	最高
市场价格	最低	中	较高	最高
超额利润	无	无	有	有
经济效率	最高	中	较低	最低
企业数目	非常多	许多	几个	一个
产品性质	同质	有差别	标准或有差别	唯一
价格与产出决策	$R_M=C_M$	$R_M=C_M$	考虑到战略依存	$R_M=C_M$
进出市场情况	进出市场容易	进出市场容易	进入市场困难	几乎无法进入
举例	农副产品、证券	日用品、服饰	汽车、重型机械	公用事业、水电

课堂活动

麦当劳的折扣券

麦当劳一直采取向消费者发放折扣券的促销策略。它们对来麦当劳就餐的消费者发放麦当劳产品的宣传品，并在宣传品上印制折扣券，或通过电子渠道发放电子折扣券。那么，为什么麦当劳不直接将产品的价格降低呢？

实践实训

1．市场调查——某行业的竞争优势和劣势分析

学生以小组为单位，每 5 人一个调查小组，选取某个行业进行调查，对该行业的竞争优势和劣势进行分析，并据此提出市场竞争策略。

2．产品的市场竞争策略分析

（1）以小组为单位，选定某个企业或产品作为分析对象，结合各市场类型的特征，分析所选产品属于哪种类型的市场。

（2）了解和分析该市场中的其他企业有哪些市场行为和竞争策略，并作为自身决策的参考。

（3）在以上基础上，对该企业或产品的市场竞争策略进行详细分析，完成该企业或产品市场竞争策略的可行性报告（1 500～2 000 字）。

思考与练习

一、名词解释

边际产量；机会成本；显性成本；隐性成本；不变成本；可变成本；边际收益；经济利润；完全竞争市场；垄断竞争市场；寡头垄断市场；完全垄断市场；价格歧视

二、选择题

1．在企业生产中，利润最大化要考虑的情况有（　　）。

A．价格最低　　B．产量最大

C．成本最低　　D．产量既定时成本最低

2．在经济学中，短期是指（　　）。

A．1 年或 1 年以内

B．在这一时期，所有生产要素的数量都可以变动

C．在这一时期，至少有一种生产要素的数量是固定的，也至少有一种生产要素的数量是可变的

D．在这一时期，所有生产要素的数量都不能变动

3．当边际产量大于平均产量时，（　　）。

A．平均产量递增　　B．平均产量递减

C．平均产量不变　　D．平均产量达到最低点

4．在边际产量发生递减时，如果要增加同样数量的产品，应该（　　）。

A．增加变动生产要素的投入量　　B．减少变动生产要素的投入量

C．停止增加变动生产要素　　D．同比例增加各种生产要素

5．边际收益递减规律发生作用的前提条件是（　　）。

A．连续地投入某种生产要素而保持其他生产要素不变

B．按比例同时增加各种生产要素

C．不按比例同时增加各种生产要素

D．按比例同时减少各种生产要素

6．用自有资金也应计算利息收入，这种利息从成本角度看是（　　）。

A．固定成本　　B．隐性成本　　C．会计成本　　D．生产成本

7．企业生产中固定成本是指企业（　　）。

A．在短期内必须支付的生产要素的费用

B．在短期内能调整的生产要素的支出

C．厂房及设备折旧等不变生产要素引起的费用

D．在短期内随产量变动的那部分生产要素的支出

8．随着产量的增加，固定成本（　　）。

A．增加　　B．减少　　C．不变　　D．先增后减

9．随着产量的增加，平均固定成本的变化特点是（　　）。

A．在开始时减少，然后趋于增加　　B．一直趋于减少

C．一直趋于增加　　D．在开始时增加，然后趋于减少

10．一般情况下，企业得到的价格若低于（　　）成本，将停止营业。

A．平均可变　　B．平均　　C．平均固定　　D．边际

11．已知产量为 99 个单位时，总成本为 995 美元；产量增加到 100 个单位时，平均成本为 10 美元，由此可知边际成本为（　　）。

A．10 美元　　B．5 美元　　C．15 美元　　D．1 美元

12．假定 2 个职工 1 个工作日可以生产 200 千克大饼，6 个职工 1 个工作日可以生产 400 千克大饼，则（　　）。

A．平均可变成本是下降的　　B．平均可变成本是上升的

C．边际产量比平均产量高　　D．劳动的边际产量是 200 千克

13．某企业生产 5 件衣服的总成本为 1 500 元，其中厂房和机器折旧费为 500 元，工人工资及原材料费用为 1 000 元，那么平均可变成本为（　　）。

A．300 元　　B．100 元　　C．200 元　　D．500 元

14．某企业生产一批产品，生产第 7 个单位产品的总成本是 3.5 元，生产第 8 个单位产品的总成本是 4.6 元，那么该企业的边际成本是（　　）。

A．3.5 元　　B．4.6 元　　C．8.1 元　　D．1.1 元

15．关于长期平均成本和短期平均成本的关系，说法正确的是（　　）。

A．长期平均成本曲线上的每个点都与短期平均成本曲线上的某个点相对应

B．短期平均成本曲线上的每个点都在长期平均成本曲线上

C．长期平均成本曲线上的每个点都对应着某条短期平均成本曲线的最低点

D．每条短期平均成本曲线的最低点都在长期平均成本曲线上

16．边际成本与平均成本的关系有（　　）。

A．边际成本大于平均成本，边际成本上升

B．边际成本小于平均成本，边际成本下降

C．边际成本大于平均成本，平均成本下降

D．边际成本小于平均成本，平均成本上升

17．企业生产某个产品，当产量为 4 个单位时，总收益为 100 元，当产量为 5 个单位时，总收益为 120 元，此时边际收益是（　　）。

A．20 元　　B．100 元　　C．120 元　　D．25 元

18．下列各式中不等于经济利润的一项是（　　）。

A．企业销售收入-会计成本　　B．总收益-显性成本-隐性成本

C．总收益-经济成本　　D．会计利润-隐性成本

19．获取最大利润的条件是（　　）。

A．边际收益高于边际成本的部分达到最大值

B．边际收益等于边际成本

C．价格高于平均成本的部分达到最大值

D．边际产量等于边际成本

20．在完全竞争条件下，如果某行业企业的商品价格等于平均成本，那么（　　）。

A．原有企业退出这个行业

B．既没企业进入也没企业退出这个行业

C．新的企业进入这个行业

D．无法确定企业的进入和退出

21．在完全竞争市场上，从长期来说，企业的产量处于均衡状态的条件是（　　）。

A．$R_M=C_M$　　B．$R_A=C_A$

C．$R_M=C_M=R_A=C_A$　　D．$R_M=R_A$

22．垄断竞争市场的主要特征是（　　）。

A．很少几个占统治地位的企业，进入障碍较少

B．数量众多的企业，有严格的进入限制

C．数量众多的企业，进入障碍较少

D．很少几个占统治地位的企业，有严格的进入限制

23．垄断竞争市场既有竞争因素也有垄断因素，其垄断因素主要源于（　　）。

A．串通共谋的可能性　　B．较严格的进入障碍

C．产品的差异性　　D．决策时的相互依赖性

24．垄断竞争市场上，企业的短期均衡发生于（　　）。

A．边际成本等于客观需求曲线中的边际收益时

B．平均成本下降时

C．主观需求曲线与客观需求曲线相交，并有边际成本等于主观需求曲线中的边际收益时

D．主观需求曲线与平均成本曲线相切时

25．非价格竞争是指（　　）。

A．不同行业产品之间的竞争

B．竞争对手对相互之间的价格变动视而不见

C．以广告、促销及改变产品的特性等手段进行竞争

D．降低生产成本，但并不由此降低价格

26．垄断竞争企业（　　）。

A．在短期内获得正常利润，但在长期内遭受损失

B．在短期内可能获得利润也可能遭受损失，但在长期内获得正常利润

C．在短期内和长期内都一直会遭受损失

D．在短期内和长期内都一直会获得经济利润

27．在垄断竞争市场中，企业将产量确定在（　　）的这一点上，以实现利润最大化。

A．总收益达到最大时　　B．边际收益等于边际成本时

C．价格等于边际收益时　　D．平均成本达到最小时

28．垄断竞争市场与完全竞争市场相比，在经济上效率较低，但仍具有的优点是（　　）。

A．广告支出使平均成本曲线向上移

B．可用的生产能力被充分利用

C．资源被最优化地配置于产品的生产

D．消费者有更多的选择余地

29．寡头企业的产品（　　）。

A．是同质的

B．是有差异的

C．既可以是同质的，也可以是有差异的

D．以上都不对

30．寡头垄断市场的进入障碍可能包括（　　）。

A．规模经济　　B．专利权

C．生产所需资源的所有权　　D．以上都是

三、判断题

1．生产要素就是指劳动和资本。（　　）

2．在生产函数中，只要有一种投入不变，便是短期生产函数。（　　）

3．只要总产量减少，边际产量一定是负数。（　　）

4．边际产量总是小于平均产量。（　　）

5．如果连续地增加某种生产要素的投入量，总产出将不断递增，边际产量在开始时递增然后递减。（　　）

6．在短期内，管理人员的工资和生产工人的工资都是固定成本。（　　）

7．固定成本与产量的变动无关。（　　）

8．在长期生产中，所有成本都是可变成本。（　　）

9．当边际成本递增时，平均成本也是递增的。（　　）

10．只要总收益大于总的变动成本，企业就可以生产。（　　）

11．正常利润是超出成本的那一部分。（　　）

12．产出增加时，总成本也增加，即规模不经济。（　　）

13．在完全垄断市场上，一个企业就是一个行业。（　　）

14．规模经济和边际产量递减规律所研究的是同一个问题。（　　）

15．在市场经济中，完全垄断是普遍存在的。（　　）

16．凡是垄断企业都是要打破的。（　　）

17. 实行价格差别比不实行价格差别，产出更多，利润更高。 （ ）

四、问答题

1．生产规模扩大导致收益的变动可分为哪些阶段？它说明了什么问题？

2．假设你有一家玩具租赁商店，列举一些你在经营这家商店时可能涉及的固定投入和可变投入。

3．试阐述根据不同计算方法划分的生产成本的种类及其相互关系。

4．试述短期成本与长期成本的关系。

5．完全竞争市场的特征包括哪些方面？

6．完全竞争企业的短期均衡盈亏有哪几种情况？

7．简述完全竞争企业的长期均衡条件。

8．简要分析企业实现最大利润的均衡条件。

9．非价格竞争有哪些方法？为什么非价格竞争如此重要？

10．寡头垄断市场的价格决定有哪几种方法？

11．什么是完全垄断？它的形成有哪几种原因？

12．短期均衡时，完全竞争企业与完全垄断企业有何不同？

13．试比较完全竞争市场与完全垄断市场的长期均衡及经济效率，并以此说明政府为何要限制垄断，促进竞争。

拓展应用

企业的成本控制

随着国际、国内市场的竞争日益加剧，从1990年起，上海新光内衣染织厂、上海第五印染厂的效益开始滑坡。到1996年年底，两厂的印染主业出现了大幅亏损，而且生产越多亏损越大。面对这个有继续扩大之势的“黑洞”，1997 年下半年，上海服装集团果断地对新光内衣染织厂、上海第五印染厂实施停产，进行改制重组，以期走出困境。两家企业以剥离出来的部分设备、场地等资产作为投资，组建成立了司麦脱印染有限公司（以下简称“司麦脱公司”）。

改制重组为司麦脱公司创造了一个良好的经营管理运行环境，使新公司得以灵活主动地采取措施去参与和适应激烈的市场竞争。为了尽快扭转亏损局面，司麦脱公司经过认真地分析市场情况、行为状况与企业内部存在的问题，制定了严格控制生产成本的扭亏方针。

从亏损原因分析，由于原两厂生产越多亏损越大，可见企业不仅亏损了全部固定成本，而且一部分可变成本也不能得到补偿。因而可以断定，企业亏损的主要原因是平均成本太高，超过了产品价格。我们知道，利润既是企业从事生产的目的，又是企业长期存在和发展下去的动力。由于利润等于产品收益和成本的差额，在企业不能控制产品价格，只能作为价格的接受者的条件下，要获取最大限度的利润或者尽可能地减少亏损，道路只有一条，那就是控制生产成本，使产品的平均成本低于产品的单位价格。我国印染行业企业众多，不存在能够垄断国内市场的超级企业。同时，从国际市场上看，我国印染企业不拥有规模和技术上的优势，因而在国际市场上也不具有垄断地位。这种市场条件决定了司麦脱公司不能抬高产品价格以取得利润，而只能从降低生产成本着手改变经营状况。

司麦脱公司看到，与国外同行业类似企业相比较，原两厂的劳动要素投入过多，而生产效率却十分低下，原材料、能源等生产要素也浪费严重。简而言之，问题出在生产要素的投入比例结构不合理。由于企业的生产成本等于各种生产要素的投入数量与其价格的乘积之和，因此，要控制生产成本，就必须优化生产要素的投入和配置，充分发挥它们的使用效率。司麦脱公司采取的具体措施如下：在劳动投入方面实行"空岗位制"。4 条全处理生产线压缩进布、落布等简单操作岗位，仅配备相当于 3 条生产线的人员，从而把原两厂直接从事印染生产的人员从 2 100 多名裁减到 700 余名。由于劳动力和机器设备等生产要素的投入比例结构得到了优化，因而虽然劳动力人数减少了，但人均月产量却比以前增加了，即劳动的边际产品价值提高了。在原料、能源等生产要素的投入方面，公司大力改进开工设置和工艺设计，减少不必要的原料和能源消耗，在现有技术装备下充分发挥资本要素的利用率。这样一来，仅能源一项，司麦脱公司就比原两厂节约 20%的成本。

企业经营管理者应该高度重视对经济成本的分析，在计算生产要素的成本时，要注意衡量它们的机会成本，以便正确决策。所谓机会成本（Opportunity Costs），从企业层面来说，指的是由于使用某一投入要素而必须放弃的这一要素其他用途的最高代价；从要素所有者层面来说，则是指这一要素在其他可能的机会中所能获得的最高报酬。机会成本可以用价值量来表示，也可以用实物量来表示。机会成本的前提条件：①资源本身有多种用途；②资源可以自由流动而不受任何限制；③资源得到了充分利用。简言之，机会成本就是为了得到某种东西所必须放弃的东西。司麦脱公司针对原两厂资金流转速度慢、流动资金占用庞大的缺陷，做到适市而产、适市而销，减少不必要的生产储备，减少应收账款，加快资金周转速度，提高资金的使用效率，使企业资金年周转速度从原来的不到 2 次增至 7.5 次。以 2.5 亿元销售收入为例，司麦脱公司只需要 3 300 多万元流动资金，而原两厂却需多达 1 亿元的资金来支撑。如果把这笔节约下来的资金存入银行，以当时的银行存款利率计算，每月可获利息 10 万余元，这笔收入就是以往过度占用的流动资金的机会成本。

由于分析正确、决策科学、措施得力，司麦脱公司在成立后的短短一年多时间内，便全面止住了之前一年逾千万元的亏损，截至 1998 年 7 月月底，该公司还实现利润 700 万元，其成本控制是成功的。

思维导图

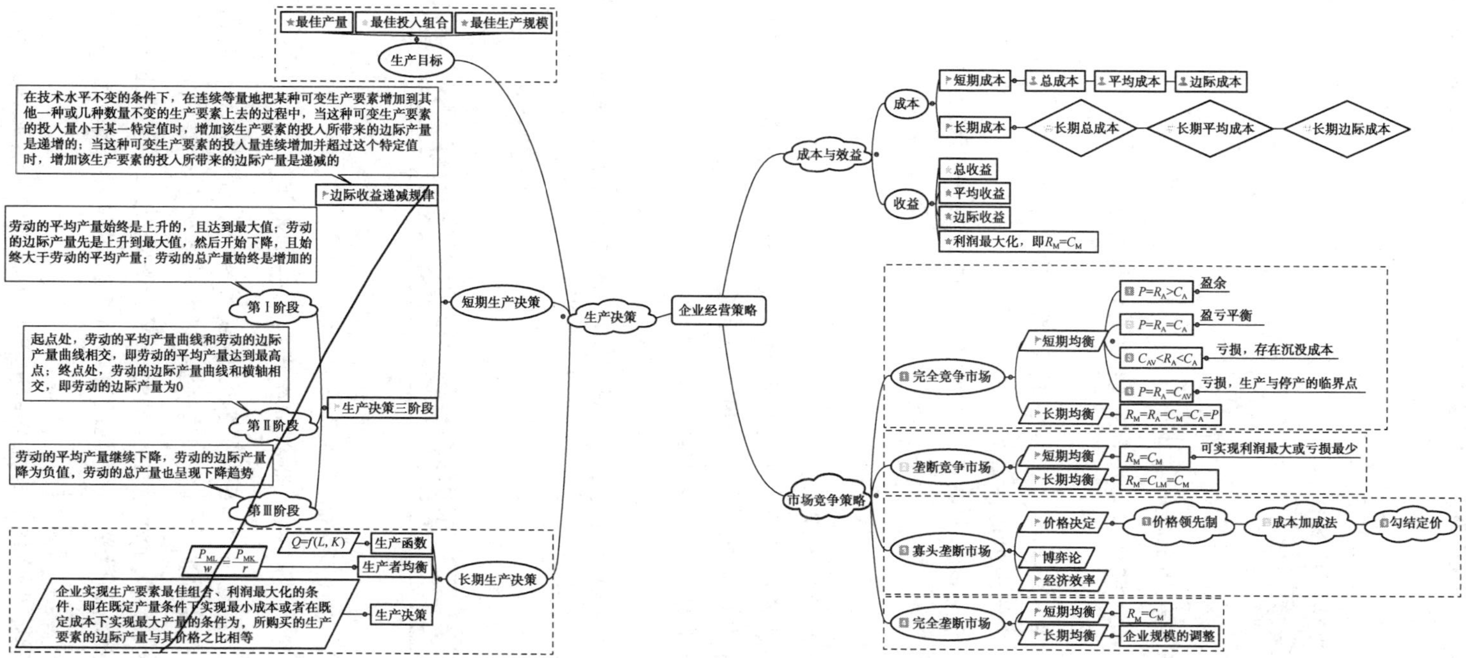
企业经营策略
生产决策
生产目标
最佳产量
最佳投入组合
最佳生产规模
短期生产决策
边际收益递减规律
在技术水平不变的条件下，在连续等量地把某种可变生产要素增加到其他一种或几种数量不变的生产要素上去的过程中，当这种可变生产要素的投入量小于某一特定值时，增加该生产要素的投入所带来的边际产量是递增的；当这种可变生产要素的投入量连续增加并超过这个特定值时，增加该生产要素的投入所带来的边际产量是递减的
生产决策三阶段
第Ⅰ阶段
劳动的平均产量始终是上升的，且达到最大值；劳动的边际产量先是上升到最大值，然后开始下降，且始终大于劳动的平均产量；劳动的总产量始终是增加的
第Ⅱ阶段
起点处，劳动的平均产量曲线和劳动的边际产量曲线相交，即劳动的平均产量达到最高点；终点处，劳动的边际产量曲线和横轴相交，即劳动的边际产量为0
第Ⅲ阶段
劳动的平均产量继续下降，劳动的边际产量降为负值，劳动的总产量也呈现下降趋势
长期生产决策
生产函数
$Q=f(L, K)$
生产者均衡
$\frac{P_{ML}}{w}=\frac{P_{MK}}{r}$
生产决策
企业实现生产要素最佳组合、利润最大化的条件，即在既定产量条件下实现最小成本或者在既定成本下实现最大产量的条件为，所购买的生产要素的边际产量与其价格之比相等
成本与效益
成本
短期成本
总成本
平均成本
边际成本
长期成本
长期总成本
长期平均成本
长期边际成本
收益
总收益
平均收益
边际收益
利润最大化，即$R_M=C_M$
市场竞争策略
完全竞争市场
短期均衡
$P=R_A>C_A$ 盈余
$P=R_A=C_A$ 盈亏平衡
$C_{AV}<R_A<C_A$ 亏损，存在沉没成本
$P=R_A=C_{AV}$ 亏损，生产与停产的临界点
长期均衡
$R_M=R_A=C_M=C_A=P$
垄断竞争市场
短期均衡
$R_M=C_M$ 可实现利润最大或亏损最少
长期均衡
$R_M=C_{LM}=C_M$
寡头垄断市场
价格决定
价格领先制
成本加成法
勾结定价
博弈论
经济效率
完全垄断市场
短期均衡
$R_M=C_M$
长期均衡
企业规模的调整

项目五　认知市场失灵与政府干预

学习目标

知识目标：

▲ 了解公共产品和外部性的分类；
▲ 掌握公共产品、外部性、垄断、信息不对称的含义；
▲ 了解科斯定理；
▲ 理解公共产品、外部性、垄断、信息不对称是如何导致市场失灵的；
▲ 掌握市场失灵的微观经济政策；
▲ 认识政府在解决市场失灵过程中的作用以及政府干预的失灵。

能力目标：

▲ 能正确理解市场失灵现象；
▲ 能够分析和解释现实经济中存在的市场失灵现象，并提出基本的解决思路；
▲ 能正确理解政府在市场中的作用与经济职能；
▲ 能理解政府干预的理由及方式。

市场配置资源失效的原因是经济当事人的私人成本与社会成本不一致，从而因私人的最优而导致了社会的非最优。

——英国经济学家　阿瑟·塞西尔·庇古

任务一　理解市场失灵与政府经济职能

【社会现象】

救命抗蛇毒血清一剂难求

曾有报道，我国某地一名16岁男孩被眼镜蛇咬伤，情况危急，急需抗眼镜蛇毒血清救治，但当地医院普遍没有这种血清。后来其家属和媒体多方寻找，却被多地医院告知“已用完”。最后几经辗转，救命血清才从云南一家医院送达当地相关医院。之后查询原卫生部发布的《国家基本药物目录》，发现抗蛇毒血清中抗眼镜蛇毒血清赫然在列。但像这样一剂难求、各大医院遍寻无着的案例已多次发生。

我国只有上海赛伦生物技术有限公司生产抗蛇毒血清。抗眼镜蛇毒血清自2010年停产，

2013 年年底再次生产，保质期至多 3 年，生产周期则要 9 个月，造成抗眼镜蛇毒血清频频告急。而短缺的更深层次原因，则在于被剧毒蛇咬伤毕竟属于偶发，且上海赛伦生物技术有限公司在血清生产上长期处于单品亏损状态。需求量和利润都有限，生产企业难免不感兴趣。而使用率偏低、保质期偏短、报废率较高、需在特定温度下才能保存，也使得医院更易弃用。

正因"市场失灵"，抗眼镜蛇毒血清才会一剂难求。有媒体曾报道，苏州市 21 岁小伙被蝰蛇咬伤，因血清遍寻无着，虽经三天三夜的抢救，生命终为蛇毒吞噬。而抗蝰蛇毒血清在此十几年前就停产了。要知道，抗蛇毒血清有无之间，治疗结果大不一样。有专家说，若有，治愈率较高，几千元解决问题；若没有，以蝰蛇为例，综合治疗成本将高达数十万元，还不一定治得好。

剧毒蛇的抗蛇毒血清，本应带有公共产品的性质。既然被剧毒蛇咬伤，公民凭一己之力难以解决，市场也"失灵"了，那么，就该由政府提供公共产品来填补短板。首先，对于抗蛇毒血清生产企业的部分单品亏损，以财政补贴的方式来弥补，维持这些救命单品的生产供应，打破抗蛇毒血清生产的垄断状况，规避"所有的鸡蛋都放在一个菜篮子里"的风险；对于医院的抗蛇毒血清储备，同样以财政补贴来弥补其因使用率低、报废率高等因素导致的亏损，以维持供应，有备无患，应对不时之需。

（资料来源：新京报. http://www.bjnews.com.cn/opinion/2014/08/21/330530.html）

讨论：在市场经济条件下，如何防止救命的抗蛇毒血清一剂难求？

【理论基础】

理想的市场经济是指所有物品和劳务都按照市场价格自愿地以货币形式进行交换。这样一种制度，无须政府的作用与干预，便能够从社会上可供利用的资源中获取最大的利益。然而，现实世界中还没有一种经济能够完全依照"看不见的手"的原则顺利运行。相反，每个市场经济都会遭受其不完备性之苦，它导致了过度的污染、失业、贫富两极分化等病症。为此，世界上任何一个政府，无论多么保守，都不会对经济袖手旁观。

一、市场与政府作用权限的变化

市场与政府作用权限的界定是政治经济学的基本话题之一。但它们之间的作用权限不是一成不变的，而是一个动态发展、相互作用与均衡的过程。

在中世纪，欧洲和亚洲的经济活动大多由贵族阶层和城镇行会来指导。然而，两个世纪以来，政府对价格和生产方法的控制力日渐减少。封建主义的枷锁逐渐让位于人们称之为"市场机制"或"竞争资本主义"的制度。

对于欧洲和北美的大多数国家来说，19 世纪是一个自由放任时代。被翻译成"别管我们"的学说认为，政府应当尽可能少地干预经济，尽可能多地将经济决策留给市场供求机制去完成。19 世纪中叶，许多政府都笃信这一经济信条。

然而，19 世纪末，由于未加管束的资本主义的过度发展，美国及西欧工业国家纷纷放弃了完全自由放任的思想。政府逐步被赋予越来越多的经济职能：反垄断，征收所得税，并负责向老人提供社会保障、资助等，即由市场调节日常经济生活中的具体活动，而由政府管理社会秩序，提供退休金、医疗保健、编织社会安全网等。

第二次世界大战后的 30 年内，在政府的指导下，西欧和北美的市场经济蓬勃发展，经历了前所未有的持续增长和经济繁荣。此后到 1980 年前后，欧美经济再度出现高潮。保守主义在许多国家抬头，各国政府开始减税并放松经济管制。其中“里根革命”的影响尤为深远，它改变了公众对于税收和政府的态度，扭转了美国联邦政府的公共支出趋势。

最富戏剧性的是俄罗斯及东欧社会主义国家向市场经济的转轨，全力推崇中央计划与政府指令经济数十年之后，这些国家开始艰难地转向分权化的市场经济。20 世纪 80 年代到 90 年代前期，中国允许市场机制在一定范围内发挥作用，其经济也获得迅速的发展。智利、泰国等发展中国家和中国台湾等地区通过信奉资本主义制度，降低政府在经济中的作用，也实现了经济的飞速发展。

二、市场失灵的含义

市场经济是人类迄今为止最具效率和活力的经济运行机制和资源配置手段，它具有任何其他机制和手段不可替代的功能优势。在价格机制这只“看不见的手”的自发调节下，消费者和生产者获取自身效用或利润最大化的均衡状态，实现资源的最优配置，从而使社会福利水平达到最大化。因此，亚当·斯密用他的“看不见的手”把国家的经济职能限定在最小范围。但是，市场经济也有其局限性，价格机制不是万能的，发挥其作用是有前提条件的，它不可能调节人们经济生活的所有领域。这种价格机制在某些领域不能起作用或不能起到有效作用的情况，称之为市场失灵。

市场失灵是指由于某些因素的存在使得价格机制在调节经济的同时也会带来许多副作用，使市场机制不能正常发挥作用，从而使资源配置不能达到最优状态，或者说市场机制的某种障碍造成资源配置失误或生产要素浪费性使用。狭义的市场失灵是指完全竞争市场的假定条件得不到满足而导致市场机制不能有效地配置资源。广义的市场失灵还包括市场机制在配置资源过程中导致的经济波动和收入分配不平等等现象。市场失灵主要有以下几个方面的表现或原因：公共产品、外部性、垄断、信息量不对称和收入分配不均等。

市场失灵所造成的破坏是巨大的，甚至会引起经济危机，如 1929—1932 年大危机就是一次典型的市场失灵。1933 年，整个资本主义世界的工业产量下降 40%，倒退到 19 世纪末的水平，资本主义世界贸易总额减少 2/3，美、德、法、英共有 29 万家企业破产，资本主义世界失业工人达 3 000 多万名，美国失业人口达 1 700 多万名，几百万名小农破产。

由于市场失灵的存在，要优化资源配置，就需要由政府进行干预或调节。只有市场规律和政府调控相结合，才能有效遏制市场失灵现象出现。

三、政府的经济职能

现代经济中，政府针对市场机制的缺陷肩负起了许多任务。军队、警察、国家气象服务以及高速公路建设都是政府活动的典型领域，诸如宇宙空间探索和科学研究等公益事业也都得到了政府的资助。政府会对一些行业（如银行）加以监管，而对另一些行业（如教育和医疗保健）予以补贴。此外，政府还对其公民征税，并将其中一部分再分配给老年人和穷人。在包罗万象的政府职能中，政府对于市场经济主要存在 3 项职能：提高效率、增进公平以及促进宏观经济的增长与稳定。

1．提高效率

亚当·斯密的“看不见的手”原理只适用于完全竞争经济，在这种环境下，所有行业都处于完全竞争均衡时，市场将会采用最有效的技术和最少量的投入来生产有效的产出组合，达到有效配置资源，这时经济恰好位于其生产可能性边界上，市场机制的优点得以充分体现。

然而很多情况下市场的竞争并不完全。其中最重要的 4 种是不完全竞争（如垄断）、外部性（如污染）、公共产品（如国防及高速公路）和信息不对称。在每种情况下，市场失灵都会导致生产或消费的非效率，而政府在“医治”这些“疾病”时能够扮演一个有用的角色。一般来说，政府可以通过干预、促进竞争、控制诸如污染这类外部性问题以及提供公共产品等来提高效率。

2. 增进公平

政府的效率功能主要集中在市场配置资源功能的缺陷——不完全竞争方面，这种缺陷可以通过明智的干预办法来加以矫正。但是，不妨假设一下，经济运行完全符合效率原则，始终位于生产可能性边界上，而从不移至边界内，总是能够选定适量的公共产品和私人产品，等等。即使在这种市场体系完美运行的条件下，市场仍然有可能存在一种缺憾。

市场并不是一定能带来公平的收入分配，它可能会产生令人难以接受的收入水平和消费水平的巨大差异。因为收入的高低取决于一系列因素，包括努力程度、教育、继承权、要素价格、运气等，由此可能会导致收入分配的不公平。不妨回头想一下，物品追随的是货币选票而不是最大满足。富人家的猫所喝的牛奶，也许正是穷人家的孩子维持健康所必需的东西。之所以发生这种情况，是因为市场不灵吗？不，根本不是。因为市场机制正在做它应做的工作，即把物品交给那些有货币选票的人。如果一个国家的草坪施肥支出高于它给穷人家的孩子提供食品的支出，那么这只是收入分配的缺陷，而不是市场的过错。即使是最有效率的市场体系，也可能产生极大的不平等。

市场体系中的收入分配，往往是由家庭出身的偶然性造成的。《福布斯》杂志每年列出美国前 400 名富人，他们当中有多少人的财富是继承而来的，又有多少人以所继承的财富作为跳板进而攫取了更多的财富？人们是否认为这些都天经地义？一个人仅仅因为继承了 5 000 平方英里（1 平方英里≈2.6 平方千米）的土地，或因其家庭拥有油井，就应该成为亿万富翁吗？在自由放任时代的资本主义制度下，事情就是这样。

美国历史上的大部分时期，经济增长都如涨潮般浮载起所有船只，无论是穷人的收入还是富人的收入都有所提高。之后，家庭结构的变化及低技能、低教育水平工人工资下降的现实，逆转了传统的潮流。重新强调对市场的作用，带来的不是公平，而是更多的无家可归者、更多的贫困儿童以及许多中心城市的贫困化。

收入不平等在政治上或道德上也许不能为人们接受。一个国家没有必要将竞争市场的结果作为既定的和不可改变的事实接受下来，人们可以考察收入分配并判断它是否公平。如果一个民主社会不喜欢自由放任市场体系下的货币选票的分配，可以采取一些措施来改变收入的分配。

不妨假设，选民决定要减少收入分配的不平等。在这种情况下，政府可以用哪几种方法呢？首先，可以采用累进税制，相对于低收入者而言，对富人按更高的税率征税，可以对财富和巨额遗产课以重税，以砸碎世袭等特权的链条。美国联邦所得税和遗产税就是这种带有收入再分配性质的累进税制的实例。其次，由于低税率并不能帮助那些根本没有收入的人，因此政府可以进行转移支付，即向私人支付货币等。比如，向老人、残疾人和拖儿带女者支付货币，为可能失去工作的人建立失业保险制度。这套转移支付制度编织了一张“安全网”，保护不幸者免受困苦。最后，政府有时对低收入阶层的消费给予补贴，向他们提供食品券、医疗补贴和低价住房。

3．促进宏观经济的增长与稳定

资本主义自产生以来就不时地受到通货膨胀（价格上升）和萧条（高失业率）的周期性困扰。例如，第二次世界大战后美国至少发生了 9 次以上的衰退，其中的几次衰退曾造成上百万人失业。

由于约翰·梅纳德·凯恩斯和他的追随者的思想贡献，人们知道了如何控制商业周期的剧烈波动，即通过审慎地运用财政政策和货币政策，政府能够影响产量、就业和通货膨胀的水平。政府的财政政策就是税收权力和支出权力；货币政策涉及货币供应量和利率水平，进而影响资本的投资和其他利率敏感性的支出。通过这两种基本的宏观经济政策工具，政府能够影响总支出水平、增长率、产出水平、就业率、失业率、物价水平和通货膨胀率。

在发达工业国家，在近半个世纪的时期内，政府受凯恩斯主义的启迪，成功地管控了市场。第二次世界大战以后的 30 年内，在扩张性财政政策和货币政策的刺激下，市场经济经历了前所未有的增长。

20 世纪 80 年代，许多国家的政府开始制定宏观经济政策，促进经济增长与生产率提高等长期目标的实现（经济增长表示国民生产总值的增长，而生产率代表每个单位的投入资源的利用效率）。例如，大多数工业化国家都降低了税率以刺激投资和生产。许多经济学家强调公众通过缩小预算赤字来增加公共储蓄的重要性，认为这是增加国民储蓄或投资的一种方法。

以上分析说明了政府在提高效率、促进更公平的收入分配和追求经济的增长与稳定的宏观经济目标方面的重要职能。在所有发达工业国家中，都能看到一种混合经济，即市场决定大多数私人部门产品的价格与产量，而政府运用税收、支出和货币管理计划来调控总体经济的运行。

四、政府干预的失灵

市场配置资源功能因不完全竞争而产生的缺陷（市场失灵）为政府干预提供了基本依据，但是政府干预也非万能，同样存在着政府干预失灵的可能性。政府干预失灵一方面表现为政府的无效干预，即政府宏观调控的范围和力度不足或方式选择失当，不能弥补市场失灵和维持市场机制正常运行的合理需要，如对生态环境的保护不力，缺乏保护公平竞争的法律法规和措施，对基础设施、公共产品投资不足，政策工具选择不当，不能正确运用行政指令性手段等，结果就是不能弥补和纠正市场失灵；另一方面则表现为政府的过度干预，即政府干预的范围和力度超过了弥补市场失灵和维持市场机制正常运行的合理需要，或干预的方向不对，形式选择不当，如不合理的限制性规章制度过多、过细，公共产品生产的比重过大，公共设施超前、过度，对各种政策工具选择及搭配不当，过多地运用行政指令性手段干预市场内部运行秩序等，结果不仅不能纠正市场失灵，反而抑制了市场机制的正常运作。具体有以下 5 个方面的原因导致政府干预失灵。

1．现实中政府干预的垄断性及“内在效应”

少数政府官员的腐败行为时有发生。政府部门的个别官员追求私利的“内在效应”必然极大地影响政府干预下的资源配置的优化，如同外在效应成为市场失灵的一个原因一样，“内在效应”则是政府干预失灵的一个重要根源。政府干预还具有垄断性，政府所处的“某些迫切需要的公共产品（如国防、消防、公路）的垄断供给者”地位，决定着只有政府才拥有从外部对市场的整体运行进行干预或调控的职能和权力。这种没有竞争的垄断极易使政府丧失对效率、效益的追求。此外，政府干预还需要具有高度的协调性。政府实施调控的组织体系是由政府的众多机构或部门构成的，这些机构或部门间的职权划分、协调配合、部门观点都影响着调控体系的运转效率。

2．政府干预具有不以直接盈利为目的的公共性

政府为弥补市场失灵而直接干预的领域往往是那些投资大、收益慢且少的公共产品，其供给一般是以非价格为特征的，即政府不能通过明确价格的交换从供给对象那里直接收取费用，而主要是依靠财政支出维持其生产和经营，很难计算其成本，因此缺乏降低成本、提高效益的直接利益驱动。

3．存在利益集团的寻租行为

政府干预为寻租行为的产生提供了可能性。寻租是指个人或团体为了争取自身经济利益而对政府决策或政府施加影响，以争取有利于自身的再分配的一种非生产性活动（不增加任何社会财富和福利），如企业通过非法形式向政府争取优惠、特惠，通过寻求政府对现有干预政策的改变而获得政府特许或其他政治庇护，垄断性地使用某种市场紧缺物资等。在这种情况下，大权在握的政府官员极有可能“受非法提供的金钱或其他报酬引诱，做出有利于提供报酬的人从而损害公众和公众利益的行为”。可见，寻租因政府干预成为可能，又必然因这种干预的过度且缺乏规范和监督而成为现实，其主要危害是不仅使生产经营者提高经济效率的动力消失，而且极易导致整个经济资源大量地耗费于寻租活动，并且通过贿赂和宗派活动增加经济中的交易费用，从而成为政府干预失灵的一个重要根源。

4．信息不对称易导致政府决策失误

政府很难完全占有充分可靠的信息，加之现代社会化市场经济活动的复杂性和多变性，增加了政府对信息的全面掌握和分析处理的难度。此种情况很容易导致政府决策的失误，并必然对市场经济的运作产生难以挽回的负面影响。政府进行宏观调控，必须基于对市场运行状况的准确判断，制定调控政策，采取必要手段，这在实践中是有相当难度的。即使判断准确，政策工具选择和搭配适当，干预力度也很难确定。干预不足与干预过度均会造成政府干预失灵。

5．政府干预具有滞后性

市场情况处于不断的发展变化中，而政府干预的法令、规章等有时不能及时根据经济的具体情况而改变，从而导致政府干预具有滞后性。一些法规、政策从制定到实施，往往需要经历一定的时间才能生效。

正因为政府的干预存在着上述缺陷，所以，如果让政府干预成为替代市场的主导力量，

其结果只能导致政府干预失灵，用“失灵的政府”去干预“失灵的市场”必然是败上加败，使“失灵的市场”进一步失灵。但是，客观存在的市场失灵又需要政府的积极干预，“消极”的政府不利于市场失灵。因此，政府不干预或干预乏力、干预过度均在摒弃之列。现实而合理的政府与市场间的关系应是在保证市场对资源配置起基础性作用的前提下，以政府干预之长弥补市场调节之短；同时又以市场调节之长来克服政府干预之短，从而实现市场调节和政府干预二者的有机结合。为此，需要政府最大限度地从消除导致政府干预失灵的根源入手，针对政府干预失灵的方面，采取切实措施，从理顺政府利益关系入手保证政府干预的公正，规范政府干预的职能及行为，加强对政府调控行为的监督，提高政府决策的科学化程度。在克服和矫正市场失灵的同时，防止政府干预失灵。

知识拓展

寻　　租

政府运用行政权力对企业和个人的经济活动进行干预和管制，妨碍了市场竞争的作用，从而创造了少数有特权者取得超额收入的机会。根据美国经济学家J.布坎南和A.克鲁格的论述，这种超额收入被称为“租金”（Rent）；谋求这种权力以获得“租金”的活动，被称为“寻租活动”，俗称“寻租”。

课堂活动

政府干预过度

第一次世界大战后，欧洲许多国家都实行了诸如最低工资、劳动福利等保护劳工利益的立法。第二次世界大战后，一些欧洲国家进一步加强立法，其中比较突出的是德国。德国的劳动立法很多很杂，涉及聘用、使用、管理、培训、工资、劳动条件、解除劳动合同等各个方面。在德国，如果一个工人的年龄在40岁以上，或者连续为一个企业服务15年以上，只要不犯大的错误，企业就很难解雇他了。政府这样做的结果是，劳动力市场的灵活性很低。这种体制从短期来看，能够有效地抑制市场机制对劳工不利的因素，增加劳工的利益；但从长期来看，国家对劳工的福利规定造成了长期的高失业率，事实上是不利于劳工利益的。原因如下。

（1）对在业劳工的过度保护不利于失业者的重新就业，影响了整个社会就业率的提高。

（2）高福利损害了人们的就业动机。一方面，失业者有较好的福利待遇；另一方面，就业者的税收负担很重，因此一些失业者不再积极地寻求新的就业岗位，而长期依赖社会福利的救助。

（3）高福利政策增加了企业的生产成本，不仅影响了本国企业的竞争力，而且不利于吸收外资，从而从根本上减少了就业机会。

（4）高福利政策一旦形成，往往只能上不能下，逐渐成为政府预算的沉重负担，影响国家整体竞争力。

讨论：上述资料说明，政府干预过度并不是一件好事。在现实中，政府是否应该干预？如何干预才能有效？

任务二 正确认知公共产品

【社会现象】

路 边 苦 李

王戎是“竹林七贤”之一，小时候就聪明过人。一天，他同村里的孩子发现路边长着一棵李子树，树上长满了鲜润的李子，十分诱人。但王戎却是一副漠不关心的样子，并跟其他人说：“李子肯定是苦的。”

这时尝过李子的人全都叫苦连天。他们不禁问王戎：“你怎么知道这些李子是苦的呢？”王戎说：“路边的李子树不归任何人所有，来来往往的人这么多，如果有好吃的李子早被人摘光了，哪还轮得到我们？”

讨论：为什么王戎能够从李子树不归任何人所有这一点，就能推断出树上的李子是苦的？你如何看待这个问题？

【理论基础】

20 世纪末，奥地利和意大利学者将边际效用价值论运用到财政学科的研究上，论证了政府和财政在市场经济运行中的合理性和互补性，形成了公共产品理论。保罗·萨缪尔森于 1954 年、1955 年分别发表的“公共支出的纯粹理论”和“公共支出理论的图式探讨”提出并解决了公共产品理论的部分核心问题，提出的关于纯粹的公共产品的定义后来成为经济学中的经典定义。

一、公共产品的含义

1. 私人产品

私人产品是指一般生产要素供给者通过市场经济所提供的产品和服务，由私人或企业提供。私人产品具有两大特征：排他性和竞争性。

（1）排他性。排他性是指一个人是否能对一种产品进行消费，要看他是否能对这种产品支付价格，只有能对产品支付价格的人才能消费该产品，不能支付价格的人不能成为该产品的消费者。例如，对于一件衣服或一块面包，购买者支付了价格就取得了该产品的所有权并可轻易地排斥他人消费这个产品。

（2）竞争性。竞争性则是指从产品消费中得到的享受归某个消费者，如果某人已消费了某个产品，别人就不能消费这个产品。例如，某人买了一块巧克力并吃掉，他人就不能买到这块巧克力了。

2. 公共产品

公共产品是指不能同时满足或完全不满足排他性和竞争性的产品。公共产品具有非排他性和非竞争性的特点，所以一般私人不愿意或无能力生产，需要由政府来提供。

（1）非排他性。非排他性是相对于纯私人产品的排他性而言的。纯私人产品的所有权使产品的所有者能唯一地拥有对它的享有权，而在一种纯公共产品上，排他性就不存在了。

首先，公共产品在技术、经济利益和所有权确定上往往都具有不可分性，即不能也不便排斥众多的受益者，如国防服务。如果在一个国家的范围内提供了国防服务，要想排除任何一个在该国居住的人受国防保护，那是极其困难的。公共产品不仅具有非排他性，而且具有非拒绝性。一个公民不管愿意与否，都要接受国防保护，而且不能把自己可以得到的保护出售或转让给别人。某些付费产品即使在技术上可实现排他性原则，但真正实现排他的过程，其代价就可能十分昂贵，致使排他的成本大于排他后带来的好处，也就是说，在经济上是不可行的。

（2）非竞争性。当一种产品在增加一个消费者时其边际成本为 0，则称此产品在消费上具有非竞争性，如不拥挤的桥梁、非满载的火车车厢、未饱和运转的计算机等。非竞争性是从产品的不可分割性中产生的，这使得新增加的消费者在该产品的有效容量之内都不会增加生产该产品的可变成本，从而使其边际成本为0。

二、公共产品的分类

按照公共产品所具有的非排他性和非竞争性程度的不同，公共产品可分为纯公共产品和准公共产品两类。

1．纯公共产品

纯公共产品是指同时具有非排他性和非竞争性的产品，如国防、外交、天气预报等。

一个产品在消费上具有非竞争性，并不一定保证它同时具有非排他性。例如，火车车厢和桥梁，它们在其容量内是非竞争性的，但如果是凭火车票上车，或征收桥梁通行费，那就使得它们具有排他性了。反过来，非排他性产品也并不必然具有非竞争性。某些公共资源就是这方面的例子。例如草原，当一个人在某块草原上放牧时，其实是与其他人对这块草原的利用相竞争的。因此，公共资源是一种非排他性但在消费上具有竞争性的产品，故不属于纯公共产品。

2．准公共产品

准公共产品是指具有有限的非排他性和非竞争性的产品。准公共产品又可分为自然垄断型公共产品和公共资源两类。

（1）自然垄断型公共产品。自然垄断型公共产品是指与规模经济有密切联系的公共产品，具有排他性但无竞争性。例如，有线电视不具有竞争性，多一台电视机接收有线电视节目并不会降低其他电视机的接收质量，也不会增加电视节目的制作成本。但是有线电视具有排他性，即不付费的人是无法接收有线电视节目的。再如，公园、电影院在未达到饱和状态时也如同有线电视一样，具有排他性而不具有竞争性。此类产品一般属于社会基础设施，如排水系统、供水系统、铁路运输系统、公路交通系统、天然气煤气系统、电力输送系统等。

（2）公共资源。公共资源是指只具有竞争性但无排他性的产品。例如，从海洋中捕捞的鱼是一种竞争性产品，一部分人从海洋中捕的鱼多了，留给其他人捕的鱼就少了。但这些鱼并不具有排他性，因为不可能对从海洋中捕到的任何鱼收费。

准公共产品具有拥挤性，这种拥挤性表现在：在准公共产品的消费中，当消费者的数目增加到一定程度时就达到了拥挤点。在未超过拥挤点的范围内，增加新的消费者不会影响原有消费者的效用，也不会增加供给成本，即增加新的消费者的边际成本为 0。但是，当超过了拥挤点以后，增加更多的消费者不仅会减少全体消费者的效用，而且会增大供给成本。因此，准公共产品要通过收取一定的费用来进行供给。

三、公共产品与市场失灵

由于公共产品具有消费的非排他性和非竞争性特征，市场配置公共产品将出现失灵。其主要表现在以下两个方面。

1. 非排他性导致市场失灵

由于公共产品的非排他性，任何个人即使不对公共产品付费，也能同样享用公共产品的好处，个人就有动力成为“搭便车者”。如果“搭便车者”增多，就会使得公共产品的提供者减少或几乎没有，最终导致资源配置效率低下，造成市场失灵。

2. 非竞争性导致市场失灵

消费的非竞争性意味着，某人享受了消费利益，并不因此减少别人的消费利益。于是，进行排斥是无效率的行为。例如，高速公路的修建者实行收费管理，不付费就不能消费。这虽然可以收回提供公共产品的成本，提高其生产者的积极性，增加供给，但不能使所有人免费使用，致使公路的社会效用得不到有效、充分的发挥，从而降低了资源的配置效率，造成市场失灵。

知识拓展

搭 便 车

“搭便车”一词的英文是“Free Rider”，来源于美国西部城市道奇的一个故事。当时，美国西部到处是牧场，大多数人以放牧为生。由于在牧场露天圈养了大量马匹，于是出现了以偷盗马匹为业的盗马贼。在道奇这座城市，盗马贼十分猖獗。为了避免自己的马匹被盗，牧场主就联合组织了一支护马队，每个牧场主都必须派人参加护马队，并支付一定的费用。但是，不久就有个别牧场主退出了护马队。因为他们发现，即使自己不参加，只要护马队存在，他也可免费享受别的牧场主给他带来的好处。这种个别退出的人就成了“Free Rider”（自由骑手）。后来，几乎所有人都想通过自己退出护马队来占集体的便宜。于是，护马队解散了，盗马贼又猖獗起来了。后来，人们把这种想得到一种收益但避开为此支付成本的行为称为“搭便车”，这样的人称为“搭便车者”。

（资料来源：唐树伶. 经济学基础[M]. 北京：高等教育出版社，2012.）

四、政府对公共产品引起失灵的干预措施

纯公共产品的存在以及供给上的需要，是市场竞争所无法或不便解决的，是市场失灵的一种重要表现。要想任何一个公共产品都被有效地消费，公共产品就必须由集体提供。对于这种集体提供，可以由个人志愿者提供，也可以由国家预算安排提供。由于公共产品具有非排他性，追求利润最大化的生产者是不会供应公共产品的。当然，人们也可能同意分担公共产品的费用，但这样的合作可能只对生产规模不大的团体（社区）是可行的；随着生产规模的扩大，个人变为“搭便车者”的可能性将越来越大。所以，对于规模或范围

较大的公共产品供应来说，只有通过付费来提供才是可行的。

诚然，通过付费来提供公共产品，并不表明一定要完全由政府来组织公共生产。在许多场合，由于技术进步，私人部门同样能解决公共产品的“搭便车”问题，避免这些产品的非排他性和非竞争性。例如，广播、电视播放的节目，每个人都可能收听或收视，此项服务具备公共产品的两个特征。然而，美国的广播、电视节目都是由私人企业提供的，这时向接收节目的人直接收费是不可能的，其中“搭便车”问题通过广告收入可部分得以解决。但是，由于技术进步发明了有线电视，改变了电视服务公共产品的特征。若不支付有线电视费用，这项服务就会被“关掉”。之后，人们还发明了能扰乱卫星电视信号的技术，卫星电视用户若不付费，该技术可使该用户收不到卫星信号。有线电视技术甚至发展到可向极少数观众播送一些特别节目，前提是这些用户再支付一笔费用。这样一来，技术进步解决了公共产品的非排他性特征，即不付钱得不到产品和服务，从而使私人企业供应此类产品成为可能，公共部门可将公共产品以合同的形式交由私人部门去生产。

1. 政府直接提供公共产品

（1）中央政府直接经营。在西方国家，造币厂和中央银行通常是由中央政府直接经营的。除此之外的公共产品，各国之间的差异较大。例如，美国在公共产品生产方面会更多地偏向由私人提供。还有一些国家的中央政府直接提供军工、医院、学校、图书馆、自来水、煤气等产品。与造币厂和中央银行的情况不同的是，在某些国家，上述准公共产品的公共经营是在其私营亏损或破产时由政府予以国有化而实现的。

（2）地方政府直接经营。这里所说的地方政府是指中央政府以下的各级政府。在欧洲大多数国家，地方政府直接经营一些医院、自然资源保护机构、实践法律条款的司法机构、住宅管理机构、图书馆、博物馆，以及保健、防火、供水、下水、煤气、供电事业等。欧洲各国地方政府在许多公共产品的供给方面表现出直接经营的一些特点；美国则较多地通过私人企业予以间接经营；日本和法国则另有一个特点，主要由地方公共团体经营。

（3）地方公共团体经营。日本的国有企业在日本经济中起着重要作用。随着产业中的第一产业向第二产业转移，基础设施显得越来越重要，基础设施不完备必然会影响投资效益，因此只能由国家以国有企业的形式来承担基础设施的投资。例如，日本的“自然垄断性”公共产品几乎全部是由国有企业来提供的，而日本的国有企业是由地方公共团体来经营的。地方公共团体经营的这些企业可从事有利于地方居民福利的任何事业，其“法定事业”有 7 项，即自来水、工业水、铁路、汽车运输、地方铁路、电气和煤气。

知识应用

海上的灯塔非得由政府来提供吗

17 世纪以前，灯塔在英国还名不见经传。17 世纪初，领港公会建造了两座灯塔，并由政府授权专门管理航海事务。虽然领港公会有特权建造灯塔，向船只收取费用，但是该公会却不愿投资于灯塔。1610—1675 年，领港公会没有建造一座新灯塔，但同期，私人却投资建造了至少 10 座灯塔。

在当时的灯塔制度下，私人的投资要避开领港公会的特权，便必须向政府申请许可证，希望政府同意授权向船只收费。该申请还必须由许多船主签名，说明灯塔的建造对他们有益，同时表示愿意支付过路费，过路费的多少由船只的大小及航程经过的灯塔多少来确定。

久而久之，不同航程的不同灯塔费规则就被印刷成册，统一收费。私营的灯塔是向政府租地而建造的，租期满后，再由政府收回，让领港公会经营。到1820年，英国当时的公营（由领港公会经营）灯塔有24座，而私营灯塔有22座。在这46座灯塔中，有34座是私人投资建造的。后来政府开始收回私营灯塔，到1834年，在总共的56座灯塔中，公营的占42座。到1836年，政府通过法规将剩余的私营灯塔全部收回，在1842年以后，英国的灯塔就全部由领港公会经营了。

（资料来源：刘华，李克国. 经济学案例教程[M]. 大连：大连理工大学出版社，2007.）

2．政府间接提供公共产品——私人组织生产

（1）签订合同。与私人签订合同经营公共产品是发达国家使用最普遍、范围最广的一种形式。适用于这一类的公共产品主要是具有规模经济的自然垄断型产品，大部分为基础设施，也包括一些公共服务行业。

（2）特许经营权。在发达国家，许多公共领域都以特许经营权的方式委托私人进行经营，如自来水公司、电话公司、供电公司等。此外，还有很多公共项目采用这种方式，如电视台、广播电台、航海灯塔、报纸和杂志等。

（3）经济资助。欧美国家对民营公共产品经济资助的途径和方法非常多，主要形式有补助津贴、优惠贷款、无偿赠款、减免税收等。享受财政补贴的公共领域主要有科学技术、住宅、教育、卫生、保健、图书馆、博物馆等。

（4）政府参股。政府参股的方式主要有4种：收益分享债券、收购股权、国有企业经营权转让和公共参与基金。政府参股的方法主要应用于桥梁、水坝、发电站、高速公路、铁路、电信系统、港口、飞机场等项目。比较引人注目且效果较好的参股领域之一是高科技开发研究领域。

（5）法律保护私人进入。用法律手段允许、促进并保护私人进入公共产品的生产经营领域，不但能够减轻国家的财政负担，而且能够提高服务质量和消费效率。这个办法不仅适用于“拥挤型”公共产品，而且适用于“优效型”公共产品，如教育、医疗等领域。例如，1982年美国共有6 015家医院，其中政府医院占35.5%，民间私立医院占64.5%，公立与私立医院的比例约为35∶65。

（6）社会自愿服务。在西方国家，许多公共领域一直以来就允许社会各种团体和个人持合法执照经营。只要遵守宪法和有关专门法律，不管是个人、团体、宗教事业、慈善事业、基金会还是境外人士，均可参与经营。此外，无论是营利性企业还是非营利性企业，都可以被核准经营。

课堂活动

教育该不该产业化

似乎是在人们的不经意之间，教育产业化的大潮已经滚滚而来。尽管许多人一时还不明白教育产业化的内涵、目的及其发展方向究竟是什么，但它却在许多地方和学校风风火火地实施了。从一些学校出台的有关规定和举措来看，教育产业化似乎就是大幅度地提高学费。如今，一个大学生一年交费七八千乃至上万元已经十分普遍。有的学校甚至在教育产业化的旗帜下违规招生、收费，悄悄接受高费择校生。高额学费成了不少贫困学生跨入校门的拦路虎，甚至由此引发了一些令人痛心的悲剧。

于是，围绕教育产业化这一问题，社会各界展开了激烈争论。主张教育产业化的人士认为，随着市场化的与日俱进，将产业化引入教育领域，不仅可以摆脱教育经费捉襟见肘的窘境，而且能够开拓教育发展的新领域，符合我国经济建设和社会发展的内在要求；反对人士则认为，尽管高校收费是弥补经费短缺、有利于高校教育持续发展的措施之一，但高校收费绝不意味着有钱就能上大学，而是要考虑受教育机会的平等问题。

讨论：教育该不该产业化，你怎么看？

任务三　正确认知外部性

【社会现象】

公地悲剧

美国生态经济学家加勒特·哈丁描述过这样一个故事：有一个小镇，镇上许多家庭都有自己的羊群。所有居民的羊都在镇周围的草场上吃草，这块地被称为镇公地，不归任何一个家庭所有。每个居民都想多养一只羊增加个人收益，虽然他们都知道草场上羊的数量已经太多了，再增加羊的数目，将使草场的质量下降。但每个人都从自己的私利出发，因为草场退化的代价由大家负担。随着小镇的繁荣，镇上人口增加，羊的数量也在快速增加。最后，“公地悲剧”就上演了——草场持续退化，直至无法养羊，许多居民失去了生活来源。

“公地悲剧”在英国是和“圈地运动”联系在一起的。15—16世纪的英国，草地、森林、沼泽等都属于公共用地，耕地虽然有主人，但是庄稼收割完以后，也要把栅栏拆除，把耕地作为公共草场。由于英国对外贸易的发展，养羊业飞速发展，于是大量羊群进入公共草场。不久，土地开始退化，“公地悲剧”出现了。于是一些贵族通过暴力手段非法获得土地，开始用围栏将公共用地圈起来据为己有，这就是臭名昭著的“圈地运动”。“圈地运动”使大批的农民和牧民失去了维持生计的土地，历史书中称之为血淋淋的“羊吃人”事件。但是，书中没有提到：“圈地运动”的阵痛过后，英国人惊奇地发现，草场变好了，英国人整体的收益提高了。由于土地产权的确立，土地由公地变为私人领地的同时，拥有者对土地的管理更高效了，为了长远利益，土地所有者会尽力保证草场的质量。同时，以户为单位的生产演化为大规模的流水线生产，劳动效率大为提高。英国正是从“圈地运动”开始，逐渐发展为日不落帝国的。

讨论：如何才能避免“公地悲剧”？你能否举出现实生活中“公地悲剧”的例子？

【理论基础】

从理论上讲，一般认为外部性的存在是市场机制配置资源的缺陷之一。也就是说，存在外部性时，仅靠市场机制往往不能促使资源配置的最优化和社会福利的最大化，政府应该适度干预。从现实上讲，外部性特别是外部不经济是一个较严重的社会经济问题，如环境污染或环境破坏。

一、外部性的含义

外部性又称外部效应、溢出效应，是指某种经济活动给与这项活动无关的主体带来的影响，这就是说，这些活动会产生一些不由生产者或消费者承担的成本（称为负外部性），或不由生产者或消费者获得的利益（称为正外部性）。如果一个人的行为影响了他人的福利而相应的成本收益没有反映到市场价格中，就出现了外部性。

人与人之间或经济体之间的行为会相互影响，因为各个参与方都在特定的约束条件下追求自己利益的最大化，而追求利益最大化本身也构成了经济行为的约束条件或经济环境。完全竞争市场均衡理论的基本假定是，单个消费者或生产者的行为对社会上其他人的福利没有影响；单个经济体的行为的私人成本和私人收益分别等于其社会成本和社会收益；生产者的成本和销售收益都归卖者，而买者得到该产品的全部收益并支付相应的全部成本。但是在实际生活中，以上假定是不成立的，市场中存在未被市场交易包括的额外成本和收益，这就是外部性。

经济生活中的外部性是广泛存在的。一般来说，外部性并非当事的经济主体的本意，即他本来只是为了自己的利益而这么做的，并非有意要帮助别人或者损害别人，只是这种行为产生的效果影响了别人。例如“凿壁借光”，在这个过程中，邻居并没有多付出什么，而可以借光读书、得到收益的匡衡也不必为之付费。

二、外部性的分类

根据经济活动主体的不同，可以把外部性分为生产的外部性和消费的外部性，也可以分为积极的和消极的或正的和负的，具体取决于个人是否无偿地享有额外的收益，或承受了他人行为导致的额外成本。

1. 正外部性

正外部性又称外部经济，是指某个经济行为个体的活动使他人或社会受益，而受益者无须付出代价。例如，植树造林发展林业就会形成改善环境的结果，这就是经济的正外部性。当有正外部性时，一项经济活动所带来的私人边际成本与社会边际成本相等，但社会边际利益（包括给第三方带来的好处）大于私人边际利益。这时，从私人角度看，市场调节是有利的，但从社会角度看，不是最优的资源配置。这就是正外部性引起的市场失灵。

2. 负外部性

负外部性又称外部不经济，是指某个经济行为个体的活动使他人或社会受损，而又没有为此承担成本。例如，汽车运输必然会产生废气，污染环境，而工厂在制造汽车的时候可能没有考虑污染将给他人带来的损失，这些都是负外部性的表现。在有负外部性时，社会边际成本大于私人边际成本，私人边际利益与社会边际利益仍然相同。因此，当私人边际成本等于私人边际利益时，社会边际成本大于社会边际利益。这时，从私人角度看，市场调节是有利的，但从社会角度看，不是最优的资源配置。

外部性的广泛存在使得人们在做事时不能只考虑自己，也要考虑他人。有时候对于某些正外部性可以设法加以利用。常见的一种现象就是在商场里开设餐馆。当一家大型商场建成以后，它周围小吃店的生意相对就要好起来。这时商场往往会在顶层开设餐馆，使得消费者在购物后顺势上楼吃饭，这种做法就将正外部性“内部化”了。这也可以用来理解现在流行的多元化经营，在其项目之间就常常会有正外部性。

知识应用

石光银现象

2002年8月10日，中央电视台《新闻调查》栏目播出了《石光银的选择》节目。石光银，陕西定边县人，1984年成立治沙公司，造了60 000多亩林子，林木经济价值高达3 000多万元。因为他造的大多是生态林，一棵也不许砍，截至节目播出，石光银不仅没有拿到一分钱，反而欠银行几百万元贷款。

人们常说林子是绿色银行，造林是往绿色银行里存钱。石光银往绿色银行里存了上千万元，按一般经济学常识，石光银应该取得一定的利息，即收益。可悲的是，石光银不仅没有取得利息，反而连本也取不出来了。像石光银这种投入了人力和物力，到头来不但没挣钱却赔钱的现象不在少数，人们将这种现象统称为“石光银现象”。

三、外部性与市场失灵

外部性的存在使私人的边际成本（或边际收益）与社会的边际成本（或边际收益）发生背离。因此，当个人做出决策时，为了实现个人利益最大化，会忽略其行为给他人带来的不利影响，从而使竞争的结果变得没有效率，资源的配置达不到最优水平，最终导致整个社会福利下降，如那些损害空气、供水、自然资源和整体生活质量的外部性问题。最典型的案例是与生产有关的负外部性，如航空运输产生了噪声污染，损害了空气质量，并降低了附近地区房地产的价值。航空公司或乘客都没有意识到这些真实存在的成本。因为这些成本发生在运输市场之外的第三方，而没有在航空公司的机票价格中体现出来。

此外，环境外部性也与消费有关，如由于产品过度包装或使用不可降解的包装材料会产生处理成本。正外部性有助于解释环境问题的存在，这可以用排污设备（如除尘设备）的市场来说明。除尘设备是一种用来清洁工厂烟囱排放物的复杂系统。当发电厂购买并安装了一套除尘设备后，所有住在附近的居民就能够获得清洁空气带来的收益。由于这些居民没有参与市场交易，所以外部收益在除尘设备的价格中也没有得到体现。由于出现资源配置不当，所以市场中只出售了少量的除尘设备。

外部性扭曲了市场主体成本与收益的关系，会导致市场无效率甚至失灵，而负外部性如果不能够得到遏制，经济发展所赖以存在的环境将持续恶化，最终将使经济失去发展的条件，这恰恰是当前中国经济发展所不得不面对的残酷现实。例如，我们生产了世界上最多的钢铁，消耗了世界上最多份额的原材料，被污染了的环境持续多年难以得到根本的改善，换来的却是仅占世界国内生产总值4%的产值份额。

知识应用

不诚信的外部性

朋友最近很烦恼。留洋博士研究生刚毕业，回国到一所重点大学应聘，对方告知，他的履历相当不错，条件也都符合，但是因为他们夫妻两地分居，来了后可能“军心不稳”，因此还得“考虑考虑”。

朋友一打听，原来他所应聘的学院去年一共走了 4 个入职不过一两年的年轻教师，理由都是“两地分居，生活不便利”。4 个人同年离职，对于不过几十个人的团队规模来说，可谓大动荡。“不明真相”的学界因此盛传，该学院待遇太差，评职称太难，逼走了年轻教师。学院领导颇为气愤，却无可奈何，只好定下了“两地分居者不再录用”的“潜规则”。

朋友求职心切，找领导反复陈情，并表态说，若得录用，一定会安心工作，不会见异思迁。领导用一种看透世事的语气说，那 4 个人刚来的时候，说得比你还真切。朋友一听，顿时语塞。

在此背景下，无论是离职的 4 个人还是院方的“潜规则”，均难以臧否。但此事却折射出一个深刻的社会问题，那就是不诚信的外部性问题。

通常，个人诚信与否，是个人品德问题，与他人无关。但是个人品德还会通过外部性产生社会效果，一个人的道德亏欠，最终可能会“报应”到整个社会。一个不慎摔倒的老人讹好心上前扶他的路人，除了他自己会遭受道德谴责以外，还会“威慑”其他好心人。长此以往，好人“灭绝”了，还有谁会去扶老人呢？而谁家没有老人呢？谁不会变老呢？一个人不诚信，就像工厂排放污水一样，污染的是一大片。

因不诚信而产生的严重的负外部性在当下处处可以找到印证，一些情况下甚至激发了危机。医患关系紧张的根源之一是一些医生不讲医德；公知和专家污名化的背后则是谣言四起和知识的立场化与利益化……

不诚信的泛滥可能导致社会溃败，因此，一个良善的社会应该在司法、政治、社会领域进行恰当的制度配备，抑制不诚信造成的外部性，进而减少不诚信的泛滥。例如，正因为官员腐败会对整个政府形象产生严重的负外部性，因此政府应当大力反腐。

公开性、契约自由、行业自治，以及奉诚信为黄金规则的司法制度，都是抑制不诚信的重要手段。在一个诚实得不到奖励，而厚黑却横行霸道的社会，所有人都可能像那个喊“狼来了”的小孩一样，自己的羊群落入恶狼之口。

（资料来源：叶竹盛. 不诚信的外部性[J]. 南风窗，2014（11）：9.）

四、政府对外部性的干预措施

人们自从认识到外部性的存在，就在不断地寻找解决途径。解决外部性的基本思路如下：让外部性内部化，即通过制度安排将经济主体所期望的通过经济活动获得的社会收益或社会成本转化为私人收益和私人成本，使技术上的外部性变为货币上的外部性，在某种程度上强制实现原来并不存在的货币转让。下面介绍几种典型的转化办法。

1. 征税和补贴

政府可以对负的外部性征收某些附加税，对正的外部性给予一定补贴。附加税的征收会限制产生负的外部性的经济活动，而补贴则能增加产生正的外部性的经济活动。例如，政府对污染严重的钢铁厂征收相应的税收，以使企业减少污染。

同样，政府也可以对教育实施某种程度的扶持。例如，利用公立学校和免费教育的方式，或者对私立学校给予非营利性机构的免税权利，或者对学生给予奖学金、助学金或无息、低息贷款，以降低学生求学或学校办学的边际成本，使教育水平提高到社会所需要的水平。

征税和补贴的效果是否理想，关键在于政府是否能够得到足够的信息，以使得税收或补贴与相关的外部性正好一致。

知识拓展

碳　　税

碳税（Carbon Tax）是指针对二氧化碳排放所征收的税。碳税以环境保护为目的，希望通过削减二氧化碳的排放来减缓全球变暖。碳税通过对燃煤和石油下游的汽油、航空燃油、天然气等化石燃料产品，按其碳含量的比例征税，实现减少化石燃料消耗和二氧化碳排放。与以总量控制和排放贸易等市场竞争为基础的温室气体减排机制不同，征收碳税只需要额外增加非常少的管理成本就可以实现。

2008 年 2 月 19 日，加拿大不列颠哥伦比亚省公布 2008 年度财政预算案，规定从当年 7 月起开征碳税，即对汽油、柴油、天然气、煤、石油以及家庭暖气用燃料等所有燃料征收碳税，不同燃料所征收的碳税不同。不列颠哥伦比亚省政府一年可通过碳税增加税收 3.38 亿加元，并且表示，省政府不会利用碳税来增加收入，而会通过减税的方式，将碳税的收入还给本省人民；还希望通过征收碳税减少能源消耗，减少二氧化碳等温室气体的排放。

2．企业合并

在一个企业的生产活动影响另外一个或几个企业的情况下，其影响如果是外部正效应，则前一个企业会由于给其他企业增添的效益而自己无法收回，使自己的生产水平低于社会最优水平；反之，如果影响是外部负效应，前一个企业则会不顾自己给其他企业造成的额外负担，而使自己的生产水平超过社会最优水平。但是，如果把这几个企业合并为一个企业，则这里的外部效应就“内部化”了。合并后的大企业为了自己的整体利益将使自己的生产保持在边际成本等于边际收益的水平上，而此时合并企业的成本与收益将等于社会的成本与收益，于是资源配置达到相对的帕累托最优状态。

以钢铁厂与渔场为例，当钢铁厂独立行动的时候，它是根据自己的成本函数决策的，往往不会过多地考虑污染物引起的外部性问题。如果将渔场和钢铁厂合并成一个既产鱼又产钢的企业，外部效应就没有了。在这一新的合并企业中，河流污染会增加既定产鱼量的成本，因此会影响钢铁厂和渔场的联合成本，污染物的影响成了内部影响。所以，合并企业中的钢铁厂在选择利润最大化的生产计划时，将会同时考虑污染对钢铁厂和渔场的影响，其排放的污染物自然要比独立行动时少。

3．确定产权

通常情况下，外部性导致资源配置的低效率，是由于产权不明确。产权就是对某种资源的排他性使用权。美国经济学家罗纳德·科斯认为，在一个完全竞争的经济社会里，如果人们对产权有明确的规定，在发生重大的外部效应时，人们可以用较低的成本甚至零成本进行谈判协商，那么有关各方会适当地考虑自己的行为给他人带来的影响，资源有效配置仍是可能的。

例如，工厂产生的大量噪声影响了附近居民的生活质量。罗纳德·科斯认为在产权明确的情况下，无论是工厂享有产生噪声的权利，还是居民享有宁静的生活环境的权利，外部性问题都会得到妥善解决。如果工厂有权利产生噪声，则附近居民可以通过搬家或与工厂协商并支付一定的费用向工厂购买舒适的生活环境。同样，如果权利被确定给附近居民一方，则工厂会减少噪声或搬迁，或者向居民支付一定的费用作为对居民的补偿。总之，在产权得到明确的情况下，外部性得到解决，私人成本或收益与社会成本或社会收益之间不再存在差别。

下面通过一个例子来进一步说明。假设有一家工厂，它的烟囱冒出的烟尘使得周围的居民受到了损失，损失合计为 375 元。现在有两种解决办法：一种是在工厂的烟囱上安装一个除尘器，费用为 150 元；另一种是给周围的居民提供烘干机，使他们不用在户外晒衣服，成本为 250 元。显然，第一种方法比较好，因为成本较低。按照罗纳德·科斯的观点，只要产权明确，无论这个产权属于谁，即不论是给予工厂排放烟尘的权利，还是给予周围居民不受烟尘污染的权利，只要居民协商费用为 0 元，最终的结果必然是选择第一种方法解决这个问题。如果权利属于工厂，居民会选择大家出钱给工厂安装一个除尘器；如果权利属于居民，则工厂自己出钱买一个除尘器安装在烟囱上。这说明，不管哪方当事人被赋予某种产权，结果都将是相同的。

以上就是著名的科斯定理。该理论概括起来就是，只要产权是明确的，并且其交易成本为 0 或很小，则无论在开始时将产权赋予谁，市场均衡的最终结果都是有效率的。交易成本是为实现市场交易而支付的费用，包括搜寻买者和卖者、谈判、签订和履行合同等行为所做的努力和花费的时间与精力。

科斯定理表明，对有明确规定的产权的转让可以提升经济效率。但是，实际上它不能说明市场机制总能解决外部不经济问题并达到最优配置。因为科斯定理的有效性有两个前提条件：一是涉及外部效应的当事人为数很少；二是谈判协商费用很低。现实生活中，涉及外部效应的当事人往往很多，成分复杂，意见很难一致，而且谈判协商的费用也可能很高。考虑前面工厂烟尘的例子，如果有许多居民，要协调所有的居民以便与工厂协商几乎是不可能的。因为交易成本有时会很高，以致难以成交。如果协商的费用大于 100 元，居民会自己买烘干机，而不是给工厂买除尘器，尽管除尘器便宜。由此可见，当交易成本不为 0 时，即使产权明确，解决问题采用的方法也并不是最有效的方法。因此，事实上市场机制在遇到外部效应问题时往往无能为力，但科斯定理说明了政府在界定私人产权方面应起重要作用。

课堂活动

如何解决这两家企业的争端

在一条河的上游和下游各有一家企业，上游企业排出的工业废水经过下游企业，造成下游企业的河水污染。为此，两家企业经常争吵，上游企业与下游企业都各自强调自己的理由。

讨论：怎样才能使上游企业有排污的权利，下游企业有河水不被污染的权利呢？

任务四　正确认知垄断

【社会现象】

一年来开出30亿元罚单，中国反垄断进入新常态

中国反垄断再出重拳，2014年9月9日，国家发展和改革委员会（以下简称“发改委”）网站发出公告，吉林省物价局对吉林亚泰集团水泥销售有限公司、北方水泥有限公司、冀东水泥吉林有限责任公司通过会议和签订协议，商定区域水泥价格及执行政策。责成吉林省物价局对这3家实施价格垄断的水泥企业依法罚款共计1.1439亿元。其中，对吉林亚泰集团水泥销售有限公司处以罚款6 004万元，对北方水泥有限公司处以罚款4 097万元，对冀东水泥吉林有限责任公司处以罚款1 338万元。

商务部国际贸易经济合作研究院国际市场研究部副主任（现商务部研究院国际市场研究所副所长）、研究员白明接受中国新闻网（以下简称“中新网”）财经频道记者采访时表示，对这3家企业的处罚力度拿捏得比较准确，在初期，处罚额度不要太高。发改委对给出的处罚额度不高的解释是，考虑到我国水泥产能过剩的情况，上述3家公司达成并实施价格垄断协议持续的时间不长，对市场竞争的损害限于一定的区域范围。

据中新网财经频道统计，自2013年年初以来，中国反垄断调查和处罚不断扩围。2013年1月4日，发改委对LG、三星、奇美、友达光电、中华映管和瀚宇彩晶6家彩色电视机企业的处罚共计3.53亿元。2013年3月19日，发改委对茅台和五粮液的处罚共计4.49亿元。2013年8月7日，发改委对美赞臣、多美滋、合生元、雅培、富仕兰和恒天然6家奶粉企业的处罚共计6.69亿元。2013年8月12日，老凤祥、老庙、亚一、城隍珠宝、天宝龙凤5家金店因价格垄断被罚共计1 009.37万元，上海黄金饰品行业协会被罚50万元。2014年8月20日，发改委对住友、矢崎、精工、电装、NTN（恩梯恩）捷太格特等12家日本汽车零部件和轴承企业的处罚共计12.35亿元。2014年9月2日，发改委对浙江保险行业协会和23家省级保险企业的处罚共计1.1亿元。加上2014年9月9日发改委对3家水泥企业的罚单，不到两年的时间内，中国已经开出了约30亿元的反垄断罚单。

近年来，中国对违法企业的调查和处罚越来越频繁和引人注目。“过去，我们只针对个别典型和情节严重的企业和案例。”白明向中新网财经频道记者介绍，以前是由于执法能力和制度不够健全。自2008年《中华人民共和国反垄断法》实施以来，经过6年的经验积累，反垄断执法会越来越完善。反垄断执法在维护市场秩序和维持公平竞争的市场环境、保护消费者权益方面将发挥更大作用。对于未来反垄断执法的力度，白明认为，不管是反垄断调查还是处罚，未来肯定会比之前更加频繁，可能会大规模地开展。这一点，从反垄断调查彩色电视机、奶粉、白酒到汽车、保险和水泥行业的违法企业，可以看出中国的反垄断行业和企业在不断扩围，将进入新常态：任何行业或企业，只要存在垄断行为就会被纳入反垄断调查和处罚范围。

讨论：为什么要反垄断？现实生活中还存在哪些垄断？请举例说明。

【理论基础】

竞争是市场经济中的动力机制，是有条件的。一般来说，竞争是在同一市场中的同类产品或可替代产品之间展开的，但由于分工的发展，使产品之间的差异不断拉大，资本规模扩大，交易成本增加，阻碍了资本的自由转移和自由竞争。另外，由于市场垄断的出现减弱了竞争的程度，使竞争的作用下降。竞争的失败和垄断的出现导致市场资源配置缺乏效率。

一、垄断的含义与低效率

垄断是指对市场的直接控制和操纵。自由的市场经济不可避免地会产生垄断。垄断使完全竞争市场转化为不完全竞争市场，垄断企业可利用其垄断力量将产品价格定在均衡价格之上，其产量远远低于完全竞争市场的产量，这样便不利于按照帕累托最优原则配置经济资源，从而降低了资源配置的经济效率。

垄断导致的市场失灵表现为以下 3 个方面。

1. 造成社会福利损失

与完全竞争市场相比，在垄断市场上，企业生产较少的产品，索要较高的价格，消费者因此会受到损害。从社会的角度来看，如果垄断企业生产的产品更多并索要更低的价格，则消费者的境况会得到改善，社会福利会因此增加，问题是垄断企业一般不会这样做，因此垄断使社会福利受到损害。

2. 造成管理松懈

由于垄断，企业缺乏降低成本和进行技术革新的动力，从而社会生产既定的产品数量要花费较高的成本，企业不需要锐意进取就可获得丰厚报酬，因此大多数垄断企业在管理上较松懈，这就意味着资源的浪费。

3. 导致存在寻租行为

由于垄断可以使企业获得更多的利润，所以为了保持这种超额利润，垄断企业往往会采取各种形式的维持垄断的措施，其中包括游说政府制定更有利于自身的政策等。这种为了寻求额外的利润而进行的活动便是寻租行为。寻租不仅要花费成本，而且会促使政府腐败。这就意味着企业投入资源进行非生产性活动，会造成资源的利用效率低下。

二、政府对垄断的干预措施

垄断常常导致资源配置的低效率，垄断利润通常也被看成是不公平的，这就有必要对垄断进行政府干预。对于政府来说，解决垄断条件下的价格高于竞争价格这一问题，方法就是实行价格管制或通过反垄断法。

1. 价格管制

价格管制就是政府对垄断价格进行控制和影响，使垄断企业制定的价格等于边际成本。一般而言，在一个竞争市场上实行最高限价会导致产量降低，从而造成在控制价格下的短缺和非价格配给。但是，垄断企业对最高限价的反应方式与竞争行业有关。在一定条件下，对垄断价格的强制限制，可能会导致垄断产量提高。我们知道，垄断企业限制产量的目的是索取较高的价格，实施最高限价意味着限制产量不能得到较高的价格，所以最高限价将消除垄断企业限制产量的理由。

价格管制还用于自然垄断行业，如公用事业公司。需要指出的是，自然垄断企业的平均成本曲线一直是下降的，从而边际成本总是在平均成本之下。若不加以管制，企业也将按照利润最大化原则在较高的价格上提供较低的产量。所以，可行的最佳选择是将价格确定在平均成本与平均收益相等的水平上，这样企业既没有垄断利润，也利于产量尽可能大到正好不至于使企业退出经营。

2. 通过反垄断法（反托拉斯法）

对垄断实施干预的第二个措施是通过制定反垄断法来实现的。这也是政府对垄断的更强烈反应。西方很多国家都不同程度地制定了反垄断法，其中最为突出的是美国。

在美国，实施反垄断法有3种途径：第一种途径是通过美国司法部的反垄断署（反垄断署主要反对垄断活动）；第二种途径是通过美国联邦贸易委员会的行政程序（联邦贸易委员会主要反对不正当的贸易行为）；第三种途径可以说是最常用的途径，即通过秘密程序进行（个人或公司可以控告他们的经营或财产由于违规者的行为受到了多严重的损害，而必须付出巨额损害赔偿的可能性是对可能的违规者的一种强有力的制约）。

虽然理论上对垄断给予的是一种低效率评价，且各国政府也制定了很多反垄断法，但对垄断的“动态效率”的影响，有的经济学家提出了不同看法。例如，美国经济学家约瑟夫·熊彼特认为：垄断企业会把垄断利润用于研究与开发，推动技术进步和创新，从而降低成本；社会从这种垄断企业的创新中获得的收益可能要比由于垄断造成的损失大得多。当然并不是所有人都能接受这种观点，甚至政府也持有不同的态度。

知识应用

宝洁和联合利华操控洗衣粉价格被重罚

2011年4月13日，欧盟委员会宣布，对宝洁和联合利华处以总额近3.2亿欧元的反垄断罚款，以惩处这两家日用消费品巨头操控洗衣粉价格。

在近3.2亿欧元的罚款中，宝洁公司所受处罚较重，超过2.1亿欧元，联合利华则被处以1.04亿欧元的罚款。由于两家公司事发后积极配合调查并主动交代问题，寻求和解，相关罚款已被削减10%。

德国汉高公司也参与了这一操控市场价格的非法卡特尔，但因为主动向欧盟委员会揭发而被免于处罚。调查发现，这一非法卡特尔存在了约3年，涉及比利时、法国、德国、希腊等8个欧盟成员国市场。

2002年年初，宝洁、联合利华和汉高3家日用消费品巨头共同展开研发，以提高洗涤产品环保性能，但它们却以此为名，操控市场价格，并从事了其他有违公平竞争的活动，直至2004年3月。

时任欧盟委员会副主席兼负责竞争事务的委员华金·阿尔穆尼亚说：任何有非法行为的企业都不要幻想自己能逃过欧盟委员会的惩罚。

宝洁和联合利华屡次操纵市场，通过结成卡特尔的手段来操控市场价格，而它们确实具有垄断市场的能力。卡特尔是由生产同类商品的企业，通过协议建立起来的。参与者在生产和销售方面还保留着经营的独立性，只是根据协议瓜分市场，确定产量和标准价格等。根据以往的经验，每次宝洁、联合利华涨价之后，都会引发其他日化品牌跟随。

早前（被欧盟委员会处罚前），宝洁、联合利华等日化巨头也曾“不约而同”地对旗下的日化产品进行涨价，平均涨幅为 10%。尽管宝洁和联合利华解释为“原材料成本上涨”所致，然而此举不禁让消费者认为其有结盟提价、操纵市场之嫌。但同样不可忽视的是，在垄断资本主义市场下，竞争会更加激烈和残酷，显然此处提到的是正当的市场竞争。宝洁与联合利华的恩怨已久，两家集团（乃至汉高等巨头）对市场的竞争已经到了惊人的地步，正是因为如此，才会出现汉高向欧盟委员会的“投诚”之举，其目的无外乎是减少自身损失，以增强竞争力。它们通过卡特尔短暂地结成同盟，目的无外乎是追求更多的垄断利益，以提高利润而已。这种组织只会短期地维持稳定，长期看仍会破裂。尽管垄断价格的随意性是有限的，但卡特尔仍可以使其尽可能地最大化。

对于这样的市场垄断企业相互勾结形成的卡特尔，政府需要大力加强监管，完善立法机制，加快法律体系的成熟。尽管此类巨头间的勾结具有难以检查的问题，但欧盟委员会的多次成功经历依旧值得我国借鉴。在处罚力度和监管力度上，我国还有很长的路要走，也要向欧盟委员会一样“不手软”，坚决打击垄断企业间的相互勾结和不正当的操控市场举动。

课堂活动

智猪博弈

假设猪圈里有一头大猪和一头小猪，它们在同一个石槽里进食。猪圈的一头有猪食槽，另一头安装着控制猪食供应的按钮，按一下按钮会有 10 个单位的猪食进槽，但是谁按按钮就会首先付出 2 个单位的成本，若大猪先到槽边，大小猪吃到食物的收益比是 9∶1；若同时到槽边，收益比是 7∶3；若小猪先到槽边，收益比是 6∶4。

讨论：在两头猪都有智慧的前提下，小猪应该怎么做才能使自己获得的效益最大？这个故事告诉了你一个什么道理？

任务五 正确认知信息不对称

【社会现象】

3 个药材商人

明代的刘伯温讲过这样一个故事：四川有 3 个商人，都在市场上卖药。第一个商人专门进优质药材，按照进价确定卖出价，不曾虚报价格，更不过多地获取超额利润；第二个商人进的药材有优质的也有劣质的，售价的高低依买者的需求程度来定，然后用优质品或劣质品来应对他们；第三个商人不进优质品，只求卖得多，卖的价钱也便宜。于是人们争着到专卖劣质药的那家去买药，他店铺的门槛每个月换一次，这样过了一年，他就非常富裕了。兼顾优质品和劣质品的商人，前往他家买药的人稍微少些，但过了两年也富裕了。而那个专门进优质品的药商，不到一年时间就穷得吃了早饭没有午饭了。

讨论：在这个故事中，卖劣质药材的商人很快致富，卖优质药材的商人反倒穷得揭不开锅，为什么？

【理论基础】

由于认识能力的限制，人们不可能知道在任何时候、任何地点发生的或将要发生的任何情况，即市场经济本身不能够生产出足够的信息并进行有效的配置，这种相对意义上的信息不对称将导致资源配置不当，减弱市场效率。其主要原因在于信息不对称会引起逆向选择、道德风险等问题，而这些问题会导致市场失灵。

一、信息不对称的含义

信息不对称是指市场交易各方所拥有的信息不对等，买卖双方所掌握的商品或服务的价格、质量等信息不相同，即一方比另一方占有较多的相关信息，处于信息优势地位，而另一方则处于信息劣势地位。

完全竞争市场关于信息的假定是理想化的。但是，随着市场规模的不断扩大，信息越来越分散和复杂，加工、处理信息的成本也可能高到令决策者无法接受，从而不可避免地出现很多非理性的决策。例如，生活在大都市里的人们，不可能为了买一件衬衫跑遍所有的商店，但这样一来，他最后的选择很可能不是真正物美价廉的。

在很多方面，信息实际上也是一种公共产品，如气象信息，因为一条信息可供许多人甚至全社会共同享用，但其成本却是一样的。因此，在市场经济中，私人市场提供的信息往往严重不足，甚至故意隐瞒。信息的不对称会影响竞争的充分性，进而影响市场机制的运转效率。

知识应用

买的不如卖的精

俗话说“从南京到北京，买的不如卖的精”。这其中的道理就是信息不对称。不对称信息是指市场上买卖双方所掌握的信息是不对称的，一方掌握的信息多一些，另一方掌握的信息少一些。

中国古代“金玉其外，败絮其中”的故事，讲的是商人卖的货物表里不一，由此引申比喻某些人徒有其表。有一大类商品是内外有别的，而且商品的内容很难在购买时加以检验，如瓶装的酒类、盒装的香烟等。人们或者看不到商品包装内部的样子（如香烟、鸡蛋等），或者看得到却无法用眼睛辨别产品质量的好坏。显然，对于这类产品，买者和卖者了解的信息是不一样的。卖者比买者更清楚产品实际的质量情况。这时卖者很容易依仗买者对产品内部情况的不了解欺骗买者。如此看来，消费者的地位相当脆弱，对于掌握了“信息不对称”武器的商家似乎毫无招架之术。

由于信息不对称，价格对经济的调节就会失灵。例如，某商品即使降价，消费者也未必增加购买量，可能还以为是假冒伪劣商品；某商品即使是假冒伪劣商品，提高价格，消费者也可能以为是真货价格才高。这就是市场失灵造成的市场的无效率。

为消除信息不对称，精明的商家想了很多办法。例如在某个大商场，一个生产鸭绒制品的公司专门开设了一个透明车间，当场为消费者填充鸭绒被，从而消除了生产者和消费者之间的信息不对称。

二、信息不对称的表现及政府干预

（一）逆向选择

1．逆向选择的含义

市场信息不对称会引起逆向选择。逆向选择指在信息不对称的情况下，拥有信息少的一方会做出不利于自己的选择。这种逆向选择不利于自己，也不利于整个市场的交易活动。在市场上表现为市场的一方不知道另一方的商品的类型或质量时，市场中大量劣质货排挤优质货并最终占领市场的过程。例如，在二手车市场，卖者知道车的真实质量，而买者不知道。这样，卖者就会以次充好，买者不能了解二手车的真实质量，只知道车的平均质量，愿按平均质量出中等价格，以致那些高于中等价的上等二手车就可能退出市场。接下来的演绎是，由于上等二手车退出市场，买者会继续降低估价，次上等二手车会退出市场。演绎的最后结果是，市场上成了破烂车的展览馆，极端的情况是一辆车都不成交。现实的情况是，社会成交量小于实际均衡量，一般把这个过程称为逆向选择。

这个例子尽管简单，但给出了逆向选择的基本含义。

（1）在信息不对称的情况下，市场的运行可能是无效率的。比如在上述案例中，有买主愿出高价购买好车，但市场这只“看不见的手”并没有实现将好车从卖主手里转移到需要的买主手中。这样，市场调节下供给和需求总能在一定价位上满足买卖双方意愿的传统经济学理论就失灵了。

（2）这种市场失灵具有“逆向选择”的特征，即市场上只剩下次品，也就是形成了人们通常所说的“劣币驱逐良币”效应。传统市场的竞争机制导出的结论是——“良币驱逐劣币”或“优胜劣汰”；可是，信息不对称导出的是相反的结论——“劣币驱逐良币”或“劣胜优汰”。逆向选择理论深刻地改变了人们分析问题的角度，可以说给人们提供了逆向思维的途径，从而加深对市场复杂性的认识，由此改变很多被认为是“常识”的结论。

由于信息不对称在市场中是普遍存在的基本事实，所以这也能解释为什么假冒伪劣产品充斥市场，这是因为交易双方的信息不对称，即一方隐藏了信息。逆向选择理论也说明，如果不能建立一个有效的机制遏制假冒伪劣产品，就会使假冒伪劣产品泛滥。

2．政府对逆向选择的对策

（1）声誉与标准化。高质量产品的卖者要想按较高的价格销售产品，就必须提高自己产品的声誉，使买者相信这些产品确实是高质量的。例如，到百货公司购物或到一家特定的饭店吃饭，都是因为它们的声誉好，至于路边的饭店或旅馆，对许多人来说，仅仅是偶尔光顾一次，谈不上什么声誉。为了让人们相信它们提供的产品的质量，可以采用标准化生产。例如，肯德基快餐店提供的产品在全球任何地方都一样，到该店能够购买到自己所预期的产品，而其他的小吃店能否提供更好的产品是很难说的。

（2）有效地传递信息。以劳动力市场为例。工人对自己的劳动质量，如知识、能力、努力程度、责任感等的了解比企业多。对于这些情况，企业只有在工人被雇用了一段时间以后才能了解，而在工人被雇用时是不了解的。企业常常不愿意先雇用工人，然后根据他们在工作中的表现解雇那些生产率低的工人，因为这样做代价比较高。在许多岗位上，需要一定的岗前培训，要投入很高的费用。另外，在一些国家不得无故解雇工人，否则需要支付一定的解雇费用。

（3）其他政策。

① 打击假冒伪劣产品，维护市场秩序，防止“劣品驱逐良品”事件的发生。

② 要求企业依法公布有关产品品质信息，使消费者更放心地选择购买。

③ 政府定期检查并公布有关产品合格信息，对检验不合格产品勒令下架。

（二）道德风险

1. 道德风险的含义

道德风险又称道德危机，是 20 世纪 80 年代西方经济学家提出的一个经济哲学范畴的概念，是指“从事经济活动的人在最大限度地增进自身效用的同时做出不利于他人的行动”，或者说，当签约一方不完全承担风险后果时所采取的自身效用最大化的自私行为。

从理论上讲，道德风险是从事经济活动的人在最大限度地增进自身效用时做出的不利于他人的行动。道德风险一般存在于下列情况中：由于不确定性和不完全的或限制的合同使负有责任的经济行为者不能承担全部损失（或利益），因而不承受他们的行动的全部后果，同样也不享有行动的所有好处。显而易见，这个定义包括许多不同的外部因素，可能导致不存在均衡状态的结果，或者均衡状态即使存在，也是没有效率的。

如果从委托—代理双方信息不对称的理论出发，“道德风险是指契约的甲方（通常是代理人）利用其拥有的信息优势采取契约的乙方（通常是委托人）所无法观测和监督的隐藏性行动或不行动，从而导致的（委托人）损失或（代理人）获利的可能性”。

道德风险是社会面临的永恒问题，与人类社会共存亡。

知识应用

猫为什么要抓老鼠

关于十二生肖的来历有个传说。天帝交给猫一个任务，让它挑选 12 种动物作为人的生肖，好处是它可以在十二生肖中位列第一。猫因为要忙于自己的事情，将这个任务交给了它认为能力最强、最可信赖的老鼠。老鼠将属于猫的第一把交椅留了下来，然后认真履行职责。由于动物们都想被选中，所以向老鼠行贿，老鼠禁不住诱惑，因此将这些动物一一拉进来。当它发现 11 个座位都已经排定时，自己还没有地方，于是干脆一不做二不休，把留给猫的第一把交椅自己坐了。这就是猫要抓老鼠的原因。

猫委托老鼠办事，这是一种委托—代理关系。而老鼠在接受委托后采取隐藏性行动和不道德行动，由于代理人和委托人信息不对称，最终给委托人造成损失。

2．政府对道德风险的防范

对于道德风险，具体防范措施如下。

（1）强化监督。一是事前监督，二是过程监督，三是事后监督。

（2）实施激励措施。激励措施分为两类：一类是正激励；另一类是负激励，负激励相当于惩罚。

（3）建立抵押制度。为防止滋生道德风险或机会主义行为，很多行业实行不同形式的抵押制度。抵押物通常为货币和资产两大类。

（4）建立利益相容机制。利益相容机制是指在交易或合约执行过程中，通过一定的制度安排，来化解双方或各方的物质利益冲突，以便使各方的物质利益趋于一致。建立这一机制主要从成本和收益两个角度入手。

实践实训

1．阅读以下材料，联系实际情况，运用所学理论进行评析。

有朋友住在市区的某单位宿舍楼，经常抱怨有陌生人敲门，或推销物品，或谎称有东西要送给他，不安全因素相当高。从此，他对未预约的敲门声高度警觉，邻里关系也因此受到了影响。终于，有人倡议，在楼道统一安装对讲防盗门，以有效解决推销人员和骗子的干扰。于是，有热心人士对各家各户进行了调查，征求意见，并要求每户填写愿意支付的数额，准备集资安装对讲防盗门。结果发现各户愿意支付的钱款总额不足以购买最便宜的对讲防盗门。后来，这位热心人士又提出一种方案，按照安装对讲防盗门的预算，各户平摊费用，在让各住户确认的时候，发现有几户表示不愿意出资安装对讲防盗门，并历数不装对讲防盗门的各种好处。于是，朋友所住的宿舍楼最终没有装上对讲防盗门。

2．实地考察——二手车市场考察分析

（1）学生以小组为单位，对二手车市场进行调查。

（2）小组讨论二手车市场出现市场失灵的原因，并提出治理逆向选择的可行方法及策略。

（3）小组写成书面调查报告，并派代表陈述主要观点。

（4）教师对各小组的讨论结果进行归纳和点评。

思考与练习

一、名词解释

市场失灵；政府干预；公共产品；外部性；科斯定理；信息不对称；逆向选择；道德风险

二、选择题

1．政府为实现社会福利最大化最不适宜采取的措施是（　　）。

A．转移支付　　　　B．向富人征税

C．向穷人征税　　　　D．反对哄抬物价

2．（　　）不是纯公共产品的特征。

A．非排他性　　B．竞争性　　C．外部性　　D．由政府提供

3．住宅小区花园里的健身器材具备（　　）。

A．非排他性　　B．非竞争性　　C．排他性　　D．收费性

4．“搭便车”现象是对（　　）的一种形象的描述。

A．社会福利问题　　B．公共选择问题

C．公共产品问题　　D．市场失灵问题

5．可用（　　）来描述一个养蜂主对邻近的经营果园的农场主的影响。

A．外部不经济　　B．外部经济

C．外部损害　　D．以上都不对

6．某人的吸烟行为属于（　　）。

A．生产的外部经济　　B．消费的外部不经济

C．生产的外部不经济　　D．消费的外部经济

7．某一活动存在外部经济是指该活动的（　　）。

A．私人利益大于社会利益　　B．私人成本小于社会成本

C．私人利益小于社会利益　　D．私人成本大于社会成本

8．“前人栽树，后人乘凉”属于（　　）。

A．负外部性　　B．正外部性　　C．非外部性　　D．自然性

9．（　　）最准确地说明了产生污染的生产是缺乏效率的。

A．社会总成本高于私人成本　　B．社会边际成本高于私人边际成本

C．产量大于社会最优产量　　D．忽略了外在成本

10．解决外部不经济可采取（　　）。

A．征税的方法　　B．产权界定的方法

C．将外部性内在化的方法　　D．以上各项均可

11．政府解决资源滥用问题较理想的途径为（　　）。

A．政策禁止　　B．对资源保护部门提供优惠政策

C．产权界定　　D．上述各项均可

12．如果上游工厂污染了下游居民的饮水，按照科斯定理，（　　），问题可妥善解决。

A．不管产权是否明确，只要交易成本为0

B．不管产权是否明确，交易成本是否为0

C．只要产权明确，且交易成本为0

D．只要产权明确，不管交易成本有多大

13．关于科斯定理，说法正确的是（　　）。

A．科斯定理阐述的是产权和外部性的关系

B．科斯定理假设没有政府干预

C．科斯定理一般在涉及交易主体数目较少时才较为有效

D．以上各项都正确

14．有的游客在旅游景点乱扔垃圾属于（　　）。

A．道德风险　　B．逆向选择

C．干预失灵　　D．信息不畅

三、判断题

1. 市场失灵是指市场完全不好。 （ ）

2. 政府干预一定有效。 （ ）

3. 政府官员的利己行为会导致寻租。 （ ）

4. 任何个人都消费同等量的公共产品。 （ ）

5. 政府所提供的任何物品都是公共产品。 （ ）

6. 公共产品的存在引起了“搭便车”现象。 （ ）

7. “一枝红杏出墙来”中的红杏属外部性。 （ ）

8. 外部性问题是由私人产权的缺位造成的。 （ ）

9. 科斯定理指出，如果产权明晰且交易成本很低，那么就不会存在外部性问题。（ ）

10. 价格管制就是政府要对所有商品的价格进行控制。 （ ）

11. 买者与卖者之间的信息存在差别就是信息的不对称。 （ ）

12. 道德风险和逆向选择问题普遍存在的原因是外部性。 （ ）

四、问答题

1. 政府的经济职能有哪些？政府干预为什么会失灵？

2. 用公共产品的特点说明在公共产品的生产上市场是怎么失灵的。

3. 什么是正外部性？

4. 外部影响如何导致资源配置无效？

5. 什么是科斯定理？西方经济学者为什么会认为明确产权的办法可以解决外部经济效果？

6. 垄断会导致哪些市场失灵现象？

7. 政府通常采用哪些价格政策？

8. 政府解决信息不对称的措施有哪些？

拓展应用

1. “希望工程”的合理性

教育是公共产品，理应由政府出资，似乎是通行于全世界的不争的道理。那么“希望工程”是不是在某种程度上默许了政府的失职行为？教育体制的缺陷是否会因为这样的宽容而拖延整改？答案不能简单地用是或非来概括。

从经济学角度来说，人们的投资行为是有一定的收益预期的，基本可以用成本—收益模型来解释。也就是说，如果对某个特定项目投资 100 万元，10 年后，收益预期为 150 万元，而同样的 10 年内，同样的 100 万元在社会各行业投资回报的平均值是 130 万元，那么人们会倾向于进行投资；反之，就不会投资该项目。

现在用这个非常简单的成本—收益模型来分析政府与个人对基础教育的投资倾向。对政府而言，教育投资的预期是什么呢？是公民素质的提高、投资环境的改善、犯罪率的下降、高技术含量人力资源的增长，最终促进该地区经济发展、政治稳定；对个人和家庭而言，教育投资的预期又是什么呢？是可靠的工作保障、良好的社会地位，以及充实的个人生活所带来的物质与精神上的满足感。假设这些都是可量化的，那么政府教育投资收益 R_G 与政府其他投资的平均收益 R_{G0} 会决定政府的投资行为；个人教育投资收益 R_P 与个人其他投资的平均收益 R_{P0} 会决定个人的投资行为。如果 R_G 与 R_P 相互独立，事情就很好办了。但事实是，R_G 与 R_P 不仅关联密切，而且可以此消彼长。也就是说，人受过良好教育后所得到的收益和满足感是较稳定的，而政府对教育的投入却不易获得收益保证。再来看看两个重要的参数 R_{G0} 与 R_{P0}，其中 R_{G0} 是同时期内政府进行社会投资的平均收益，就是基建投资、企业贷款（企业应与政府分开，但现在地方政府对企业还有很大的影响，因此包含在内）、旅游开发、城市建设、环境保护等在同时期内带来的收益平均值。可见与教育的无形收益相比，地方政府可选择的投资渠道很多，R_{G0} 很高。

反过来讲 R_{P0}，个人的投资渠道又有多少？在调查居民储蓄倾向时，有 70%的家庭回答“存钱为孩子上大学”，其他的选择还有养老、炒股、买债券、买房，而与孩子有一个良好前途这样一个巨大的 R_P 相比，剩下的投资平均收益 R_{P0} 并不让人心动。$R_P \gg R_{P0}$，这就是中国的教育投资应当从民间找出路的重要原因之一。

有人说：“我捐助希望工程，是掏我的钱，给我不认识的人，何来预期收益啊？”所以，“希望工程”才建立“1+1”计划，加强捐助人与受助人的联系，分享受助人的 R_P。因为收益不光表现为物化，也体现为“做个好人”的心理满足感。这种联系越紧密，人们愿为预期收益支付的资金就越多，所以给自己家孩子舍得成千上万元的投入，给他人家孩子一年 300 元，还是亲疏有别的。

2．相同与不同：公共厕所经营管理模式比较

在市场经济中，政府以何种方式提供各种公共产品与服务一直是社会各界关注的热点话题。近年来全国各地都在进行公共厕所（以下简称“公厕”）民营化的尝试。以下是武汉市武昌区和苏州市公厕运营管理改革的相关新闻摘录。

（1）武昌火车站的两个公厕拍出“天价”，年“身价”过百万元。

武汉市武昌区城市管理行政执法局（以下简称“城管局”）抓“管理”、创“效益”，在公共卫生领域走产业化、市场化发展道路，对公厕经营权进行招标。为配合公厕经营权招标，城管局专门制定实施办法，规定中标者首先必须缴纳 17%的风险抵押金，承包期间，必须严格遵守物价部门核定的收费标准，并随时接受环卫部门的检查。2002 年 8 月 29 日，经过 138 次竞价后，武昌火车站出站口公厕的中标价锁定在 46.95 万元/年，成为武汉公厕的“标王”。

2003 年 8 月，武昌区城管局再次对辖区内 6 所收费公厕经营权进行招标，武昌火车站出站口公厕的经营权价格为 62.15 万元/年。据了解，该公厕底价为 33 万元，而火车站另一个公厕则拍出 40.1 万元。

另据了解，尽管有关方面此前曾贴出公告招标告示，但在拍卖现场，工作人员称是内部竞标，约有 40 人参与招标，大部分是原环卫系统职工，并且拒绝记者旁听。

（2）苏州公厕一律免费开放。

自 2003 年 1 月 1 日起，苏州 287 个公厕已先后全部实现 24 小时免费开放。免费开放后如何实现低成本、高水平管理？同年 4 月 22 日，苏州对市区 38 个公厕的保洁、维护、管理权向社会进行招标，129 位自然人和 12 家具有环卫行业资质的企业参加了投标。首轮

开标结果显示，有 29 个公厕找到了“管家”，其中 22 个是个人中标，7 个为企业中标，未中标的 9 个将继续向社会招标。在苏州进行的公厕招标的标底是通过测定每个公厕每年全部保洁和维修等费用来确定的，而这笔费用由市和区两级财政各承担一半。

在招标现场，竞标场面活跃，自然人中八成为下岗失业人员。另据了解，一个 24 小时开放的公厕，需要 3～4 人的保洁费用和维护费用，还需要樟脑丸、垃圾袋、清洁剂、水电等费用，根据这些支出可推算出，投标标的基本在 3 万～4 万元。

招标时对公厕的保洁和维修制定有详细的标准和要求，如“一客一保洁”，即每位客人使用公厕后都要保洁一次，还规定管理者除可以向使用公厕者代售一角一份的手纸外，不可再有其他收费服务。保洁维护权转让后，苏州市环卫部门将对每个公厕进行检查，一个月不少于 10 次。

城市公共卫生服务是一种典型的公共物品，那么在公共产品与服务的供给模式中，武昌模式与苏州模式孰优孰劣呢？

首先，武昌模式与苏州模式相比，前者不仅使得政府的直接支出减少，而且有关部门还有不菲的收入，相反，苏州模式下政府不但没有了相应的收入，却需要投入大量的资金以维持公共卫生系统的正常运转，所以，实施苏州模式的前提条件是有相对雄厚的财政收入基础。其次，应该注意不同模式下可能出现的其他负面影响。在武昌模式下，按照有关部门制定的收费标准（每人次 5 角），仅完成 62.15 万元标底价，武昌火车站公厕的管理者每天至少要接纳 3 400 人，也就是说，24 小时开门，每分钟必须两人以上使用，承包人才有可能“保本经营”。那么，公厕的经营权为什么还如此“紧俏而吃香”呢？原来是经营者灵活运用了自己的产品与服务技术特性，即公厕服务的需求缺乏弹性。而 2003 年 10 月 31 日的媒体报道，以 62.15 万元高价获得的武昌火车站出口公厕的经营权因超标收费而第二次被收回，而此前也有媒体披露在青岛出现 5 元甚至 10 元的“天价”公厕。可见，虽然城管部门制定了相关的配套管理办法，但是从实际的运作看，效果并不理想。

一般来说，通过市场激励机制进行公共设施的管理经营，运用拍卖等方式出让城市公厕经营管理权，政府既能大大降低公共管理的投入成本，又能给公众提供更多、更好的公共管理和服务，这种尝试符合政府与社会公众两者的共同利益。但是，武昌模式中出现了一“拍”了之的情况，然后任由经营者凭借地理优势和垄断经营搞“天价”收费。城市建设本来就是为纳税人服务的，但在武昌模式下，公众基本的生理需求不能得到满足，而最基本的城市公共设施成了少数人的盈利场所。武昌模式确实降低了有关部门的直接成本，也给经营者带来了利益，但是其最终成本还是普通公众负担（有关部门拍卖“天价”公厕得到的收入的最终用途没有公开），所以，这种形式的公共事业民营化与市场激励机制的引入，将少数人的利润最大化放在了首位，使公共服务的生产和消费都失去了公平，严重地损害了公众利益。

在不打破垄断经营的前提下，纯粹简单地以改革产权的方式，让私人资本来介入公共服务，虽然在表面上看迎合了改革的潮流，但实际上是对公共利益的侵害。对于类似公厕民营化这种公共服务的市场化改革，政府管理部门应该保证各个方面的市场激励机制与此相适应，只有实现公共管理制度的系统性变革，公共服务的市场化才能真正取得成功。

思维导图

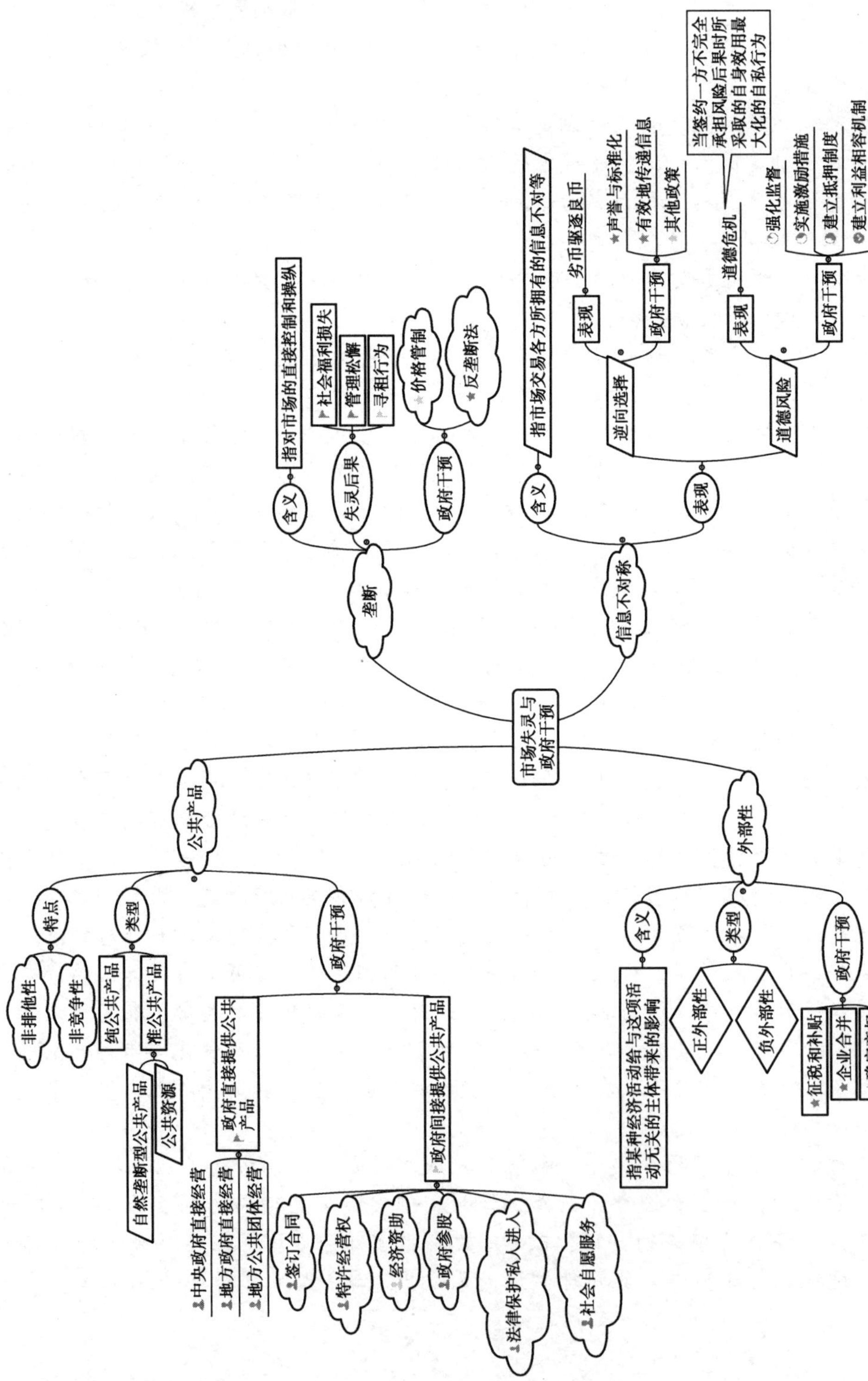
市场失灵与政府干预
垄断
含义
指对市场的直接控制和操纵
失灵后果
社会福利损失
管理松懈
寻租行为
政府干预
价格管制
反垄断法
信息不对称
含义
指市场交易各方所拥有的信息不对等
表现
逆向选择
表现
劣币驱逐良币
政府干预
声誉与标准化
有效地传递信息
其他政策
道德风险
表现
道德危机
当签约一方不完全承担风险后果时所采取的自身效用最大化的自私行为
政府干预
强化监督
实施激励措施
建立抵押制度
建立利益相容机制
公共产品
特点
非排他性
非竞争性
类型
纯公共产品
准公共产品
自然垄断型公共产品
公共资源
政府干预
政府直接提供公共产品
中央政府直接经营
地方政府直接经营
地方公共团体经营
政府间接提供公共产品
签订合同
特许经营权
经济资助
政府参股
法律保护私人进入
社会自愿服务
外部性
含义
指某种经济活动给与这项活动无关的主体带来的影响
类型
正外部性
负外部性
政府干预
征税和补贴
企业合并
确定产权

项目六　了解国民经济核算与收入决定

学习目标

知识目标：

▲ 了解 GDP 的含义及核算方法；
▲ 了解实际国内生产总值和名义国内生产总值；
▲ 了解国民经济运行流程；
▲ 了解国民生产总值及其他国民收入核算指标；
▲ 理解国民收入的决定因素；
▲ 理解乘数理论；
▲ 理解国民收入分配原则及政策。

能力目标：

▲ 能够用收入法和支出法核算 GDP；
▲ 能够用乘数理论分析相关社会现象；
▲ 能对我国的收入分配政策进行分析。

平等和经济效率之间的冲突是不可避免的，多一分平等就少一分效率，多一分效率就少一分平等，没有例外。

——美国经济学家　阿瑟·奥肯

任务一　了解国民收入核算体系

【社会现象】

襄樊市更名的 GDP

有这样一个笑话：两位经济学家打赌，师兄发现地上有一坨狗屎，就说："师弟敢把这坨狗屎吃了，我给你 1 亿元！"师弟马上进行成本核算，发现合算，吃！但吃后很难受，想报复，恰又发现一坨狗屎，便说："师兄要是吃，我也给 1 亿元！"师兄正心疼着自己那 1 亿元，便马上吃掉。事后两人齐悔，相拥大哭：我们俩一分钱也没挣到，却一人吃了一坨狗屎……这用经济学如何解释？于是去请教导师，导师一听，激动得老泪纵横："两亿元呀!你们俩给国家贡献了两亿元的 GDP 啊!”

襄樊市更名为襄阳市，正是这个笑话的现实版。

千万元 GDP 增长由何而来？报道称：“城市更名后，各级机关、人民团体等社会机构的招牌、公章、财务章、文件头、信封、信纸、票据、证件、营业执照、个人名片等，都不得不以旧换新……将给印刷业、制证制牌业带来千万元的经济增长。”我们终于长见识了：原来 GDP 来源于社会资源浪费。可这种数字增长真的有实际意义吗？符合科学发展观吗？这和高消耗的落后发展方式有何区别？和笑话中的导师的算账方式有何区别？

对于襄樊改名，《人民日报》发表文章，指出在中国这样一个文明古国，如果都想要靠历史文化拉动城市旅游，需要改名的城市就太多了。比如说，西安就改叫长安了，南京就改叫金陵了，开封也改叫汴梁了……如果改名成风，旅游收入不见得比原来增长多少，但造成的浪费肯定是惊人的。

至于襄樊，既然已经更名为襄阳了，也别改回来了，不然还得再增加 1 千万元的“狗屎 GDP”。

讨论：谈谈你个人对 GDP 的认识。

【理论基础】

国民经济核算是指在一定的经济理论指导下，通过综合运用统计、会计、数学等方法，从数量上系统地反映国民经济运行状况和社会再生产过程中生产、分配、交换、使用各个环节之间，以及国民经济各部门之间的内在联系，是宏观经济信息系统的核心部分，是进行宏观经济管理、调控和决策的基础。

一、国内生产总值

（一）国内生产总值的含义

国内生产总值（Gross Domestic Product，GDP）是指一国一年内所生产的最终产品（包括产品与劳务）的市场价值的总和，是一个国家或地区所有常住单位在一定时期内生产活动的最终成果。GDP 是国民经济核算的核心指标，也是衡量一个国家或地区的经济状况和发展水平的重要指标。

中国 GDP 核算的常住单位是指在中国经济领土范围内拥有一定的活动场所（厂房或住宅），从事一定规模的经济活动，并持续经营一年以上的单位（包括住户），不包括中国香港、澳门特别行政区及台湾地区的单位。

在理解这一含义时，要注意以下几个问题。

（1）GDP 是指一年内生产出来的产品的总值。因此，在计算时不应包括以前所生产的产品的价值。例如，以前所生产而在该年售出的存货，或以前所建成而在该年转手出售的房屋等。

（2）GDP 是指最终产品的总值。因此，在计算时不应包括中间产品产值，以避免重复计算。

最终产品是最后供人们使用的产品，中间产品是在以后的生产阶段中作为要素投入的产品。在实际经济中，许多产品既可以作为最终产品使用，又可以作为中间产品使用，要区分哪些是最终产品、哪些是中间产品是很困难的。例如，煤炭在作为冶金等行业的燃料或化工等行业的原料时就是中间产品，而作为人们生活中的燃料时就是最终产品，这样，把哪一部分煤炭算为最终产品、哪一部分算为中间产品就不容易了。为了解决这一问题，在具体计算时采用了增值法，即只计算在生产各阶段产品所增加的价值。可以用一个例子来说明增值法（见表 6.1）。

表 6.1 采用增值法计算 GDP

生产阶段的产品	产品价值	中间产品产值	产品的增加价值
棉花	8	0	8
棉纱	11	8	3
棉布	20	11	9
服装	30	20	10
合计	69	39	30

在表 6.1 中，服装是最终产品，其产品价值为 30，用增值法计算也是 30，如不区分最终产品和中间产品，则会重复计算 39。只要用增值法，无论把上例中的哪种产品作为最终产品，都不会造成重复计算。

（3）GDP 中的最终产品不仅包括有形的产品，而且包括无形的产品——劳务，即要把旅游、服务、卫生、教育等行业提供的劳务，按其所获得的报酬计入 GDP 中。

（4）GDP 指的是最终产品市场价值的总和，这就是说要按这些产品的现期价格来计算。这样就引出两个值得注意的问题：其一，不经过市场销售的最终产品（如自给性产品、自我服务性劳务等）没有价格，也就无法计入 GDP 中；其二，价格是变动的。因此，GDP 不仅受最终产品数量变动的影响，而且受价格水平变动的影响。

知识应用

面粉的用途

面粉若被食品厂买去烤制面包，则为中间产品；若被消费者买去蒸馒头，则为最终产品。面包价值的计算如表 6.2 所示。

表 6.2 面包价值的计算

生产阶段的产品	产品价值	中间产品价值	产品的增加价值
小麦	5	0	5
面粉	10	5	5
面包	18	10	8
合计	33	15	18

在表 6.2 中，面包是最终产品，其价值为 18 个单位。如果把各个生产阶段的产品价值求和则为 33 个单位，这其中包括了中间产品价值 15 个单位的重复计算。若用增值法，将产品在各生产阶段的增加价值求和，则不会造成重复计算，可得到最终产品价值为 18 个单位。

（二）GDP 的核算方法

GDP 核算有支出法、收入法和生产法 3 种方法。3 种方法从不同角度反映国民经济生产活动的成果。

1. 利用支出法核算 GDP

利用支出法核算 GDP，是指按在一定时期内整个社会购买最终产品的总支出即最终产品的总卖价来核算 GDP。最终产品的购买者是产品和劳务的最后使用者。在现实生活中，产品和劳务的最后使用，除了居民消费，还有企业投资、政府购买和净出口。因此，利用支出法核算 GDP，就是核算经济社会（指一个国家或一个地区）在一定时期内消费、投资、政府购买和净出口这几个方面支出的总和。

（1）消费（Consumption）。消费（指居民个人消费）支出包括购买耐用消费品（如小汽车、电视机、洗衣机等）、非耐用消费品（如食物、衣服等）和劳务（如医疗、旅游、理发等）的支出。建造住宅的支出不包括在内。

（2）投资（Investment）。投资是指增加或更换资产的支出。投资包括固定资产投资和存货投资两大类。固定资产投资是指新厂房、新设备、新商业用房和新住宅的增加。存货投资是指企业掌握的存货价值的增加。如果年初全国企业存货为 1 000 亿美元而年末为 1 200 亿美元，则存货投资为 200 亿美元。

投资是一定时期内增加到资本存量中的资本流量，而资本存量则是经济社会在某一时间点上的资本总量。例如，某国家某年的投资是 900 亿美元，而该国年末的资本存量可能是 5 000 亿美元。由于机器、厂房等的不断磨损，假定每年要消耗即折旧 400 亿美元，则上述 900 亿美元的投资中就有 400 亿美元要用来补偿旧资本消耗，净增加的投资即净投资只有 500 亿美元，由于这 400 亿美元是用于重置资本设备的，故称重置投资。净投资加上重置投资为总投资。用支出法计算 GDP 时的投资指的是总投资。需要注意的是，居民用于住宅的投资也包括在内。

（3）政府购买（Government Purchase）。政府对物品和劳务的购买是指各级政府购买物品和劳务的支出，如政府在法院、国防、道路、学校等方面的支出。

（4）净出口（Net Exports）。净出口是指进出口的差额。进口应从本国总购买量中减去，因为其不是购买本国产品的支出；出口则应加到本国总购买量之中，因为其是购买本国产品的支出。

把上述 4 项求和，就是一国的国内生产总值，即利用支出法计算 GDP 的公式如下：

GDP=消费+投资+政府购买+净出口

知识拓展

债券和股票是否是经济意义上的投资

一方面，虽然购买债券和股票对购买者而言可以称为“投资”，但经济学规定的投资与通常意义上的投资不一样。经济学上的投资是指增加或更换资本资产（包括厂房、住宅、机械设备及存货）的支出，具体而言分为固定资产投资和存货投资。固定资产投资包括新厂房、新设备、新商业用房和新住宅的增加；存货投资是指存货价值的增加（也存在减少的可能性）。投资是一定时期内增加到资本存量中的资本流量。在计算 GDP 时，采用的是总投资而不是净投资。

另一方面，国民收入核算中核算的是运用生产要素所生产的全部最终产品的市场价值。购买股票和债券的资金，在购买时还没有用于生产，不能产生最终产品，更谈不上价值。但是，如果购买股票和债券时支付了一定的佣金和未来可能产生的股息和利息，则应该归入国民收入的核算。因为前者为经纪人的劳务报酬，后者则是资金利用后的增值。

2. 利用收入法核算 GDP

利用收入法核算 GDP，是指利用要素收入即企业生产成本核算 GDP。严格来说，最终产品的市场价值除了生产要素收入构成的成本，还有间接税、折旧、企业未分配利润等。因此利用收入法核算的 GDP 应包括以下 5 个项目。

（1）工资、利息、租金等这些生产要素的报酬。工资包括所有对工作的酬金、津贴和福利费，也包括工资收入者必须缴纳的所得税及社会保险费。利息在这里是指人们给企业所提供的货币资金得到的利息收入，如银行存款利息、企业债券利息等。但是，政府公债利息及消费信贷利息不包括在内。租金包括出租土地、房屋等租赁收入及专利、版权等收入。

（2）非公司企业主收入，如农民、小店铺主的收入等。这些人使用自己的资金，自我雇用，其工资、利息、利润和租金常混在一起作为非公司企业主收入。

（3）企业税前利润。企业税前利润包括企业所得税、社会保险费、股东红利及企业未分配利润等。

（4）企业转移支付和间接税。企业转移支付和间接税虽然不是生产要素创造的收入，但要通过产品价格转嫁给购买者，故也应视为成本。企业转移支付包括对非营利性组织的社会慈善捐款和消费者“呆账”；企业间接税又称流转税，包括增值税、消费税和营业税。

（5）资本折旧。资本折旧虽不是要素收入，但包括在总投资中，所以也应计入 GDP。

这样，按收入法核算的 GDP=工资+利息+利润+租金+企业转移支付和间接税+折旧。它和以支出法核算的 GDP 从理论上说是相等的。但是，实际核算中常有误差，因而还要加上一个统计误差，即

GDP=工资+利息+利润+租金+企业转移支付和间接税+折旧+统计误差

3. 利用生产法核算 GDP

利用生产法核算 GDP，是指按提供物质产品与劳务的各个部门的产值来核算 GDP。生产法又称部门法，能反映 GDP 的来源。

运用这种方法进行核算时，各生产部门要把使用的中间产品的产值扣除，只计算增加的价值。商业、服务等部门按增值法计算价值；卫生、教育、行政、家庭服务等部门无法计算其增加的值，就按工资收入来计算其服务的价值。

利用生产法核算 GDP 时可以分为下列部门：农、林、牧、渔业，采矿业，制造业，电力、热力、燃气及水生产和供应业，建筑业，批发和零售业，交通运输、仓储和邮政业，住宿和餐饮业，信息传输、软件和信息技术服务业，金融业，房地产业，租赁和商务服务业，科学研究和技术服务业，水利、环境和公共设施管理业，居民服务、修理和其他服务业，教育，卫生和社会工作，文化、体育和娱乐业，公共管理、社会保障和社会组织，国际组织。将以上部门的 GDP 求和，再与国外要素净收入相加，考虑统计误差，就可以得到利用生产法核算的 GDP 了。

按以上 3 种方法核算所得出的结果，从理论上说应该是一致的，因为它们是从不同角度核算的同一个 GDP。但实际上，这 3 种方法所得出的结果往往并不一致。国民经济核算体系以支出法为基本方法，即以支出法核算出的 GDP 为标准。如果按收入法与生产法核算出的结果与此不一致，就要通过统计误差来进行调整，使之达到一致。

知识拓展

低碳经济与绿色 GDP

所谓低碳经济，是指在可持续发展理念指导下，通过技术创新、制度创新、产业转型、新能源开发等多种手段，尽可能地减少煤炭、石油等高碳能源消耗，减少温室气体排放，达到经济社会发展与生态环境保护双赢的一种经济发展形态。

提出低碳经济的大背景，是全球气候变暖对人类生存和发展的严峻挑战。随着全球人口和经济规模的不断增长，能源使用带来的环境问题及其诱因不断地为人们所认识，不只是光化学烟雾和酸雨等的危害，大气中二氧化碳浓度升高带来的全球气候变化也已被确认为不争的事实。在此背景下，"碳足迹""低碳经济""低碳技术""低碳发展""低碳生活方式""低碳社会""低碳城市""低碳世界"等一系列概念、政策应运而生。而能源与经济以至价值观实行大变革的结果，可能将为逐步迈向生态文明走出一条新路，即摈弃 20 世纪的传统增长模式，直接应用 21 世纪的创新技术与创新机制，通过低碳经济模式与低碳生活方式，实现社会可持续发展。

绿色 GDP 是可持续发展 GDP 的简称，是指从 GDP 总量中扣除自然资源耗减价值与环境污染损失价值后剩余的部分。绿色 GDP 能够反映经济增长水平，体现经济增长与自然环境和谐统一的程度，实质上代表了国民经济增长的净正效应。绿色 GDP 占 GDP 的比重越高，表明国民经济增长对自然的负面效应越低，经济增长与自然环境的和谐度越高。为正确衡量我国的经济总量并正确引导经济增长方式，我国正在积极推行绿色 GDP 的计算方法。改革现行的国民经济核算体系，对环境资源进行核算，从 GDP 总量中扣除环境资源成本和环境资源保护服务费用，用公式可以表示为如下形式：

绿色 GDP= GDP 总量−（环境资源成本+环境资源保护服务费用）

（三）名义 GDP 与实际 GDP

名义 GDP，即以当年价格计算的 GDP，如今年某产品的价格为 10 万元/个，总产量为 1 000 个，则名义 GDP 为 10 000 万元。实际 GDP，即以基年价格（基年是人为设定的某一年）计算的 GDP，如基年价格为 5 万元/个，总产量为 1 000 个，则实际 GDP 为 5 000 万元。二者的差别就在于计算的价格标准不同，前者是现期价格，后者是基期价格。

名义 GDP 与实际 GDP 之商被称为 GDP 平减指数，用以衡量物价变动的幅度，是衡量通货膨胀的一种指标。假如 1978—2013 年 GDP 平减指数为 200%，即 2013 年比 1978 年的物价上涨了 1 倍。如前所述，GDP 是最终产品市场价值的总和。因此，GDP 还要受价格水平的影响，同样的产量按不同的价格会计算出不同的 GDP。按当年价格计算的 GDP，称为名义 GDP；按不变价格计算的某一年的 GDP，称为实际 GDP。不变价格是指统计时确定的某一年（基年）的价格。

知识拓展

GDP不是万能的，但没有GDP是万万不能的

作为衡量经济增长的指标，越来越多的经济学者对GDP的重要性产生了怀疑。美国经济学家约瑟夫·斯蒂格利茨曾经指出，如果一对夫妇留在家中打扫卫生和做饭，这将不会被列入GDP的统计范围之内；假如这对夫妇外出工作，另外雇人做清洁和烹饪工作，那么这对夫妇和佣人的经济活动都会被计入GDP。说得更明白一些，如果一名男士雇用一名保姆，保姆的工资将计入GDP。如果这名男士与保姆结婚，不给保姆发工资了，这笔费用就不计入GDP了。

德国学者厄恩斯特·冯·魏茨察克和美国学者艾墨里·B.洛文斯、L.亨特·洛文斯在他们合著的《四倍跃进》一书中对GDP在衡量经济增长中的作用更是提出了诘难。他们生动地写道："乡间小路上，两辆汽车静静驶过，一切平安无事，它们对GDP的贡献几乎为零。但是，其中一个司机由于疏忽，突然将车开向路的另一侧，连同到达的第三辆汽车造成了一起恶性交通事故。'好极了！'GDP说。"

因为随之而来的是，叫来救护车、医生、护士，联系意外事故服务中心，进行汽车修理或买新车，进行法律诉讼，亲属探视伤者，损失赔偿，叫来保险代理人，有新闻报道等，所有这些都被看成正式的职业行为，都是有偿服务。即使任何参与方都没有因此而提高生活水平，甚至有些人还蒙受了巨大损失，但人们的"财富"——所谓的GDP依然在增加。基于以上分析，3位学者深刻地指出："平心而论，GDP并没有定义成度量财富或福利的指标，而只是用来衡量那些易于度量的经济活动的营业额。"需要进一步指出的是，GDP统计中所包括的外资企业虽然在我国境内，从统计学意义上给我国创造了GDP，但利润却拿回他们自己的国家。一句话，他们把GDP留给了我们，把利润转回了自己的国家。这就如同在天津打工的安徽民工把GDP留给了天津，把挣的钱汇回了安徽一样。看来GDP只是一个"营业额"，不能反映环境污染的程度，不能反映资源的浪费程度，看不出支撑GDP的"物质"内容。

尽管GDP存在种种缺陷，但世界上本来就不存在一种包罗万象、反映一切的经济指标，在现在使用的描述和衡量一国经济发展状况的指标体系中，GDP无疑是最重要的指标之一。因此，GDP不是万能的，但没有GDP是万万不能的。

二、国民生产总值

国民生产总值（Gross National Product，GNP）是指一年内本国常住居民所生产的最终产品的价值总和。它以人口为统计标准，包括本国居民从国外取得的收入，而不包括外国居民在本国取得的收入。GNP与GDP之间的关系如下：

GNP=GDP+本国公民在国外生产的最终产品的价值总和−外国公民在本国生产的最终产品的价值总和

如果本国公民在国外生产的最终产品的价值总和大于外国公民在本国生产的最终产品的价值总和，则GNP大于GDP；反之，GNP小于GDP。

三、国民收入核算的其他总量指标

在国民收入核算中，除了 GNP 之外还有另外 4 个重要的总量：国民生产净值、国民收入、个人收入、个人可支配收入。这 5 个总量之间存在一定的关系。

（1）国民生产净值（Net National Product，NNP）：一个国家一年内新增加的产值，即在 GNP 中扣除了折旧之后的产值。

（2）国民收入（National Income，NI）：一个国家一年内用于生产的各种生产要素所得到的全部收入，即工资、利润、利息和地租的总和。

（3）个人收入（Personal Income，PI）：一个国家一年内个人所得到的全部收入。

（4）个人可支配收入（Disposable Personal Income，DPI）：一个国家一年内个人可以支配的全部收入。

它们之间的关系如下。

（1）NNP=GNP−折旧。

（2）NI=NNP−间接税。

（3）PI=NI−公司未分配利润−企业所得税+政府给居民户的转移支付+政府向居民支付的利息。

（4）DPI=PI−个人所得税=消费+储蓄。

四、国民收入核算指标的局限性

国民收入核算指标能在相当程度上衡量一个国家的宏观经济活动水平，显示一国国民的福利享受状况。但也应清醒地看到，这些指标并非完美无瑕，而是存在一定局限性的。例如，GDP 这一指标的局限性主要表现在以下 4 个方面。

1．没有充分地反映所有的经济活动

由于 GDP 的统计是基于合法、公开的市场交易，那些对国民收入有重大影响的非法、非公开市场交易就无法得到反映，如走私、贩毒等。南美洲的一些国家，贩毒交易额非常高，因此，官方公布的 GDP 或人均 GDP 并不能真实地反映其货币收入状况。当然，这绝不是说贩毒等非法交易有存在的理由。

几乎所有国家都不同程度地存在地下经济，除此之外，还有旨在逃税、漏税的生产经营活动等。这些生产经营活动无法进入政府的统计范围，无法被计入 GDP。

一些自给性的生产与服务、物物交换等经济活动也无法得到反映，而这些又确实影响着社会福利状况。例如，前已述及，家庭主妇的家务劳动是无法计入 GDP 的。假如家庭主妇不从事家务劳动，就要雇用保姆，支付给保姆的劳务费是要计入 GDP 的。这也就是说，家庭主妇原来每个月的家务劳动创造的 GDP 相当于现在每个月支付给保姆的劳务费。

2．不能真实地反映国民的福利享受状况

国民的福利享受状况不仅取决于经济总量，还取决于收入分配结构。同样的 GDP，分配结构不同，国民的福利享受状况会产生很大的差异，而这一点在抽象的 GDP 数据中是难以反映出来的。

国民的福利享受状况不仅有物质享受，还有精神享受，如工作中的愉快程度、人际关

系、闲暇时间等。这些也难以在 GDP 数据中反映出来。假设两个国家的 GDP 甚至人均 GDP 都相同，但其中一国国民的闲暇、休假时间非常充裕，另一国则很少，那么国民的福利状况显然是有差异的。还有，破坏和浪费资源的重复建设等虽会在一定时期内推动 GDP 的增长，但人们的福利享受水平却往往没有提高，甚至会带来负效用。例如，有的围墙建了又推，推了又建；或者有的马路挖了又填，填了又挖。

3. 没有充分地反映产品结构与质量

根据 GDP 的统计原理，企业生产出来的一些质量低下的产品，甚至难以售卖出去的产品（存货）也会计入 GDP。这些产品不仅不能带来消费效用，还是对经济资源的一种浪费。

4. 没有充分地反映社会成本

GDP 的增长往往会损害生态环境，而生态环境的被损害是一种社会代价、社会成本。例如，自然资源被大量破坏、生活环境被严重污染等，这些社会成本在 GDP 的核算中还无法得到有效的反映。

课堂活动

哪几项应计入当年 GDP

（1）购买一辆旧车的款项。
（2）购买股票 4 年的支出。
（3）蛋糕厂购入 5 吨面粉的支出。
（4）银行从企业获得的贷款利息。
（5）购买二手车时支付的中介费。
（6）农民自己生产用于消费的粮食。

讨论：以上哪几项应计入当年 GDP？

任务二 了解国民经济运行与收入决定

【社会现象】

新基建写入政府工作报告，积极财政政策三箭齐发

赤字率拟按 3.6%以上安排，财政赤字规模比 2019 年增加 1 万亿元；发行 1 万亿元抗疫（指新型冠状病毒肺炎疫情，以下简称“新冠肺炎疫情”）特别国债；拟安排地方政府专项债券 3.75 万亿元，比 2019 年增加 1.6 万亿元……2020 年 5 月 22 日的《政府工作报告》提出，积极的财政政策要更加积极有为，这是特殊时期的特殊举措。

对于提高赤字率、发行特别国债、加大地方政府专项债券的规模，华夏新供给经济学研究院院长、中国财政科学研究院研究员贾康表示，“这就是过去常说的三箭齐发”。而新型基础设施建设，新型城镇化建设，交通、水利等重大工程建设等“两新一重”建设，更是被明确说明是扩大有效投资的重点。

（1）财政增量资金要注重放大效应。《政府工作报告》提出，1 万亿元财政赤字和 1 万亿元抗疫特别国债将全部转给地方，建立特殊转移支付机制，资金直达市县基层，直接惠企利民，主要用于保就业、保基本民生、保市场主体，包括支持减税降费、减租降息、扩大消费和投资等，强化公共财政属性，决不允许截留挪用。对赤字率安排，贾康认为，“大家早就预料到了，这次把赤字率提高到 3.6%以上，就是把它明朗化。”总体上来说，财政赤字规模加上抗疫特别国债，财政资金增量达到 2 万亿元。

“不是一个钱顶一个钱用的问题。”贾康表示，财政资金使用要特别注重放大效应，比如财政贴息支持小微企业渡过难关，采取优惠贷款贴息就是一种放大的方式，财政只补贴利息里的一块，商业性金融机构发放贷款仍遵循市场规则，小微企业拿到的贷款利息很低，融资成本也就降下来了，如果财政贴息 5%，其放大效应就是 20 倍，“这种机制要特别运用好。”

（2）“两新一重”建设成为扩大投资的发力重点。按照《政府工作报告》，要扩大有效投资，2020 年拟安排地方政府专项债券 3.75 万亿元，比 2019 年增加 1.6 万亿元，提高专项债券作为项目资本金的比例，中央预算内投资安排 6 000 亿元，重点支持既促消费惠民生又调结构增后劲的“两新一重”建设。

所谓“两新一重”建设，具体来讲是指加强新型基础设施建设，发展新一代信息网络，拓展 5G 应用，建设充电桩，推广新能源汽车，激发新消费需求、助力产业升级；加强新型城镇化建设，大力提升县城公共设施和服务能力，新开工改造城镇老旧小区 3.9 万个，支持加装电梯，发展用餐、保洁等多样社区服务；加强交通、水利等重大工程建设，增加国家铁路建设资本金 1 000 亿元。健全市场化投融资机制，支持民营企业平等参与。

此外，报告还提出，要增加国家铁路建设资本金 1 000 亿元。贾康分析，增加资本金也有放大意义，资本充足率方面有支撑，国家铁路建设企业就可以更好地在资本市场融资，进一步推进铁路网建设。

（3）新基建人才缺口将达 417 万个。新基建已成为近期以来的热点话题。4 月 20 日，国家发改委针对新基建的概念和内涵给出权威解读，即以新发展理念为引领，以技术创新为驱动，以信息网络为基础，面向高质量发展的需要提供数字转型、智能升级、融合创新等服务的基础设施体系，包括信息基础设施、融合基础设施和创新基础设施 3 个方面。

“基建仍是发力重点。”中泰证券首席分析师杨畅也认为，内需包括投资与消费，投资中的发力重点仍然是基础设施投资，制造业受到下游需求压力，短期难以修复，房地产开发投资难以出现明显回升，基建投资仍是发力重点。未来基建仍将延续前期方向，尤其是在医疗卫生领域的基础设施建设和新型基础设施建设。

在此背景下，新基建相关行业人才也显得日渐紧俏。智联招聘发布的《2020 年新基建产业人才发展报告》显示，我国新基建核心技术人才缺口长期存在，预期 2020 年年底将达 417 万人。猎聘的数据显示，从新基建中高端人才的城市分布来看，排名在前 20 名的城市以一线城市、部分新一线城市及较为发达的二线城市为主。其中北京、深圳、上海位居前三，占比分别为 20.49%、13.13%、12.95%，属于第一梯队。

（资料来源：孙杰，潘福达. 新基建写入政府工作报告，积极财政政策三箭齐发[N]. 北京日报客户端，2020-05-22.）

讨论：在 2020 年年初新冠肺炎疫情袭击造成经济发展严重受阻的情况下，国家是如何在防控不放松的常态下加快恢复生产生活秩序及提振经济的？

【理论基础】

一国经济中最宏观的部分当然是一个国家经济的整体运转情况。那么，它究竟是怎么运行起来的呢？用宏观经济学的术语来说，即一个国家的经济是如何实现各部分平衡的呢？从支出法、收入法与生产法所得出的 GNP 的一致性，可以说明国民经济中的一个基本平衡关系。总支出代表了社会对最终产品的总需求，而总收入和总产量代表了社会对最终产品的总供给。因此，从 GNP 的核算方法中可以得出这样一个恒等式：

总需求≡总供给

一、国民经济运行流程

1．两部门经济循环模型

两部门经济是指由企业和居民这两种经济单位所组成的经济，也是最简单的经济，如图 6.1 所示。在这种经济中，居民出卖劳动，到企业去做工，挣来钱去购买企业生产的产品；企业生产出产品，把产品卖出去，收回钱来继续生产。一国的宏观经济要实现平衡，其条件如下：居民挣的钱全花掉，企业生产的产品全卖出，即“市场出清”，供求关系平衡。但是，宏观经济的现实问题如下：居民挣的钱没全花出去，企业生产出的产品也没都卖出去。那么，宏观经济还能正常运转吗？

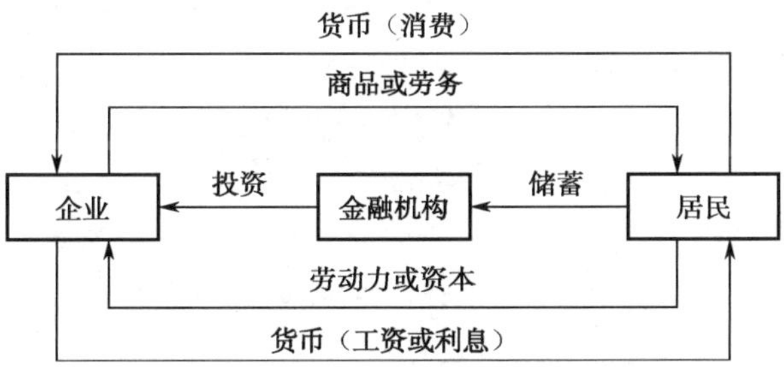

图 6.1 两部门经济循环模型

现实经济中，居民会把挣来的钱中的一部分花出去，把另一部分存起来。不花的钱存进银行，形成居民的储蓄。作为企业来讲，它不可能一直都是简单再生产，若扩大再生产，就需要投资。企业扩大投资时找银行借钱，就有了投资。

所以，这时总需求分为居民的消费需求和企业的投资需求。消费需求与投资需求可以分别用消费支出与投资支出来表示，消费支出即消费，投资支出即投资。因此：

总需求=消费+投资

总供给是全部产品与劳务供给的总和，产品与劳务是由各种生产要素生产出来的，所以，总供给是各种生产要素供给的总和，即劳动、资本、土地和企业家才能供给的总和。生产要素供给的总和可以用各种生产要素得到的相应收入的总和来表示，即用工资、利息、地租和利润的总和来表示。工资、利息、地租和利润是消费者所得到的收入，这些收入分为消费与储蓄两部分。

总供给=消费+储蓄

根据总需求与总供给的恒等式，可以得出：

储蓄=投资

从以上分析可以得出，在两部门经济循环模型中，只要企业的投资等于居民的储蓄，宏观经济就能正常运转，得出宏观经济平衡的重要条件：储蓄等于投资。

再来看现实，我国现在的储蓄等于投资吗？实际上是不相等的。如果我国的储蓄率居高不下，那么工厂积压在仓库里的东西就卖不出去。这样一来，经济就不可能正常循环。

按照约翰·梅纳德·凯恩斯的理论，要让两个部门的经济运转起来，储蓄一定要等于投资，否则经济就可能出问题。当储蓄大于投资的时候，通货就在紧缩，因为东西卖不出去，企业只能降价卖、便宜卖、保本卖，甚至最后赔本也得卖。当投资大于储蓄的时候，大家都想赚钱，这时需求多，东西少，物以稀为贵，企业的商品就会涨价，就会出现通货膨胀。因此，前者表现为通货紧缩，就是钱越来越值钱；后者表现为通货膨胀，就是商品越来越值钱。

因此，在约翰·梅纳德·凯恩斯的宏观经济模型中，两个部门经济要想正常运行，平衡的条件就是储蓄一定要等于投资。

2. 三部门经济循环模型

三部门经济是由居民、企业与政府这 3 种经济单位组成的经济，如图 6.2 所示。政府在经济中的作用，主要通过政府支出与税收表现出来。政府支出分为对产品的购买与转移支付两部分，政府购买是指政府为了满足政府活动的需要而进行的对产品的购买，政府转移支付是不以换取产品为目的的支出，如各种补助金、救济金等。政府转移支付的资金是政府收入的一部分，当支付给接受者时，变成接受者的收入，因此在计算 GDP 时应将其扣除，否则将出现重复计算。个人有了收入要缴纳个人所得税，企业有了收入要缴纳企业所得税、增值税等。当把这些税交给政府，政府有了收入后，就要支付出去。这样，整个宏观经济才可能正常运转。如果政府的财政收入不等于财政支出的话，就会出现财政赤字或财政盈余。

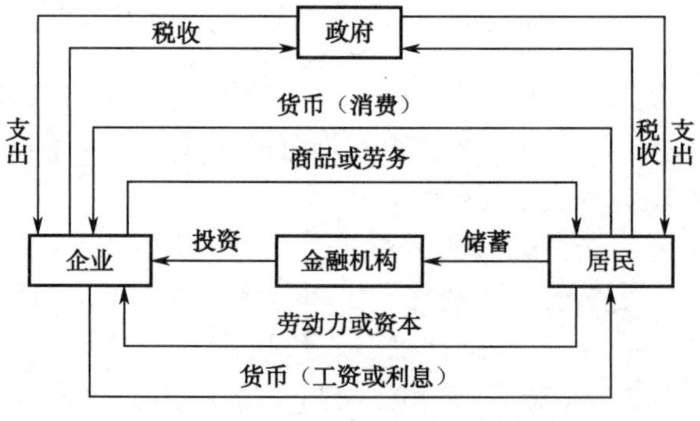

图 6.2　三部门经济循环模型

三部门经济循环模型中，从总需求方面看，一国的国民收入是居民的消费需求、企业的投资需求与政府的购买需求之和。政府的购买需求是指政府购买产品与劳务以满足政府活动的需要，是经济循环模型的一种注入量，是总需求的构成部分。政府的购买需求可以用政府支出来表示。所以：

总需求=消费+投资+政府支出

从总供给方面看，除了居民供给的各种生产要素之外，还有政府的供给。政府的供给是指政府为整个社会提供了国防、立法、基础设施等公共产品。政府要提供这些公共产品，必须得到相应的收入——税收。所以，在价值上可以用政府税收来代表政府的供给。政府税收是经济循环模型的一种漏出量。所以：

总供给=消费+储蓄+政府税收

因此，可以得出三部门经济中总需求与总供给的恒等式：

投资+政府支出≡储蓄+政府税收

即三部门经济要正常运行下去，不仅要储蓄等于投资，而且要政府来自居民与企业的税收和政府向居民与企业的支出相等。

3. 四部门经济循环模型

经济要素配置和供求关系不仅仅在一个封闭的国家内部进行，还涉及与国外的生产要素和产品的交换。开放经济的四部门经济是指由企业、居民、政府和国外部门这 4 种经济单位所组成的经济，如图 6.3 所示。在这种经济中，一方面，国外部门作为供给者向国内三部门提供产品，就是进口；另一方面，国外部门作为需求者购买国内产品，就是出口。这时，经济要正常运行下去，不仅要储蓄等于投资，政府税收等于支出，而且要所有的出口与所有的进口相等。

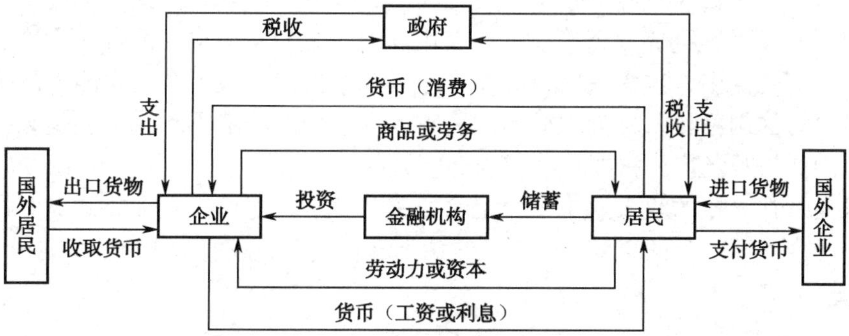

图 6.3 四部门经济循环模型

如果出口大于进口，就会出现贸易顺差，赚到的钱就多，外汇就会流进来；如果进口大于出口，就会表现为贸易逆差。无论是贸易顺差还是贸易逆差，都是宏观经济不平衡的表现。这时，经济循环模型反映了居民、企业、政府与国外部门之间的经济联系。这时，总需求不仅包括居民的消费需求、企业的投资需求与政府的购买需求，而且包括国外的需求。国外的需求对国内来说就是出口，所以可以用出口来代表国外需求。这样：

总需求=消费+投资+政府支出+出口

四部门经济中的总供给中，除了居民供给的各种生产要素和政府的供给外，还有国外的供给。国外的供给对国内来说就是进口，所以可以用进口来代表国外的供给。这样：

总供给=消费+储蓄+政府税收+进口

所以，可以得出四部门经济中总需求与总供给的恒等式：

投资+政府支出+出口≡储蓄+政府税收+进口

知识拓展

一国经济的理想状态

当总供给大于总需求时，人们都愿意把钱存在银行，不管政府怎样刺激，老百姓就是不花钱。这时经济的平衡需要用降价来实现。企业要想卖出过剩的产品，就得降价卖，原材料企业要想卖掉过剩的原材料也必须便宜卖，便宜人家都不愿意买，就赊账。当生产企业把产品送到超市时，超市也不马上付款。这种总供给大于总需求的结果，必然是导致物价指数下降。

当各种产品价格上升时，表示经济开始回暖，总需求超过了总供给，通货开始膨胀（钱变得不值钱）了；当产品价格下降时，表示经济开始变冷，这时总供给超过了总需求，通货开始紧缩了。

每个人都能观察到一个时期内总需求与总供给是否平衡，如果总需求小于总供给，物价指数下降，导致通货紧缩；总需求大于总供给，物价指数上升，导致通货膨胀；如果物价指数平稳，国家的宏观经济平衡。

二、总需求的构成

一个国家的国民收入来源于哪里？其变动受制于哪些因素？约翰·梅纳德·凯恩斯认为，短期内生产技术、经济资源等都不会变化，因而短期内决定国民收入水平的就是有效需求，即个人消费支出、投资支出、政府支出以及净出口构成的有支付能力的需求。总需求等于总供给时的国民收入称为均衡的国民收入。短期的经济不均衡主要是因有效需求不足造成的，因此宏观经济分析要从总需求分析开始。

总需求表示在一定的收入水平、价格水平等条件下，居民、企业、政府和国外部门购买本国生产的产品和劳务的总和。所以，它由消费、投资、政府支出和出口4个部分构成。

1. 消费

消费是指居民对产品与劳务的需求或支出，包括耐用消费品支出、非耐用消费品支出、住房租金以及对其他劳务的支出。根据西方经济学家对长期消费统计资料的分析，在总需求中，消费需求是相当稳定的。

居民的消费量由什么决定？在现实生活中，任何两个居民都不可能以完全相同的方式来使用他们的可支配收入。这是因为影响各个居民消费的因素很多，如收入水平、商品价格水平、收入分配状况、消费偏好、财产状况、年龄构成、制度、风俗习惯等。约翰·梅纳德·凯恩斯认为，这些因素中有决定意义的是收入。为此，可以从诸多因素中抽出这一因素进行单独分析。

经济学家认为，人们的全部消费分为两个部分：自发消费和引致消费。自发消费是人的基本需求决定的最必需的消费，不取决于收入，无论收入多少，自发消费都是必不可少的，是一个固定的量。引致消费是收入所引起的消费，随着收入的变动而变动，随着收入的增加，消费也会增加，但是消费没有收入增加得多。

因为即使某个居民在某一时期内收入为0，但人要生存，吃、住、行的必要开支是必不可少的，这时这个居民通过使用以前的积累或借贷进行消费（减少资产或负储蓄），消费支出大于可支配收入。这就是说，收入增加时，消费随之增加，但增加得越来越少。这就是边际消费倾向递减规律。

边际消费倾向是指增加的消费与增加的收入的比率，也就是增加的 1 个单位的收入中用于增加消费的部分。

储蓄是收入中未被消费的部分。既然消费随收入增加而增加的比率是递减的，则可知储蓄随收入增加而增加的比率是递增的。

知识应用

“后疫情时代”是“报复性消费”+“报复性储蓄”吗

2020 年年初，肆虐的新冠肺炎疫情，给人们的经济和生活造成了巨大的冲击。据报道，2020 年 5 月的一项统计中，近七成人表示自己的消费总支出减少，而近六成人表示对于 2020 年收入的预期增长并不乐观。“报复性消费”并没有如期而遇，正常的工作和生活节奏的恢复成了人们关注的关键词。

那么到底是“报复性消费”还是“报复性储蓄”呢？资料显示，“后疫情时代”人们的理财行为，实际上会更加趋于理性。

自古以来，储蓄观念在中国一直深入人心。国际货币基金组织统计，截至 2018 年，世界平均储蓄率为 21.5%，中国居民储蓄率高达 36.8%，约超越世界平均水平 15 个百分点。调查显示，中国的消费者平均每月会将 34.9%的收入用于储蓄，“规律性储蓄”几乎是其普遍的习惯。

中国人民银行 2019 年发布的数据显示，2019 年一季度，居民存款余额为 77.6654 万亿元，同比增速为 13.1%，居民新增存款规模创下近几年新高。2020 年，在疫情的影响下，由于对于收入预期的不确定，消费者的储蓄意识在进一步增强。调查显示，59.8%的消费者表示，疫情后要更加努力地存钱，让手里留住更多的备用金，以备不时之需。事实上，这一趋势在疫情发生开始就已经显现。更值得关注的是，一度被贴上“透支消费”“月光族”消费标签的年轻人，或许成为疫情影响下消费观念改变最大的群体。调查显示，除了有着更大的社会压力的“70 后”和“80 后”，“90 后”的储蓄意识也较为突出，对于“疫情后要不要努力存钱”，大多数人表示肯定。这也说明，成为主力消费群体的千禧一代，开始在花钱这件事情上趋于理性，“理性储蓄”成为主流，“报复性储蓄”“报复性消费”并没有如期而遇，企业要想让年轻人掏腰包，通过营销等手段鼓励年轻人借贷、透支消费的行为或将不再像过去那么容易。

2．投资

投资是指企业对投资品的需求或支出，包括企业固定投资（用于厂房、设备等固定资产的投资）、存货投资（用于原材料、半成品及未销售的成品的投资）以及居民住房投资。投资在经济中的波动相当大。

投资的目的在于取得收益，企业只有在预计到购买投资品会给它带来利润，即会带来大于投资成本的收益时才会进行投资。所以投资主要受收益、成本和预期 3 个方面的影响。

（1）收益。如果一项投资有助于企业出售更多的商品，即投资所引起的商品需求状况好的话，企业就会扩大投资；反之，则不会投资。

（2）成本。决定企业投资成本的主要是利率和税收。首先，企业的投资取决于投资的预期利润率与购买这些资产而必需的借款所要求的利率的比较。前者大于后者时，投资就是值得的；前者小于后者时，投资就不划算。因此，在决定投资的因素中，利率是首要因素。利率上升时，企业投资的成本增加，投资需求就会减少；利率下降时，投资成本降低，投资需求就会增加。其次，税收是政府财政政策的一部分。税收增加，投资成本增加，投资需求就会减少；税收减少，投资成本降低，投资需求就会增加。

（3）预期。投资者对投资前景乐观，对未来经济状况的预期良好，自发性投资水平上升，则在每一利率水平上，投资需求就会增加。

3. 政府支出

政府支出是指政府对各种产品与劳务的需求，或者说是政府购买产品与劳务的支出。随着国家对经济生活干预的加强，总需求中政府支出的比例也一直在提高。

4. 出口

在分析国民收入的决定时，出口指净出口，即出口与进口之差。

三、总需求决定的均衡的国民收入

当不考虑总供给这一因素时，均衡的国民收入水平就是由总需求水平所决定的，总需求水平的高低决定了均衡的国民收入水平的高低。一般来讲，总需求的变动会引起均衡的国民收入同方向变动，即总需求增加，均衡的国民收入增加；总需求减少，均衡的国民收入减少。因此，可以有如下结论。

（1）消费增加，总需求增加，均衡的国民收入增加；消费减少，总需求减少，均衡的国民收入减少。

（2）投资需求增加，在每一利率水平上均衡的国民收入增加；投资需求减少，在每一利率水平上均衡的国民收入减少。

（3）政府实行扩张性财政政策，增加政府支出或减免税额，其作用都类似于增加投资或刺激消费，从而导致均衡的国民收入增加；政府实行紧缩性财政政策，减少政府支出或增加税额，将导致均衡的国民收入减少。

（4）净出口增加，其作用相当于增加了自发性支出，从而导致均衡的国民收入增加；净出口减少，导致均衡的国民收入减少。

（5）在既定的收入中，消费与储蓄是呈反方向变动的，即消费增加，储蓄减少；消费减少，储蓄增加。消费是总需求的一个重要组成部分，储蓄增加使消费减少，总需求减少，从而导致国民收入减少；储蓄减少使消费增加，总需求增加，从而导致国民收入增加。因此，储蓄的变动会引起国民收入反方向变动。

根据消费与储蓄对国民收入的不同影响，西方经济学家得出这样一个与传统的道德观相矛盾的推论：按照传统的道德观，增加储蓄是好的，减少储蓄是坏的。但是，按上述储蓄变动引起均衡的国民收入反方向变动的理论，增加储蓄会减少国民收入，使经济衰退，是坏的；减少储蓄会增加国民收入，使经济繁荣，是好的。

应该指出的是，增加储蓄会使国民收入减少，减少储蓄会使国民收入增加的结论仅仅适用于各种资源没有得到充分利用，从而总供给可以无限增加的情况。如果各种资源得到了充分利用，从而要考虑总供给的限制时，这一结论就不再适用了。

知识拓展

节俭的悖论

20 世纪 30 年代，资本主义世界爆发了一场空前的大危机。经济的大萧条使 3 000 多万人失业，1/3 的工厂停产，金融秩序一片混乱，整个经济倒退到第一次世界大战以前的水平。在经济大危机中，产品积压，工人失业，生活困难，绝大多数人非常悲观。持续的经济衰退和普遍失业，使传统的经济学遇到了严峻的挑战。一直关注美国罗斯福新政的约翰·梅纳德·凯恩斯从一则古老的蜜蜂的寓言中得到了启示：从前有一群蜜蜂过着挥霍、奢华的生活，整个蜂群兴旺发达，百业昌盛。后来，它们改变了原有的生活习惯，崇尚节俭朴素，结果社会凋敝，经济衰落，终于被敌手打败。约翰·梅纳德·凯恩斯从这则寓言中悟出了需求的重要性，建立了以需求为中心的国民收入决定理论，并在此基础上引发了经济学上著名的"凯恩斯革命"。这场革命的结果就是建立了现代宏观经济学。

约翰·梅纳德·凯恩斯的总需求理论改变了人们的传统观念，如如何看待节俭。在传统观念中，节俭是一种美德。但是，根据总需求理论，节俭就是减少消费，消费是总需求的一个重要组成部分，消费减少就是总需求减少，总需求减少则使国民收入减少，经济衰退。由此看来，对个人而言是美德的节俭，对社会却是恶行。这就是经济学家经常说的"节俭的悖论"。蜜蜂的寓言所讲的也是这个道理。

约翰·梅纳德·凯恩斯重视消费的增加。当 1933 年英国经济处于萧条时，约翰·梅纳德·凯恩斯曾在英国 BBC 电台号召家庭主妇多购物，称她们此举是在"拯救英国"。在《就业、利息和货币通论》中，他甚至还开玩笑地建议，如果实在没有支出的方法，可以把钱埋入废弃的矿井中，然后让人去挖出来。已故的北京大学经济系教授陈岱孙曾说过，约翰·梅纳德·凯恩斯只是用幽默的方式鼓励人们多消费，并非真的让你这样做，但增加需求支出以刺激经济则是约翰·梅纳德·凯恩斯本人和凯恩斯主义者的一贯思想。

过去有一句老话："新三年，旧三年，缝缝补补又三年"，如果真的如此节俭，纺织行业就会面临着纺织品卖不出去，工人下岗，收入降低的风险，影响整个社会的消费。因此，节俭对个人来说可能是一种美德，在有的时候还要提倡，但对整个社会来说就不是美德了，而是一种退步。因为大家都节俭，储蓄增加，如果这部分储蓄不能及时转化为投资形成新的消费力量，那就会减少社会需求，对国民经济活动造成一种紧缩的压力，导致经济萧条，国民收入也因此下降，就业减少。尤其是在经济萧条时期，这种节俭更会加剧萧条，形成恶性循环。

课堂活动

奥运会给我国经济带来了什么

1984 年，美国商界奇才彼得·尤伯罗斯创造性地将奥运会和商业紧密结合起来，使当年的洛杉矶奥运会成为"第一次赚钱的奥运会"。从此以后，原本都是"赔本赚吆喝"的奥运会迸发出一种"镶金边儿的日子变成钱"的超能力。于是，"奥运经济"这个概念出现了。

2001 年 7 月 13 日，北京申奥代表团在莫斯科进行最后的陈述。申奥形象大使、著名运动员邓亚萍在陈述报告中说："在悉尼火炬接力的时候，有一个小男孩向我走来，当他摸到火炬的时候，他的眼睛一下子亮了，我能感觉到在那个时候，他的一生发生了变化……”有人将邓亚萍的这句话归纳为“奥运能够改变人的一生”。更有人据此引申道：奥运不仅能够改变一个人，也能改变一个企业，改变一个城市，乃至改变一个国家！

2008 年，第 29 届奥运会在北京举行。越来越多的中国人能够感受到奥运会离中国是那么近。而“奥运经济”，在人们的社会生活中已经变得无处不在。

一份权威报告表明，1984 年洛杉矶奥运会为南加利福尼亚地区带去了 32.9 亿美元的收益；1992 年巴塞罗那奥运会为加泰罗尼亚地区带去了 260.48 亿美元的经济效益；1996 年亚特兰大奥运会为佐治亚州带去了 51 亿美元的总效益；2000 年悉尼奥运会为澳大利亚和新南威尔士州带去了 63 亿美元的收益。

2008 年，第 29 届奥运会已在北京成功举行，通过各种途径查找资料，讨论下列问题：

（1）中国举办奥运会给中国经济带来了哪些好处？

（2）根据总需求理论来说明为什么现在举办奥运会能够赚钱。

四、乘数理论

1．乘数的含义

总需求增加会引起国民收入增加。但是，一定量的总需求增加会使国民收入增加多少呢？即总需求增加量与国民收入增加量之间的关系如何呢？乘数理论正是要回答这一问题的。

乘数是指总需求增加所引起的国民收入增加的倍数，或者说是国民收入增加量与引起这种增加量的总需求增加量之间的比率。乘数是 1 减去边际消费倾向之后的倒数，也就是边际储蓄倾向的倒数。

假定总需求增加 100 万元，国民收入增加 300 万元，则乘数就是 3，这表明国民收入的增加 3 倍于总需求的增加。

一般来说，乘数总是大于 1 的。这是因为国民经济各部门之间存在着密切的联系。某一部门总需求的增加，不仅会使本部门收入增加，而且会在其他部门引起连锁反应，从而使这些部门的需求与收入也增加，最终使国民收入的增加数倍于最初总需求的增加。

其实，总需求的不同部分的增加都具有乘数作用。如果指的是总需求中投资的增加，则是投资乘数；如果指的是总需求中政府支出的增加，则是政府支出乘数；如果指的是总需求中净出口的增加，则是对外贸易乘数。

2．影响乘数的因素

乘数的大小取决于边际消费倾向。边际消费倾向越高，乘数就越大；边际消费倾向越低，乘数就越小。这是因为边际消费倾向越大，收入中就有越多的部分用于消费，从而使总需求和国民收入增加得更多。除此之外，以下 4 个因素均会影响投资乘数作用的发挥。

（1）经济中为 0 或较小的过剩生产能力。如果经济中没有过剩的生产能力或者过剩的生产能力较小，增加投资只会引起总需求的增长，却不会或难以使生产增加，最终结果只能是物价水平上升。只有在社会过剩的生产能力大、社会闲置的资源如生产设备、劳动力等数量多的情况下，增加投资才能较充分地利用闲置资源，从而更多地增加国民收入。

（2）投资与储蓄的关联性。如果投资与储蓄的联系非常密切，投资增加会产生对货币需求的增长，从而提高利率水平，进而引起储蓄增加，消费相应减少，最终将部分抵消投资增加对国民收入增加的影响；当投资与储蓄的独立性较强时，投资增加不会使利率上升，也就不会增加储蓄和减少消费，收入自然就能增加。

（3）货币供给量的非适应性。如果货币供给量不能随投资的增加而增加，即投资增加得不到货币的相应支持，则投资增加只会增加货币需求，促使利率上升，从而抑制总需求水平的提高，国民收入的增长就会遇到阻碍。

（4）投资的外购性。如果增加的投资用于购买进口的生产要素，则不会对国内的总需求产生较大的影响，也就不会较多地增加国民收入。

应该承认，国民经济各部门之间确实存在着乘数理论所反映的这种连锁反应，国民收入的增加也大于最初总需求的增加。但乘数发生作用是需要有一定条件的，也就是说，只有社会中的各种资源没有得到充分利用时，总需求的增加才会使各种资源得到利用，使乘数产生作用。如果社会中的各种资源已经得到了充分利用，或者某些关键部门（如能源、原料或交通）存在着制约其他资源利用的“瓶颈状态”，乘数也无法发挥作用。此外，乘数的作用是双重的，即当总需求增加时，所引起的国民收入的增加要大于最初总需求的增加；当总需求减少时，所引起的国民收入的减少也要大于最初总需求的减少。所以，西方经济学家形象地把乘数称为一把“双刃剑”。

课堂活动

两元钱的故事

一个村里有 3 个人，一个洗衣工，一个理发师，一个修鞋匠。村里经济不好，消费力越来越差，3 个人的工作量越来越少，大家都不敢花钱买东西。最后，这 3 个人都是一个样——头发长，衣服脏，连鞋穿破了都只能将就使用。

眼看大家身上都长虫了，都快要饿死了。村长看不下去了，就借给了洗衣工两元钱。洗衣工给了理发师和修鞋匠各 1 元钱，请他们帮自己理发和修鞋，自己再把衣服洗干净了。很快，洗衣工变了一个样，清爽了。

理发师看到了，把赚来的 1 元钱给了修鞋匠，请他修鞋，自己再把头发整理一下。修鞋匠把 1 元钱给了理发师，请他理发，自己再把鞋子整理一下。咦！这两人也都变了样，而且他们手上都还剩了 1 元钱。他们把这 1 元钱给了洗衣工，请洗衣工洗衣服。

最后，3 个人的衣服、头发和鞋子都是非常整洁干净的，生意也越来越好。村长出借的两元钱回到了洗衣工手上，洗衣工又还给了村长。

如果洗衣工、理发师、修鞋匠代表人民，村长代表政府，那两元钱就非常像“消费券”。

消费一动，百业皆活。在故事里，两元钱发挥了四两拨千斤的功效。关键就是让大家都获得一种信心，得以放开手脚去消费，从而经济运作才得以正常运行。

讨论：故事中的两元钱是如何对经济发挥作用的？

任务三　了解国民收入的分配机制

【社会现象】

个人所得税的调整

2018 年 10 月 1 日，个人所得税起征点提高至每月 5000 元；10 月 20 日，《个人所得税专项附加扣除暂行办法（征求意见稿）》向社会公布，税费制度改革再次成为社会焦点。2018 年，“减税降费”可以说是政策不断、持续升温。

税费制度是将社会新创造的价值在政府、企业、居民之间进行分配的重要手段。在国民经济的管理中，国民收入的分配是宏观经济政策中的重要问题。1992—2015 年，居民收入占国民收入初次分配的比重从 66%降到 60.9%，大概降了将近 6 个百分点；企业从 18%升到了 24%，上升了 6 个百分点；政府从 15.9%下降到 14.9%，下降了 1 个百分点。对于居民部门来说，居民的份额占比是偏低的，且内部的收入差过大，其标志就是中国的基尼系数在全世界主要国家中一直是偏高的。

讨论：如何理解个人所得税的调整对国民收入分配的影响？

【理论基础】

国民收入分配是指对一个国家在一定时期内创造的净产值进行的分配。国民收入分配分为初次分配和再分配两个层次。

一、国民收入分配的层次

1．初次分配层次

初次分配是指国民收入在生产过程的当事人之间的分配。初次分配依生产方式和经济形态的不同而不同。在现代市场经济条件下，初次分配实际上是在参与生产过程的各种要素的所有者之间的分配。经过初次分配，国民收入分解为劳动报酬、企业收入和政府收入（间接税）。其中，企业收入将进一步分解为利润、利息、地租、租金等。国民收入通过初次分配，形成了国家、生产部门本身和劳动者个人的初次收入。

2．再分配层次

再分配是指在初次分配基础上的再次分配。再分配是对初次分配中的不合理因素进行的修正，使其符合社会公平性要求，为社会执行公共职能提供必要的物质条件。再分配有两种形式：一种是国家依法凭借行政手段强制进行的再分配，主要手段是赋税制度（特别是所得税制、遗产税制）和财政转移支付制度；另一种是自愿进行的再分配，如赠予、捐助等。从更广泛的意义上看，税种和税率的变动、价格的变动、流通中货币量的变化、各种非等价交换的摊派和收费等都同时发生着再分配。

由初次分配和再分配导致的结果就是最终分配。有的人把初次分配称为小分配，把包括初次分配和再分配在内的最终分配称为大分配。

二、国民收入的最终分配格局与公平性

1. 国民收入的最终分配格局

国民收入的最终分配格局是指经过初次分配和再分配形成的收入分配格局。要素收入分配的结果所形成的各收入主体的最初收入，经过各种社会收入再分配，最终形成各收入主体能够用于最终消费支出和投资支出的收入，即可支配收入。居民个人在获得最初收入的基础上，经过缴纳个人所得税、社会保险金和取得各种社会转移收入后，形成居民个人可支配收入；国家在获得最初收入的基础上，经过社会转移收入（包括各种非生产税）和社会转移支出（包括社会救济等）的分配调节后，便得到国家最终的可支配收入。扣除个人最终收入和国家最终收入后剩下的余额，即形成企业的最终可支配收入，包括扣除上缴国家的收入和其他税收以及其他社会转移支出，再加上从政府得到的补贴后，所余下的全部企业未分配利润，即企业可用于储蓄或投资的收入总额。个人、企业和国家三者的最终可支配收入构成国民收入的最终分配格局。

知识拓展

国民收入的用途

国民收入经过初次分配和再分配以后，按其最终用途可分为积累基金和消费基金，分别用于积累和消费，如图 6.4 所示。

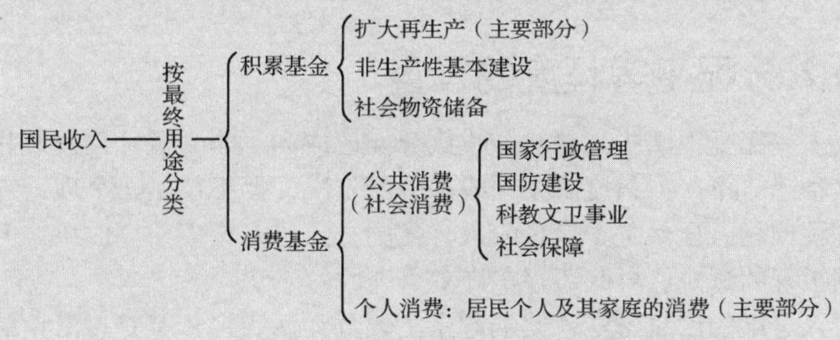

图 6.4 国民收入的用途

由图 6.4 可知，在积累基金的三部分内容中，扩大再生产是主要部分，因为它是发展生产力、增强国家综合经济实力、提高人民生活水平的根本途径。

消费基金部分不论是公共消费还是个人消费都属于生活消费，而不是生产消费。其中，个人消费是主要部分。在市场经济条件下，个人消费是指通过个人的货币收入、自由选购商品和劳务来满足个人及家庭的需求，所以它关系到人民生活水平的提高。公共消费部分除了包括图 6.4 列出的几项外，还包括环境保护、城市公用事业等方面的消耗。在公共消费领域，非生产性基本建设仍属积累。例如，建一座学校属于非生产性基本建设，是积累的内容，而维持学校正常运转的物质消耗则属公共消费。总之，公共消费在经济建设和社会发展中起着重要作用，同时也与人们的生活息息相关，是人们生存与发展所必需的，也有利于提高人民群众的生活质量。

2. 国民收入分配的公平性

我国是社会主义国家，非常关注国民收入分配的公平性。所谓国民收入分配的公平性，主要表现为收入分配的相对平等，即要求社会成员之间的收入差距不能过于悬殊，要求能保证人们基本的生活需要。我们所说的公平只能是相对公平和平等，不可能是绝对的公平和平等。

知识拓展

效率与公平的辩证关系

1. 效率与公平有对立的一面

效率与公平存在对立的一面，根源是资源的相对稀缺性。面对相对稀缺的资源，人类必须尽一切可能提高资源的利用效率，而要调动人们提高资源利用率的积极性，就必须在分配上将人们的报酬与贡献挂钩；在个人能力、运气、工作环境等差异很大的社会里，每个人得到的报酬必然呈现很大的差异，即出现不公平，如果每个人的报酬相同，那又会挫伤人们提高效率的积极性，因此二者是对立的。

2. 效率与公平又有一致性

在社会主义市场经济条件下，效率与公平又有一致性。一方面，效率是公平的物质前提和基础，没有效率作为物质前提和基础的公平，只能导致平均主义和普遍贫穷；另一方面，公平是提高经济效率的保证。只有给劳动者提供充分的利益和权利分配的公平，才能激发劳动者发展生产、提高经济效率的积极性。

三、国民收入分配平等程度的衡量

当前中国收入差距呈不断扩大趋势，收入分配已成为影响中国经济发展与社会稳定的重要因素。在这种形势下，如何度量中国收入分配状况，已不仅是一个理论性问题，而是一个重要的现实性问题。虽然关于度量收入分配的方法已有许多研究成果，但这个问题实际上尚没有得到很好的解决，对此还存在许多争议。

目前关于收入分配的度量方法，归纳起来主要分为两类：一类是以洛伦兹曲线为基础的度量方法，如基尼系数等；另一类是以等分法为基础的度量方法，如阿鲁瓦利亚指数、库兹涅茨指数、泰尔指数等。其中，基尼系数是目前使用相对广泛的方法。下面主要介绍洛伦兹曲线和基尼系数。

1. 洛伦兹曲线

为了研究国民收入在国民之间的分配，美国统计学家马克斯·奥托·洛伦兹提出了著名的洛伦兹曲线。马克斯·奥托·洛伦兹首先将一个国家的总人口按收入由低到高排队，把社会居民及其收入的多少分成若干等级，再分别在横轴和纵轴上标明每个等级的人口所占总人口的百分比和其收入占社会总收入的百分比，最后连接各个等级的坐标点所形成的一条曲线，即洛伦兹曲线。

假设某国的人口与收入分布如表 6.3 所示。把全部人口从最低收入 A 到最高收入 E 分为 5 组，每组各占人口总数的 20%，并说明每组的收入在总收入中所占的百分比。例如，

A 组为最低收入人口，其收入占所有人口总收入的 5%，而 E 组为最高收入人口，其收入占所有人口总收入的 40%。

表 6.3 某国的人口与收入分布情况

组　别	人　口		收　入	
	占人口总数的比重（%）	小计（%）	占总收入的比重（%）	小计（%）
A	20	20	5	5
B	20	40	12	17
C	20	60	18	35
D	20	80	25	60
E	20	100	40	100

根据表 6.3 中人口与收入比重的统计，画出洛伦兹曲线，如图 6.5 所示，横轴代表人口比重，纵轴代表收入比重。在 45° 线上，每 20%的人口得到 20%的收入，表明收入分配绝对平均，因此该线称为绝对平均线。而洛伦兹曲线的弯曲程度具有重要意义，反映了收入分配的不平等程度。弯曲程度越大，收入分配越不平等。因此，在图 6.5 中，横轴与直线 *EX* 所形成的折线表明收入分配的绝对不平均，称为绝对不平均线。

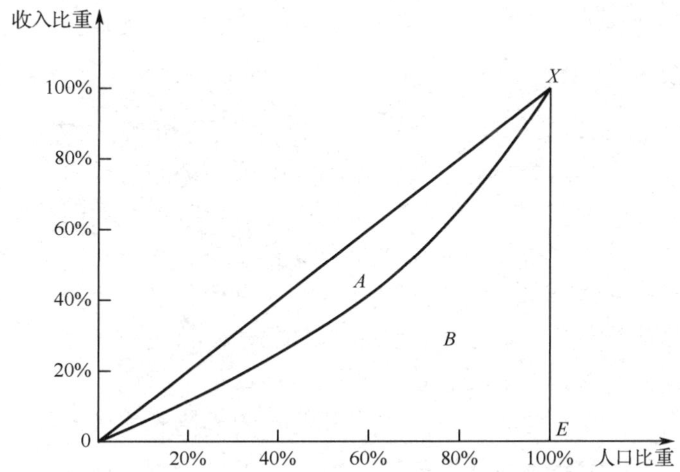

图 6.5 洛伦兹曲线

实际的洛伦兹曲线应该介于绝对平均线和绝对不平均线之间，表明收入与财产分配的不平等程度。洛伦兹曲线离绝对平均线越近，表明收入或财产分配越平等；洛伦兹曲线离绝对不平均线越近，表明收入或财产分配越不平等。

2. 基尼系数

基尼系数是由意大利统计学家基尼根据洛伦兹曲线计算出来的反映收入分配的平均程度的指标。

如图 6.5 所示，如果洛伦兹曲线与绝对平均线之间的面积用 *A* 来表示，洛伦兹曲线与绝对不平均线之间的面积用 *B* 来表示，则基尼系数的计算公式如下：

$$基尼系数=\frac{A}{A+B}$$

基尼系数的取值为0～1，基尼系数越大，收入分配越不平均；基尼系数越小，收入分配越平均。当A等于0时，基尼系数为0，表明收入分配处于绝对平均状态；当B等于0时，基尼系数为1，表明收入分配处于绝对不平均状态，如表6.4所示（保留两位小数）。

表6.4 基尼系数与收入分配平均程度

基尼系数	收入分配平等程度	基尼系数	收入分配平等程度
0	绝对平等	0.4～0.49	差距较大
0～0.19	高度平等	0.5～0.59	差距悬殊
0.2～0.29	比较平等	0.6～0.99	高度不平等
0.3～0.39	基本合理	1	绝对不平等

国际上通常把0.4作为收入分配差距的“警戒线”，根据黄金分割律，其准确值应为0.382。一般发达国家的基尼系数为0.24～0.36。

一般情况下，一国政府利用洛伦兹曲线和基尼系数，既可以观察本国的现行国民收入分配状况，作为政府制定社会收入调节政策的辅助参考依据，也可以用来检测政府所推行的特定社会收入调节政策的基本效果。

课堂活动

中国贫富差距新特点：由“穷人太穷”转为“富人太富”

根据国家统计局公布的数据，中国的基尼系数在2008年达到了0.491的峰值，此后的7年持续下降，2015年下降到0.462。有观点认为，基尼系数的持续下降意味着中国的收入差距正在不断缩小，并进一步得出中国贫富差距也在逐步缩小的结论。但仅仅根据国家统计局公布的基尼系数，可能难以准确判断中国贫富差距的真实情况。一方面，国家统计局公布的基尼系数是基于对城镇和农村住户的抽样调查计算得到的，调查数据存在一定的偏差。因为对高收入居民进行调查特别困难，拒访率高，导致样本中真正的高收入居民大量遗漏；而且，高收入居民对其收入的记载和陈述失真程度大，低报收入的情况相当普遍，特别是当涉及从非正常渠道获得的收入时（通常称之为“隐性收入”），通过常规方法的收入调查几乎无法获得真实信息。另一方面，贫富差距除了包括收入差距，还包括财产差距，而且财产差距更重要。因为收入是流量，只能反映某一时间段内财富的变动，无法衡量某一时间点上财富的多少。

相比之下，财产是存量，涉及资产和负债，比收入涵盖更多的信息。因此，单纯从收入差距的角度考察贫富差距是不全面的，要想更加精确地衡量居民的贫富差距，应该从存量即财产差距的视角出发。目前，中国的贫富差距依然严峻，这种严峻性主要表现为3个特点：第一，由于“隐性收入”主要分布在富裕家庭，而且财产也主要由富裕家庭持有，因此贫富差距依然较大；第二，中国贫富差距的核心特征快速地由“穷人太穷”转变为“富人太富”；第三，贫富差距开始呈现代际固化的特征，富裕人群的子女通过继承父辈的财富依然保持富裕，而贫穷人群的子女则因为教育不公平等因素依然处于社会底层。之所以富人的后代依然是富人，很重要的一个原因是遗产税的缺失。由于富人往往拥有巨额的财富积累，富人的后代通过继承父辈的财富自然就成了富人。而穷人的后代依然是穷人，则在很大程度上归咎于教育不公平。学区制的存在限制了家庭自由选择学校的权利，高收入家庭往往能够通过支付择校费、购买学区房等方式获得优质的教育资源，而低收入家庭则通常不具备择校能力。此外，不少穷人的子女往往因为无法负担费用而失去接受高等教育的机会，而富人的子女则通常能顺利进入高等教育学府求学，甚至去世界知名高校留学。教育不公平使得穷人的子女人力资本积累不足，在就业市场上的竞争力弱，从而导致穷人的后代依然是穷人。

贫富差距的代际固化，使子女的收入和财产水平很可能在其出生的时候就已经由其父母的收入和财产水平决定，而子女的后天努力可能很难改变这一不利局面。伴随着时间的推移，贫富差距不断传递和延续，将加剧贫富差距的程度，使贫富差距演变为长期的社会问题。长期内无法改变贫穷的现状会使社会底层人群丧失信心和希望，甚至产生仇富情绪，滋生对于社会与政权的不满，这会大大影响社会稳定，甚至催生严重的社会危机。

（资料来源：陈彦斌，陈小亮. 中国贫富差距新特点[J]. 财经，2016（25）：21-26.）

讨论：怎样认识中国贫富差距的新特点？如何才能解决这个问题？

四、国民收入分配与再分配政策

1. 国民收入分配政策

国民收入分配政策是指国家为实现宏观调控的总目标和总任务，针对居民的收入水平高低和收入差距大小，在收入分配方面制定的原则和方针。偏紧的收入分配政策会抑制当地投资需求，造成相应的资产价格下跌；偏松的收入政策则会刺激当地投资需求，支持资产价格上涨。收入分配政策除了会影响总体收入水平外，还会直接影响一个经济体的收入分配结构。例如，当不同社会群体之间的收入差距加大时，私人银行业务的发展空间凸显。

在注重微观效率的同时，必须兼顾社会公平，只有兼顾效率和公平的双重目标，才能保证经济的持续发展和社会的稳定。效率与公平既是矛盾的，也是统一的。效率可以促进生产力发展，而只有在生产力不断发展、社会财富不断增长的基础上，才能真正实现社会财富的公平分配。当然，这需要一个长期的发展过程。在近期内，要实现社会公平，必须在市场分配的主渠道之外，辅之以国家必要的、适度的调节手段。

2. 国民收入再分配政策

国民收入再分配是指社会将一部分收入集中起来再分配到社会成员手中。因此，收入再分配包括两个方面：一方面是将一部分相对高水平的个人收入集中到国家手中，这个过程是通过税收体系中的个人所得税征收制度的实现来完成的；另一方面是将集中起来的收入转移支付给收入水平相对较低的个人，这个过程是通过社会福利和社会保障制度的实施来完成的。

（1）税收政策。在市场经济条件下，各国出于各种目的征税，其中的主要目的是通过征税为政府的各种支出筹集资金。在宏观经济政策中，政府运用税收来调节宏观经济；在收入分配中，政府运用税收来实现收入分配的公平。

个人所得税是税收的一项重要内容，它通过累进所得税制度来调节社会成员收入分配的不平等状况。累进所得税制是指根据收入的高低确定不同的税率，对高收入者按高税率征税，对低收入者按低税率征税。这种累进所得税制有利于改善社会成员之间收入分配不平等的状况，从而有助于实现收入的平等化。但是，这种累进所得税制不利于有能力的人充分发挥自己的才干，对社会来说也是一种损失。

除所得税外，还有遗产税、赠与税和财产税。遗产税和赠与税是指对财产的转移征税，财产税是指对不动产（如土地、房产等）征税。设置这 3 项税收是为了改善因财产分配的不平等所造成的收入分配不平等。此外，还有消费税，消费税是指对奢侈性商品和劳务按较高税率征税，这也是通过税收实现收入分配平等化的一种方法。

（2）社会福利和社会保障制度。社会福利和社会保障制度是指通过对贫困者的补助来实现收入分配平等化。从当前各国的情况看，社会福利和社会保障制度主要包括以下 6 个方面。

① 各种形式的社会保障与社会保险，如失业救济金制度、老年人年金制度、残疾人保险制度、对有未成年子女家庭的补助、对收入低于一定标准（贫困县）的家庭与个人的补助。

② 向贫困者提供就业与培训机会。政府可以通过向贫困者提供就业机会，改善贫困者就业的能力与条件，来实现收入分配的平等化。一方面，实现机会平等，尤其是保证所有人的平等就业机会，并按同工同酬的原则支付报酬；另一方面，要使贫困者具有就业能力，包括进行职业培训、实行文化教育计划（如扫盲计划）、建立交流工作经验的青年之家、实行半工半读计划等，这些措施有助于提高贫困者的文化技术水平，使他们能够更容易地实现就业。

③ 医疗保险与医疗援助。医疗保险包括住院费用保险、医疗费用保险及出院后部分护理费用的保险，主要由保险金支付；医疗援助是指政府出钱资助医疗卫生事业，以便使每个人都能得到良好的医疗服务。

④ 教育事业资助。对教育事业的资助包括兴办公立学校、设立奖学金和大学生贷款制度、帮助学校改善教学条件、资助学校的科研等。对教育事业的资助有利于提高公众的文化水平和素质，有利于收入分配的平等化。

⑤ 劳动者保护立法。这类法律包括最低工资法和最高工时法，以及环境保护法、食品卫生法、医疗卫生法等。这类法律有助于增加劳动者的收入，改善他们的工作与生活条件，从而降低收入分配不平等的程度。

⑥ 住房条件改善。改善住房条件包括以低房租向贫困者出租国家兴建的住房、对私人出租的房屋实行房租限制、提供低利息的长期贷款以资助无房者建房、低价出售国家建造的住房、实行住房房租补贴等。这些政策对于部分低收入家庭是非常重要的。虽然这些政策未必能做到全社会“居者有其屋”，但它的实施让部分低收入家庭避免了“房奴”式的透支生活，有利于社会收入分配的平等化。

实践实训

1．资料分析——收集近 5 年来世界主要国家的 GDP 数据资料。

（1）此次实训项目以个人形式完成。

（2）记录资料的来源。

（3）形成书面的分析报告。数据应包括世界主要的经济实体，报告需分析世界主要国家 GDP 的变动趋势，并进一步探析其结构及变化原因。

2．小组讨论——如何看待我国恩格尔系数的下降与基尼系数的上升？

（1）此次实训项目以团队形式完成。

（2）收集我国 1990 年至今的恩格尔系数与基尼系数。

（3）形成书面的分析报告。报告应分析这两个指标所代表的经济与社会的现状及变化趋势，尝试在同一个坐标中画出这两个指标，分析我国的经济发展情况及分配公平情况。

（4）制作报告的 PPT，与大家共同分析和交流。

思考与练习

一、名词解释

国内生产总值；国民生产总值；名义 GDP；实际 GDP；个人可支配收入；消费；储蓄；边际消费倾向；乘数理论；基尼系数

二、选择题

1．“面粉是中间产品”这一命题（　　）。

A．一定是对的　　B．一定是不对的

C．可能是对的，也可能是不对的　　D．以上 3 种说法全对

2．下列可计入 GDP 的是（　　）。

A．购买一辆用过的旧自行车　　B．购买普通股票

C．汽车制造厂买进 10 吨钢板　　D．银行向某企业收取一笔贷款利息

3．下列各项中，能计入 GDP 的有（　　）。

A．家庭主妇的家务劳动折合价值　　B．出售股票的收入

C．拍卖毕加索作品的收入　　D．为他人提供服务所得的收入

4．如果最近的价格水平上升，那么实际 GDP 将（　　）。

A．大于名义 GDP　　B．小于名义 GDP

C．等于名义 GDP　　D．大于 GNP

5．一国居民在特定时期内生产的所有商品和服务的货币价值的总和扣除折旧之后的产值被称为（　　）。

A．国民生产净值　　B．实际国内生产总值

C．国内生产总值　　D．国内生产净值

6．下列命题不正确的是（　　）。

A．国民生产净值（NNP）减直接税等于国民收入（NI）

B．国民生产净值（NNP）加资本消耗（折旧）等于 GNP

C．总投资等于净投资加折旧

D．个人收入等于个人可支配收入加直接税

7．一般情况下，国民收入核算体系中数值最小的是（　　）。

A．国民生产净值　　B．个人收入

C．个人可支配收入　　D．国民收入

8．下列说法错误的是（　　）。

A．GDP 和 GNP 都以市场交换为基础

B．GDP 和 GNP 没有区别

C．GDP 和 GNP 都是流量

D．GDP 是地域概念，GNP 是国民概念

9．一国的国内生产总值小于国民生产总值，说明该国公民从外国取得的收入（　　）外国公民从该国取得的收入。

A．大于　　B．小于

C．等于　　D．可能大于也可能小于

10．在由居民、企业、政府和国外部门构成的四部门经济中，GDP 是（　　）的总和。

A．消费、总投资、政府购买和净出口

B．消费、净投资、政府购买和净出口

C．消费、总投资、政府购买和总出口

D．工资、地租、利息、利润和折旧

11．下列等式不成立的是（　　）。

A．边际消费倾向+边际储蓄倾向=1

B．平均消费倾向+边际储蓄倾向=1

C．储蓄=收入−消费

D．消费=自发消费+引致消费

12．对政府人员支付的报酬属于（　　）。

A．转移支付　　B．税收　　C．消费　　D．政府支出

13．以下 4 种情况中，投资乘数最大的是（　　）。

A．边际消费倾向为 0.6　　B．边际储蓄倾向为 0.1

C．边际消费倾向为 0.4　　D．边际储蓄倾向为 0.3

三、判断题

1．消费者居住自己的房屋，这部分房租计算到 GDP 中。（　　）

2．在现实生活中，产品和劳务的最后使用，主要是居民消费、企业投资、政府购买和出口。（　　）

3．与计划总需求相等的产出为均衡产出。（　　）

4．人们从政府得到的国债利息应视为利息收入而被计入 GDP 中。（　　）

5．家庭购买一套旧家具的支出可以计算到 GDP 中。（　　）

6．用 GDP 折算指数计算出来的实际 GDP 的值排除了价格变动对 GDP 的影响。 （ ）

7．某物品是中间产品还是最终产品取决于它本身的性质。 （ ）

8．均衡的国民收入水平是由总需求水平所决定的，总需求中的任何一部分增加都会使国民收入增加。 （ ）

9．一个消费者购买国产消费品与购买进口消费品在 GDP 的核算中都是作为消费计算到 GDP 中。 （ ）

10．如果国内生产总值等于消费支出加总投资，加政府购买，那么出口就等于进口。 （ ）

四、问答题

1．实际 GDP 和名义 GDP 的区别是什么？

2．试述 GDP 和 GNP 的关系。

3．影响消费的因素有哪些？

4．边际消费倾向递减规律的主要内容是什么？

5．什么是国民收入的再分配？

拓展应用

中国边际消费倾向低于美国之谜

根据边际消费倾向递减规律，经济越发达，生活水平越高，社会边际消费倾向越低。但是，据估算，某个时期，美国的边际消费倾向约为 0.68，中国的边际消费倾向约为 0.48。难道中国的生活水平超过了美国？中国的边际消费倾向为什么低于美国呢？

一些人认为，这种差别在于中美两国人民的消费观念不同，美国人崇尚享受，今天敢花明天的钱。中国人有节俭的传统，一分钱要掰成两半花。但在经济学家看来，这并不是最重要的。消费观念属于伦理道德范畴，由经济基础决定，不同的消费观来自不同的经济基础，还要用经济与制度因素来解释中美边际消费倾向的这种差别。

首先，来看收入。美国是一个成熟的市场经济，经济总体上是稳定的。经济的稳定决定了收入的稳定性。当收入稳定时，人们就敢于消费，甚至敢于借贷消费。中国的市场经济还不够成熟，每个人的收入并不稳定。这样，人们就不得不节制消费，以预防可能出现的失业及其他风险。

其次，来看社会保障制度。美国的社会保障体系较为完善，覆盖面广而且水平较高。失业、养老、上大学都有完善的社会保障体系，这使得美国人无后顾之忧，敢于消费。但中国人要为未来生病、养老、孩子上学等必需的支出进行储蓄，消费自然少了。

最后，来看收入分配。收入分配越平等，社会的边际消费倾向越高；收入分配越不平等，社会的边际消费倾向越低。中国目前的收入分配还不平等，边际消费倾向低是正常的。

由以上的分析可以看出，各国边际消费倾向由许多因素决定，在短期内是不易改变的。

思维导图

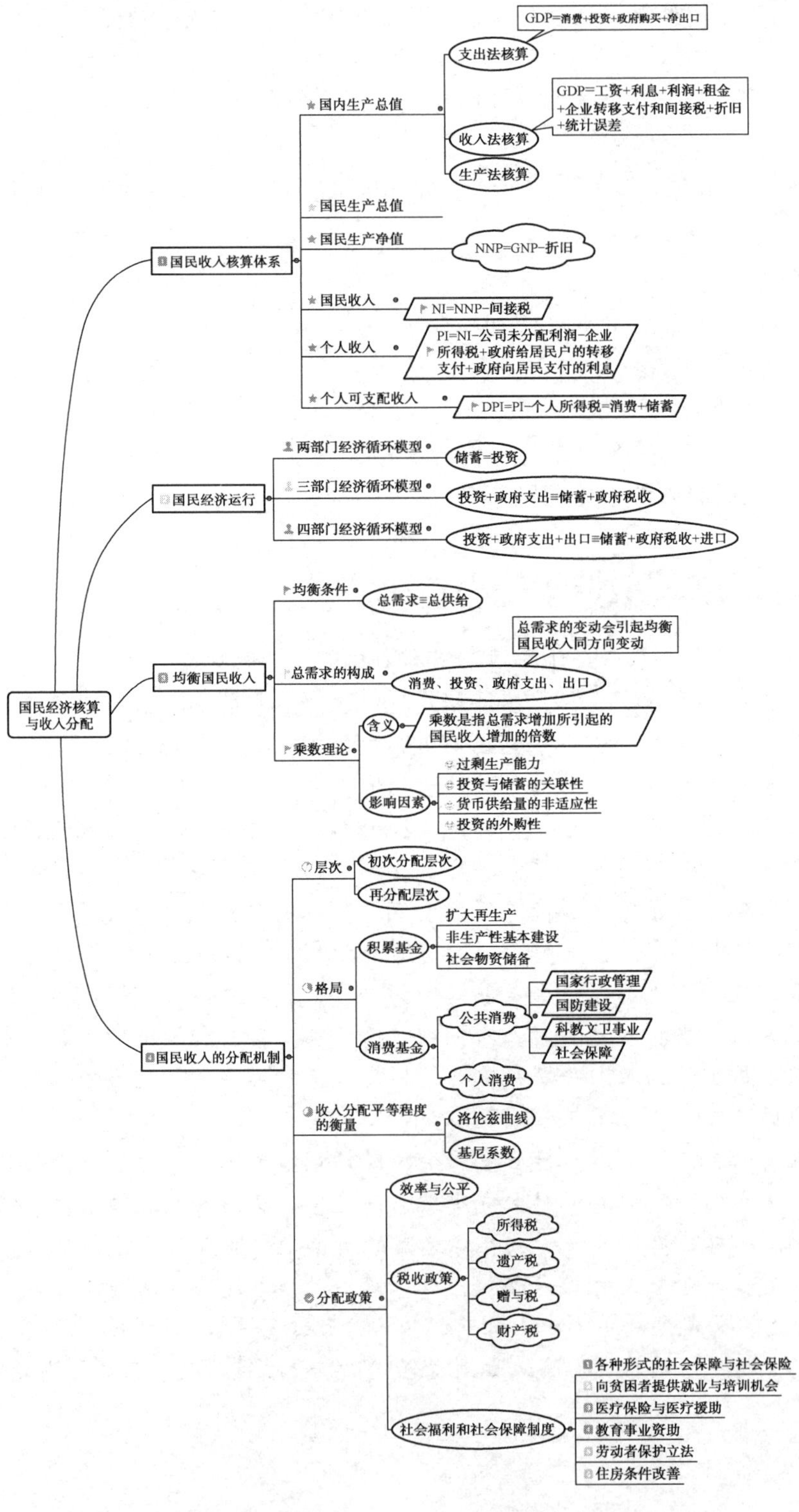

国民经济核算与收入分配
国民收入核算体系
国内生产总值
支出法核算
GDP=消费+投资+政府购买+净出口
收入法核算
GDP=工资+利息+利润+租金+企业转移支付和间接税+折旧+统计误差
生产法核算
国民生产总值
国民生产净值
NNP=GNP−折旧
国民收入
NI=NNP−间接税
个人收入
PI=NI−公司未分配利润−企业所得税+政府给居民户的转移支付+政府向居民支付的利息
个人可支配收入
DPI=PI−个人所得税=消费+储蓄
国民经济运行
两部门经济循环模型
储蓄=投资
三部门经济循环模型
投资+政府支出=储蓄+政府税收
四部门经济循环模型
投资+政府支出+出口=储蓄+政府税收+进口
均衡国民收入
均衡条件
总需求=总供给
总需求的构成
消费、投资、政府支出、出口
总需求的变动会引起均衡国民收入同方向变动
乘数理论
含义
乘数是指总需求增加所引起的国民收入增加的倍数
影响因素
过剩生产能力
投资与储蓄的关联性
货币供给量的非适应性
投资的外购性
国民收入的分配机制
层次
初次分配层次
再分配层次
格局
积累基金
扩大再生产
非生产性基本建设
社会物资储备
消费基金
公共消费
国家行政管理
国防建设
科教文卫事业
社会保障
个人消费
收入分配平等程度的衡量
洛伦兹曲线
基尼系数
分配政策
效率与公平
税收政策
所得税
遗产税
赠与税
财产税
社会福利和社会保障制度
各种形式的社会保障与社会保险
向贫困者提供就业与培训机会
医疗保险与医疗援助
教育事业资助
劳动者保护立法
住房条件改善

项目七　感知宏观经济发展

学习目标

知识目标：

▲ 了解影响经济增长的因素和经济周期的分类；

▲ 理解经济增长和经济周期的内涵；

▲ 认识经济增长对经济社会的重要性；

▲ 了解失业和通货膨胀的含义及其产生的根源；

▲ 理解失业和通货膨胀的解决对策。

能力目标：

▲ 能够分析影响经济增长的要素；

▲ 能够正确对待经济的周期性波动和经济危机；

▲ 能够解释失业、通货膨胀与经济发展的关系；

▲ 能分析失业和通货膨胀的产生原因，并提出治理意见。

我们赖以生存的经济社会的突出问题，是不能提供充分就业和武断而又不公平地分配财富与收入。

——英国经济学家　约翰·梅纳德·凯恩斯

任务一　认识经济增长与经济周期

【社会现象】

经济高速增长：中国香港和新加坡比较

1960—1985 年，中国香港和新加坡的产出平均增长率达到 6.1%。这种增长态势引起了人们的广泛关注。为什么中国香港和新加坡的经济增长这么快？通过进一步的考察，可以发现两地经济增长中存在的相似之处和不同之处都很让人震惊。

观察两地的相同点：两地原本都曾是英国的殖民地；两地都是国际贸易大港，而制造业很少；第二次世界大战后人口都来自中国大陆南部。在其快速增长过程中，两地都经历了表 7.1 中所列的产业顺序，只不过新加坡的启动比中国香港晚 10～15 年。

表 7.1　从 20 世纪 50 年代早期起中国香港和新加坡的经济活动顺序

中国香港		新加坡	
20 世纪 50 年代早期	纺织	20 世纪 60 年代早期	纺织
20 世纪 60 年代早期	服装、塑料制品	20 世纪 60 年代晚期	电子、石油精炼
20 世纪 70 年代早期	电子	20 世纪 70 年代早期	电子、石油精炼、纺织、服装
20 世纪 80 年代	贸易、银行业	20 世纪 80 年代	银行、电子

更进一步的观察表明，两地的增长过程中也存在一些重要的差异。中国香港的发展基于最小限度的政府干预。在大部分领域，政府的干预仅仅局限在提供基础设施或需要进一步发展的时候出售土地上。与之相对比，政府干预在新加坡的经济增长中居于主导地位。通过预算盈余，以及通过养老金缴付的强制储蓄，新加坡达到了非常高的国家储蓄率。新加坡的 GDP 构成中，总投资的份额从 1960 年的 9%上升到 1984 年的 43%，是世界上投资率最高的国家之一。政府通过对投资者巨大的税收优惠激励来实现有系统性的政府目标，其结果就是使一些特定行业高速发展。

这些战略上的差别反映在资本积累和技术进步的相互作用上。1970—1990 年，中国香港工人产出的年增长率为 2.4%，同期的技术进步率是 2.3%。而 1971—1990 年，新加坡工人产出的年增长率为 1.5%，而技术进步率却低得惊人，只有 0.1%。这就意味着新加坡的增长几乎完全源于异常高的资本积累，而不是技术进步。

为什么新加坡的技术进步率如此之低呢？美国芝加哥大学教授阿尔文·扬认为，新加坡实际上过快地从一个产业转移到了另一个产业。转移过快使得企业无暇学习怎样更有效地在另一个产业中进行生产。另外，新加坡大量依赖外国投资，也意味着国内企业家的学习过程太短，不能有效地在将来替代国外投资。

讨论：（1）你是如何理解中国香港和新加坡不同的经济增长模式的？

（2）你如何看待政府在经济增长中的作用？

【理论基础】

经济增长通常以经济增长率来衡量。经济增长率的高低体现了一个国家或地区在一定时期内经济总量的增长速度，也是衡量一个国家或地区总体经济实力增长速度的标志。通过对现实经济的观察很容易发现，经济增长率随着时间的变化而变化，是波动的，并且呈现出一定的周期性，这就是经济周期。

一、经济增长的含义

经济增长是指一个国家在一定时期内社会经济产量的持续增加，通常以实际 GDP 或实际人均 GDP 的持续增加来表示。

对于经济增长的理解，要注意把握以下 3 点。

（1）经济增长是指经济产量在一定时期内的持续增长。由于社会经济发展过程是周期性波动的，在经济周期的扩张阶段产量增加，在其收缩阶段产量减少，所以，经济增长中的时间含义至少应是一个完整的经济周期。如果经济产量从一个经济周期的高峰到另一个经济周期的高峰保持不变，则这一经济周期内的经济增长为 0。所以，经济周期中的扩张阶段虽然有产量增加，但并不表示经济增长，只有当下一个高峰超过了上一个高峰时，经济才表现为增长。

（2）衡量经济产量的标准是实际 GDP，即以不变价格计算的 GDP。因为经济增长的基本含义是经济产量的增加，所以必须排除物价变动对 GDP 的影响。

（3）经济增长还必须考虑人口的影响，即以人口增加情况来校正实际国内收入。按人口数量计算的平均 GDP 的增长是最重要的经济增长，即在衡量经济增长时，必须剔除人口增加的因素，以人均实际 GDP 来衡量经济增长。

知识拓展

经济过热和经济衰退

所谓经济过热，是指市场供给的发展速度与市场需求的发展速度不成比例。当资本增长速度超过市场实际所需要的周期量后，在一定的周期阶段内就会出现相应的市场资源短缺与资源过剩同时出现的矛盾现象。从经济学的定义来看，实际增长率超过了潜在增长率叫经济过热，它的基本特征表现为经济要素的需求超过供给，由此引发物价指数的全面持续上涨。具体判断：①固定资产投资的增长速度连续几年明显快于 GDP 的增长速度，是经济过热在一个方面的重要反映；②能源原材料供应紧张，价格上升太快；③产能过剩、产品积压；④资源环境压力增大，安全生产事故时有发生。经济过热可以分为由于居民消费旺盛而导致的消费推动型经济过热和投资推动型经济过热。

经济衰退是指经济出现停滞或负增长的时期。在宏观经济学上通常定义为“在一年中，一个国家的国内生产总值（GDP）增长连续两个或两个以上季度出现下跌”。约翰·梅纳德·凯恩斯认为，对商品总需求的减少是经济衰退的主要原因。衰退阶段的特征：①消费者的购买量急剧下降；②企业对劳动的需求下降；③产出下降，导致通货膨胀步伐放慢；④企业利润在衰退中急剧下滑。由于预期到在这种情况下普通股票的价格一般都会下跌，同时对贷款的需求减少，所以利率在衰退时期一般也会下降。

二、经济增长的源泉

经济增长的源泉是什么呢？首先，需要说明的一点是，成功的国家并非经由同一条发展道路。例如，英国最早开始进行工业革命，包括发明蒸汽机、修建铁路和强调自由贸易等，并在 19 世纪成为世界经济的领导者；日本则相反，它加入经济增长竞赛的时间较晚，最初模仿外国技术，限制进口，保护和发展国内工业，然后大力发展自己的制造业和电子业，最终成功地发展了本国经济。

虽然发展途径各不相同，但所有曾经快速发展的国家都有一些共同点，即经济增长和经济发展的基本机制都是一样的，当初它们成就了英国和日本，如今也开始适用于中国和印度这样的发展中国家。事实上，研究经济增长的经济学家已经发现：无论是穷国还是富国，经济增长的发动机必定安装在相同的 4 个轮子上。这 4 个轮子或者说影响经济增长的 4 个因素就是：人力资源（劳动力的供给、教育、纪律、激励）；自然资源（土地、矿产、燃料、环境质量）；资本（机器、工厂、道路）；技术（科学、工程、管理、企业家才能）。

1．人力资源

劳动力投入包括劳动力数量和劳动力的技术水平。很多经济学家认为，所投入的劳动力的质量，如劳动力的技术、知识和纪律性，是一国经济增长的重要因素。一个国家可以购买最先进的通信设备、计算机、发电装置和战斗机，但是这些先进设备只有那些有技术、受过训练的劳动力才能使用，并使它们充分发挥作用。提高劳动力的知识水平、健康程度和纪律意识，以及提高劳动力的计算机操作技能，都将极大地提高劳动生产率。

2．自然资源

影响产出的第二大传统因素是自然资源。这里所说的自然资源主要包括耕地、石油或天然气、森林、水力、矿产等。一些高收入国家，如加拿大和挪威，就是凭借其丰富的资源，在农业、渔业、林业等方面获得高产而发展起来的。与它们类似，美国因拥有广阔的良田，所以才成了当今世界上最大的谷物生产国和出口国。然而，在当今世界上，自然资源的拥有量并不是经济发展取得成功的必要条件，美国纽约的繁荣主要源于它高度发展的服务业。许多几乎没有自然资源可言的国家，如日本，通过大力发展劳动密集型和资本密集型产业而使得经济昌盛。再看看中国的香港地区，其面积和资源与俄罗斯无法相比，但在国际贸易中所占的份额却远远高于俄罗斯。

3．资本

经济的增长与发展离不开资本的积累。19 世纪，横跨北美大陆的铁路将工商业引至美国的心脏地带。而在此之前，那里还处在“与世隔绝”的状态；20 世纪以来，对汽车、公路和电厂的投资浪潮使生产率大大提高，并且为创建整个新工业体系提供了基础设施。许多人都认为，计算机和信息高速公路对 21 世纪的作用，将如同铁路和高速公路在当年曾发挥的巨大作用一样。

从经济学角度看，积累资本需要牺牲许多当前消费。经济快速增长的国家，一般都在新资本品上大量投资；在大多数经济高速发展的国家，10%～20%的产出都用于净资本的形成。

说到资本，不应仅局限于对计算机和工厂等进行投资，还应包括许多为新兴的私人投资部门提供基础设施的投资。这些投资被称为社会基础资本，包括大规模的先于贸易和商业的工程，其中重要的项目有公路、灌溉和引水工程、公众医疗保健事业等。这里所涉及的各类大型投资一般都是整体性的、不可细分的，有时还具有规模效应。这些工程一般都具有外部经济或溢出效应，私人公司无法投资经营，所以政府必须介入，以保证这些社会基础设施投资能够有效进行。

4．技术

除上述 3 个传统因素之外，一个国家人民生活水平的快速提高，还依赖于第四个重要因素，即技术的进步。历史上，一个国家经济的发展从来不是一个简单复制的过程，如不像增加钢铁厂或电厂的数目那么容易。事实上，之所以欧洲、北美和日本的生产力能获得巨大的提高，正是因为它们永无止境的技术变革和技术进步。

技术变革是指生产过程中的技术发明或者新产品、新服务的引进。蒸汽机、发电机、内燃机、巨型喷气式发动机、复印机、传真机等作业流程方面的发明极大地提高了劳动生产率。对当今社会最有影响的技术进步发生在计算机领域。如今，一台小巧的笔记本计算机的性能已远胜于 20 世纪 60 年代速度最快的计算机，这是技术进步中的伟大事件。实际上，技术变革由一系列或小或大的技术进步组成。以美国为例，政府每年颁发 10 万多个专利许可证，在经济日常运行中还有成千上万个细微之处的革新。

技术进步的主要特征是以一种无声的不为人察觉的方式进行，不断地以微小的改进来提高产品质量和产出数量，偶尔也会有些技术进步能产生划时代的影响，给人们留下难以磨灭的印象。

在 1991 年的海湾战争中，整个世界都被一种强烈的科技水平对比所震惊。美国及其盟国使用了高科技武器——隐形飞机、智能炸弹、反弹道导弹等，从而赢得了巨大优势，而它们的对手使用的却是技术上落后许多年的武器装备。民用技术进步，像计算机、远程通信技术，还有其他高科技产品等，相对来说影响没有那么巨大，但对市场经济中人们生活水平的提高却做出了极大的贡献。

由于技术进步对于提高人民生活水平十分重要，长期以来经济学家们一直都在考虑如何促进技术进步。人们日益明确地认识到，技术进步并不只是简单机械地找到更好的产品和工艺流程，相反，快速的技术进步需要培育一种企业家精神。以当今的计算机工业为例，在该领域，即使业内人士也难以都做到时刻跟上硬件和软件飞速更新的步伐。

知识拓展

经济学者认为中国经济增长潜力超 7%

2015 年，“十三五”国家发展规划专家委员会成员、清华大学国情研究院院长胡鞍钢指出，“十二五”规划曾提出 7%的增长率预期目标，实际年均增长率为 7.8%。“十三五”时期潜在增长率要低于“十二五”时期，但也在 7%以上，实际增长率可能在 7.5%左右。

“十三五”国家发展规划专家委员会成员、中国人民银行货币政策委员会委员樊纲表示，长期来看，中国经济增长率不一定就是 6%、7%。现在很多分析都没有把周期性的因素考虑进去，产能过剩这些都是周期性因素，将其当成长期的趋势来看是错误的分析，调整时期过了之后就会恢复到正常水平。“我个人的看法是会高于 7%，至少从现在的情况来看高于 7%。”

北京大学常务副校长刘伟也持类似观点。他认为，中国还处于比较高的增长区间，2023 年之前中国经济增长率应该是 7%，甚至略高一点儿。三大战略的推进，深化改革带来的红利，再加上结构升级与城镇化本身的推动，将保证中国经济在这个阶段保持健康的增长速度。

国务院发展研究中心副主任王一鸣表示，中国经济正在经历一次历史性的转型再平衡，从高速增长阶段向中高速增长阶段转换。在“三期叠加”的特定阶段，新旧增长动力交替尚未完成，短期内经济下行压力仍然较大，部分企业生产经营困难，财政金融风险面临诸多挑战。同时也要看到，积极因素正在积累和发展，经济结构调整取得积极进展，就业和物价水平基本稳定，微观经济活力继续提升。只要主动适应发展新常态，坚持改革创新，积极作为，我国经济就能实现 7%左右的中高速增长，并稳步迈向中高端水平，为实现“两个百年”战略目标奠定坚实基础。

同时，也有部分经济学家认为，过去依赖人口红利和投资、出口带动的高速经济增长将告一段落。

“十三五”国家发展规划专家委员会成员、中国银行业协会首席经济学家巴曙松说：“从未来的潜在经济增速看，2016 年至 2020 年经济潜在增速大概率会回落到 6.5%附近。”据巴曙松分析，从影响潜在经济增速的几大要素看，资本方面，随着政绩考核机制的变化，地方财政收支预算硬化，地方政府推动的投资大幅减少；劳动力方面，劳动人口年龄绝对水平在 2010 年已达到高峰，进入减少阶段，且随着教育年限的延长，整体劳动参与率在下降；技术方面，随着中国人均 GDP 超过 1 万国际元，“从低收入迈向高收入的自然增长过程”中的追赶效应在减弱。当然也存在有利的方面，如在政府简政放权改革、移动互联网颠覆传统行业等因素的推动下，中国企业家的创新精神将在不少行业被激发，新的增长动力正在逐步酝酿中，外部环境也在逐步趋于改善。

实际上，“十三五”规划设立的经济增长目标在现阶段更多的是一个参考性指标。当前，中国正在积极进行经济转型，走向新常态，经济增长的发展应当更多地依靠内需驱动，借助创新力量，而不能继续过度依赖投资驱动。因此“十三五”期间经济体制的改革、经济结构的调整和发展方式的深度转变都很重要。

三、经济周期理论

1. 经济周期的含义

经济周期又称经济增长的周期波动、商业循环，是指经济增长过程中国民收入及总体经济活动水平有规律地呈现上升和下降的周而复始的运动过程。

经济增长的长期波动是经济增长过程中的普遍现象。一个经济体在一段时期内的经济增长将呈现两个特征：一是潜在 GDP 的增长；二是实际 GDP 围绕着潜在 GDP 波动。

潜在 GDP 是指当经济体的所有劳动、资本、土地和企业家才能被充分利用时所产生的总价值。经济周期是通过实际 GDP 围绕潜在 GDP 的波动来测量的。当实际 GDP 低于潜在 GDP 时，说明一些生产资源处于闲置状态，如一部分劳动力失业，资本未充分利用。当实际 GDP 高于潜在 GDP 时，说明资源被过度使用，如许多人超出意愿地长时间加班，机器设备长时间高强度运转，以致不能保证正常的工作秩序，交货时间延长，瓶颈出现，从而导致过期订单增加。

根据经济周期理论，经济发展总会呈现扩张和收缩态势，但收缩是为了更好地发展经济。因此，衰退不一定表现为经济总量绝对量的下降，而是表现为经济总量增长率的下降，所以在现代经济中存在着增长性的衰退。经济周期的时间变化是不可预测的，但是却有一些共性。

（1）包含衰退和扩张两个阶段。衰退期通常被定义为这样一个时期：连续两个季度实际 GDP 下降，或者出现负增长率。扩张期就是实际 GDP 增长的时期。

（2）含有两个转折点：波峰和波谷。当经济扩张结束而经济衰退开始时，转折点被称为波峰；当经济衰退结束而经济扩张开始时，转折点被称为波谷。

2. 经济周期的阶段

（1）繁荣阶段（高涨阶段）。在这一阶段，生产迅速增加，投资增加，信用扩张，价格水平上升，就业人数增加，公众对未来持乐观态度。当就业与产量水平达到最高时，经济就开始进入衰退阶段。

（2）衰退阶段（危机阶段）。在这一阶段，生产急剧下降，投资减少，信用紧缩，价格水平下降，企业破产倒闭，失业人数急剧增加，公众对未来持悲观态度。萧条的最低点称为谷底，这时就业与产量水平跌至最低。

（3）萧条阶段。在这一阶段，生产、价格水平等不再继续下降，投资不再继续减少，失业人数也不再增加，是国民收入与经济活动低于正常水平的一个阶段，即在低水平上徘徊向前。这时由于存货减少，商品价格、股票价格开始回升，公众的态度由悲观逐渐转为乐观。

（4）复苏阶段（恢复阶段）。在这一阶段，经济开始从低谷全面回升，投资不断增加，价格水平、股票价格、利率等逐渐上升，信用逐渐活跃，就业人数逐渐增加，公众的情绪逐渐高涨。产量或产值等相关经济指标恢复到衰退前的最高水平时，就进入了新一轮的繁荣阶段。

3. 经济周期的类型

对于经济周期问题的研究和说明，经济学家由于掌握的资料、分析问题的角度和理论基础不同，在经济周期类型的划分和判定工作中得出了不同的结论，可归纳为以下 5 种类型。

（1）基钦周期。英国经济学家约瑟夫·基钦于 1923 年提出了一种时间长度为 40 个月左右的经济周期概念，这是一种短周期，又称基钦周期。约瑟夫·基钦认为，经济周期实际上包括大周期和小周期两种周期，小周期即上述的 40 个月左右（3.5 年），一个大周期则包括 2～3 个小周期。约瑟夫·基钦还认为，这种小周期是心理原因所引起的有节奏的运动结果，而这种心理原因又受农业生产丰歉形成的食物价格的影响。

（2）朱格拉周期。这种经济周期是以法国经济学家克里门特·朱格拉的名字命名的。该经济周期以国民收入、失业率和大多数经济部门的生产、利润和价格的波动为标志加以划分。1862 年，克里门特·朱格拉在《论法国、英国及美国的商业危机及其周期》一书中提出：资本主义社会中存在着一种 9～10 年的周期性经济波动，由于这种周期与其他类型的周期相比处于中等长度，因此又被称为中周期，有的经济学家还把这种周期称为主要经济周期。

（3）康德拉季耶夫周期。苏联经济学家尼古拉·德米特里耶维奇·康德拉季耶夫于 1925 年提出了这种经济周期理论。他认为，资本主义经济社会中存在着 50～60 年的周期，被称为长周期。该经济周期理论认为，从 18 世纪末期以后，经历了 3 次长周期：第一个长周期是 1789—1849 年，上升部分为 25 年，下降部分为 35 年，共 60 年；第二个长周期是 1849—1896 年，上升部分为 24 年，下降部分为 23 年，共 47 年；第三个长周期是 1896—1920 年，上升部分为 24 年，1920 年以后进入下降期。

（4）熊彼特综合周期。这种经济周期理论是由奥地利经济学家约瑟夫·熊彼特在 1936 年以他的创新理论为基础，对各种周期理论进行综合分析后提出的。他认为，每个长周期包括 6 个中周期，每个中周期包括 3 个短周期，其中短周期约为 40 个月，中周期为 9～10

年，长周期为49～60年。约瑟夫·熊彼特于1939年提出，人类进入工业社会后大约经历了3个长周期，每个长周期都与人类技术创新紧密结合：第一个长周期是1780—1842年，为纺织机时代；第二个长周期是1842—1897年，为蒸汽机和钢铁时代；第三个长周期是1897年以后，为电气化和汽车时代。

（5）库兹涅茨周期。这种经济周期理论是由美国经济学家西蒙·库兹涅茨于1930年提出的。他认为，市场经济国家在经济发展过程中存在着一种平均长度为20年的经济周期，这种周期性波动在美国的许多经济活动中，尤其是建筑业中表现得特别明显，所以库兹涅茨周期也被称为建筑业周期。

四、经济周期成因分析

对经济周期原因的理论研究主要有以下6种观点。

1．消费不足理论

这一理论的代表人物是英国经济学家约翰·霍布森。该理论认为，资本主义不合理的分配制度引发经济衰退，经济衰退的原因在于消费不足，而消费不足是由收入中用于储蓄的部分过多、用于消费的部分太少造成的。收入的分配不均，使富人得到的收入过多，消费却有限，而穷人得到的收入过少，消费也有限。如果收入分配再平均一些，社会消费就不会不足，经济也就不会出现波动。

2．投资过度理论

这一理论的代表人物是奥地利经济学家弗里德里希·奥古斯特·哈耶克和路德维希·冯·米塞斯。该理论认为，经济周期产生的原因不是投资太少，而是投资过度。投资过度是指生产资本品和耐用品部门的发展超过了生产消费品部门的发展。经济扩张时，引起经济繁荣，导致对生产资料等投资品的需求增加，资本品和耐用品的增长速度比消费的增长速度快，形成经济结构性失衡；经济衰退时，资本品投资的下降速度也比消费品投资的下降速度快。正是由于资本品和耐用品的投资过度才造成了整个经济的波动。

3．货币信用过度理论

这一理论的代表人物是英国经济学家拉尔夫·乔治·霍特里。该理论认为，经济波动是银行货币和信用波动的结果，因此经济周期是一种货币现象。当银行货币和信用扩张时，就会导致利率下降，从而引起信用扩张，生产增加，投资增加，供给增加，收入与需求上升，物价上涨，经济活动水平上升，经济进入繁荣阶段，引起通货膨胀，促使利率下调；当银行货币和信用紧缩时，会导致利率上涨，从而引起投资减少，供给减少，收入与需求下降，物价下跌，经济活动水平下降，经济便走向衰退阶段。

4．心理周期理论

这种理论认为，经济波动是由于公众心理反应的周期性变化而引起的。当人们对未来持乐观态度时，消费活跃，投资增加，经济处于繁荣状态；当人们对未来持悲观态度时，消费低迷，生产减少，投资下降，经济走向衰退。人们对社会经济的心理态度是乐观与悲观交替进行的，因此经济也是繁荣与衰退交替进行的。

5. 有效需求不足理论

该理论的观点是约翰·梅纳德·凯恩斯对经济周期产生的原因所做出的解释。他认为，决定就业的各种因素都会导致商业周期出现，其中消费倾向、灵活偏好和资本边际效率为主要影响因素。只有实现充分就业时，经济才会平稳发展，而就业不足必然导致有效需求不足，因此经济周期性波动也就不可避免。

6. 政治周期理论

这一理论认为，经济波动的原因是政府交替执行扩张性政策与紧缩性政策的结果。政府为了实现充分就业，实行扩张性的财政政策和货币政策，以实现经济繁荣。但是财政赤字和通货膨胀会导致公众的反对，于是政府又不得不转而实行紧缩性政策，这样也就人为地造成了经济衰退。也就是说，政府干预经济造成了经济的波动，经济波动周期性的根源在于充分就业与价格水平稳定之间存在着固有的矛盾。

知识拓展

乘数—加速数模型

在凯恩斯主义的经济周期理论中，“乘数—加速数模型”是一个有代表性和有影响力的模型。“乘数—加速数模型”的基本思想：在宏观经济学中，产量水平的变动与投资支出数量之间的关系被称为加速数原理。乘数—加速数原理相互作用理论可以用下面的公式来表示：

$$Y_t=C_t+I_t+G_t$$

式中，Y_t 为现期国内生产总值，C_t 为现期消费，I_t 为现期投资，G_t 为现期政府支出。这个公式说明，根据凯恩斯主义的国民收入决定理论，现期收入等于现期消费、现期投资与现期政府支出之和（不考虑开放经济中的净出口）。

“乘数—加速数模型”在试图把外部因素和内部因素结合在一起对经济周期做出解释的同时，特别强调投资变动因素。假设由于新发明的出现使投资增加，投资增加会通过乘数作用使收入增加。当人们的收入增加时，便会购买更多的物品，从而整个社会的物品销售量增加。通过上面所说的加速数的作用，销售量的增加会促进投资以更快的速度增加，而投资的增加又使国民收入增加，从而销售量再次增加。如此循环往复，国民收入不断增加，于是，社会便处于经济周期的扩张阶段。

然而，社会的资源是有限的，收入的增加迟早会达到资源所能允许的峰顶。一旦经济达到经济周期的峰顶，收入便不再增加，销售量也不再增加。根据加速数原理，销售量增加的停止意味着投资减少为0。由于投资减少，国民收入减少，从而销售量也随之减少，又根据加速数原理，销售量的减少使得投资进一步减少，而投资的减少又使国民收入进一步减少。如此循环往复，国民收入会持续减少。这样，社会便处于经济周期的衰退阶段。

收入的持续减少使社会最终达到经济周期的谷底。这时，由于在衰退阶段的长时期负投资，生产设备逐年减少，所以仍在营业的一部分企业会感到有必要更新设备。这样，随着投资的增加，收入开始增加。增加的国民收入通过加速数的作用又一次使经济进入扩张阶段。于是，一次新的经济周期又开始了。

西方经济学家指出，在社会经济生活中，投资、收入和消费相互影响、相互调节，通过加速数，增加的收入和消费会引起新的投资，通过乘数，投资又使收入进一步增加。假定政府支出为固定的值，则靠经济本身的力量自行调节，就会自发形成经济周期，经济周期中的阶段正是乘数与加速数相互作用而形成的：投资影响收入和消费（乘数作用），反过来，收入和消费又影响投资（加速数作用）。两种作用相互影响，形成累积性的经济扩张或收缩的局面，这是西方学者对经济波动做出的一种解释。他们认为，只要政府对经济加以干预，就可以改变或缓和经济波动。例如，采取适当政策刺激投资，采取鼓励提高劳动生产率以提高加速数、鼓励消费等措施，就可以克服或缓和经济萧条。

课堂活动

中国未来经济增长的潜力和前景

2020 年 3 月 16 日，国家统计局发布前两个月宏观经济数据，工业生产、消费、投资、出口等经济指标出现明显回落，调查失业率有所上升。但在各项政策措施的作用下，企业复工、复产加快，生产、生活秩序逐步恢复，国民经济实现有序运行。有关人士表示，新冠肺炎疫情给经济运行带来了较大冲击。但综合来看，疫情的影响是短期的、外在的，也是可控的。它不会改变中国经济长期向好的基本局面，也不会改变中国经济内在向上的发展势头。

相关数据表明：1－2 月，社会消费品零售总额为 52 130 亿元，同比下降 20.5%；全国固定资产投资（不含农户）33 323 亿元，下降 24.5%；2 月，全国城镇调查失业率为 6.2%，31 个大城市城镇调查失业率为 5.7%。从最新数据可以看出，疫情对经济造成了较大影响，但 2019 年，中国经济总量接近 100 万亿元人民币，人均 GDP 超过 1 万美元，主要工业品的产品产量连续多年保持世界第一，这为中国应对突发事件提供了坚强的物质保障。一组数据表明，我国生产需求体量可观，超大规模经济的优势和强大的经济发展韧性没有改变。

新冠肺炎疫情防控期间，关系国计民生的重要行业生产没有中断，以保持正常的生产经营秩序。通信领域、水电气等公用事业运转正常，较好地满足了居民的生活需求。一些行业还保持了较好的增长，例如，1—2 月，乙烯产量增长 5.6%，粗钢和生铁产量均增长 3.1%，10 种有色金属产量增长 2.2%。社会对口罩、防护服、酒精等消毒用品的需求急剧攀升，经过有序调控，相关产品的产能在短时间内得到极大提升，很好地满足了疫情防控的需要。疫情防控期间，14 亿人的基本生活得到有效保障，消费品各方面总体保持较好增长。肉、禽、蛋类零售额增长 37.8%，蔬菜类零售额增长 27.1%；冻肉、方便面产量增长……

面对突如其来的疫情，各地区各部门统筹推进疫情防控和经济社会发展各项工作，全力打好疫情防控总体战、阻击战。中央出台一系列政策措施，支持疫情防控，支持推动复工复产，政策效果在不断显现。

讨论：结合理论知识与所给材料，分析新冠肺炎疫情对中国经济的影响。探讨当一国遭遇突发公共卫生事件时怎样才能保持经济的持续增长。

任务二 分析失业与通货膨胀

【社会现象】

节俭的悖论

1714 年，伯纳德·曼德维尔在他的《蜜蜂的寓言》一书中提出了节俭的悖论。书中以勤劳的蜜蜂作为例子说明，尽管储蓄这种节俭行为是增加私人财富的方法，但对于一个国家而言，如果普遍地使用这种方法则不能得到相同的结果。后来，凯恩斯主义者的总需求决定理论重新肯定了这种观点，他们认为，在经济存在失业的状态下，储蓄并不是改善经济状况的良好行为。

讨论：节俭是好还是坏？失业可以消除吗？

【理论基础】

失业和通货膨胀已成为困扰各个国家不同时期发展的两大难题。经济学家们往往将一个社会的失业率和通货膨胀率合称为痛苦指数。解决失业问题、降低通货膨胀率因而成为社会关注的对象和政府各项政策的着力点。

一、失业的含义及其分类

失业是指在一定的年龄范围内（如 16～65 周岁），有工作能力，愿意工作并积极寻找工作的人未能按当时通行的实际工资水平找到工作。衡量失业最常用的指标就是失业率。失业率是失业者人数与劳动力人数的比率。

$$失业率=\frac{失业者人数}{劳动力人数}\times100\%$$

根据失业的不同性质和特点，通常可将失业分为以下 3 种类型。

1. 自然失业

自然失业是指在市场经济中难以避免的正常失业。即使经济增长处于顶峰状态，也会存在一定的失业者和失业率。自然失业又可以分为 4 类。

（1）摩擦性失业。摩擦性失业是指劳动力在部门、地区、企业之间的正常流动过程中暂时处于失业状态。例如，刚进入社会在找工作者、变换工作的失业者。在劳动力市场上，由于劳动供求双方的自由竞争，总有一小部分劳动者要变换工作的地点、行业和企业，以寻找新的更好或更合适的工作岗位，即所谓的“人往高处走，水往低处流”。当这些人处于寻找工作的过程中时，他们将暂时处于失业状态。因此，摩擦性失业是一种短期性失业，如几周或几个月的时间。如果劳动力市场很完善，供求双方的信息沟通便利，摩擦性失业者就会减少，失业的时间就会缩短。摩擦性失业被认为是一种正常的或自然的失业。

（2）结构性失业。由于经济结构的迅速变化会使劳动力的供给结构不适应劳动力需求结构的变动，从而产生结构性失业。在这种情况下，往往失业与空位并存，劳动者很难找到与自己的技能、职业、居住地区相符合的工作。例如，在有些现代西方国家，随着经济和科学技术的发展，世界贸易格局的变化，汽车工业开始走向衰落，对汽车工人的需求减少，引起了汽车工人的失业。与此同时，某些新兴工业所需要的具有特殊技能的劳动力却供不应求，产生了许多职位空缺。同样，在某些走向衰落的工业区存在大量失业者的同时，某些新兴工业区却可能出现劳动力供不应求、许多职位空缺但无人应聘的情况。

（3）临时性和季节性失业。临时性和季节性失业是指因某些行业生产的季节性变动而引起的失业。例如，建筑业或码头作业遇到坏天气时，建筑施工或码头作业就不得不停下来。季节性对农业、旅游业、餐饮业的影响较为明显，如度假胜地的家庭妇女在假日季节里会去餐馆打工；农忙时，在城里打工的民工会返回农村。

（4）工资刚性失业（非均衡失业）。工资刚性失业又称古典失业，是指市场上由于劳动力供过于求而工资却无法下降（工资刚性）而引起的失业。

2．周期性失业

周期性失业是指随着经济发展周期的变化而形成的失业。在约翰·梅纳德·凯恩斯看来，引起失业的根本原因是周期性的经济萧条，失业的增加是由产品市场上总需求的下降引起的，产品市场的过度供给导致了劳动力市场的过度供给。经济增长具有周期性，当经济增长处于繁荣阶段时，就业量增加，失业量减少；当经济增长处于衰退阶段时，就业量减少，失业量增加。按照约翰·梅纳德·凯恩斯的说法，当实际的总需求小于充分就业的总需求时，消费疲软，市场不旺，造成企业投资减少，从而雇用人员减少，形成周期性失业。通货紧缩时期的失业也可看成周期性失业。

3．隐性失业

隐性失业是指表面上有工作，但实际上对生产并没有做出贡献的现象，即有“职”无“工”。存在隐性失业时，生产效率是较低的。这一失业往往表现为 1 个人的活儿 3 个人干、3 天的活儿干 5 天。隐性失业的典型形式有两种，一是国有和集体企事业单位中的大量“人浮于事”的情况，二是农村中的大量剩余劳动力。这反映了我国经济体制转型期和发展中国家经济发展中的就业特征。

二、失业的影响及其治理

1．失业的影响

从宏观方面看，失业的有利方面在于可促进劳动力资源的流动和有效配置。失业作为外在压力，可激励劳动者提高自身素质和劳动效率，掌握工作技能。失业的不利方面在于会造成人力资源的损失。失业期间通常经济萧条、资源闲置、生产萎缩、国民收入下降（奥肯定律）、商品（尤其是房地产和股票）价格下跌、信用紊乱，人们的生活质量降低；社会不安定，社会歧视加剧；政府福利支出上升、财政发生困难等。

从微观方面看，失业可导致家庭经济拮据、家庭破裂、脱离社会、技能缺失、生活方式改变、自尊心被伤害、犯罪和吸毒者增加等。

知识拓展

失业的损失：奥肯定律

关于失业的损失，美国经济学家阿瑟·奥肯曾经根据美国的经验数据，总结出一条经验规律，即奥肯定律。其内容如下：失业率每高于自然失业率 1 个百分点，实际 GDP 增长率将低于潜在 GDP 增长率 2 个百分点。换言之，实际 GDP 增长率相对于潜在 GDP 增长率每下降 2 个百分点，失业率将上升 1 个百分点。奥肯定律可用公式表示为如下形式：

$$\text{实际失业率}-\text{自然失业率}=-\frac{1}{2}\times(\text{实际 GDP 增长率}-\text{潜在 GDP 增长率})$$

奥肯定律揭示了就业与产出、失业率或就业率与经济增长率之间的稳定关系。因此，在宏观经济学中，按照约翰·梅纳德·凯恩斯的说法，总产出或总收入的决定理论也就是就业决定理论，即当总产出或总收入变化时，就业将相应地发生变动。

我国也总结出了一些就业与产出关系的经验规律。20 世纪 90 年代，有一个流行的经验统计数据，即每当经济增长率下降 1 个百分点，我国的城镇失业者将增加 100 万人左右。但进入 21 世纪以来，由于经济结构升级，我国进入重工业发展阶段，资本深化加速，经济增长对就业的拉动作用减弱，就业弹性系数（就业增长率/经济增长率）有所下降。尽管如此，也并不能否认产出与就业、增长率与失业率之间的密切关系。

2. 失业的治理

（1）摩擦性失业的治理。摩擦性失业经常被看成是一种自愿失业，其原因就在于这种失业局面的出现往往和求职者的不同要求有关，另外也和用工信息不畅有关。因此对摩擦性失业的治理应该从以下两个方面入手。

其一，对于劳动者来说，劳动者要对自身的情况有很清楚的了解，要清楚自己在社会上的处境和能够胜任的大致工作目标和就业方向。劳动者只有对自身有清楚的了解，才能减少寻找工作需要的时间，同时也会相应减少变换工作岗位的频率。

其二，对于社会而言，社会应该设立较规范的职业介绍机构，定期发布劳动力需求信息，即要以尽可能多的传播途径传播就业的有关信息，以达到减少摩擦性失业的目的。

（2）结构性失业的治理。大多数国家在经济增长的过程中都会出现经济结构的变化，而经济结构的变化必然会引起结构性失业。政府要接受伴随经济增长的经济结构变化，制定与其相适应的政策以解决失业问题。主要措施包括：加强基础教育和职业教育，促进高等教育；对青年及成年劳动力进行工作经验训练；对失业者给予训练和再训练等。同时鼓励劳动密集型产业的发展，支持中小企业发展，其目的是按照经济发展对劳动力提出的新要求来调节和改善劳动力供给，进而达到减少失业的目的。

（3）周期性失业的治理。通过前面的讲述可以知道，周期性失业是由于“有效需求”不足引起的，也就是说，它是由劳动力市场以外的原因造成的，因此对周期性失业的治理不能靠劳动力市场来解决。对于该种失业，国家应该积极干预经济，如通过增加政府支出、减少政府税收、增加货币供给等方法，刺激总需求的增长，从而达到增加生产、提高就业水平的目的。

三、通货膨胀概述

1．通货膨胀的含义

通货膨胀就是指通货供应量过度增加导致物价持续上涨、货币不断贬值的过程。理解通货膨胀时，要把握以下两点。

（1）通货膨胀是指总体物价水平持续、普遍地上涨，而局部或个别产品的价格上涨以及季节性、偶然性和暂时性的价格上涨都不属于通货膨胀。

（2）通货膨胀是与纸币发行过多联系在一起的，所以资源短缺、商品质量提高等原因引起的价格上涨不能算通货膨胀，只有当纸币发行量超过了宏观经济过程的实际需要量时，才能算通货膨胀。通货膨胀是一种纸币现象，凡是实行纸币制度的国家，都有可能发生通货膨胀。

如果价格水平持续上升，通货膨胀就会发生。但是如汽油价一时跳跃，则不是通货膨胀，只有一般价格水平持续上升才是通货膨胀。通货膨胀率是负的，则价格水平下降，且出现通货紧缩。通货紧缩代表一般价格水平的下降。

知识应用

100 元人民币的购买能力

有这样一个流传较广的经典故事。在某个理财课堂上，理财师掏出 100 元人民币，问 5 年后这 100 元钱值多少。现场听众踊跃回答："80 元！""90 元！"

事实上，100 元钱，5 年后并不会保持 100 元，也不会变成 100 多元，听众的这一判断反映了共同的预期：那就是 5 年后，钱可能更不值钱。钱在未来更不值钱，换成经济学家的语言来说，那就是发生了通货膨胀。

2．通货膨胀的衡量

（1）消费者价格指数（Consumer Price Index，CPI）。消费者价格指数是根据家庭消费的代表性消费品和劳务的价格变动状况编制的。它主要反映了与人们生活直接相关的衣服、食物、住房、水电、交通、教育、医疗等产品和劳务的价格变动。该指标的优点是资料比较容易收集，便于及时公布，能够较为迅速地反映公众生活费用的变化。由于它与社会公众的生活密切相关，所以深受关注。但是该指标包括的范围较窄，不能反映各种资本品和中间品的价格变动情况。

（2）生产者价格指数（Producer Price Index，PPI）。生产者价格指数是根据企业而不是消费者所购买的商品的价格变动状况编制的。它反映了包括原材料、中间品及最终产品在内的各种商品批发价格的变化。由于生产者价格指数反映了企业经营成本的变动，所以被企业广泛关注；同时，由于企业经营成本的上升最终往往要在消费品的零售价格中反映出来，所以生产者价格指数的变化在一定程度上预示着消费者价格指数的变化。

（3）GDP 平减指数。GDP 平减指数是一个涵盖面较广的价格水平指标，反映一国生产的各种最终产品（包括消费品、资本品及劳务）的价格变动状况。它等于按照当期价格计算的名义 GDP 与按照基期价格计算的实际 GDP 的比率。

知识拓展

通货膨胀与失业的关系——菲利普斯曲线

1957 年，新西兰经济学家威廉·菲利普斯根据英国近百年的统计资料画出了一条曲线，显示失业与通货膨胀存在一种交替关系：通货膨胀率高时，失业率低；通货膨胀率低时，失业率高。这条曲线就是著名的菲利普斯曲线，它从一个方面说明了降低通货膨胀率与减少失业率两个目标间存在矛盾。菲利普斯曲线一直是个有争议的问题，但大多数经济学家认为，在短期内，通货膨胀率与失业率之间存在交替关系。

20 世纪 70 年代，西方国家出现了高通货膨胀率与高失业率并存的滞胀现象，打破了菲利普斯曲线的结论。美国经济学家米尔顿·弗里德曼和埃德蒙德·菲尔普斯根据适应性预期理论修改了菲利普斯曲线。他们认为：在短期内，工人来不及调整预期的通货膨胀率，预期的通货膨胀率可能低于以后实际发生的通货膨胀率。这样，工人得到的实际工资可能小于先前预期的实际工资，使实际利润增加，刺激了投资，从而就业率增加，而失业率下降。在此前提下，通货膨胀率与失业率之间存在交替关系。短期菲利普斯曲线正是表明在预期的通货膨胀率低于实际发生的通货膨胀率的短期内，失业率与通货膨胀率之间存在交替关系。所以，向右下方倾斜的菲利普斯曲线在短期内是可以成立的。

但是，在长期内，工人将根据实际发生的情况不断调整自己的预期。工人预期的通货膨胀率与实际发生的通货膨胀率相一致，其结果是菲利普斯曲线不断向右上方移动，把每条短期菲利普斯曲线上实际通货膨胀率与预期通货膨胀率相等的那一点连接起来，形成一条垂直线，即长期菲利普斯曲线，如图 7.1 所示。在长期内，由于预期的通货膨胀率与实际发生的通货膨胀率一致，所以通货膨胀不会引起就业率的增加，因此通货膨胀率与失业率不存在交替关系。

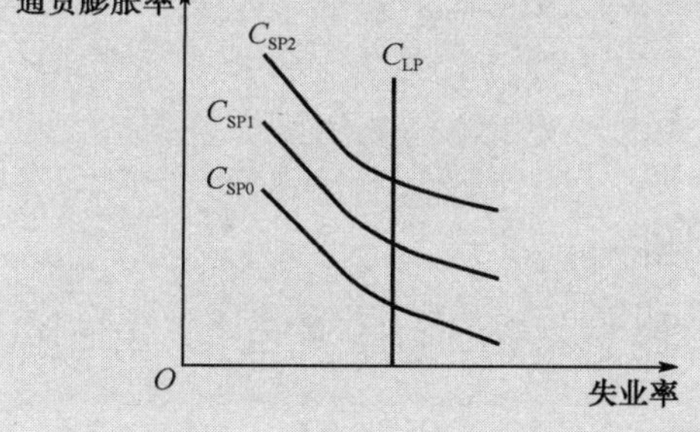

图 7.1　长期菲利普斯曲线（C_{LP}）和短期菲利普斯曲线（C_{SP0}～C_{SP2}）

3. 通货膨胀的分类

根据通货膨胀的严重程度，一般可以把通货膨胀分为温和的通货膨胀、急剧的通货膨胀和恶性的通货膨胀。

（1）温和的通货膨胀。温和的通货膨胀又称低通货膨胀，特点是价格上涨缓慢且可以预测。可以将其定义为年通货膨胀率在 10%以下的通货膨胀。在温和的通货膨胀阶段，物价相对比较稳定，人们确信自己买卖的商品的相对价格变动不会太大。因此，有的经济学家认为此种通货膨胀对经济没有多大不利影响，但也有经济学家认为，从长期来看，这种通货膨胀的积累也会引起不良后果，即可能加速通货膨胀。

（2）急剧的通货膨胀。急剧的通货膨胀又称奔腾式通货膨胀，特点是价格水平以每年20%、100%甚至 200%及以上的速率上涨。这种较大幅度的物价的持续上升会持续较长的时期，许多拉丁美洲国家，如阿根廷和巴西，在 20 世纪七八十年代就曾经历过通货膨胀率在 50%～700%的通货膨胀。

（3）恶性的通货膨胀。恶性的通货膨胀又称超级通货膨胀，它的特点是在这种局面之下，各种商品的价格以每年百分之百万，甚至百分之万亿的惊人速率持续上涨，经济处于无法维持的状态。这种恶性的通货膨胀曾在德国出现过，1921 年 1 月，德国一份日报的价格为 0.3 马克；不到两年，1922 年 11 月，德国一份同样的报纸价格为 7 000 万马克。德国经济中所有其他物品的价格都以类似的程度上升，这个事件是历史上最惊人的通货膨胀的例子之一。也就是说，通货膨胀总是表现为经济生活中物价总水平的上升。

知识拓展

滞　　胀

滞胀的全称是停滞性通货膨胀，又称萧条膨胀或膨胀衰退，在经济学特别是宏观经济学中特指经济停滞与高通货膨胀，是失业及经济不景气同时存在的经济现象。通俗地说，滞胀就是指物价上升，但经济停滞不前。它是通货膨胀长期发展的结果。

长期以来，资本主义国家经济的一般表现如下：物价上涨时期经济繁荣、失业率较低或下降，而经济衰退或萧条时期的特点则是物价下跌。西方经济学家据此认为，失业和通货膨胀不可能呈同方向发生。但是，自 20 世纪 60 年代末 70 年代初以来，西方各主要资本主义国家出现了经济停滞或衰退、大量失业、严重通货膨胀、物价持续上涨同时发生的情况。西方经济学家把这种经济现象称为滞胀。

滞胀包括两方面的内容：一方面是经济停滞，包括危机期间的生产下降和非危机期间的经济增长缓慢和有波动，以及由此引起的大量失业；另一方面是持久的通货膨胀，以及由此引起的物价上涨。这两种现象互相交织并发，贯穿于资本主义再生产周期的各个阶段，并成为所有发达资本主义国家的共同经济现象。

四、通货膨胀的成因

在现代经济中，通货膨胀非常常见而且影响巨大，因而探讨通货膨胀的成因便成为经济学家责无旁贷的任务。

1. 需求拉动

总需求的变动是影响通货膨胀的重要因素之一。货币供给、投资、政府支出或净出口的变化都会使总需求发生变化，所以由总需求变动而引起的通货膨胀就是需求拉动型通货膨胀。这种通货膨胀使物价上升以平衡总供给与总需求，也就是说，由需求方的货币竞相追逐有限的商品供给，从而将物价提拉起来。由于失业率下降，劳动力变得稀缺，工资随之被抬高，所以通货膨胀会加速到来。

对需求拉动型通货膨胀通常有两种解释：一是由于对产品和劳务的需求超过了现行价格条件下可能的供给，因此导致物价上涨；二是由于太多的货币追求太少的货物而导致物价上涨。在上面引起总需求移动的因素中，除货币供给具有持续的扩张能力，可能引起总需求曲线持续上移外，其余因素都有一定限度而不可能使总需求曲线持续上移。所以，货币供给的扩张是需求拉动型通货膨胀的唯一根源。20 世纪 20 年代初在德国出现的通货膨胀就是对需求拉动型通货膨胀的最好印证。当时，德国中央银行印制了数万亿马克的纸币，这些纸币都涌入市场寻求相应的商品；而德国社会并没有能力提供与其巨大的货币发行量相等值的商品，于是德国物价成高倍上涨，货币当然就变得不值钱了。

2．成本推进

成本推进型通货膨胀这一观点以生产费用论为基础，把通货膨胀的原因归结为生产商品和劳务的成本的增加，也就是从供给方面解释通货膨胀的原因。西方经济学家在具体解释是什么成本要素“推进”物价上涨时，又有以下两种说法。

（1）“工资推进”的通货膨胀论。这种理论认为，由于工资提高，引起成本增加，从而导致物价上涨；物价上涨后，工人又要求提高工资，从而再度引起物价上涨。如此循环往复，形成工资—物价的螺旋式上升，或称通货膨胀势头。这一理论还进一步认为，工人之所以能要求资本家提高工资，是由于有了工会组织的垄断作用。这样，他们就把通货膨胀的原因归咎于工人和工会了。例如，美国经济学家戈特弗里德·冯·哈伯勒说：“有组织的劳工要求提高工资……经常威胁，这就形成了一种趋势，要走向长期的、断续的或不断的、迂回的或急促的通货膨胀。”

（2）“利润推进”的通货膨胀论。这种理论认为，正像工人要求资本家提高工资一样，垄断企业为了追求更高的利润，也可通过“操纵价格”使商品价格以大于成本增加的幅度上升。这一理论认为，利润也是成本的一个组成部分，因此，因追求更高的利润而使商品价格上升，也属于成本推进型的通货膨胀。这一理论还认为，垄断企业之所以提高商品价格，赚取更多利润，是由于工人要求提高工资引起的。当工人要求提高工资时，“操纵价格”的企业自然就会立即与工资提高的形势相呼应，要求提高利润，从而把商品价格提高到补偿工资的水平以上。

知识拓展

石油引发的中国通货膨胀

2005 年 1—2 月，受美元持续疲软、欧美地区天气偏冷、美国取暖油库存同比下降等因素的影响，国际原油价格不断攀升。3 月纽约商品交易所石油期货各合约均出现上涨，3 月 17 日飙升至 57.5 美元/桶，打破了该交易所轻质原油挂牌交易 22 年来的最高纪录。国际油价的持续攀升，带动国内油价再度上调。3 月 23 日，国家发展和改革委员会再次提高汽油价格，出厂价每吨提高 300 元，零售价格按出厂价格调整幅度等额提高。

我国工业化步伐的加快，加剧了中国经济对国际石油的依赖，能源消费弹性系数有上升趋势。石油作为一种基础能源，同时作为众多产业的上游原材料，油价上涨无疑将加大物流、交通运输、石油化工等诸多行业的价格上涨压力，并影响到更多的终端产品。国内市场因此为石油消费承受更高的价格，这可以看成一种“国内溢价”。总体来说，从国民经济三因素看，油价上升将使消费和投资减少，出口下降，从而导致通货膨胀、税收减少、财政赤字增加、利率上扬。进口成本的大幅度上升，也可能导致经常项目收支恶化，影响中国国际收支平衡。

3．供求混合推进

前面分别介绍了需求拉动型和成本推进型两种通货膨胀理论，而另一些经济学家则认为，通货膨胀既不是单纯由“需求”方面引起的，也不是单纯由“供给”方面引起的，而是双方共同作用的结果。这样，就形成了供求混合推进型通货膨胀论。

有的经济学家认为，那种把通货膨胀单纯地说成是由“需求拉上”或“成本推进”导致的是错误的。因为工资的提高，既提高了成本，也增加了需求。他们指出，工资的上升对物价增加了成本的压力，同时产生了较高的收入使需求上升，这种双重作用的影响说明了收入政策的合理性，即对货币工资率按劳动生产率的提高进行调整，就可以避免收入膨胀和利润膨胀。

有的经济学家认为，如果单纯是“成本推进”，而没有“需求拉上”，也不可能使物价上升长期维持下去。因为在没有需求和货币收入水平增加的情况下，工资上升引起物价上涨，就势必使大量商品卖不出去，从而迫使企业紧缩生产、解雇工人，最后将使成本推进型通货膨胀终止。

还有一些经济学家从时间上区分“需求拉上”与“成本推进”对通货膨胀的作用。例如，保罗·萨缪尔森在分析第二次世界大战后一个时期美国的通货膨胀时说，越南战争引起的庞大政府开支造成了1965—1968年日益严重的物价上涨，这主要是“需求拉上”。但连续3年的“需求拉上”通货膨胀，不可避免地引起了1969—1971年的“成本推进”通货膨胀。

4．经济结构因素变动

有的西方经济学家认为，在资本主义社会，由于经济结构因素的变动，也会引起一般物价水平持续上涨，这就是所谓的结构型通货膨胀。

这里所说的结构型因素，是指社会经济各部门具有不同的经济特点，这些经济特点的变动就可能引起物价上升。例如，工业部门与服务部门的生产增长速度存在差别，一般工业部门的生产增长速度较快，服务部门的生产增长速度较慢。但这两个部门的名义工资有一致增长的趋势，而名义工资的增长速度却是由生产增长速度较快的部门来决定的。于是，生产增长速度较慢的部门的工人要求向生产增长速度较快的部门看齐，即通过所谓的“赶上”过程使工资增加，从而使物价普遍上升。

至于为什么存在名义工资一致增长的趋势，又有多种说法。有的人认为是由所谓的工资决定的“公平原则”引起的，即认为工资收入者所得工资多少，既要与自己过去的历史工资收入水平比较，也要与别人的工资收入水平比较，以求得工资的“公平待遇”。这样，当有的部门工资增长之后，其他部门的工会就会提出增加工资的要求。有的人又认为，即使工会不积极追求工资均等化，有竞争性的劳工市场的作用也会引起工资的一致性增长，因为工资增长速度快的部门相对工资上升，会吸引生产增长速度慢的部门的工人，这样就势必迫使后者增加工资。

5．未来预期

通货膨胀一旦出现，人们会根据经验或过去的通货膨胀率来预期未来的通货膨胀率。例如，过去几年的通货膨胀率为8%，人们会据此推断下一年的通货膨胀率仍然是8%，并把这种预期作为自己经济行为的依据。政府、居民、企业、工会均会根据预期的通货膨胀率来调整自己的经济决策和经济活动，如工资协议、经济合同、投资机会成本和实际利率的计算等，都将以8%的通货膨胀率作为行为依据，由此产生一种通货膨胀预期，使通货膨胀不断持续下去。

货币主义者强调现在对未来的影响，即现在的通货膨胀对未来预期及经济行为的影响。人们根据过去通货膨胀的情况形成目前对未来通货膨胀的预期。凯恩斯主义者则强调过去对现在的影响，即过去的通货膨胀会形成一种惯性，对现在的经济活动和经济行为产生影响。

知识拓展

幸福指数与痛苦指数

幸福指数最早是由美国经济学家保罗·萨缪尔森提出来的，他认为幸福等于效用与欲望之比，即幸福=效用/欲望。从这个等式来看，自己幸福与否和自己的欲望及效用有关：当欲望既定时，效用越大越幸福；当效用既定时，欲望越小越幸福。幸福与效用同方向变化，与欲望反方向变化。如果欲望无穷大，则幸福无穷小。我们经常会说人的欲望是无限的，那是指人们会在一个欲望满足之后又产生新的欲望。而在一个欲望满足之前，可以把这个欲望看成既定值，当欲望既定时，人的幸福就取决于效用了。因此可以简单地把追求幸福最大化等同于追求效用最大化。

痛苦指数是用来衡量宏观经济状况的一个指数，它等于通货膨胀率加上失业率。例如，通货膨胀率等于5%，失业率等于6%，则痛苦指数等于11%。这个指数可以说明人们对宏观经济状况的感觉，指数越大人们就越会感到遗憾或痛苦。

在失业与通货膨胀中，人们往往更注重失业状况。根据美国耶鲁大学学者的调查，人们对失业的重视程度是通货膨胀的6倍，因此，政府不受欢迎程度的指数就等于6乘以失业率再加上通货膨胀率。即在前面的例子中，政府不受欢迎程度的指数为6×6%+5%=41%。这一指数越高，政府越不受欢迎，该届政府获得连任的机会就越少，所以各国政府都把降低失业率当成非常重要的工作目标。

五、通货膨胀的影响及其治理

1. 通货膨胀的影响

（1）造成实际收入和实际财富的再分配。如果名义工资收入的增长慢于通货膨胀率的增长，如持有现金和存款者、工薪阶层、退休者、失业和贫困者、接受政府救济者、债权人（租金和利息收入者）、银行等社会阶层和集团，其货币收入不能随物价上涨及时调整，或虽有所调整但上调幅度小于物价上涨幅度的，其实际收入减少，货币购买力将下降。在通货膨胀过程中，那些货币收入能够随物价上涨而及时向上调整，且调整幅度大于或等于物价上涨幅度的人或企业，如拥有多种资产形式的人（证券和货物持有人）、高收入阶层、企业主、企业、债务人、有较多负债的政府等社会阶层和集团，其实际收入不会受到影响，甚至可能会上升。例如，如果通货膨胀是由于政府借款造成中央银行向社会过量发行货币，增加货币供给，则政府可以因此而增加一笔额外的收入——通货膨胀税。

（2）资源的重新配置。在通货膨胀过程中，那些价格上涨超过成本上涨的行业将会扩张；而价格上涨慢于成本上涨的行业将会收缩。当价格上涨是对经济结构、生产率提高的反映时，价格变动和资源配置将趋于合理；反之，当通货膨胀使价格信号扭曲，无法正常反映社会供求状况，使价格失去调节经济的作用时，会破坏正常的经济秩序，使价格失去核算功能，降低经济运行效率。

（3）国民收入和就业水平的变化。在一定条件下，“需求拉上”引起的通货膨胀能促使企业扩大生产规模、增雇工人，导致国民收入上升。通货膨胀使得银行的实际利率下降，这又会刺激消费和投资需求，促进资源的充分利用和总供给的增加。但是，当通货膨胀率可预料时，就不会对国民收入水平和就业发生直接的影响。而供给下降引起的通货膨胀则只会引起国民收入水平和就业率的下降。

通常，温和的通货膨胀对经济的影响较小，不会给社会带来危害；而凶猛的通货膨胀对经济影响较大，给社会造成的危害也大。

2．通货膨胀的治理

（1）总需求紧缩的政策。对于需求拉动型通货膨胀，应该采取紧缩的财政政策和货币政策。但是这样会付出紧缩的代价，即经济可能衰退。为了减轻衰退的程度，应掌握好紧缩的力度，最好采取“软着陆”的办法，逐步渐进地紧缩总需求。

（2）降低成本的政策。对于成本推动型通货膨胀，应该采取降低企业成本的政策，如减少企业的税收和其他负担。20 世纪 70 年代，美国等西方国家为了控制工资与物价的螺旋式轮番上涨，曾采用直接控制工资和物价上涨的收入政策，包括限制工资和物价涨幅，冻结工资和物价，以及工资指数化（工资与物价挂钩）。但实践证明，这种收入政策是失败的，因为它破坏了市场经济的根本，即自由价格机制，从而加剧了供求失衡和经济结构性矛盾，因此后来不得不放弃。我国在计划经济时期实行的是完全的工资和物价管制，当然更不成功，因此不得不进行改革。

（3）稳定通货膨胀预期的政策。对于预期的或惯性的通货膨胀，应该使人们的通货膨胀预期为 0，即消除人们对通货膨胀的预期。为此，美国经济学家米尔顿·弗里德曼提出稳定货币供给增长率的简单货币规则，又称有规则的货币政策。理性预期学派主张公开宣布稳定的货币政策，消除人们对通货膨胀的担忧，从而稳定通货膨胀预期。20 世纪 80 年代以来，西方国家之所以进入了低通货膨胀和通货稳定的时代，就是因为美国联邦储备系统等中央银行采取货币主义的主张，实行了稳定的即有规则的货币政策。中国政府在治理通货膨胀的过程中，也很注意稳定人们对通货膨胀的预期。

知识应用

中国人民银行 2011 年首次加息，抑制通胀预期，平衡资金供需

中国人民银行（以下简称“央行”）2011 年 2 月 8 日晚间宣布，自 9 日起上调金融机构一年期存贷款基准利率 0.25 个百分点，其他各档次存贷款基准利率相应调整。调整后，一年期存款利率达到 3%，一年期贷款利率达到 6.06%。

这是央行 2011 年以来首次上调利率，也是 2010 年以来第三次上调利率。央行曾于 2010 年 10 月和 12 月两次上调利率。

分析人士认为，央行选择在农历新年刚过这一节点来加息，意在应对当时不容忽视的通货膨胀压力。

中央财经大学金融学院教授张礼卿认为，2011 年 12 月居民消费价格指数（CPI）较 11 月小幅回调，但 2012 年尤其是上半年面临的通胀压力仍不容忽视，这是央行此次加息的根本原因。

课堂活动

（1）如果你的房东说：“工资、公用事业及别的费用都涨了，我也只能提高你的房租。”那么，这是属于“需求拉上”还是属于“成本推进”的通货膨胀呢？如果某店主说：“可以提价，别愁卖不掉，店门口排队争购的人多着呢！”那么，这又属于什么类型的通货膨胀呢？

（2）我国严峻的就业形势如下。

2020 年 4 月 17 日，根据中国国家统计局公布的数据，一季度全国城镇新增就业人员 229 万人；3 月，全国城镇调查失业率为 5.9%，比 2 月下降 0.3 个百分点。其中 25～59 岁群体人口调查失业率为 5.4%，低于全国城镇调查失业率 0.5 个百分点，比 2 月下降 0.2 个百分点。31 个大城市城镇调查失业率为 5.7%，与 2 月持平。根据此前数据，2 月的全国城镇调查失业率为 6.2%，相较 1 月的 5.3%提高了将近 1 个百分点，是自 2018 年使用城镇调查失业率指标取代原本城镇登记失业率指标以来的最高值。

可以注意到，稳就业、保障失业人员的生活成了当下减小失业率上升带来的影响的一体两面。国务院实施了 3 项新举措保障失业人员的生活：一是对领取失业保险金期满仍未就业且距法定退休年龄不足一年的参保失业人员，将发放失业保险金至其退休；二是对领取失业保险金期满仍未就业、不符合领取失业保险金条件的参保失业人员发放 6 个月的失业补助金；三是在 2020 年 3—6 月，对领取失业保险金和失业补助金的人员双倍发放价格临时补贴。

3 月 18 日，国务院办公厅印发《关于应对新冠肺炎疫情影响强化稳就业举措的实施意见》，提出了不少新举措扶持企业：一是阶段性减免社保费，2 月为企业减免养老、失业、工伤 3 项单位缴费共 1 239 亿元；二是对不裁员或少裁员的中小微企业，失业保险费返还标准由原来的企业及其职工上年度缴纳的 50%提高到最高 100%。除了新增失业人员，2020 年高校毕业生规模亦达到 874 万名的历史新高。上述文件便明确要求国有企事业单位、基层服务项目扩大招聘规模，加大对中小微企业招用高校毕业生的资金激励，拓展创业担保贷款政策的覆盖范围等，意欲吸纳这部分新增求职人口。

讨论：我国政府应该采取哪些措施，以扩大就业和治理失业？

实践实训

1．分析通货膨胀（或通货紧缩）对产品供需的影响

以小组为单位，选定某一产品作为分析对象，结合当前的物价水平，分析在通货膨胀或通货紧缩的情况下，对该产品的需求和供给产生的影响，完成表 7.2。

表 7.2　物价水平对产品供需的影响

物 价 水 平	对产品需求的影响	对产品供给的影响	对产品的总体影响
通货膨胀时			
通货紧缩时			

讨论重点：

（1）分析当前物价情况，如果存在通货膨胀（或通货紧缩）情况并且可能持续较长时间，将会对该企业的盈利前景产生哪些方面的影响？

（2）分析企业应采取哪些措施来应对接下来有可能出现的通货膨胀（或通货紧缩）。

2．分析经济增长对产品供需的影响

以小组为单位，选定某一产品作为分析对象，结合当前国民经济增长情况，分析国民经济稳定增长或经济波动对该产品的需求和供给产生的影响，完成表 7.3。

表 7.3　经济稳定增长或经济波动对产品供需的影响

国民经济状况	对产品需求的影响	对产品供给的影响	对产品的总体影响
经济稳定增长			
经济波动			

讨论重点：

（1）在国民经济保持稳定增长的条件下，分析该产品在竞争中的优势、劣势以及可能面对的机遇和挑战。

（2）分析影响经济增长的因素能给企业的经营带来哪些启示。

（3）分析在出现经济波动，企业受到负面影响时，企业应该如何应对。

思考与练习

一、名词解释

经济增长；经济周期；失业；失业率；自然失业；周期性失业；通货膨胀

二、选择题

1．如果经济不再继续增长，投资开始减少，整个国民经济活动表现为由繁荣转向萧条，这表明经济周期处于（　　）。

A．繁荣阶段　　B．衰退阶段

C．萧条阶段　　D．复苏阶段

2．如果投资开始增加，失业人数逐渐减少，整个国民经济活动转向高涨，这表明经济周期处于（　　）。

A．繁荣阶段　　B．衰退阶段

C．萧条阶段　　D．复苏阶段

3．基钦周期是一种（　　）。

A．短周期　　B．中周期
C．长周期　　D．不能确定

4．朱格拉周期是一种（　　）。
A．短周期　　B．中周期
C．长周期　　D．不能确定

5．康德拉季耶夫周期是一种（　　）。
A．短周期　　B．中周期
C．长周期　　D．不能确定

6．库兹涅茨周期是一种（　　）。
A．短周期　　B．中周期
C．长周期　　D．不能确定

7．引起周期性失业的原因是（　　）。
A．工资刚性
B．总需求不足
C．经济中劳动力的正常流动
D．经济结构的调整

8．下列各项中，会增加失业的是（　　）。
A．退休工人数量增加
B．退出劳动力队伍的人数增加
C．离开学校找工作的人数增加
D．离开工作岗位去上学的人数增加

9．如果工资和物价同比例下降，则实际工资（　　）。
A．增加　　B．减少
C．不变　　D．增加或减少取决于实际工资的绝对水平

三、判断题

1．在其他条件不变的情形下，随着实际工资增长，劳动的需求量减少。（　　）

2．在宏观经济实现充分就业时，失业率为 0。（　　）

3．摩擦性失业对有些劳动力来说具有正面意义。（　　）

4．退休人口的增加一定会提高一国的失业率。（　　）

5．如果通货膨胀率上升，但名义利率不变，那么实际利率就会下降。（　　）

6．如果通货膨胀超过了预期的水平，而工人根据以前的货币工资合同确定工资，则实际工资就会上升。（　　）

7．充分就业和物价稳定是一致的，只要达到了其中一项，也就实现了另一项。（　　）

四、问答题

1．经济增长的特征有哪些？

2．经济周期的 4 个阶段及其特点是什么？

3．经济周期有哪些类型？

4．什么是摩擦性失业？

5．如何理解通货膨胀？

6．造成通货膨胀的成因是什么？

7．通货膨胀对经济的影响有哪些？

拓展应用

大学生就业难问题

随着社会主义市场经济体制的确立和发展，我国经历了计划经济体制下和市场经济体制下的大学生就业制度。当前大学生就业是国家在就业方针政策指导下对毕业生实行宏观调控的结果，使其在就业方式上实行完全自主择业，培养、发展和健全人才劳动市场，以实现人力资源的合理配置。大学生就业难主要有以下6个原因。

（1）对就业形势和政策及就业过程不了解，存在信息不对称。大学毕业生供需矛盾突出是近年来社会公认的大学生就业难的一个直接原因，用人单位对大学生的需求速度赶不上大学毕业生的增加速度。

（2）就业信息获取不及时。用人单位招聘信息的发布缺乏时效性、大学生没能及时获取相应的信息及大学生发布了应聘信息但由于种种原因用人单位没有获取这两种情况造成了很多大学生找不到工作、用人单位找不到人的局面，延长了大学生和用人单位相互搜寻的过程。

（3）自我能力认识不足，所学知识与现实需求不匹配。在大学毕业生就业难的同时，用人单位也普遍存在着选才难。部分大学生有较扎实的专业知识，但缺乏良好的心理素质、礼仪和法律观念。

（4）缺少职业生涯规划。一项调查结果显示，61.91%的大学生不清楚自己未来的发展方向，更有70.64%的大学生对个人职业生涯有一定规划但不完全，这说明很多大学生对职业生涯规划不够重视。

（5）期望和实际现状不符。部分大学生做事眼高手低，理论知识与实际工作脱节，还存在就业后稳定性差、离职率高等问题。部分大学生缺乏吃苦耐劳精神，薪酬期望值高出社会现实水准，不愿从基层做起，宁愿等待，只选择在发达地区、高薪部门工作，不愿意去偏远地区工作，人际沟通能力差，缺乏团队合作能力，“有业不就”，造成人力资源的浪费。

（6）就业时一味追求稳定和高收入。大学生处于从依赖向独立、从学生向社会角色过渡的时期，他们对社会生活显示出较强的热情与好奇，缺少理性思考与合理规划。在这种氛围下，大学生择业的心态趋于“现实化”，这种“现实化”表现在将工资的高低、待遇的好坏当成择业的首要准则，而很少考虑自己的理想、兴趣、特长、优势、潜力等自身条件，这必将在一定程度上影响到大学生对将来职业的选择和对未来人生发展的定位。

为此，大学生应在学习之余，主动了解当前的就业政策和就业过程，了解就业形势有哪些变化，从而及时调整自身发展方向，重点培养个人素质与条件，以符合用人单位标准；同时根据个人需要和社会需求，扬其长、避其短，做出合理的选择和决策，顺利就业，或根据自身能力、兴趣、爱好选择适当的时机进行自主创业。

思维导图

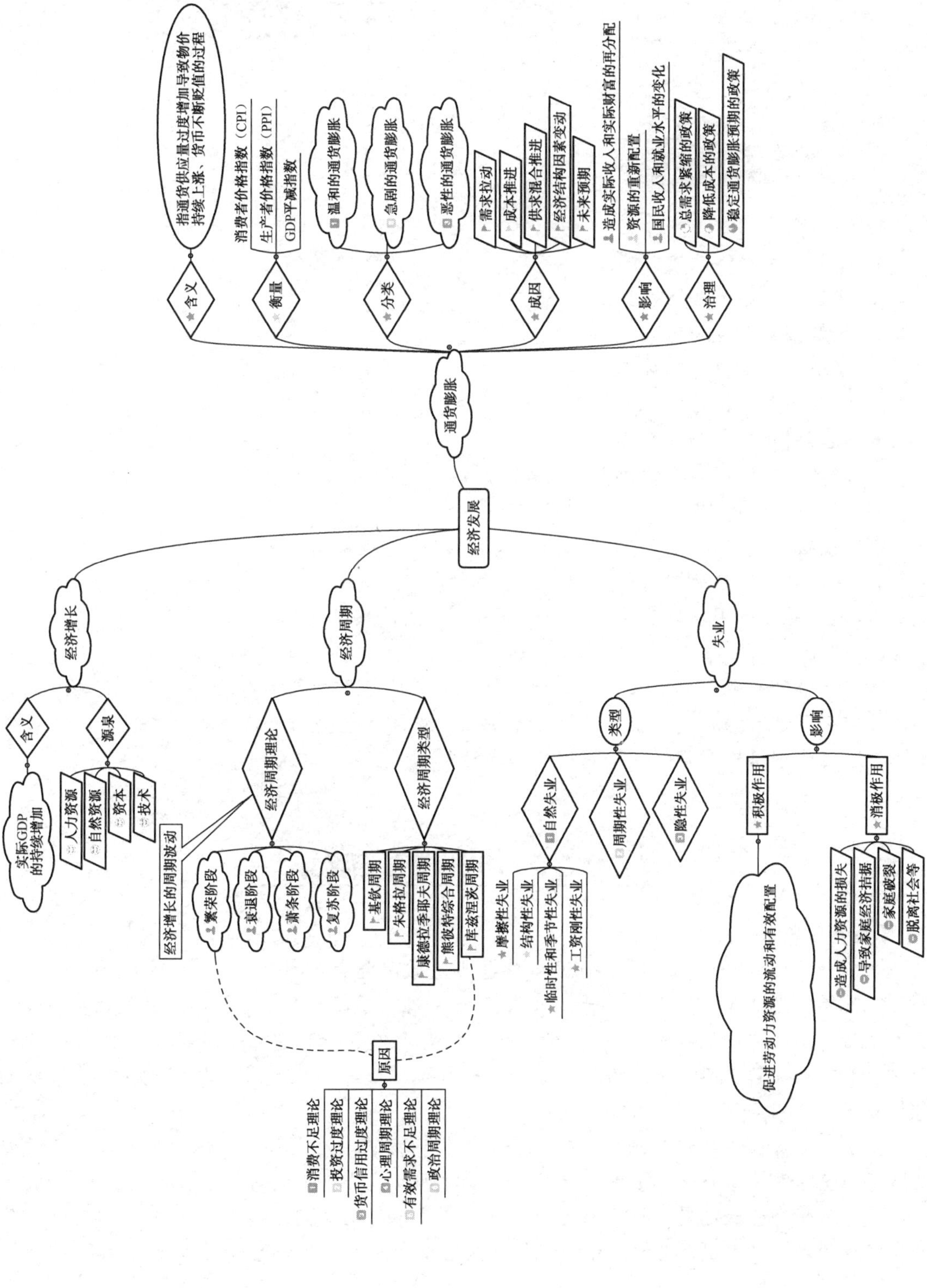
经济发展
通货膨胀
含义
指通货供应量过度增加导致物价持续上涨、货币不断贬值的过程
衡量
消费者价格指数（CPI）
生产者价格指数（PPI）
GDP平减指数
分类
温和的通货膨胀
急剧的通货膨胀
恶性的通货膨胀
成因
需求拉动
成本推进
供求混合推进
经济结构因素变动
未来预期
影响
造成实际收入和实际财富的再分配
资源的重新配置
国民收入和就业水平的变化
治理
总需求紧缩的政策
降低成本的政策
稳定通货膨胀预期的政策
经济增长
含义
实际GDP的持续增加
源泉
人力资源
自然资源
资本
技术
经济周期
经济增长的周期波动
经济周期理论
繁荣阶段
衰退阶段
萧条阶段
复苏阶段
经济周期类型
基钦周期
朱格拉周期
康德拉季耶夫周期
熊彼特综合周期
库兹涅茨周期
原因
消费不足理论
投资过度理论
货币信用过度理论
心理周期理论
有效需求不足理论
政治周期理论
失业
类型
自然失业
摩擦性失业
结构性失业
临时性和季节性失业
工资刚性失业
周期性失业
隐性失业
影响
积极作用
促进劳动力资源的流动和有效配置
消极作用
造成人力资源的损失
导致家庭经济拮据
家庭破裂
脱离社会等

项目八　理解宏观经济政策

学习目标

知识目标：

▲ 了解宏观经济政策目标；
▲ 了解宏观经济政策工具；
▲ 了解国家财政的构成；
▲ 了解货币的概念和种类；
▲ 了解国家的银行体系；
▲ 理解财政政策和货币政策；
▲ 理解宏观经济政策的协调运用策略。

能力目标：

▲ 能够理解与分析国家制定的各项基本经济政策；
▲ 能够综合应用财政政策和货币政策分析、解决实际问题。

稳定经济的任务，要求我们能够控制住经济，使之不至于偏离高就业之路太远。就业率过高将导致通货膨胀，而过低又意味着衰退。灵活审慎的财政政策和货币政策，能够帮助我们在这两条路中间找到一条“狭窄的通道”。

——美国前总统　约翰·肯尼迪

任务一　理解财政政策

【社会现象】

2020 年中国财政政策要点

2020 年是全面建成小康社会和“十三五”规划的收官之年。完成各项发展任务，确保人民生活水平的有序提高是 2020 年经济社会发展的重要目标。中国在新冠肺炎疫情得到全面控制和有效化解之后，宏观经济政策应快速转向保增长、促发展。其中，财政政策要点包括以下 4 个。

（1）扩大赤字规模和专项债规模。全力支持地方政府在大幅度降低税费的情况下对公共服务、市场运行和企业运转的支持能力和资源调动能力，较大幅度地增加政府债务收入，并适度增加债务资金的灵活性和针对性。全年赤字按照名义 GDP 的 3.3%安排，较 2018 年的赤字规模增加约 8 000 亿元，有效弥补公益性投资的缺口；全国专项债进一步扩大规模，达到 3.3 万亿～3.5 万亿元，重点支持公共卫生项目的产能投资、基础设施投资和研发平台投资等。

（2）深入推进减税降费。重点着力于 3 个方面：一是探索进一步降低增值税税率的条件和空间，建议制造业在 13%税率的基础上，再降低 1 个百分点，至 12%；交通运输业、建筑业等原征收 9%税率的行业，再降低 1 个百分点，至 8%；二是原征收 6%的企业，视其在疫情防控中的贡献和受到的损失，可以将原加计 10%计算进项税额的范围进一步扩大，并将 10%的加计扣除比例进一步提高到 20%；三是延长 2020 年到期的企业可弥补亏损的年度，以缓解企业在 2020 年的压力，并保证企业加大产出扩张能力。

（3）加大基础设施投资力度。受到消费压力、房地产稳定压力和出口压力的影响，2020 年面临总需求不足的压力。政府应通过扩大专项债、一般债，并同时加大 PPP（政府和社会资本合作）和其他基础设施投融资的力度，在弥补短板、扩大有效需求的同时，支持产业链较长、拉动能力较大、投资乘数较为明显的企业尽快投产、复工。建议适当扩大 2020 年的基础设施投资规模，并通过乘数效应进一步扩大其扩张和带动能力。

（4）全面实施预算绩效管理，提升财政资金的使用和产出效率。从财政职能来看，这是进行财政资金管理和使用的政策手段，而从宏观调控来看，则是要提升财政资金的产出效率和效益。打通财政资金管理使用和财政资金产出效益的关键政策节点就是资金的绩效管理。2020 年要全面实施预算绩效管理，将其范围扩大到整个部门、一级政府，将其对象扩大到基本支出、政策运行等方面。

（资料来源：闫坤，张鹏. 2019 年我国宏观经济与财政政策分析报告 落实六稳政策促经济平稳增长[N]. 经济参考报，2020-02-11（A07）.）

讨论：什么是财政政策？财政政策的内容主要有哪些？

【理论基础】

宏观经济政策是指国家或政府为了增进社会经济福利而制定的解决经济问题的指导原则和措施。它是政府为了达到一定的经济目的而对经济活动进行的有意识的干预。

一、宏观经济政策概述

1．宏观经济政策目标

任何一项经济政策都是根据一定的经济目标而制定的。宏观经济政策目标是政府有意识、有计划地运用一定的政策工具，调节和控制宏观经济运行所要达到的政策目标。从西方国家第二次世界大战后的经济实践来看，国家宏观经济政策目标主要包括充分就业、物价稳定、经济持续均衡增长和国际收支平衡。

（1）充分就业。充分就业是指一切生产要素都有机会以自己愿意的报酬参加生产的状态。需要指出的是，充分就业不是 100%就业，并不排除像摩擦性失业这类失业情况的存在。摩擦性失业是在劳动力正常流动过程中所产生的失业，是由于各行业、各部门与各地区之间的劳动需求经常发生变动，以及劳动者根据本人的偏好与能力发生变换职业的行为等原因引起的。摩擦性失业在任何动态市场中都是必然存在的，但不论属于哪种类型，失业总是会给社会及失业者本人和家庭带来损失和痛苦，也会使社会损失本来可以得到的产出量。严重的社会失业不可避免地会带来社会动荡和混乱。因此，降低失业率，实现充分就业，就常常成为宏观经济政策的首要或重要目标。

（2）物价稳定。物价稳定是宏观经济政策的第二个目标，是指价格总水平的稳定。由于各种产品价格变化的繁杂和统计的困难，一般用价格指数来表示。价格指数是表示若干种产品价格水平的指数，用来表示不同时期一般价格水平的变化方向和变化程度。价格指数有消费者价格指数（CPI）、生产者价格指数（PPI）和 GDP 平减指数 3 种。衡量市场物价水平的变动时，当今国际上的通行做法是测算 CPI。CPI 包括了城镇居民日常消费的生活用品和劳务的价格变动。大部分国家都会按月度和年度向居民公布 CPI 变动情况。物价稳定体现为 CPI 的相对稳定，但轻微的 CPI 上涨也被视为基本正常的经济现象。

市场经济发展的实践证明，价格是最难预测和控制的因素。不管是什么原因引起价格的严重波动，或者产生通货膨胀，或者形成通货紧缩，都将影响社会经济的顺利和稳定增长。因此，为了控制通货膨胀（或通货紧缩）对经济的冲击，国家往往把价格稳定作为宏观经济政策的另一重要目标。

必须指出的是，价格稳定不是指每种产品的价格固定不变，也不是政府（或国家）强行制定的价格指数，而是价格指数的相对稳定。实践证明，西方国家的通货膨胀已经无法完全消除，因此大部分国家已把存在一般的轻微的通货膨胀视为基本正常的经济现象。

（3）经济持续均衡增长。宏观经济政策的第三个目标是经济的持续均衡增长。经济增长是指一定时期内经济社会的人均产出和人均收入的持续增加，通常用一定时期内实际国内生产总值年均增长率来衡量。第二次世界大战后，西方国家的经济增长经历了一个从高速增长到低速增长的过程。经济增长和充分就业是相互关联的，因此，如何维持较高的增长率以实现充分就业同样是一国宏观经济政策追求的主要目标。

（4）国际收支平衡。国际收支平衡对于一个现代开放性经济国家是至关重要的。随着国际间经济交往的密切，如何平衡国际收支已成为一国宏观经济政策的重要目标之一。西方经济学家认为，一国的国际收支状况不仅反映了该国对外经济交往的情况，而且反映了该国经济改革的稳定程度。当一国国际收支处于失衡状态时，就必然会对国内的经济形成冲击，从而影响国内的就业水平、价格水平及经济增长。

（5）4 个目标之间的关系。

① 稳定物价与充分就业。在失业率和物价上涨率之间可以有 3 种选择：第一，追求低失业率而忍受较高的通货膨胀率；第二，追求物价稳定而忍受较高的失业率；第三，在两者之间相机抉择，把失业率和通货膨胀率均控制在社会可接受的水平。很显然，第三种方式比较切合实际。

② 稳定物价与经济增长。在有效需求不足的经济中，产出水平取决于需求水平，采用扩张性财政政策和货币政策刺激需求增长可以促进经济增长，并且不会引起物价水平上涨。但是在充分就业的经济中，采用扩张性财政政策和货币政策虽然可以促进经济增长，但同时也会引起总需求超过总供给，导致通货膨胀。

③ 稳定物价与国际收支平衡。稳定物价与减少国际收支逆差是一致的。采取紧缩性的经济政策，抑制国内需求，一方面可以降低通货膨胀率，同时也可以减少进口，扩大出口；另一方面可以使国内价格水平下降，利率水平上升，这样就可以吸引外资流入，改善国际收支。

④ 充分就业与经济增长。高速经济增长与降低失业率二者相辅相成，不存在矛盾。如果资源大量闲置，失业率很高，当然不可能有高速的经济增长，也不可能不断地提供更多的就业机会。

⑤ 充分就业与国际收支平衡。就业人数增加，收入水平提高，会使进口的增加超过出口的增加，从而使国际收支恶化。国际收支出现逆差，可以采用紧缩性财政政策和货币政策解决，但是紧缩性财政政策和货币政策将导致失业率上升。

⑥ 经济增长与国际收支平衡。从短期看，这两个目标之间存在冲突。高速的经济增长过程中会扩大国外的机器设备、先进技术及原材料的进口，而扩大出口则不可能在短期内达到，这会使国际收支趋于恶化。

可见，宏观经济政策的四大目标是相互联系与相互制约的完整统一体。充分就业保证了社会的稳定和人力资源的最大投入，而它需要建立在经济持续稳定增长的基础上。通货膨胀会带来各种负面效应，引起实际收入下降，严重破坏经济的稳定，因此，在追求经济增长的同时，务必加强宏观调控，防止经济过热引起恶劣的通货膨胀。同时，伴随国际化进程，进出口贸易状况与国际结算对一国财政政策和货币政策的实施将不断加深影响，由此引起的货币价格浮动、结构性调整失业、进口成本推动通货膨胀等现象都将对国内经济形成冲击。

2. 宏观经济政策工具

宏观经济政策工具是指用来达到宏观经济政策目标的手段。宏观经济政策工具常用的有需求管理、供给管理和对外经济管理。

（1）需求管理。需求管理是通过调节总需求以实现一定政策目标的宏观经济政策工具。这也是凯恩斯主义所重视的政策工具。凯恩斯主义产生于20世纪30年代经济大危机时期，这时经济资源严重闲置，总供给不是限制国民经济增长的主要因素，经济中的关键问题是总需求不足。凯恩斯主义的GDP决定理论，是在假定总供给无限的条件下来说明总需求对GDP的决定作用的。因此，由这种理论所引出的政策工具就是需求管理。

需求管理是通过对总需求的调节，实现总需求等于总供给，达到既无失业又无通货膨胀的目标。在总需求小于总供给时，经济中会由于需求不足而产生失业，这时就要运用扩张性的政策工具来刺激总需求；在总需求大于总供给时，经济中会由于需求过度而引起通货膨胀，这时就要运用紧缩性的政策工具来抑制总需求。需求管理包括财政政策和货币政策。

（2）供给管理。20世纪70年代初期，石油价格的大幅度上升对全球经济产生了严重影响，使经济学家认识到了总供给的重要性。总需求—总供给模型分析了总供给对GDP和价格水平的影响。这样，宏观经济政策工具就不仅包括需求管理，而且包括供给管理。

供给管理是指通过对总供给的调节，实现一定的政策目标的宏观经济政策工具。在短期内影响供给的主要因素是生产成本，特别是生产成本中的工资成本；在长期内影响供给的主要因素是生产能力，即经济潜力的增长。因此，供给管理包括控制工资与物价的收入政策、指数化政策、改善劳动力市场状况的人力政策以及促进经济增长的增长政策。

（3）对外经济管理。宏观经济政策目标不仅要实现国内均衡，还要实现国外均衡，这就需要采取必要的措施对国际收支进行调节。对外经济管理是指通过对国际贸易、国际资本流动、劳务国家的输出和输入等的管理和调节，实现国际收支平衡的目标。对外经济管理政策主要包括对外贸易政策、汇率政策、对外投资政策和国际经济关系协调政策等。

二、国家财政的构成

国家财政由政府收入和政府支出两个方面构成，其中政府收入主要包括税收和公债，政府支出主要包括政府购买和转移支付。

1. 政府收入

政府收入是指整个国家中各级政府收入的总和。政府收入由许多具体的收入项目构成，对社会需求起着重要的调节作用，如图 8.1 所示。

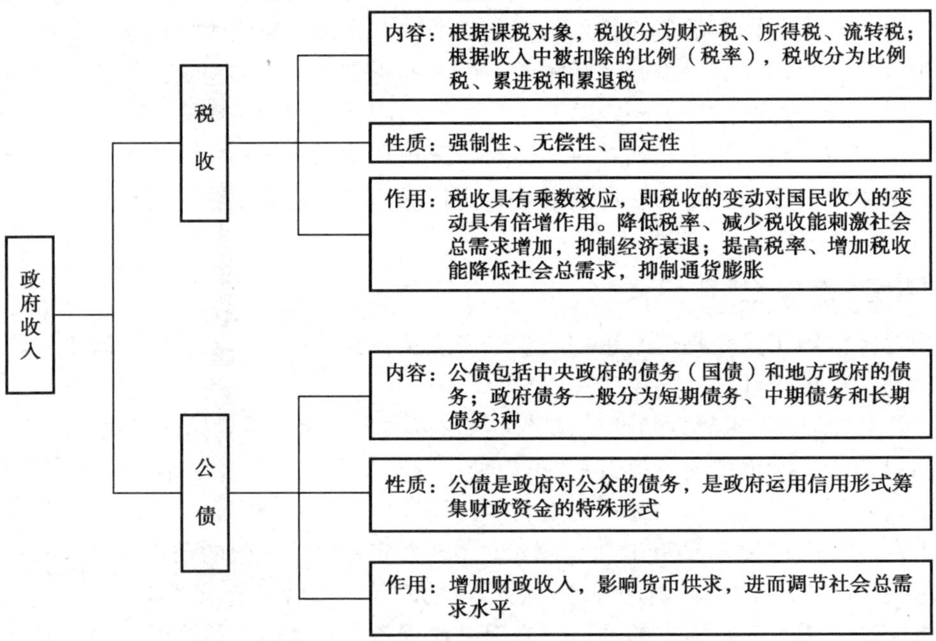

图 8.1　政府收入的主要构成

（1）税收。政府要实现自身的职能，必须有钱来偿付它的支出，如进行投资、公共设施建设、兴办教育等。政府收入的主要来源是税收，政府通过税率调节税收水平，以影响和调节总需求，故税收是具有内在稳定器作用的财政政策。税收包括流转税（增值税、消费税、营业税、关税），所得税（公司所得税和个人所得税），资源税（资源税、城镇土地使用税和耕地占用税），行为税（印花税、车船使用税），财产税（房产税、契税）。其中，个人所得税与公司所得税有其固定的起征点和税率。当经济萧条时，由于收入减少，税收也会自动减少，从而抑制消费与投资的减少，有助于减轻萧条的程度；当经济繁荣时，由于收入增加，税收也会自动增加，从而抑制消费与投资的增加，有助于减轻由于需求过大而引起的通货膨胀。

（2）公债。当政府税收不足以弥补政府支出时，政府就会发行公债。公债成为政府财政收入的又一个组成部分。公债的发行能增加财政收入，因此，公债发行属于财政政策工具；同时，公债的发行、回收以及在资金市场上的流动能影响货币供求，发挥对货币市场和资本市场的扩张或紧缩作用，进而调节社会总需求水平。因此，公债也是实施宏观调控的经济政策工具。

2. 政府支出

政府支出是指整个国家中各级政府支出的总和。政府支出由许多具体的支出项目构成，如图 8.2 所示。

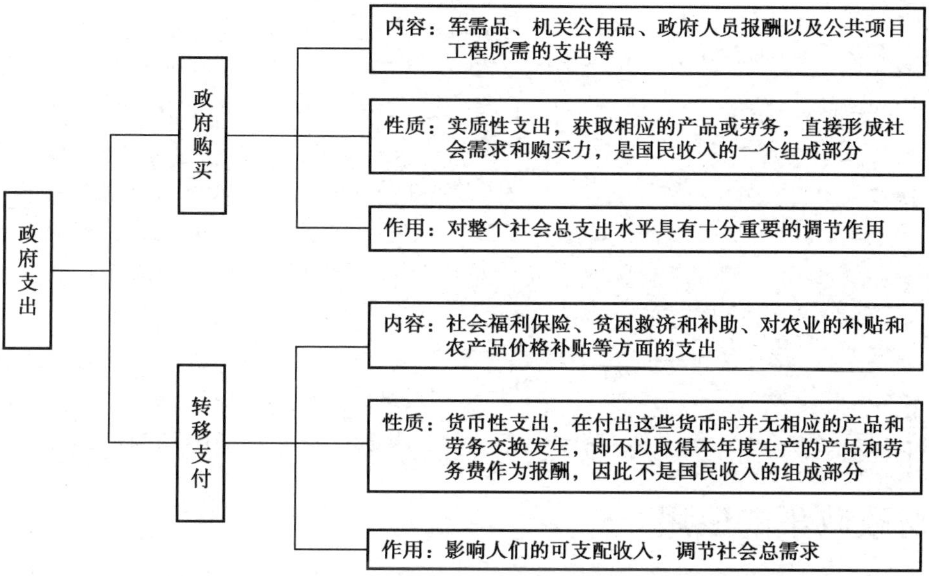

图 8.2 政府支出的主要构成

当社会总需求不足时，政府可以提高购买和支出水平，如增加公共工程建设，提高就业水平，抑制经济衰退；同时也可以进一步增加转移支付款项，调整转移分配对象，如根据需要提供更多的补贴给面临灾难的社会群体，稳定社会秩序。相反，当社会总需求过高时，政府可以减少购买和支出水平，抑制通货膨胀。可见，政府支出项目需要根据社会经济发展与人文环境变化进行调整，而各项目的相对重要性也是变化的。

像失业补助与其他福利性支出这类转移支付，有其固定的发放标准。当经济萧条时，由于失业人数和需要其他补助的人数增加，这类转移支付会自动增加，从而抑制消费与投资的减少，有助于减轻经济萧条的程度；当经济繁荣时，由于失业人数和需要其他补助的人数减少，这类转移支付会自动减少，从而抑制消费与投资的增加，有助于减轻由于需求过大而引起的通货膨胀。

知识应用

“后疫情时代”的赤字财政政策

根据《政府工作报告》和年度财政预算报告释放出的信号，为了应对 2020 年年初新型冠状病毒肺炎暴发对经济造成的冲击，中国将采取大量的财政措施并保持灵活的货币政策。

2020 年 5 月 22 日，李克强总理在第十三届全国人民代表大会第三次会议上作《政府工作报告》时指出，政府 2020 年的赤字率“拟按 3.6%以上安排”，2020 年财政赤字规模比 2019 年增加 1 万亿元。

此外，中央将发行 1 万亿元抗疫特别国债。尽管没有设定 GDP 增长目标，但在新冠肺炎疫情内外冲击扰乱经济活动的局势下，《政府工作报告》凸显了中央对经济的财政支持。2020 年设定的财政赤字率高于 2019 年 2.8%的目标。分析人士称，报告中用的“以上”这一新表达可能暗示着，如果必要的话还愿意进一步提高赤字率。在不确定的情况下，中央拟将地方政府专项债券提高到 3.75 万亿元，相当于 GDP 的 3.6%。财政部公布了 2020 年 4 月的财政数据，预算收入同比下降 15%；3 月收入同比下降 26.1%。与此同时，因为中国开始增加刺激性政策措施，4 月的财政支出同比增加了 7.5%，而 3 月的财政支出同比下降了 9.4%。财政部的报告称，2020 年前 4 个月，政府的一般公共预算收入同比减少 14.5%，税收收入同比减少 16.7%。经济学家预测，未来几个月财政收入可能会增长，但是由于外部需求量骤减，疫情对企业利润的滞后影响，以及税收减免和延期缴纳，财政收入恢复速度可能会显著变慢。

（资料来源：Chen jia.今年我国将实行积极的财政政策来对抗疫情冲击[EB/OL]. 丹妮，译.（2020-05-27）[2020-06-03]. http://language.chinadaily.com.cn/a/202005/27/WS5ecdb81ea310a8b241158ae5.html. ）

三、财政政策的应用

财政政策是指运用政府开支与税收来调节经济。具体来说，在经济萧条时期，总需求小于总供给，经济中存在失业，政府就要通过扩张性财政政策来刺激总需求，以实现充分就业；在经济繁荣时期，总需求大于总供给，经济中存在通货膨胀，政府则要通过紧缩性财政政策来抑制总需求，以实现物价稳定。财政政策工具主要有改变税率、改变政府购买水平和改变政府转移支付水平。

1. 改变税率

在西方国家政府的财政收入中，所得税在税收中所占比重较大，因此，改变税率主要是改变所得税税率。其基本做法是，在经济衰退时期，有效需求不足，失业率上升，政府采取减税政策，降低所得税税率，给个人和企业多留一些可支配收入，以增加有效需求，消除经济衰退；在通货膨胀时期，社会总需求过度，价格水平持续上涨，政府采取增税政策，减少个人和企业的可支配收入，以抑制过度需求，消除通货膨胀。因此，减税是反衰退的重要措施，增税是反通货膨胀的重要措施。

2. 改变政府购买水平

通过改变政府购买水平实施宏观财政政策的基本做法是，在经济衰退时期，提高政府购买水平，增加政府对产品和劳务的购买支出，如政府可以兴办大量的公共工程，修筑铁路、公路、水利工程等，以扩大社会总需求，消除经济衰退；当需求过度时，政府应降低购买水平，减少政府对产品和劳务的购买，以抑制社会总需求的增长。

3. 改变政府转移支付水平

在经济衰退时期，应增加政府转移支付，以增加社会有效总需求；在通货膨胀时期，应减少政府转移支付，以抑制过度需求。通过这些措施可以实现反衰退和反通货膨胀的目标。

20 世纪 50 年代，美国等西方国家就是采取了这种“逆经济风向行事”的财政政策，其目的在于实现既无失业又无通货膨胀的经济稳定。20 世纪 60 年代以后，为了实现充分就业与经济增长，则以扩张性财政政策为基调，强调通过增加政府支出与减税来刺激经济。特别是在 1962 年约翰·肯尼迪总统执政期间，曾进行了全面的减税：个人所得税减少 20%，最高税率从 91%降至 65%，公司所得税税率从 52%降至 47%，此外还采取了加速折旧、投资减税等变相的减税政策。这些政策的实施对经济起到了有力的刺激作用，造成了 20 世纪 60 年代美国经济的繁荣。20 世纪 70 年代之后，在财政政策的运用中则强调了微观化，即对不同的部门与地区实行不同的征税方法，制定不同的税率，个别地区调整征税范围，调整政府对不同部门与地区的拨款和支出政策，以求得经济的平衡发展。20 世纪 80 年代，罗纳德·威尔逊·里根总统执政期间，制定了以供给学派理论为依据的经济政策，其中主要的一项就是减税。

综上所述，政府应根据经济发展的具体状况交替使用扩张性财政政策和紧缩性财政政策。

知识拓展

2020 年中国财政政策新转变：做好“加减法”

2020 年，中国的经济在开年之初遭遇新冠肺炎疫情冲击，因此 2020 年的财政政策也出现了相应的转变。

积极的财政政策要做好“加法”。要提高赤字率、发行抗疫特别国债、增加地方政府专项债券。赤字率将提高到 3.6%以上，比 2019 年提高 0.8 个百分点；增加 1 万亿元的财政资金；中央财政将发行 1 万亿元的抗疫特别国债；将增加地方政府专项债券规模 1.6 万亿元。

积极的财政政策也要做好“减法”。其中，减税降费依然是 2020 年财政政策中的一个关键词。2019 年，我国实施了较大规模的减税降费，减税降费的规模达到 2.36 万亿元，这是制度性的安排，2020 年将继续实施。为了应对疫情的影响，党中央、国务院又出台了一系列减税降费措施，预计 2020 年减税降费的新增规模会达到 2.5 万亿元。

四、财政政策的应用效果

1. 内在稳定器

内在稳定器又称自动稳定器，是指经济系统本身存在的一种会减少各种干扰国民收入冲击的机制，即能够在经济繁荣时期自动抑制通货膨胀，在经济衰退时期自动抑制衰退，无须政府采取任何行动。一般认为，内在稳定器自动地发生作用，调节经济，无须政府做出任何决策。但是，这种内在稳定器调节经济的作用是十分有限的，它只能减轻衰退或通货膨胀的程度，并不能改变衰退或通货膨胀的总趋势；只能对财政政策起到自动配合的作用，并不能代替财政政策。因此，尽管某些财政政策具有内在稳定器的作用，但仍需要政府有意识地运用财政政策来调节经济。

内在稳定器的作用主要通过下述 3 项制度得到发挥。

（1）政府税收的自动变化。当经济繁荣时，生产扩大，就业增加，劳动者收入增加，进而收入所得税的税额增加，抑制了可支配收入的增长幅度，从而使总消费和总需求增长速度不至于过快，遏制了总需求扩张和经济过热；当经济衰退时，生产减弱，就业减少，个人收入与企业利润普遍下降，政府所得的税收会自动减少，人们和企业的可支配收入也不会下降很快，从而有效抑制了总需求的减少，缓解了经济衰退。

（2）政府转移支付。与税收政策一样，政府转移支付有助于稳定可支配收入。政府转移支付包括失业救济和其他社会福利支出。当经济衰退时，失业人数增加，符合救济条件的人增多，国家的失业救济和其他社会福利支出增加，从而间接地减少了社会总体可支配收入的下降，使消费需求的降低得到抑制；当经济繁荣时，失业人数减少，符合政府救济的人口减少，政府的失业救济支出也相应减少，从而使人们手中可支配收入的增长得到抑制，消费需求的增长幅度也受到一定程度的控制。

（3）维持农产品价格。当经济衰退时，农产品价格下降，政府按支持价格收购农产品，可使农民收入和消费维持在一定水平上；当经济繁荣时，农产品价格上升，政府减少对农产品的收购，并抛售农产品，限制农产品的价格上升，抑制农民收入的增长，也就减少了总需求的增加量。农产品价格维持制度有助于减轻经济波动，被认为是内在稳定器之一。

2．乘数效应

乘数效应包括正反两个方面。当政府投资或公共支出扩大、税收减少时，对国民收入有加倍扩大的作用，从而产生宏观经济的扩张效应；当政府投资或公共支出削减、税收增加时，对国民收入有加倍收缩的作用，从而产生宏观经济的紧缩效应。

（1）投资或公共支出乘数效应。它是指投资或政府公共支出变动引起的社会总需求变动对国民收入增加或减少的影响程度。一个部门或企业的投资支出会转化为其他部门的收入，这个部门把得到的收入在扣除储蓄后用于消费或投资，又会转化为另一个部门的收入。如此循环下去，就会导致国民收入以投资或支出的倍数递增。以上道理同样适用于投资的减少。投资的减少将导致国民收入以投资的倍数递减。公共支出乘数的作用原理与投资乘数相同。

（2）税收乘数效应。它是指税收的增加或减少对国民收入减少或增加的程度。由于增加了税收，消费和投资需求就会下降。一个部门收入的下降又会引起另一个部门收入的下降，如此循环下去，国民收入就会以税收增加的倍数下降，这时税收乘数为负值；相反，由于减少了税收，使私人消费和投资增加，从而通过乘数影响国民收入增加更多，这时税收乘数为正值。一般来说，税收乘数小于投资乘数和政府公共支出乘数。

（3）预算平衡乘数效应。预算平衡乘数效应指的是这样一种情况：当政府支出的扩大与税收的增加相等时，国民收入的扩大正好等于政府支出的扩大量或税收的增加量；当政府支出的减少与税收的减少相等时，国民收入的缩小正好等于政府支出的减少量或税收的减少量。

3．挤出效应

政府通过向公众（企业、居民）和商业银行借款来实行扩张性的财政政策，引起利率上升和借贷资金需求上的竞争，导致民间部门（或非政府部门）支出减少，从而使财政支出的扩张部分或全部被抵消，即政府实施扩张性财政政策从而导致利率上升，挤出私人投资，进而对国民收入的增加产生一定程度的抵消作用，这就是挤出效应。

影响挤出效应的因素有支出乘数的大小、货币需求对产出水平的敏感程度、投资需求对利率变动的敏感程度、货币需求对利率变动的敏感程度等。其中，支出乘数、货币需求对产出水平的敏感程度、投资需求对利率变动的敏感程度与挤出效应成正比，而货币需求对利率变动的敏感程度则与挤出效应成反比。在这 4 个因素中，支出乘数主要决定于边际消费倾向，而边际消费倾向一般较稳定，货币需求对产出水平的敏感程度主要取决于支付习惯，也较稳定，因而影响挤出效应的决定性因素是货币需求及投资需求对利率变动的敏感程度。

课堂活动

中国出现财政赤字怎么办

当政府财政收入少而支出多的时候，就会出现财政赤字。国际上衡量财政赤字有两条警戒线标准。第一条警戒线：财政赤字占 GDP 的比重不能超过 3%。一旦超过，就会出现财政风险。例如，我国 GDP 的总量在某年是 10 万亿元人民币，10 万亿元的 3%是 3 000 亿元。如果我国的财政赤字大于 3 000 亿元，就超出了警戒线。而当年的实际财政赤字是 3 098 亿元，只超出了一点儿，风险还不是很大，但如果再多就有一定的风险了。第二条警戒线：政府的财政赤字不能超出财政总支出的 15%。前已述及，政府的钱不够花，可以去借债，但不能借债太多，一国政府的财政赤字不能超出这个百分比，如果超出就说明赤字太大了。

若政府出现了财政赤字，怎么来弥补呢？有两种解决办法，一是透支，二是发行国债。

什么是透支？就是财政部在银行里有一个账户，支出超出了账户上的存款，在账户上出现了“红字”即负数，这叫透支。但是，用透支的方法解决财政赤字是不可以轻易使用的。因为政府透支的钱实际上是储户在银行的存款，尽管储户的存折上一分钱都没少，但在实际上却有了一个洞，如果去银行支取自己的存款时，银行没钱，只能印钞票，这就意味着一国通货膨胀开始了。对于储户来说，等他们把钱取出来的时候，钱已经贬值，买不到原来那么多的商品了。

至于发行国债，目前我国和世界其他各国都这么做。发行国债就是让人们自愿来买。发行的时候告诉大家发多少，期限有多长，利息是多少。这种方法比透支好，因为大家自愿买国债是用自己没有花的钱，没有增加货币总量。政府出售国债获得的资金，用于基本建设投资，加大政府支出拉动经济增长，再从经济增长中获得更多的税收，增强了还债能力，政府不用多印钞票，也就不会造成通货膨胀。

讨论：（1）什么是财政赤字？

（2）弥补财政赤字的主要方法是什么？

任务二 理解货币政策

【社会现象】

中国货币政策的变化

2019 年 1 月，中国人民银行宣布，为支持实体经济发展及降低融资成本，下调存款准备金率 1 个百分点，并分两个阶段实施。1 月 15 日和 1 月 25 日分别降低存款准备率 0.5 个百分点，总共释放 1.5 万亿元流动性。这是中国人民银行自 2018 年 4 月以来第四次降低存款准备金率，期间存款准备金率由 17%降至 13.5%（降低了 3.5 个百分点），比起 2015 年至 2016 年降低存款准备金率 3 个百分点，下降幅度还要大，给金融市场长期疲弱的行情打了一针强心剂。

其实，2007—2014 年，中国的存款准备金率基本上处于上升阶段，向上调整 27 次（中间只有 3 次向下调整），由 9%上升到 21.5%；从 2015 年开始到 2019 年 1 月 4 日，存款准备金率基本上处于下降阶段，下调 9 次，由 21.5%下降到 13.5%。可以说，中国的存款准备金率的变化，在很大程度上与人民币汇率变化有关。当 2005 年国内人民币汇率制度改革，人民币对美元开始持续升值后，人民币升值的态势持续了 10 年。到 2015 年，中国进行了第二次人民币汇率制度改革。可以看到，当人民币持续升值时，特别是人民币对美元的汇率持续单边升值时，大量的外部资金会以不同的方式涌入中国市场，引起企业及个人把手中的外汇卖给商业银行获得人民币，商业银行又把其手中的外汇卖给中央银行获得人民币。这样，不仅会导致外汇占款（中央银行收购外币资产投放的本国货币）快速增长，也使得国内的基础货币快速增加与扩张。在这种情况下，外汇占款的快速增长则成了国内信贷扩张的一种主要方式。这时，中央银行也不得不通过不断地调升存款准备金率来控制金融市场流动性的泛滥。在 2005—2014 年人民币持续单边升值的 10 年里，存款准备金率基本上处于一个上升的态势。但是，到 2015 年汇率制度改革之后，人民币单边升值的态势突然逆转，央行的外汇占款持续减少（比如 2018 年 11 月减少 591 亿元），所以央行不得不通过下调存款准备金率来保证金融市场流动性的稳定。

（资料来源：易宪容. 近十年货币政策基本上是严重的信用过度扩张 [EB/OL].（2019-01-08）[2020-06-03]. https://www.sohu.com/a/287493078_114984.）

讨论：什么是货币政策？货币政策工具主要包括哪些？

【理论基础】

货币政策是指国家根据既定的经济发展目标，通过中央银行运用其政策工具，控制货币供给量和利率，以影响宏观经济活动水平的政策。与财政政策一样，货币政策也是国家调节和干预经济的主要政策之一。

一、货币与银行

1. 货币的概念和种类

货币是人们普遍接受的并充当交换媒介的东西。货币的价值取决于它对产品的购买力。货币在国内市场上的购买力称为国内价值；货币在国外市场上的购买力称为国外价值。国外价值是通过本国货币同外国货币交换的比率即汇率来反映的。

国际上流行的货币主要有现金或通货、活期存款、准货币（储户在商业银行的定期存款、政府债券和其他储蓄存款）和货币替代物（如信用卡）。

在经济学中，将货币区分为M1、M2和M3。M1被称为狭义货币；M2与M3被称为广义货币。它们的关系为：

M1=通货+商业银行的活期存款

M2=M1+商业银行的定期存款

M3=M2+其他金融机构的存款

2．国家的银行体系

货币政策是由中央银行代表政府通过银行体系来实施的。要知道其作用过程，就有必要先了解中央银行及它所控制的商业银行。

（1）中央银行。中央银行是国家的银行，执行国家的金融政策，是代表政府对商业银行和其他金融机构的货币政策进行最终控制的金融机构。每个国家都有这样的中央银行，如美国的联邦储备银行，我国的中国人民银行。中央银行的主要职能体现在4个方面。

① 中央银行是银行的银行。商业银行是中央银行最重要的客户之一，中央银行接受商业银行的存款，同时又向商业银行发放贷款，以支配商业银行。商业银行要听取中央银行关于金融问题和货币政策的意见。

② 中央银行是政府的银行。中央银行通过发行国库券和公债券来管理政府的借款，政府将税收和其他收入存入中央银行。中央银行为政府记账，帮助政府办理收支事项，当政府账户出现赤字时，财政部可以向中央银行借款。政府是中央银行最重要的客户。

③ 中央银行控制整个国家的货币供给和信用情况，这是其最为重要的职能。中央银行是国家的货币权利当局，是制定和执行货币政策的最高主管机构。

④ 中央银行是硬币和纸币唯一的和最终的来源。

（2）商业银行。商业银行的主要业务有负债业务、资产业务和中间业务。负债业务主要是指吸收存款，其中包括活期存款、定期存款和储蓄存款。资产业务主要包括放款和投资两类业务：放款业务是为企业提供短期贷款，如票据贴现、抵押贷款等；投资业务就是购买有价证券以取得利息收入。中间业务是指代客户办理支付事项和其他委托事项，从中收取手续费的业务。商业银行之所以称为商业银行，是因为早先向银行借款的人都经营商业。后来，工业、农业、建筑业、消费者也都日益依赖商业银行融通资金，故其客户已经遍及经济各部门，业务也多种多样，而仍称为商业银行，只是沿用旧称呼罢了。

（3）金融媒介机构。金融媒介机构中最重要的是商业银行，另外还有储蓄和贷款协会、信用协会、保险公司、养老基金会等。

知识拓展

银行存款的创造机制

商业银行一般是唯一办理活期存款业务的银行，因而存款的创造由商业银行的业务运营来体现。要了解商业银行体系创造存款的机制，就必须先了解法定存款准备金与法定存款准备金率这两个概念。

法定存款准备金是指法律规定金融机构必须存在中央银行里的资金。这是银行为了自己的信誉与稳定，为存款人随时取款而保存的通货（第一准备金），这部分资金被称为法定存款准备金。法定存款准备金的比例通常是由中央银行决定的，被称为法定存款准备金率。商业银行按法定存款准备金率保留规定数额的准备金以后，剩下的部分才可用于放款。例如，假设法定存款准备金率为10%，如果吸收了1 000万元，那么将1 000×10%=100万元作为准备金，其余900万元作为贷款放出而获取利润。由于作为准备金的那部分不能贷出赚取利润，所以为了预防提款风潮而保留过多的现金库存就不合算。因此，为了两全其美，银行持有某些可以随时销售的和在短期内变换为现金的证券，这样的证券称为第二准备金。

整个银行体系向企业或个人发放或收回贷款，可以扩大或缩小活期存款规模。例如，某企业向某银行申请贷款100万元，银行只要在该企业的支票账上增加100万元即可，而无须给现金。这样，活期存款就增加了100万元，整个社会的货币供给也就相应扩大了；相反的情况是，企业归还贷款100万元时，也无须归还现金，而只要在它的支票账上减去100万元就行，整个社会的货币供给也就相应缩小了。整个银行体系扩大或缩小活期存款规模还有一种方式，即由企业或个人买进或卖出债券。例如，某银行向某企业买进政府公债券100万元，这笔钱作为该企业的活期存款或银行给企业一张向本行提款的支票，存入其他银行，从而使活期存款增加100万元，这时整个社会的货币供给相应扩大；相反的情况会使整个社会的货币供给相应缩小。

假设法定存款准备金率为20%，现在某企业存入第一级银行100万元，第一级银行按法定存款准备金率留下20万元作为准备金后，将余下的80万元全部贷出或买进证券；得到这80万元款项者将它存入第二级银行，第二级银行也留下其中的20%即16万元作为准备金，余下的64万元全部贷出或购买证券，这使社会上的货币供给增加64万元；得到这笔款项者再将其存入第三级银行，第三级银行也留下20%即12.8万元作为准备金，余下的51.2万元全部贷出或购买证券，这使社会上的货币供给增加51.2万元……以此类推，直到最后创造货币存款500万元，是原始存款的5倍，新增贷款400万元。

二、货币政策工具

货币政策一般分为扩张性货币政策和紧缩性货币政策。扩张性货币政策通过增加货币供给来带动总需求的增长。货币供给增加时，利息率会降低，取得信贷更为容易，因此经济萧条时多采用扩张性货币政策；紧缩性货币政策通过削减货币供给来降低总需求水平，在这种情况下，取得信贷比较困难，利率也随之提高，因此在通货膨胀严重时多采用紧缩性货币政策。

1．再贴现率政策

再贴现率政策是指中央银行通过变动商业银行及其他存款机构的贷款利率来调节货币供应量的政策。再贴现率提高，商业银行向中央银行的借款就会减少，从而货币供给量减少；再贴现率降低，商业银行向中央银行的借款就会增加，从而货币供给量增加。

贴现窗口主要用于满足银行临时准备金不足。银行和其他存款机构一般都尽量避免去贴现窗口借款，只将它作为紧急求援，平时少加利用，以免被人误认为自己财务状况有问题。每个储备银行的贴现窗口也执行中央银行关于银行和存款机构可以借款的数量和次数的规定。

另外还需要指出，通过变动再贴现率控制货币供给本身也存在一些问题。例如，当银行十分缺乏准备金时，即使再贴现率很高，银行依然会从中央银行贴现窗口借款。可见，通过再贴现率变动来控制银行准备金的效果是相当有限的。事实上，再贴现率政策往往作为补充手段与公开市场业务政策结合在一起执行。正如下文将要介绍的那样，当公开市场业务成功地把利率提高或降低到某一水平时，中央银行也必须把再贴现率提高或降低到与该水平相协调的数值。

2. 公开市场业务

公开市场业务是中央银行控制货币供给的重要工具和常用工具，是指中央银行通过买进或卖出有价证券，吞吐基础货币，调节货币供应量的活动。其目的是调节货币供应量，当中央银行认为需要紧缩银根时，便卖出证券，相应地收回一部分基础货币，减少金融机构可用资金的数量；当中央银行认为需要放松银根时，便买入证券，扩大基础货币供应量，直接增加金融机构可用资金的数量。

公开市场上操作的有价证券主要是国债。国债或政府债券是政府为筹措弥补财政赤字资金而发行的支付利息的国库券或债券，这些被初次卖出的政府债券可在居民、企业、银行、养老基金会、保险公司、债券经纪人等单位和个人之间反复地被买卖。

公开市场业务有 4 个优点：第一，中央银行可通过买卖政府债券把银行准备金控制在自己所希望的规模内；第二，这种手段具有主动性，中央银行可根据自己的意愿进行；第三，这种手段具有灵活性，中央银行可以灵活地改变货币供给的变动方向，从而主动增加或减少货币供给；第四，这一手段具有可预测性，即这一业务对货币供给的影响可以比较准确地预测出来，如一旦买进一定数额的证券，就可以大体上按货币乘数估计货币供给增加了多少。

3. 变动法定存款准备金率

活期存款是指不用事先通知就可随时提取的银行存款。虽然活期存款可随时提取，但很少会出现所有储户在同一时间里取走全部存款的现象。因此，银行可以把绝大部分存款用来从事贷款或购买短期债券等盈利活动，只需要留下一部分存款作为应付提款需要的准备金就可以了。

中央银行有权决定商业银行和其他金融机构的法定存款准备金率。通常中央银行是“逆对经济风向”改变法定存款准备金率的。当总支出不足因而失业有持续增加的趋势时，需要增加货币供给，中央银行就可以降低银行存款准备金率，使商业银行能够按更大的倍数增加贷款数量；当总支出过多因而价格水平有持续上涨的趋势时，可以提高银行存款准备金率，使商业银行必须按更低的倍数减少贷款数量。

可见，降低法定存款准备金率，实际上等于增加了银行超额准备金；而提高法定存款准备金率，就等于减少了银行超额准备金。从理论上说，变动法定存款准备金率是中央银行调整货币供给最简单的办法，然而，中央银行一般不愿轻易使用变动法定存款准备金率这一手段。这是因为，银行去向中央银行报告它们的准备金和存款状况时有一个时滞，因此当天变动的法定存款准备金率一般要过一段日子（如两周以后）才起作用。

同时，变动法定存款准备金率的作用十分猛烈，一旦准备金率变动，所有银行的信用都必须扩张或收缩。因此，这一货币政策工具很少使用，一般几年才改变一次法定存款准备金率。如果变动频繁，会使商业银行和其他所有金融机构因正常业务频繁受到干扰而感到无所适从。

上述三大货币政策工具常常需要配合使用。例如，当中央银行在公开市场业务操作中出售政府债券使市场利率上升（债券价格下降）后，正如上面说过的那样，再贴现率必须相应提高，以防止商业银行增加贴现。于是，商业银行对客户的贷款利率也将提高，以免产生亏损。当中央银行认为需要扩大信用时，在公开市场业务操作中买进债券的同时，也可降低再贴现率。再贴现率政策和公开市场业务虽然都能使商业银行的准备金发生变动，但变动的方式和作用还是有区别的。当中央银行在市场上出售证券时，一般来讲，能减少银行准备金，但究竟哪个银行会减少以及减少多少却无法事先知道，因而究竟会给哪些银行造成严重影响也无法事先知道。对原来超额准备金多的银行可能没有什么影响，即使其客户提取较多的存款去购买证券，也只会使超额准备金减少一些而已。然而，那些本来就没有太多超额准备金的银行马上会感到准备金不足，因此，其客户提取存款后，准备金就会降到法定存款准备金率以下。在这种情况下，中央银行之所以还大胆地进行公开市场业务，是因为有再贴现率政策作为补充。当中央银行售卖证券使一些银行缺乏准备金时，这些银行就可以向中央银行办理贴现以克服困难。

4. 其他货币政策

（1）道义上的劝告，又称“打招呼”，即中央银行对商业银行发出口头、书面的谈话或声明来劝说商业银行自动放松或紧缩信用。这种手段虽无法律上的约束力，但对商业银行的行动是有一定约束作用的。

（2）局部的控制。在证券信贷方面有保证金的规定就属于局部的控制，即购买证券时必须支付一定比率的现金。必须支付的最低现金额度叫垫头。例如，如果规定垫头为 80%，则客户买进证券时必须拿出 80%的现款，其余的 20%可以向证券经纪人借款来支付。使用这一手段是为了控制金融市场的活动，使之不至于影响信用，并影响货币供给量与利率。在经济萧条时期，可以降低垫头，以便放松信用，增加货币供给量，降低利率；在通货膨胀时期，可以提高垫头，以便紧缩信用，减少货币供给量，提高利率。

（3）规定存款利率的最高限额。中央银行控制定期存款的最高利率，这样可以减少定期存款，使存款更多地转向易于控制的短期存款和债券。

（4）控制分期付款的条件。中央银行规定消费者购买耐用消费品分期付款的条件，如规定应付现款的最低限额与付清贷款的最长期限。实施这一措施的目的是调节信贷在消费信贷和其他用处之间的分配，并鼓励和限制消费。

（5）控制抵押贷款的条件。抵押贷款是贷款者以自有资产作为抵押品的贷款。中央银行控制抵押贷款的具体措施是规定第一次付款的数量和偿还期限。这种措施对控制贷款规模和偿还可能性非常有效。

知识拓展

传统的货币政策理论来自现实的挑战

自20世纪70年代以来，随着信息技术的发展，金融创新、放松管制和金融全球化使得以美国为代表的工业国家资本市场发展日益深化与广化，传统的货币政策目标与操作体系面临着越来越多的挑战。在70年代到90年代的20年间，各国中央银行虽然在控制产品与劳务的通货膨胀方面已经取得很大成效，但是对于资产价格的膨胀却难有对策。实践上，早在1929年，纽约股市的暴跌即已导致美国乃至全世界经济长期严重萧条；20世纪80年代末，资产价格极度膨胀引发的“泡沫经济”对日本的经济造成了长期不利的影响；20世纪90年代，以美国为代表的西方各国资产价格明显地偏离实体经济上涨的趋势更是引起了决策部门的普遍担忧。

20世纪80年代，同样的情形也在北欧国家（挪威、芬兰、瑞典）出现过。在挪威，银行贷款对GDP的比重从1984年的40%上升到1988年的68%，资产价格急剧上升，同时投资与消费需求也显著上升。但是石油价格的暴跌引起了自第二次世界大战以后最深刻的银行危机和经济衰退。在芬兰，1987年扩张性的预算导致大规模的信用扩张，银行贷款对GDP的比重从1984年的55%上升到1990年的90%，住房价格在1987年和1988年共上升了68%。1989年，中央银行为了抑制信用扩张，提高利率和储备，再加上1990年、1991年与俄罗斯的贸易规模下降，经济环境恶化，资产价格暴跌，政府不得不对银行予以救助，GDP收缩了7%。在瑞典，20世纪80年代后期持续的信用扩张导致了房地产繁荣。1991年由于大量过度膨胀的资产价值，众多银行遇到了困难，政府不得不干预，经济陷入衰退。

在这种大量的历史案例背后，人们发现，随着金融市场尤其是资本市场的深化和广化，金融创新使得金融机构功能分化，货币与其他金融资产的界限日益模糊，货币供应量与实际经济变量失去了稳定的联系，很多学者感觉到传统的货币政策理论遭到来自现实的挑战，许多经济学家转而致力于这方面的研究。

三、货币政策的应用

在不同的经济形势下，中央银行要运用不同的货币政策来调节经济。

1. 萧条时期

在萧条时期，总需求小于总供给，为了刺激总需求，就要运用扩张性货币政策。这些扩张性货币政策通常包括在公开市场上买进有价证券、降低再贴现率并放松贴现条件、降低法定存款准备金率等。这类政策可以增加货币供给量，降低利率，刺激总需求。

2. 繁荣时期

在繁荣时期，总需求大于总供给，为了抑制总需求，就要运用紧缩性货币政策。这些紧缩性货币政策通常包括在公开市场上卖出有价证券、提高再贴现率并严格设置贴现条件、提高法定存款准备金率等。这类政策可以减少货币供给量，提高利率，抑制总需求。

从美国的实际情况来看，在20世纪50年代侧重于运用财政政策刺激经济，运用货币政策稳定物价，抑制通货膨胀，所以货币供给量增加并不快；在20世纪60年代之后，则注意运用扩张性货币政策来刺激经济，从而使货币供给迅速增加，以致引起了20世纪70年代初期严重的通货膨胀；在20世纪70年代中期以后，则实际上放弃了凯恩斯主义的货币政策，而代之以货币主义的货币政策。

知识应用

2019年中国货币政策汇总（部分）

1月4日，中国人民银行宣布下调金融机构存款准备金率1个百分点，其中，1月15日和1月25日分别下调0.5个百分点。

1月23日，中国人民银行开展了2019年第一季度定向中期借贷便利（TMLF）操作，操作金额为2 575亿元，以优惠利率为金融机构支持民营企业和小微企业提供长期、稳定的资金来源。

1月24日，中国人民银行宣布创设央行（“中央银行”的简称）票据互换工具（CBS），为银行发行无固定期限资本债即永续债提供流动性支持，并将合格的银行永续债纳入央行担保品范围。1月25日，中国银行成功发行400亿元国内首单银行永续债，实现2倍以上认购，发行利率位于区间下限。2月20日，中国人民银行面向公开市场业务一级交易商开展了首次CBS操作，费率为0.25%，操作量为15亿元，期限1年。

5月6日，中国人民银行宣布下调服务县域的农村商业银行存款准备金率至农村信用社档次，于5月15日、6月17日、7月15日分3次实施，我国存款准备金“三档两优”的新框架基本形成。

6月14日，下发《中国人民银行关于向中小银行提供流动性支持的通知》，增加再贴现额度2 000亿元、常备借贷便利额度1 000亿元，加强对中小银行的流动性支持，构建防范化解中小银行流动性风险的“四道防线”，保持中小银行的流动性充足。

7月24日，中国人民银行全面实施优化运用扶贫再贷款发放贷款定价机制工作，引导金融机构合理确定运用扶贫再贷款资金发放贷款的利率，切实降低贫困地区的融资成本。

8月17日，印发中国人民银行公告〔2019〕第15号，改革完善贷款市场报价利率（LPR）形成机制，促进贷款利率进一步市场化，提高利率传导效率，推动降低贷款实际利率水平。

8月25日，为推动LPR改革，要求自2019年10月8日起，新发放的商业性个人住房贷款利率以最近1个月相应期限的贷款市场报价利率为定价基准加点形成。

9月6日，中国人民银行宣布于9月16日全面下调金融机构存款准备金率0.5个百分点（不含财务公司、金融租赁公司和汽车金融公司）；同时，再额外对仅在省级行政区域内经营的城市商业银行定向下调存款准备金率1个百分点，于10月15日和11月15日分两次实施到位，每次下调0.5个百分点。

9月10日，国家外汇管理局公告，取消合格境外机构投资者（QFII）和人民币合格境外机构投资者（RQFII）的投资额度限制。

9月25日，中国人民银行完善再贷款和常备借贷便利质押品管理，按信用等级和流动性对质押品进行分类，根据货币政策操作需要设置差异化质押品要求，切实维护央行资金安全。

12月28日，为深化利率市场化改革，进一步推动贷款市场报价利率（LPR）运用，中国人民银行发布《关于存量浮动利率贷款定价基准转换的公告》，要求金融机构遵循市场化、法治化原则，推动存量浮动利率贷款定价基准转换为LPR或固定利率。

12月30日，中国人民银行下调常备借贷便利（SLF）各期限利率5个基点。下调后，常备借贷便利隔夜、7天、1个月利率分别为3.35%、3.50%、3.85%。

（资料来源：中国人民银行. 2019年中国货币政策大事记[EB/OL].（2020-02-19）[2020-06-03]. http://www.pbc.gov.cn/goutongjiaoliu/113456/113469/3974311/index.html.）

任务三 理解宏观经济政策的协调运用

【社会现象】

中国宏观经济政策的搭配

第一阶段（1988年9月—1990年9月），“紧财政，紧货币”的“双紧”政策。从1988年年初开始，中国经济进入过热状态，表现为经济高速增长（工业产值增幅超过20%）、投资迅速扩张（1988年固定资产投资额比1987年增长18.5%）、物价上涨迅速（1988年10月的物价比1987年同期上升27.1%）、货币回笼缓慢（流通中的货币增加了46.7%）和经济秩序混乱。在这种形势下，中国于1988年9月开始实行“双紧”政策，具体措施为收缩基本建设规模、压缩财政支出、压缩信贷规模、严格控制现金投放和物价上涨、严格税收管理等。

“双紧”政策很快见效，经济增长速度从20%左右跌至5%左右，社会消费需求大幅下降，通货膨胀得到遏制，1990年第三季度物价涨幅降至不到1%。

第二阶段（1990年9月—1991年2月），“紧财政，松货币”的“一紧一松”政策。在“双紧”政策之后，中国经济又出现了新的失衡，表现为市场销售疲软、企业开工量不足、企业资金严重不足、“三角债”问题突出和生产大幅下降。

针对上述情况，从1991年年初开始，政府实行了宽松的货币政策，中国人民银行多次调低存贷款利率，以刺激消费和鼓励投资。这些政策在实施之初效果并不显著，直到1991年下半年，市场销售才转向正常。

第三阶段（1992年1月—1993年6月），“松财政，松货币”的“双松”政策。1992年，财政支出4 426亿元，其中财政投资1 670亿元，分别比1992年年初的预算增长107%和108%。信贷规模也大幅度增长，货币净投放额创历史最高水平。

“双松”政策的成效是实现了经济的高速增长：1992年，GDP增长12.8%，城市居民人均收入增长8.8%，农村居民人均收入增长5.9%。但是“双松”政策又带来了老问题，即通货膨胀加剧，物价指数再次超过两位数。

第四阶段（1993年7月—1996年年底），适度的“紧财政，紧货币”的“双紧”政策。这一政策的具体措施为控制预算外投资规模、控制社会集资搞建设、控制银行同业拆借、提高存贷款利率等。与1988年的政策相比，财政没有大动作，但货币紧缩力度较缓。

适度的“双紧”政策使我国的宏观经济终于成功实现了“软着陆”，各项宏观经济指标表现出明显的改善：1996年GDP的增长率为9.7%，通货膨胀率降为6.1%，外汇储备达到

1 000 多亿美元。这次政策配合实施被认为是中国治理宏观经济成效较好的一次，为中国以后实施经济政策积累了正面的经验。

第五阶段（1997—1998 年），适度的货币政策和积极的财政政策。1997—1998 年，中国经济发展经受了亚洲金融危机、国内自然灾害等多方面的冲击。经济问题表现为通货紧缩式的宏观失衡，经济增长的力度下降，物价水平持续下降，失业增加，有效需求不足，出口不振等。因此，该时期实施了较有力度的财政扩张政策，其措施是大量发行国债，投资于基础设施方面的建设；实施适当的货币政策，连续下调人民币存贷款利率，改革商业银行体系等。这些政策使中国经济成功地应对了亚洲金融危机的挑战，保持了国民经济的持续增长。

第六阶段（1999—2007 年），积极的财政政策和稳健的货币政策。受 1997 年亚洲金融危机的影响，我国出口受到严重制约，尤其是面向东亚、东南亚地区的出口量大幅度下降。在投资需求、消费需求受到抑制的不利情况下，通货紧缩的经济低迷局面出现了。为此，我国采取了积极的财政政策和稳健的货币政策对宏观经济进行调控。财政政策方面，发行大规模的国债筹集资金用于基础设施建设、固定资产投资、西部重大工程项目建设、技术创新等；实行免征关税、重新征收居民储蓄存款利息个人所得税、抵免企业所得税等税收政策，以刺激消费需求。货币政策方面，中国人民银行取消了商业银行的贷款限额控制，多次下调存贷款基准利率，两次降低法定存款准备金率。

第七阶段（2008—2010 年），积极财政政策和适度宽松的货币政策。2007 年，我国经济增长率达到 14.2%，经济增长的又一个波峰到来。但是，2007 年下半年宏观经济已出现了过热的苗头，居民消费价格指数达到 104.8%。为了预防经济过热，2008 年年初确定该年度的财政政策和货币政策分别为稳健型、从紧型。然而，2008 年上半年国内发生了南方地区雨雪冰冻灾害和汶川大地震两起重大自然灾害事件，不久，美国次贷危机在全球蔓延。鉴于国内外环境的巨大变化，2008 年下半年，国家及时调整了财政政策和货币政策，财政政策由稳健转向积极，货币政策由从紧转向适度宽松。

第八阶段（2011—2017 年），积极的财政政策和稳健的货币政策。2008 年下半年—2010 年，我国经济仍保持高速增长态势。然而，避免经济下滑的系列政策措施却影响了经济转型的过程，使得我国经济的结构性问题更加突出。为此，我国连续 7 年实行积极的财政政策和稳健的货币政策，在保持经济稳定增长的同时，重点调整结构以解决经济结构性问题。财政政策方面，实行营业税改增值税，允许地方政府限额发行债券，推进债务置换，加大中央财政对地方的一般性转移支付力度等。货币政策方面，维持一定的 M2 增长率；有针对性地降准、降息，重点加强对小微企业、创新行业、“三农”的资金支持等。另外，十八大后，我国还不断创新宏观调控方式，实行区间调控、定向调控来强化财政政策和货币政策的效应。

（资料来源：姚星星，韩瑛. 我国财政政策与货币政策的演变、内容及特点——改革开放近四十年的回顾与总结[J]. 中共宁波市委党校学报，2018（2）：101-108.）

讨论：中国的宏观经济政策为什么每个时期都不一样？如何进行搭配？目前中国的宏观经济政策是如何搭配的？

【理论基础】

财政政策与货币政策的协调配合，是国家在市场经济中调控社会供需总量和结构时不可或缺的工具，而两大政策对社会供需总量和结构的调整是通过不同的作用途径与效果体现的。

一、宏观经济政策在实施中的困难

针对经济生活中出现的问题，选择恰当的宏观经济政策并通过实施以达到预期的目标，是研究宏观经济政策的意义所在。然而，宏观经济政策在实施过程中不可避免地会遇到各种困难。因此，如何克服困难，成功地运用各项宏观经济政策，使之取得最好的效果，是宏观经济政策研究的一项重要内容。

宏观经济政策在实施中遇到的主要问题包括政策时滞和非经济因素的影响。

任何一项政策，从需要实施到最终发挥作用都会有一定的时间间隔，这就是时滞问题。它的长短对政策能否达到预期的目标有着重要的影响。政策时滞可分为以下 3 个方面。

（1）识别时滞。识别时滞是指从确有实施政策的需要（如经济衰退的开始）到认识到有这样一种需要之间所耗费的时间。

（2）决策时滞。决策时滞是指政策的制定者从认识到需要改变政策到提出一种新的政策所耗费的时间。

（3）外在时滞。外在时滞是指从政策改变到政策对经济发生影响所耗费的时间。

因此，政策改变的效果将在一段时间内陆续发生，大部分效果可能要经过很长一段时间才能体现。

各种宏观经济政策的时滞是不同的。一般来说，财政政策从决策、批准到实施需要经过许多中间环节，决策时滞较长，但其作用比较直接，见效较快，外在时滞较短。货币政策由中央银行直接决定，所经过的中间环节较少，决策时滞较短，但它主要通过影响利率从而对经济产生作用，见效较慢，外在时滞较长。

此外，宏观经济政策的效果还常常会受到许多非经济因素，尤其是各种政治因素、心理因素的影响。

二、宏观经济政策的作用途径

1. 财政政策直接作用于社会经济结构，间接作用于供需总量平衡

从财政政策调节来看，财政政策对总供给的调节先反映为对社会经济结构的调节，如运用必要的税收优惠政策、财政贴息政策、财政投资政策支持产业结构的调整，支持“瓶颈”产业的发展和短缺产品供给的有效增加；财政政策对总需求的调节则主要通过扩大或缩小财政支出规模进行，以结构调节为前提，借以达到刺激或抑制社会总需求的目的。

2. 货币政策直接作用于供需总量平衡，间接作用于社会经济结构

货币政策对社会总需求的调节主体是通过中央银行货币投放和再贷款等政策手段控制基础货币量，通过存款准备金率和再贴现率等手段控制货币乘数，从而有效地控制社会总需求，达到稳定货币和物价的目的。同时，中央银行在调控社会总需求的基础上也会对社会经济结构产生一定的调节作用，如银行依照产业政策和市场盈利水平，选择贷款投放方向，包括产业间、地区间信贷规模的区别对待，客观上也能起到调节社会经济结构的作用。

3. 两大政策的制定需要统筹考虑，协调安排

鉴于财政政策与货币政策的不同特点，制定财政政策与货币政策时需要统筹考虑，相互协调安排，以共同实现社会供需结构的调节和合理化布局，促进社会经济的整体协调和稳定发展。总体来说，两大政策的制定原则如下。

（1）两种政策措施在一定时期内的实现目标必须协调一致。

（2）所制定的政策措施不能追求单一目标，要兼顾综合目标，考虑相互作用。

（3）每项政策本身要合理，能适应宏观经济形势发展时机的需要。

三、宏观经济政策的协调运用

1. 相机抉择

相机抉择是指政府在运用宏观经济政策调节经济时，可以根据市场实际状况和各项调节措施的特点，机动地决定和选择应该采取哪一种政策措施或哪几种政策措施的组合。

财政政策与货币政策各自具有不同的特点，这些特点具体体现在以下 4 个方面。

（1）政策的猛烈程度不同。政府增加支出和调整法定存款准备金率对经济的影响比较猛烈，而政府税收的改变和公开市场业务的影响则比较温和。

（2）政策的时滞效应不同。从政策手段执行到收到预期效果之间往往存在时间间隔，这种时间间隔称为政策的时滞效应。财政政策直接调节总需求，而货币政策则需要通过利率间接调节总需求。因此，财政政策的时滞相对较短，而货币政策的时滞相对较长。

（3）政策的影响范围不同。每项政策措施都有其发挥作用的领域，即政策的影响范围不同。例如，政府财政支出变化的影响面就大一些，而公开市场业务的影响面则小一些。

（4）政策的阻力不同。每项政策措施都会对人们的经济利益产生影响，有的政策影响大一些，而有的政策影响小一些。因此，不同政策的实施阻力会有所不同。例如，增加税收与减少支出通常遇到的阻力较大，而货币政策则通常遇到的阻力较小。

因此，在需要对经济进行调节时，究竟应采取哪一项政策，或者如何对不同的政策措施进行搭配使用，没有一个固定不变的范式，政府应该根据不同的情况灵活确定。

对政策的配合关键在于要根据不同的经济形势采取不同的政策。例如，在经济发生严重的衰退时，就要运用作用较为猛烈的政策，如紧急增加政府支出，或开展公共工程建设，或增加转移支付水平；当经济刚开始出现衰退的苗头时，则要采用一些温和的政策，如有计划地在公开市场上买进债券以便缓慢地增加货币供给量，或降低利率，或刺激投资和消费。

相机抉择的实质是灵活地运用各种政策。例如，在什么情况下不需要采取政策措施，可以依靠经济本身的机制自发地调节；在什么情况下必须采取政策措施等。

知识应用

中国应对 2008 年国际金融危机的策略

2006 年春季，在美国开始发生因次级抵押贷款机构破产、投资基金被迫关闭、股市剧烈震荡引起的风暴，致使全球主要金融市场隐约出现流动性不足的危机。2007 年 8 月，次贷危机席卷美国、欧盟、日本等世界主要金融市场。2008 年，次贷危机已经成为当时国际上的一个热点问题。

在危机逐步深化的情况下，美国通过G7（七国集团，成员包括美国、英国、德国、法国、日本、意大利和加拿大）、OECD（经济合作与发展组织）、IMF（国际货币基金组织）等渠道协调全球主要国家的财政和货币当局共同推出系统性的救助方案来抵御金融危机的冲击。

美国的政策救助逐步从个案处理、单独救助向大规模的系统性救助转变，拟定了一揽子救助计划，总额高达8 500亿美元，并辅以禁止做空金融类股票、降息和取消货币互换上限等政策。相对于美国，欧洲对金融机构的救助实施得较晚，但力度很大，欧洲各国通过欧盟和G7两个渠道综合实施内部和外部协调，推出了2万亿美元的救助方案，涉及德国、法国、英国、西班牙等主要国家。日本政府改变了原计划加息的政策，宣布保持低利率水平（0.5%），并向国内金融市场注资36.3万亿日元。

在全球金融危机的影响下，自2008年第三季度开始，我国经济发展也受到了很大的影响，主要表现在：经济增速下降，物价上涨减缓；进口增速加快，出口增速回落，贸易顺差下降，贸易利益减少；工业企业增速减缓，中小企业经营困难，企业利润大幅度下降；等等。为应对全球经济衰退的局势，中国政府确定了以下3个方案。

（1）积极的财政政策。中国人民银行宣布，自2008年10月27日起，将商业性个人住房贷款利率的下限扩大为贷款基准利率的70%；最低首付款比例调整为20%。中国人民银行还下调了个人住房公积金贷款利率。2008年11月5日，国务院常务会议公布拉动内需的10项措施和4万亿元投资计划，包括在全国全面实施增值税转型改革。2008年11月12日，国务院提出扩大内需的4项实施措施：核准审批固定资产投资项目；决定提高部分产品出口退税率；确定中央财政地震灾后恢复重建基金的具体安排方案；提出进一步加强林业生态恢复重建的政策措施。

（2）宽松的货币政策。2008年10月29日，中国人民银行宣布一年期人民币存贷款基准利率均下调0.27个百分点。2008年11月26日，中国人民银行宣布下调金融机构一年期人民币存贷款基准利率各1.08个百分点；下调中国工商银行、中国农业银行、中国银行、中国建设银行、交通银行、中国邮政储蓄银行等大型存款类金融机构人民币存款准备金率1个百分点，下调中小型存款类金融机构人民币存款准备金率2个百分点。

（3）产业结构的调整政策。2008年11月20日，国务院常务会议确定了促进轻纺工业健康发展的6项政策措施：加大各级财政扶持中小企业发展专项资金规模；继续适当提高纺织品、服装和部分轻工业产品出口退税率，清理和取消涉及轻纺企业的各种不合理收费等。2009年2月25日，有色金属业和物流业振兴规划获通过。至此，纺织业、钢铁业、汽车业、船舶业、装备制造业、电子信息产业、轻工业、石化产业、物流业、有色金属业十大规划全部出台。

2．政策的配合

政府宏观经济政策具有“逆风向行事”的特点，经济形势“紧”（失业率上升，经济萧条）时，就采取“松”的政策；经济形势“松”（通货膨胀，经济繁荣）时，就采取“紧”的政策，但这也不是绝对的，还要看具体情况。政策配合的可能形式有以下4种。

（1）“双紧”的政策搭配。如果经济出现严重通货膨胀，可以采取“双紧”政策，即同时采取紧缩性财政政策和货币政策，紧缩性财政政策通过减少政府支出及增加税收来限制消费与投资，抑制社会的总需求；紧缩性货币政策通过提高法定存款准备金率和提高利率来减少货币供应量。这种政策组合可以在抑制总需求的同时，保证利率不下降，更为有效地抑制经济，避免经济过热。

（2）“双松”的政策搭配。如果经济十分萧条，总需求严重不足，生产能力和生产资源未得到充分利用的情况下，则可以采取“双松”政策，即同时采取扩张性财政政策和货币政策，可以使利率保持不变，消除挤出效应，使国民收入有较大增加，扩大就业，更为有效地刺激经济，避免经济过分衰退。

（3）“松紧”的政策搭配。“松紧”的政策搭配是指扩张性财政政策和紧缩性货币政策的配合使用。这样的政策搭配，可以在刺激总需求的同时，保证不会引起比较严重的通货膨胀。

“松财政”的目的是刺激总需求，但随着总需求的增加，通货膨胀往往会随之发生，并有可能不断加剧。因此在实行“松财政”的同时实行“紧货币”，其目的就是抑制伴随总需求增长而出现的通货膨胀。很明显，这种政策组合以财政政策作为刺激总需求的主要手段，尽管可使公共支出增加，但私人支出会减少，故会出现一定程度的挤出效应。

（4）“紧松”的政策搭配。“紧松”的政策搭配是指紧缩性财政政策和扩张性货币政策的配合使用。这样的政策搭配，既能降低利率刺激投资，又能减少政府支出，稳定物价水平。

当前主要资本主义国家（尤其是美国）在经济衰退时，为刺激总需求，主要采用货币手段，即应用“紧财政，松货币”政策组合。“紧财政，松货币”的目的有两个：一是减少公共开支规模，从而减少财政赤字；二是调动私人支出，因为一般来说如果能够尽可能地调动私人支出，则其规模远大于政府支出，就可以避免挤出效应。

课堂活动

2001年美国联邦储备系统的多次降息

20世纪90年代，美国经济在克林顿总统执政期间经历了长达8年的高涨以后，从2000年下半年开始出现衰退迹象，GDP以年率表示的季度增长率从第一、第二季度的4.8%、5.6%下降到第三、第四季度的2.2%、1.4%。制造业存货从2000年4月开始连续9个月增加，而制造业活动指数和纳斯达克综合股票价格指数则逐月连续下降。

在这样的形势下，美国联邦储备系统（美国的中央银行，以下简称“美联储”）连续采取行动：2001年1月3日，把联邦基金利率即银行拆借存款准备金的利率从6.5%降到6%，1月3日、4日把贴现率从6%降到5.75%，再从5.75%降到5.5%；1月5日，又实行临时性公开市场操作的政策，3天内净买进55亿美元政府债券、联邦机构证券和抵押贷款证券，以扩张货币供给。1月31日，再把联邦基金利率从6%降到5.5%，把贴现率从5.5%降到5.0%。

美联储的行动得到了股票市场的迅速反应。1月初美联储宣布降息后，道琼斯30种工业股票平均价格指数当天上升299.60点，纳斯达克综合指数当天也上升324.83点。1月底再次宣布降低贴现率后，股票市场的反应就不及月初那样强烈了。

正如宏观经济政策的基本理论所说，扩张性货币政策在反衰退方面作用有限。美联储几次降息并未能有效刺激经济，这使美联储不得不再次降息，从2001年年初到6月底，美联储6次降低利息，降幅达2.75个百分点。分析家们普遍认为，在美联储如此大幅降息动作的刺激下，从2000年下半年开始进入疲软状态的美国经济在当年下半年应当出现明显好转。但事实并非如此，美国6、7月份经济继续处于低增长甚至停滞状态，尤其使人不安的是，制造业的衰退开始波及其他部门。造成这样疲软的原因：一是企业投资下滑，由于绝大多数企业的盈利状况没有改善，不得不裁员，投资继续减少；二是美国经济疲软波及其他国家，日本经济恢复无望，欧洲经济开始放缓，拉丁美洲和亚洲一些国家的形势仍旧在恶化，再加上美元坚挺，美国出口受到严重打击，2001年上半年出口比2000年下半年下降2.3%；三是华尔街股市萎靡不振，失业率上升，使消费支出增势减缓。正是在这样的背景下，美联储于2001年8月21日再次宣布降息，累计降低利率3个百分点。

这次降息，表明了美联储下决心运用利率杠杆促使美国经济走出疲软困境。1991年，为了促使经济走出衰退阴影，美联储曾一口气降息9次。这次从2001年1月到8月，又连续降息7次，力度可谓不小。

自从20世纪50年代以来，美联储一直就是这样对美国经济进行调节的：在经济趋于高涨时，进行适当收缩，以防止经济过热；在经济趋于衰退时，进行适当扩张，以防止经济过冷。自2003年以来，美国经济逐渐走出衰退，消费者的信心逐步恢复，企业盈利能力增强，需求逐步上升，物价水平开始上升。这样，美联储认为，可以逐渐调整刺激性货币政策，转而采取加息的紧缩性货币政策。

讨论：美联储多次降息的目的是什么？在什么情况下可以使用该经济政策？美联储降息对我们来说有什么样的影响？应该如何去应对？目前，美联储还使用该经济政策吗？

实践实训

以小组为单位，选定某一产品作为分析对象，结合当前的宏观经济政策，分析当前的财政政策和货币政策的实施对该产品的需求和供给产生的影响，完成表8.1。

表8.1 宏观经济政策对产品供需的影响

经 济 政 策	对产品需求的影响	对产品供给的影响	对产品的总体影响
财政政策			
货币政策			

讨论重点：

（1）了解当前的财政政策及走向，分析在当前的财政政策趋势下，该产品受到的影响及应对措施。

（2）了解当前的货币政策及走向，分析在当前的货币政策趋势下，该产品受到的影响及应对措施。

思考与练习

一、名词解释

充分就业；内在稳定器；财政政策；扩张性财政政策；紧缩性财政政策；货币政策；扩张性货币政策；紧缩性货币政策

二、选择题

1．宏观经济政策的目标是（　　）。

A．充分就业和物价稳定

B．物价稳定和经济增长

C．同时实现充分就业、物价稳定、经济增长和国际收支平衡

D．国际收支平衡和充分就业

2．当经济过热时，政府应该采取（　　）的财政政策。

A．减少财政支出　　B．增加财政支出

C．扩大财政赤字　　D．减少税收

3．当经济中存在失业时，应采取的财政政策工具是（　　）。

A．增加政府支出　　B．提高个人所得税

C．提高公司所得税　　D．增加货币发行量

4．以下各项不能增加政府财政收入的是（　　）。

A．税收　　B．公债

C．罚款　　D．转移支付

5．中央银行在公开市场上买进和卖出各种有价证券的目的之一是（　　）。

A．调节债券价格　　B．调节利率

C．调节货币供应量　　D．调节货币需求量

6．政府实行赤字财政政策是通过（　　）来进行的。

A．政府支出　　B．政府税收

C．发行公债　　D．发行股票

7．政府公债由政府财政部门发行，主要卖给（　　）。

A．社会公众　　B．工商企业

C．中央银行　　D．商业银行

8．下列属于内在稳定器的项目是（　　）。

A．购买　　B．税收

C．货币供给　　D．政府公共工程支出

9．下列属于紧缩性财政政策工具的是（　　）。

A．减少政府支出和减少税收

B．减少政府支出和增加税收

C．增加政府支出和减少税收

D．减少政府支出和减少货币供给量

10．中央银行提高再贴现率会导致（　　）。

A．货币供给量的增加和利率的提高

B．货币供给量的减少和利率的提高

C．货币供给量的增加和利率的降低

D．货币供给量的减少和利率的降低

11．公开市场业务是指（　　）。

A．商业银行的信贷活动

B．中央银行增加或减少对商业银行的贷款

C．中央银行在金融市场上买进或卖出有价证券

D．商业银行卖出有价证券

12．当经济中存在失业时，所采取的货币政策工具是（　　）。

A．在公开市场上买进有价证券　　B．提高再贴现率

C．提高准备金率　　D．在公开市场上卖出有价证券

13．紧缩性货币政策的运用会导致（　　）。

A．减少货币供给量，降低利率　　B．增加货币供给量，提高利率

C．减少货币供给量，提高利率　　D．增加货币供给量，降低利率

14．对利率变动反应最敏感的是（　　）。

A．货币的交易需求　　B．货币的谨慎需求

C．货币的投机需求　　D．3 种货币需求的敏感程度相同

15．中央银行的紧缩性货币政策会引起（　　）。

A．总供给冲击，通货膨胀率上升

B．总供给冲击，通货膨胀率下降

C．总需求冲击，通货膨胀率上升

D．总需求冲击，通货膨胀率下降

16．赤字增加的时期是（　　）。

A．经济衰退时期　　B．经济繁荣时期

C．高通货膨胀时期　　D．低失业率时期

三、判断题

1．扩张性的财政政策包括增加政府支出和增加税收。（　　）

2．提高再贴现率和准备金率都可以减少货币供应量。（　　）

3．在经济萧条时期，中央银行要运用扩张性货币政策，而在经济繁荣时期，则要运用紧缩性货币政策。（　　）

4．中央银行和商业银行都可与一般客户有接待关系。（　　）

5．中央银行购买有价证券将引起货币供给量减少。（　　）

四、问答题

1．宏观经济政策的目标有哪些？

2．宏观经济政策工具有哪些？

3．在实际中如何运用财政政策？

4．财政政策工具有哪些？

5．货币政策工具有哪些？

6．如何根据不同的经济形势运用货币政策来调节经济？

7．政府宏观经济政策如何进行协调配合？

拓展应用

2020 年中国的货币政策

李克强总理在 2020 年《政府工作报告》中提出，稳健的货币政策要更加灵活适度。2020 年会综合运用降准降息、再贷款等手段，引导广义货币供应量和社会融资规模增速明显高于 2019 年。

“综合运用降准降息、再贷款等手段”的提法，引发不少经济学界和金融界人士对于“货币宽松”的讨论。有经济学者提出货币政策边际宽松空间将扩大，也有经济学者直言货币宽松空间将扩展。

金融市场喜欢谈宽松，也希望宽松，呼唤宽松。然而，对普通民众来讲，货币政策宽松，资产价格上涨，可能会产生一些错误的“货币幻觉”。对实体经济的发展而言，货币政策宽松也并非完全是好事，因为在宽松的货币环境下，各主体急切地追逐金融资产，很难安心搞创新、搞研发、做实业，本应流向实体经济的资金只能在虚拟市场中循环，带来的并不完全是“真实”的增长。因此，要发展壮大实体经济，仍应坚持稳健的货币政策。

近十年来，中国实施的是稳健的货币政策。何为稳健？简单地讲，货币政策既不宽松，也不收紧，以满足经济运行的内生货币需求为要。货币多一点或少一点，不是货币政策是否稳健的标志。经济内生货币需求旺盛，就多发行一些货币；经济内生货币需求较弱，就少发行一些货币。换言之，货币供给和货币需求相适应，既不过多，也不过少。即使近年来经济下行压力变大，货币政策依然保持定力，因为中国要着力将实体经济做大、做强，而稳健的货币政策正是实体经济健康发展的必要货币环境。稳健的货币政策的最终落脚点就是推动实体经济发展。《政府工作报告》提出，“创新直达实体经济的货币政策工具，务必推动企业便利获得贷款，推动利率持续下行”，这是理解稳健的货币政策的关键。稳健的货币政策要更加灵活适度，目的也是支持实体经济。

2020 年开年以来，由于新冠肺炎疫情对经济社会造成了冲击，一方面销售回款减少，另一方面仍要面临租金、工资等刚性支出的压力，很多企业尤其是中小微企业都出现了资金紧张等问题。部分企业存在更为明显的“资金饥渴”，融资需求巨大。《政府工作报告》提出，“综合运用降准降息、再贷款等手段，引导广义货币供应量和社会融资规模增速明显高于去年”，恰恰是为了满足企业迫切的融资需求。这是稳健货币政策的具体体现，更是支持实体经济的具体体现。因此，下一阶段的工作重点，仍然是继续疏通货币政策传导，引导金融机构加大对实体经济特别是中小微企业的支持力度，推动供给体系、需求体系和金融体系形成相互支持的框架，促进国民经济整体良性循环。

（资料来源：乔瑞庆. 稳健货币政策的最终落脚点是支持实体经济[EB/OL].（2020-05-28）[2020-06-03]. http://views.ce.cn/view/ent/202005/28/t20200528_34990042.shtml.）

思维导图

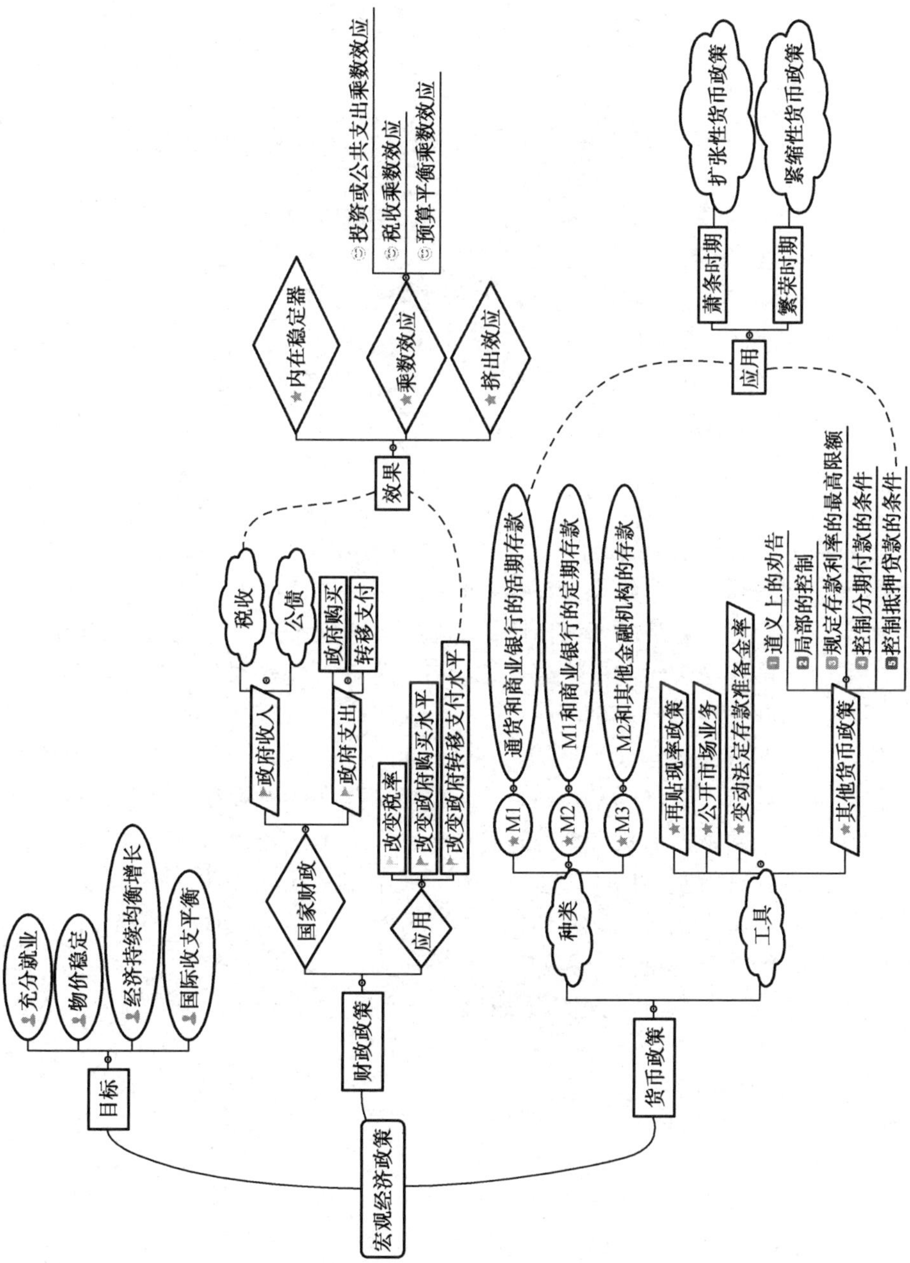
宏观经济政策
目标
充分就业
物价稳定
经济持续均衡增长
国际收支平衡
财政政策
国家财政
政府收入
税收
公债
政府支出
政府购买
转移支付
应用
改变税率
改变政府购买水平
改变政府转移支付水平
效果
内在稳定器
乘数效应
投资或公共支出乘数效应
税收乘数效应
预算平衡乘数效应
挤出效应
货币政策
种类
M1
通货和商业银行的活期存款
M2
M1和商业银行的定期存款
M3
M2和其他金融机构的存款
工具
再贴现率政策
公开市场业务
变动法定存款准备金率
其他货币政策
1 道义上的劝告
2 局部的控制
3 规定存款利率的最高限额
4 控制分期付款的条件
5 控制抵押贷款的条件
应用
萧条时期
扩张性货币政策
繁荣时期
紧缩性货币政策

参 考 文 献

[1] 保罗·萨缪尔森，威廉·诺德豪斯．宏观经济学（第 16 版）[M]．萧琛，等译．北京：华夏出版社，1999．

[2] 徐辉．经济学基础[M]．北京：电子工业出版社，2012．

[3] 陈伟，李冰，王志山．经济学基础[M]．北京：电子工业出版社，2013．

[4] 张银亭．经济学基础[M]．北京：高等教育出版社，2012．

[5] 唐树伶．经济学基础[M]．北京：高等教育出版社，2012．

[6] 黄晓林，赵伟．20 几岁，要懂点经济学[M]．北京：中国华侨出版社，2011．

[7] 斯蒂格利茨．经济学小品和案例[M]．王则柯，译．北京：中国人民大学出版社，1998．

[8] 颜家水，黄贵新．经济学基础[M]．北京：中国传媒大学出版社，2009．

[9] 梁小民．经济学是什么[M]．北京：北京大学出版社，2002．

[10] 梁小民．微观经济学纵横谈[M]．北京：生活·读书·新知三联书店，2002．

[11] 刘华，刘艳红．经济学基础[M]．大连：大连理工大学出版社，2008．

[12] 缪代文．微观经济学与宏观经济学[M]．北京：高等教育出版社，2012．

[13] 杨洁，方欣．经济学基础[M]．北京：人民邮电出版社，2010．

[14] 高鸿业．西方经济学（第五版）[M]．北京：中国人民大学出版社，2011．

[15] 纪红坤，魏新．经济学基础[M]．天津：南开大学出版社，2010．

[16] 刘继伟，王寒菊．微观经济学[M]．北京：电子工业出版社，2012．

[17] 黄泽民．经济学基础[M]．北京：清华大学出版社，2010．

[18] 胡田田．经济学基础与应用[M]．上海：复旦大学出版社，2010．

[19] 陈福明．经济学基础[M]．北京：高等教育出版社，2011．

[20] 刘华，李克国．经济学案例教程[M]．大连：大连理工大学出版社，2007．